本书为国家社会科学基金：优化制度环境与激发社会组织活动研究（项目号：14BSH099）的成果之一。

学术文库

地方治理与公共政策丛书

The Study on
Nonprofit Operation and Management

社会组织运营与管理

刘春湘◎著

经济管理出版社
ECONOMY & MANAGEMENT PUBLISHING HOUSE

图书在版编目（CIP）数据

社会组织运营与管理/刘春湘著．—北京：经济管理出版社，2016.5（2020.1 重印）
ISBN 978-7-5096-4170-5

Ⅰ.①社… Ⅱ.①刘… Ⅲ.①社会组织管理—研究—中国 Ⅳ.①C916

中国版本图书馆 CIP 数据核字（2016）第 007548 号

组稿编辑：宋　娜
责任编辑：宋　娜
责任印制：黄章平
责任校对：赵天宇

出版发行：经济管理出版社
　　　　　（北京市海淀区北蜂窝 8 号中雅大厦 A 座 11 层　100038）
网　　址：www.E-mp.com.cn
电　　话：（010）51915602
印　　刷：北京虎彩文化传播有限公司
经　　销：新华书店
开　　本：720mm×1000mm/16
印　　张：19.75
字　　数：355 千字
版　　次：2015 年 5 月第 1 版　2020 年 1 月第 3 次印刷
书　　号：ISBN 978-7-5096-4170-5
定　　价：88.00 元

·版权所有　翻印必究·
凡购本社图书，如有印装错误，由本社读者服务部负责调换。
联系地址：北京阜外月坛北小街 2 号
电话：（010）68022974　　邮编：100836

目 录

第一章 绪论 ··· 1
  第一节 问题的提出 ··· 1
  第二节 社会组织与管理：已有的研究 ······························· 3
  第三节 本书的基本框架 ·· 22

第二章 社会组织问责 ·· 27
  第一节 社会组织问责的概念与特性 ································· 27
  第二节 社会组织问责的目标与功能 ································· 32
  第三节 社会组织问责机制 ··· 34
  第四节 强化社会组织问责，提升社会组织公信力 ·················· 47

第三章 社会组织的内部治理结构 ·································· 53
  第一节 社会组织治理的概念 ······································· 53
  第二节 社会组织董事会治理 ······································· 58
  第三节 社会组织监事会监督 ······································· 75

第四章 社会组织战略规划 ··· 85
  第一节 社会组织战略规划特征 ···································· 85
  第二节 社会组织战略分析 ··· 91
  第三节 社会组织战略制定与实施 ·································· 98

第五章 社会组织项目管理 ·· 113
  第一节 项目管理的意涵与原则 ··································· 113
  第二节 项目的设计与执行 ·· 116
  第三节 项目评估 ·· 124

第六章　社会组织人力资源管理 ... 139
   第一节　人性假设与社会组织人力资源发展 ... 139
   第二节　社会组织专职人员与志愿者的二元结构 ... 144
   第三节　社会组织人力资源管理过程 ... 146
   第四节　志愿者招募与管理 ... 154

第七章　社会组织的财务运行 ... 169
   第一节　社会组织财务运作概述 ... 169
   第二节　社会组织资金运行中存在的主要问题 ... 175
   第三节　社会组织资金管理体系 ... 181

第八章　社会组织营销与筹资 ... 191
   第一节　社会组织营销的概念界定 ... 192
   第二节　社会组织营销的客户定位 ... 195
   第三节　社会组织营销中的 4P ... 205
   第四节　社会组织筹资 ... 217

第九章　社会组织效能评估 ... 233
   第一节　社会组织效能的理论模型 ... 233
   第二节　社会组织效能评估的多元标准 ... 237
   第三节　社会组织效能评估的设计 ... 239

第十章　社会组织的发展趋势 ... 249
   第一节　中国社会组织的基本形式 ... 249
   第二节　中国社会组织的自主治理 ... 260
   第三节　社会组织与政府的新关系 ... 275
   第四节　社会组织与营利组织的相互渗透——战略联盟 ... 285
   第五节　社会组织的国际化 ... 291

参考文献 ... 299

第一章 绪 论

第一节 问题的提出

十一届三中全会所启动的改革开放,把中国社会带入了一个史无前例的"转型时期"。随着社会转型进程的推进,我国社会组织呈现出"爆发式增长"的态势。在计划经济时期,我国的公共物品由国家统一分配,社会组织显示不出其存在的意义,因而发展极其缓慢。在市场机制起资源基础性配置作用的经济社会中,政府不再统管社会经济事务,而是由市场配置资源、调节经济发展,因此,社会组织作为区别于政府和营利企业的"第三部门"得以迅速地发展壮大,①如图1-1所示。目前,在国际上对"社会组织"的称谓还有:志愿组织(Voluntary Organization)、社会组织(Nonprofit Organization)、非政府组织(Non-governmental Organization)、免税部门(Tax-exempt Sector)、慈善组织(Philanthropy Organization)、第三部门(Third Sector Organization)、社会中介组织(Social Intermediary Organization)等。1998年,中国政府将设于民政部的原"社会团体管理局"改为"民间组织管理局","民间组织"一词从此作为"社会组织"的中国官方用语开始被正式使用。由于"民间组织"一词多少带有边缘性组织的含义而逐渐被官方放弃使用。"社会组织"一词于2006年在我国的官方文件《中共中央关于构建社会主义和谐社会若干重大问题的决定》中首次出现。不过,"社会组织"的上述称谓在一定意义上是相通的,可互换使用。

---

① 有的学者并不认为中国从整体上形成了独立于政府与企业的第三部门,如王名认为,中国的NGO尚未进入成长阶段的判断。至少从外部环境来看,中国的NGO还处于艰难的起步阶段,它们还不具备生存和发展的基本条件。资料来源:中国公益信息网,http: // www. ngorc. net. cn/。

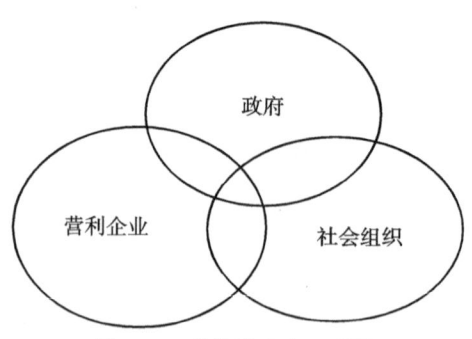

图 1-1 现代社会之三部门

社会组织以服务社会为使命，超越了政府与市场所能覆盖的范畴，不同程度地发挥着激发社会活力、动员和组织社会资源的作用，为改善民生、推动经济发展、创新社会管理、促进社会和谐作出了重要贡献（陈光金，2013[①]）。然而，众所周知，当前社会组织活力不足，难以满足日益增长的社会需求。正是顺应时代呼唤，党的十八届三中全会强调激发社会组织活力。因此，研究如何改善社会组织管理，激发活力，使社会组织在国家治理中发挥应有的主体作用，是创新社会管理体制、进一步理顺国家与社会关系中一个亟待解决的重大现实课题。诚然，社会组织所取得的成功在很大程度上应归功于良好的管理。在人们对社会组织是否需要管理这个问题还存有疑虑之时，德鲁克的著作就像迷雾中的灯塔，为社会组织的管理者指明了方向。他率先指出了社会组织也需要管理。长期以来，管理一直被人们看作是营利企业的专利。直到 20 世纪 70 年代末，社会组织尚未充分认识到管理的重要性。大部分社会组织以为凭借良好的动机和崇高的使命就可以办好事情，它们没有意识到必须对运作过程及其结果负责。伴随着社会组织作为组织个体和整个部门的迅速发展，许多业界先知先觉者和研究者开始洞察到做好事也必须精益求精。德鲁克指出："管理不是利润的附庸，而是所有组织的首要功能，不论这个组织的目标是什么。"[②] 管理是提高经营业绩的最有效手段，利润是检验业绩的一个标准，但绝非唯一的标准。

[①] http://finance.people.com.cn/n/2013/1124/c1004-23636756.html.
[②] Drucker, Peter F. *Managing the Nonprofit Organization: Practices and Principles*, Oxford Butter Worth-Heinemann Ltd, 1990.

第二节 社会组织与管理：已有的研究

一、国外的研究

在国外，社会组织的研究在"社会组织"、"非政府部门"、"非营利部门"、"第三部门"的话语体系下展开。虽然社会组织的历史源远流长，但将社会组织作为一个独立于政府和企业的"第三部门"来研究却是在20世纪70年代中期以后的事。[①]有学者撰文明确指出关于第三部门的研究是近25年才发生在英国和美国的事，其标志是70年代早期建立的美国私人慈善与公共福利委员会（The Commission On Private Philanthropy and Public Needs in the United States）在1975年发表的 *Giving in America* 一书中首次使用了第三部门（The Third Sector）的概念。在20世纪70年代以前社会组织并没有被视作一个独立的部门，更无从谈起对其进行广泛的关注和研究。更准确地说，国外社会组织研究开始于20世纪80年代。[②]

回顾国外近半个世纪关于社会组织的研究，成果主要集中在以下三个方面。

（一）社会组织及其角色

对社会组织产生及所承担的社会角色的解释，主要形成了以下四种理论。

1. 市场失灵/政府失灵理论（Market Failure/Government Failure）

这个理论是美国经济学家伯顿·韦斯布罗德（Burton A. Weisbrod）[③]最早于1974年提出的，以后他又试图不断地完善这一理论。市场失灵/政府失灵理论意在解释社会组织何以成为提供公共物品（Public Goods）的私营机构。由此产生出三个问题：什么是公共物品？为什么市场无法提供公共物品？为什么政府也无法满足人们对公共物品的需求？

公共物品的不可分割性和非排他性，使得它无法通过市场体系，即个别消费者和生产者之间的交易来提供，出现市场失灵。因此，提供公共物品的任务就落在了政府肩上。但是，人们对公共物品在品种、数量方面的偏好并不

[①] Ralph M., Kramer A. Third Sector in the Third Millennium? [J]. *Voluntas*, 2000, 11 (1).

[②] [美] 戴维·刘易斯. 揭示、扩展和深化？人类学方法对第三部门研究现有的和潜在的贡献评述 [M] //何增科. 公民社会与第三部门. 北京：社会科学文献出版社, 2000.

[③] Burton A., Weisbrod. Toward a Theory of the Voluntary Nonprofit Sector in Three-sector [M]. Economy, In E. Phelps. ed. *Altruism Morality and Economic Theory*. New York：Russel Sage, 1974.

一致，政府提供的公共物品只能倾向于大多数的选民。这样的结果必然导致一部分人对公共物品的过度需求（Excess Demand）得不到满足，另一部分人对公共物品的特殊需求（Differentiated Tastes）也得不到满足，出现政府失灵。这时候，社会组织应运而生，它们拾遗补阙，为需求过度的人提供额外的公共物品，为特殊需求的人提供专门的公共物品，以此来满足他们的需求。

韦斯布罗德采用了剩余分析的策略。在他看来，任何消费者都有对于物品（包括公共物品和私人物品）的需求，个人会因收入、宗教、宗族背景、教育等差异产生需求的异质性（The Heterogeneity of Quantities Demanded）。政府、企业（市场）和社会组织都是满足个人需求的手段，这三者在满足个人需求方面存在相互替代性。正是政府和企业（市场）在提供公共物品方面的局限性，才导致了社会组织的存在。韦斯布罗德认为政府提供的任何产品的数量和质量都是由政治决策过程决定的，公共物品也不例外。在不存在投票交易的简单多数模型中，投票结果往往反映了中位选民（Median Voter）的偏好，这样的结果必然导致一部分人对公共物品的过度需求和特殊需求得不到满足而留下大量不满意的选民群体。尽管在公共选择中也可能采用其他的投票方法，但韦斯布罗德认为，投票方式的变化只会较小地改变不满意人群的数量，只要反映中位选民需求的政治决策过程还存在，就仍然不能满足异质性较强的消费者需求，从而出现政府失灵。当消费者不满意政府提供的公共物品时，他可以选择以下几种替代形式。

（1）移民。人们的迁移是有成本的，人们选择居住地点的时候往往更多地考虑其他因素，而不是当地政府的政策。

（2）组成较低层次的政府。人们可以组成较低层次的政府来提供公共物品，如公园和图书馆就可以同时由联邦和州、县政府提供。

（3）求助于私人市场。人们不可能约束私人市场生产公共物品，私人和政府提供的公共物品，在适应消费者需要和价格方面是有区别的。

（4）求助于社会组织。公共物品有一个弊端，每个消费者对物品的形式、质量、使用和处置都很少控制。因此，消费者通常会选购那些容易控制的私人物品来替代，很少再买公共物品。这意味着，消费者并非处于政府和私人市场的最优位置，他们对政府提供的公共物品不满意，同时又在私人市场上作出了无奈的选择。

韦斯布罗德的理论说到底是个制度选择理论，他为一个重要的现象提供了有说服力的解释。的确，相当多的社会组织所提供的服务具有公共物品性质，至少对某个特定的人群具有公共性。例如，美国心脏协会（American Heart Association）、美国癌症协会（American Cancer Society）是靠私人捐款资助进行医学研究的，这类研究具有公共物品的性质，任何治疗心脏病或癌症的新进展对所有患者和潜在的患者都是个福音；政府由于种种原因不愿意或不能提供充足的研究经费，使得这两个协会得以发挥作用，以弥补政府提供公共物品的不足。

韦斯布罗德的理论解释了企业（市场）、政府和社会组织三种机制存在的必要性，指出它们之间是互补关系。社会组织的规模取决于消费者对政府提供公共物品的满意程度：消费者对政府提供公共物品越不满意，社会组织的规模就越大。但是，韦斯布罗德的理论也有很大的局限性，有些社会组织提供的并不是公共物品，例如美国很多非营利的医院、托儿所、私立学校、养老院、交响乐团，它们提供的服务显然不是公共物品，而是私人物品。为什么有些私人物品不是由营利性企业提供，而是由社会组织提供呢？耶鲁大学法学院教授 Henry Hansmann 的合约失灵理论给出了回答。

2. 合约失灵理论（Contract Failure）

合约失灵理论由汉斯曼（Henry B. Hansmann）提出，他从营利性组织的局限性入手，来分析非营利部门的功能需求。[①] 合约失灵类似私人部门的"市场失灵"现象，而使得私有市场机制的运作受到限制。信息畅通无阻是确保市场有效运作的必需条件，一旦生产者与消费者之间发生了"信息不对称"（Asymmetrical Distribution of Information），消费者在议价过程中无法处于公平合理的地位，生产者就有可能收取过高费用或提供劣质的商品，使消费者蒙受相当大的损失，从而造成"合约失灵"问题。

合约失灵难以由市场机制解决，因为现实市场的信息总是不完全的，生产者和消费者的信息非对称也是客观存在的。因此，对于诸如再分配的慈善福利事业、提供复杂的个人服务、服务的购买者和消费者分离、存在价格歧视和不完全市场等情况下的产品和服务的供给必须寻求新的非市场供给主体，这个主体就是社会组织。汉斯曼（Henry B. Hansmann）于1980年在《耶鲁法学杂志》发表了一篇论文，题为《非营利企业的作用》。[②] 他提出，在有些领域，消费者往往缺少足够的信息来评估服务的质和量。这是由于服务购买者并不是最终消费者，中间隔了一层；或是由于服务本身的性质太复杂，消费者对它难以评估。例如，家长很难判断托儿所的服务质量，因为他们年幼无知的孩子才是直接服务对象；子女很难判断养老院的服务质量，因为他们年迈体弱的父母才是直接服务对象；患者很难判断医院的服务水准，因为他们不具

[①] Hansmann H. The Role of Nonprofit Enterprise. *Yale Law Review*, 1980, 89 (4): 835–899.
[②] Hansmann H. The Role of Nonprofit Enterprise. *Yale Law Journal*, 1980, 89 (3): 835–901.

备专业医学知识。在这些情况下，营利性组织就具有局限性。虽然多数营利性企业会以优良的质量、数量和价格提供服务，但也有少量企业存在欺诈行为，很可能利用自己的优势以次充好，以少充多，欺骗消费者，谋求最大化的利润。其结果是消费者不能与企业达成最优的合约，即使达成，也很难履行，致使消费者的利益蒙受损失，出现所谓的"合约失灵"（Contract Failure）现象。如果这些服务由社会组织来提供，结果就不同了。因为社会组织受到"不得分配盈利约束"，所以它们在提供产品和服务时借信息不对称之机占消费者便宜的可能性就要小得多。

所谓"非分配约束"，是指社会组织不能把获得的净收入分配给对该组织实施控制的个人，包括组织成员、管理人员、董事等。净收入必须得以保留，完全用于为组织的进一步发展提供资金。在 Hansmann 看来，"非分配约束"是社会组织区别于营利性组织的最重要的特征。这个特征使得社会组织在提供存在信息不对称的商品和服务时，尽管有能力去提高价格或降低产品质量，而且不用担心消费者的报复，但它们仍然不会去损害消费者的利益，因为它们所获得的利润不能参与分配。这在很大程度上抑制了生产者实施机会主义行为的动机，从而维护了消费者的利益。社会组织的"非分配约束"特征，实际上是在市场上可能出现"契约失灵"情况时，对生产者机会主义行为的一种有力的制度约束。社会组织是消费者无法通过通常的契约方式来监督生产者时的一种制度反应，它的出现弥补了在某些方面市场机制提供物品和服务的不足。

就其本质而言，合约失灵理论是个制度选择理论。政府组织、企业（市场）组织和社会组织这三种制度之间的关系可用图 1-1 表示。

合约失灵理论与前述的市场失灵、政府失灵理论并不矛盾，而且是互为补充的。合约失灵理论解释的是为什么有些私人物品要由社会组织提供，而市场失灵、政府失灵理论解释的是为什么有些公共物品要由社会组织提供。

除了政府失灵理论涉及的公共物品和市场失灵理论涉及的带信息不对称特征的私人物品外，还有三类物品的提供靠市场不一定是最佳选择。一是外部性（Externalities）很强的物品。在经济学里，外部性是指参加交易人的行为影响到第三者。如教育和公共卫生不仅有利于接受教育和卫生保健的那些人自身，还有利于其他人。受教育的人有助于提高整个社会的生产效率，降低整个社会的出生率，改善整个社会的生活环境。接受卫生保健的人有助于防止传染病扩散。这种外部性可以称为正面的外部性。外部性也有负面的，如环境污染。产生污染的厂家迫使其他人支付了本不该他们支付的社会成本。市场机制难以确定提供多少带外部性特征的物品最为合适。二是可能产生自然垄断的物品，如电力供应和铁路运输。由于这类产业的初始固定投资太大，规模效应显著，如果让私营企业自由竞争，其结果要么是重复建设，造成资源浪费，要么是一家独大，形成垄断。非市场力量的干预才有可能克服这两种局面的出现。三是从收入分配角度观察不应由市场决定的物品，如公共住房。这三类物品，加上带信息不对称特征的私人物品，不是纯粹的公共物品。私人公司可以提供，政府或社会组织也能提供。现在还没有一套理论能说明在这些领域三个部门（市场、政府和社会组织）如何分工最为理想。

3. 第三方管理理论（The Third-party Government Theory）

Salamon认为针对政府在提供公共产品和服务上的不足，在公共服务的传输上必须仰赖社会组织，即政府通过代理人来实施政府的功能，于是"第三者政府"模式应运而生。在这种模式中，社会组织与政府分享在公共基金支出和公共权威运用上的处理权（Discretion），政府在福利事业中更多地充任着资金提供者和管理者的角色，而把相当程度的处理权留给了社会组织。当然，在Salamon看来，社会组织同样存在几大缺陷，如慈善不足（Philanthropic Insufficiency）、慈善组织的家长作风（Philanthropic Paternalism）、慈善组织的业余性（Philanthropic Amateurism）、慈善的特殊主义（Philanthropic Particularism）。[①]

这是美国公共政策学者、社会组织研究专家萨拉蒙（Salamon）在1981年提出的。萨拉蒙批评市场失灵、政府失灵理论无法解释社会组织存在的原因，因此提出了"第三方管理理论"。这一理论是针对近代政府行为的转变性与多样性，在公共服务的输送上，必须依赖许多社会组织来运作。社会组织的产生是缘于人民对公共服务的渴望，但又惧怕政府权力的扩大，只好通过第三方社会组织来提供福利服务。

萨拉蒙认为，福利国家理论对美国来说是不适用的，因为这种理论没有揭示作为"资金和指导的提供者"（A Provider of Fund and Direction）政府和"服务输送者"（A Deliver of Services）政府的区别。美国联邦政府主要是作为"资金和指导的提供者"的角色出现的。在提供具体的社会服务时，联邦政府更多地依靠大量的第三方机构——州、市、县、大学、医院、行业协会以及众多的社会组织，于是出现了"第三方管理"（Third-party Government）模式。在这种模式中，联邦政府与第三方分享公共资金的支出权和公共权威的运用权。

---

① L.M.Salamom. Rethinking Public Management: Third-Party Government and the Changing Forms of Government Action [J]. *Public Policy*, 1981: 255-275. Salamon.1995; Partners in Public Service: Government-Nonprofit Relations in the Modern Welfare Baltimore: The Johns Hopkins University Press.

一方面政府在公共福利中的作用得到了加强,可以为公共福利提供更多的资金;另一方面又避免出现一个不符合美国政治传统的、庞大的政府官僚机构。

在萨拉蒙看来,利用政府提供公共服务的交易成本会比利用社会组织高得多。因此,社会组织应该作为最初提供公共服务的机构,只有在社会组织提供服务不足的情况下,政府才能进一步发挥作用。政府的介入不应是替代,而应是补充。

萨拉蒙指出,在美国这样一个有着浓厚自由主义传统的社会,人们对政府总是抱有怀疑态度的。相比之下,社会组织比较有弹性,可以根据个人不同的需求提供相应的服务,并能够在较小范围内开展工作,同时还可以在服务提供者之间进行竞争。正是由于政府和社会组织的互补性,出于对成本的考虑,政府与社会组织建立起合作关系,既可以保持较小规模的政府,又能圆满地完成公共福利的任务。

4. 供给理论[①](Supply-side Theory)

前面两种理论都是从需求的角度来探讨的,但是需求只是必要条件,而不是充分条件。很明显,如果仅有第三部门的需求,而没有人出面建立社会组织的话,第三部门是不可能出现的。因此,有必要从供给的角度为第三部门的出现作出解释。具体地讲,就是要解释为什么有人愿意花费时间、精力和金钱进行非营利的活动,对于营利性企业,我们不会提同样的问题,因为营利企业的目的就是追求利润的最大化,那么社会组织的发起者追求的是什么呢?

一种犬儒主义的解释是这些组织名义上不以盈利为目的,实际上它们的负责人能够通过各种合法和非法的途径获取利益。合法的途径包括付给自己高于市场价格的工资,为自己供免费住房、免费轿车,为自己开设供随意支付的账户等。非法的途径就举不胜举了,如私立学校负责人在接受新生过程中收取礼品和其他形式的贿赂。的确,在日本、哥伦比亚等国,人们相信很多社会组织实际上是挂羊头卖狗肉的。但是这种犬儒主义的看法至多只能解释极少一部分社会组织出现的理由,要解释大多数社会组织的存在,我们还须寻找其他理由。

另一种解释也强调参与非营利活动的人可以从中牟取私利,但这种私利是无形的,不是金钱,而是社会地位、荣誉和权力。在美国,20世纪末,当社会组织刚刚问世时,它们就与上流社会挂在一起。今天,社会组织仍然控制在都市精英手中,参与社会组织活动往往被看作是社会地位的象征,因为将自己的名字与知名社会组织联系在一起是件很荣耀的事。社会组织的捐款聚

---

① 王绍光.多元与统一 [M].杭州:浙江人民出版社,1999.

会往往名流云集，能在这种场合抛头露面无疑是件很出风头的事。用家族的名义命名一所学校或医院更可光宗耀祖。在平等思想占主流的瑞典，私人慈善事业之所以遭到冷落，正是因为那里的人们对它隐含的社会地位不平等感到厌恶。

在很多国家，如印度、肯尼亚、日本，参与非营利活动还可能带来另一种无形收益，即政治影响力。学校和医院的创办者往往会赢得当地居民的感恩戴德，从而加强他们的政治影响力和竞争力。在这些国家，人们通常用政治野心来解释社会组织创始人的动机。

宗教信仰是解释非营利活动的另一个重要因素。宗教团体在世界各国都是非营利活动的有力支持者。例如：美国和英国的许多私立学校和医院是由教会创办的；在荷兰，95%的私立学校与宗教团体有关；法国和拉丁美洲国家有不少天主教学校；发展中国家的社区服务往往是由传教士推动并承担。宗教团体为什么热衷于非营利活动呢？一种可能性是宗教中含有利他主义（Altruism）的因素。但更重要的，也许是宗教团体开展这些非营利活动是为有利于与其他教派或世俗势力展开竞争，它们开展非营利活动的着眼点往往在于吸引更多的人皈依自身的教派；同时，也有宗教团体以非营利活动作为防范其他教派挖墙脚的预防性手段。与其他教派或世俗影响竞争的这个因素不容低估，例如，20世纪初期，当公立大学在南美国家出现时，天主教会随即作出反应，建立了一批教会大学。而在瑞典，由于95%的人都属于瑞典教会（The Church of Sweden），没什么潜在的竞争对手，私立学校便少得可怜。在一定意义上，我们可以说，宗教团体进行非营利活动的目的不是利润最大化，而是宗教信仰最大化，或是教徒数量最大化。这也解释了在很多国家社会组织往往集中在教育和医疗卫生领域的原因。选择教育领域是因为，学校是培养品位和灌输信仰最有效的机构；选择医疗卫生领域是因为，人们遭遇困难时最容易对伸出援助之手的宗教团体感恩戴德，产生好感和向往之情。

但不可否认的是，宗教情怀的确包含着利他主义的色彩。当然利他主义并不是宗教的专利。耶鲁大学政治系的 Susan Rose-Ackerman 归纳了人们愿意为社会组织贡献时间、精力和金钱的原因。他指出有些人认为收入分配应该更平等一些，基本社会服务应向生活在社会底层的群体倾斜。另一些人相信某些特殊领域的服务（如医疗和教育）水平应该大大提高。还有些人希望向其他人宣传自己信仰的学说。对这些人而言，其他人生活境况（物质生活和精神生活）的改善就是他们的快乐。他们中一些人特别关心某个特定人群（如贫困儿童）的福利，只要这个特定人群享受到他们认为必要的服务，自己便会感到十分愉快。另一些人则对任何需要社会援助的人群改善生活境遇都会感到高兴，还有的人特别关心某个特定目标的实现，如清除环境污染，提高艺术创作水平等。这些方面的进展会给他们带来巨大的乐趣。

按照一般经济学的说法，光有助人为乐的精神是不够的，因为存在免费搭车问题。例如，希望收入更平等的人不一定会捐出自己的钱来扶助穷人，他们可能指望其他人来承担这个责任。但在实际生活中确有不少人热心为公益事业和非营利事业贡献力量，更重要的是，他们不会因为个人的贡献在整个事业中微不足道而放弃努力。他们的行为显然与经济学对人性的一般假设相矛盾。为了解释这些人的行为，经济学家想到各种可能性。一种可能是，有些慈善组织很小，其中有的捐款人非常富有，结果少数几个人的捐赠就能对该组织的活动产生明显的影响。据说在这种小组织中，免费搭车的问题比较容易避免。另一种可能性是，对某组织给予捐款的人本身也可以从该组织的活动中受益。一个例子是，在美国，不少心脏病患者都是美国心脏协会的小额捐助者。如果心血管病研究方面有进展，他们是主要受益者。这种人可以说不过是些"策略性捐款人"（Strategic Donors）而已。还有一种可能性是，捐款人能从捐赠行为本身或从受助者的感激中得到快慰，使他们不愿变成免费搭车者。说到底，这几种人虽然没有免费搭车，但他们并不是真正的利他主义者。他们的共同点都是希望从捐赠行为得到某种回报，包括精神上的满足。在这个意义上，他们的行为还是可以用经济学对人性的假设来解释的。

真正的利他主义者是那些认为自己有义务为慈善事业和公益事业作贡献的人。这些人之所以不搭免费车，不是因为他们对他人的同情，而是因为他们感到对帮助他人有一份不可推卸的责任。这种责任感放在经济学的框架里似乎难以解释，跳出经济学的框架其实并不难理解。毕竟，人们普遍相信免费搭车在道义上是错误的。尽管多数人仍会搭免费车，但总有人在其意识形态或宗教观驱使下愿意为慈善和公益事业作出贡献。不少实证研究都发现，很大一部分社会组织的发起人带有强烈的意识形态色彩或宗教色彩。他们往往把自己的事业当成一种使命。当一些人带头开展捐助时，其他人会感受到某种程度的道德压力。尤其是看到与自己境况类似的人慷慨解囊时，再袖手旁观便说不过去了。于是，真正的利他主义者可以用自己的行为带动更多的人变成慈善和公益事业的支持者。

以上讨论表明，一个解释非营利活动的统一供给理论并不存在。现实世界的复杂性也意味着，这样的理论也许永远不会出现。组织非营利活动的团体和个人有各式各样的动机，归纳起来大概有三类。第一类是以非营利活动牟取个人和团体私利（金钱、地位、荣誉、权力等）。经济学的行为假设完全可以解释这类行为。第二类动机带有利他主义色彩，但也期望获得某种回报，包括精神上的快慰。要解释此类行为，经济学理论必须对"合乎人的理性"这个问题给予较宽泛的理解。不仅对物质利益的追求是理性的，对其他目标的追求也应被看作是理性的。第三类动机是纯粹利他主义的。世界上纯粹的利他主义者也许不多，但我们不能借口纯粹的利他主义者稀少便对他们视而不见，因为他们的行为可能对其他人的行为产生或大或小的影响。

5. 志愿失灵理论（Voluntary Failure）

以上理论都以一个基本假设为前提，即以社会组织为主体构成的第三部门完全独立于市场与政府之外。这也是称其为第三部门的原因。这个假设满足了人们多样性的需求。政府之短正是第三部门之长，它可以弥补市场与政府失灵，为社会提供市场和政府不能提供的服务。这种"冲突范式"最大的问题是与现实不符。人们在谈论市场和政府失灵时往往忘了，正如市场和政府都可能失灵一样，第三部门也有其内在的局限性，使之无法单靠自己的力量推进慈善和公益事业。这种局限性可以称作"志愿失灵"（Voluntary Failure）。志愿失灵最突出的表现是非营利活动所需的开支与社会组织能募集到的资源之间存在一个巨大的缺口，Salamon 称之为慈善不足（Philanthropic Insufficiency）。在世界各国，志愿捐款通常只占第三部门组织开支的很小一部分。谈到志愿捐款，恐怕没有一个国家比美国人的热情更高。那么我们就以美国为例吧。据 1992 年的统计，美国第三部门的资源总量为 5085 亿美元（义工的价值没有折算在内）。其中 31.3% 来源于政府资助，50.2% 来源于会费、服务收费及投资回报。私人志愿捐款仅占总资源的 18.4%，即不到 1/5。即使将义工的价值折算在内，私人捐助也只占总资源的 33%，或 1/3。① 在别的国家，第三部门对政府资助的依赖性更大。如在荷兰，第三部门近 90% 的开支是靠政府拨款；在瑞典，第三部门近 2/3 的经费来自政府。在这两个国家，第三部门其余的收入也主要来自服务性收费，而不是私人捐款。只有宗教团体收到的私人捐款比重大一些。应该指出的是，就历史趋势而言，政府补贴在各国第三部门预算中所占的比重一直呈上升趋势。

为什么第三部门对政府的依赖会如此之大且越来越大呢？答案是，第三部门之短正是政府之所长。捐款只能靠志愿，纳税则是强制性的义务。作为使用暴力的唯一合法组织，政府可以凭借其对暴力的垄断来贯彻自己的意志。民主与非民主国家的区别在于国家意志是如何形成的，而并不在于是否以暴力作为国家行为的后盾。政府与非政府组织的这个区别，使前者在动员资源

---

① Susan Rose-Ackerman, Altruism. Ideological Entrepreneurs and the Nonprofit Firm [J]. *Voluntus*, 1997, 8 (2): 131.

方面占有极大优势。再以西方国家为例，政府总收入占国内生产总值的比重在美国为30%左右，在加拿大和英国为40%左右，在法国和德国为45%左右，在北欧各国则一般高于50%。与政府相比较，第三部门的资源动员能力显然是不值一提的。

私人捐款不足只是志愿失灵的一个方面。Salamon认为，除此之外，志愿失灵还表现在其他三个方面。一是慈善活动的狭隘性（Philanthropic Particularism）。志愿组织活动的受益对象往往只是某些特定的社会群体，如特定的种族、特定的宗教教派、特定地域的居民、特定的年龄层、特定的性别、特定的疾病患者等。由于不同的社会群体建立属于自己组织的能力有强有弱，有些群体尽管对社会服务的需求很大，却可能建立不起代表自己利益的组织。即使所有社会群体都有属于自己的组织，它们募集资金的能力也会有很大区别。其后果是有些群体可以享受到广泛的服务，而另一些群体的利益遭到忽视。例如，直到20世纪60年代初，纽约市的儿童福利服务主要由天主教和犹太教组织提供。但是多数"二战"后涌入纽约的黑人是新教徒，他们的孩子很难享受到儿童福利服务。其他一些社会群体，如残疾人、同性恋者、妇女和拉丁美洲移民也曾面临同样的困难。慈善活动的狭隘性还容易导致资源的浪费。如果各社会群体都要建立自己专门的慈善机构，很多机构提供的服务恐怕难以达到规模效应，这样因而社会总体的服务成本会加大，效率就会降低。一方面很多社会群体没有组织为自己服务，另一方面有限的资源被白白地浪费，这不能不说是第三部门的一个重大缺陷。

二是慈善组织的家长作风（Philanthropic Paternalism）。说起来志愿组织的活动要靠志愿人员的支持，但实际上那些掌握志愿组织经济命脉的人对如何使用资源有很大发言权。他们所做的决定既不必征求受益人的意见，也不必对社会大众负责。因此，富人偏好的服务（如高雅艺术）往往得到优先考虑，而穷人渴望的基本服务却难以排上议事日程。在慈善捐款免税的国家里（如美国），这种资源分配方式意味着，那些接受政府隐性补贴（因为免税的代价是减少公共财政收入）的组织却不必将其内部决策过程民主化，也不必接受社会监督。这显然是不合理的。由于决策过程带有家长制的色彩，这些志愿组织很难摆脱"慷慨的贵妇人"（Lady-Bountiful）的形象。

三是慈善组织的业余性（Philanthropic Amateurism）。在很长时期里，贫困被认为是由于穷人的道德堕落引起的。因此，对穷人、精神病患者、未婚母亲的照顾主要是由好心的业余工作者来承担。他们中的多数人从未经过任何正式的工作培训。随着社会学、医学和心理学等方面的进展，这种传统的做法逐渐被扬弃。人们现在认识到这些社会问题也需要具备专业知识的专业人士来处理。但是，由于志愿组织强调义工服务，且往往不能提供有竞争性的工资，使得它们很难吸引专业人士加盟。这无疑影响了其活动的效率。

（二）社会组织与政府的关系

吉德伦、克莱默和萨拉蒙（Gidron，Kramer，Salamon）等人基于对政府与第三部门之间的关系的跨国比较研究于1992年提出了政府—社会组织关系的类型理论。他们认为，所有公共福利服务中，有两个关键要素：一是服务资金的筹集和授权（Financing and Authorizing of Services）；二是服务的实际配送（Actual Delivery）。这两类活动可以由不同的组织来实施，以这两种活动为核心变量，他们提出了政府与社会组织关系的四种模式。

1. 政府支配模式（Government-dominant Model）

在这个模式中，政府在资金筹措和服务配送中占据支配性地位。政府既是财政的主要提供者，又是福利服务的主要提供者。政府通过税收来筹集资金，又通过政府雇员来提供相应的服务。

2. 社会组织支配模式（Third-sector-dominant Model）

在这个模式中，社会组织在资金筹措和服务配送中起着支配性的作用。产生这种模式的原因很复杂，或者是出于意识形态或宗教的原因，对政府提供社会服务有一种强烈的反对情绪，或者是因为这些地区对社会服务还没有普遍需求。第三部门支配模式和政府支配模式分别处于政府与非营利关系模式的两极。

3. 双重模式（Dual Model）

这是处于政府支配模式和第三部门支配模式之间的一种模式。在这种模式中，政府和社会组织都大量投入到资金筹措和服务配送中去，但都局限在各自的领域。这可以采用两种不同的形式：其一，社会组织通过给国家力量没有达到的公众传送同样类型的服务，来补充国家提供的服务；其二，第三部门通过提供政府尚未提供的服务，来弥补政府服务职能的空白。在这两种情况下，最显著的特征是两个相当大的，但相对自治的公共服务的资金筹措和配送体系同时并存，共存共荣。

4. 合作模式（Collaborative Model）

在这种模式中，政府和社会组织共同开展公共服务，但不是分离的，而是合作的。合作模式在福利国家中比较普遍，美国最为典型。非常典型的是由政府提供资金，由第三部门组织配送服务。合作模式包括两种方式：一是"合作的卖方模式"（Collaborative-vendor Model）。在这个模式中，社会组织仅仅是作为政府项目管理的代理人出现，拥有较少的处理权或讨价还价的权利。二是合作的伙伴关系模式（Eollaborative-partnership Model）。在这个模式中，社会组织拥有大量的自治和决策的权力,在项目管理上也更有发言权。吉德伦等认为,长期以来,由于人们误以为政府提供资金就能够控制社会组织,就理所当然地认为合作的卖方模式是最普遍的形式。但实际上,合作的伙伴关系模式在福利国家中更加普遍。美国是最典型的合作模式。

(三) 模糊的边界

对非营利阵营壮大、商业化趋势凸显及政府—企业—非营利部门边界模糊化的理论诠释,主要包括以下四种相互补充的解释范式。

(1) 政治经济学范式 (The Political Economy of Human Science)。该范式认为在后工业社会中,政府、企业及非营利部门间相互依赖,相互渗透,社会结构日益呈现网络化趋势。对于社会公益服务来说,组织内外各利益相关主体的互动及讨价还价决定服务的种类、技术及供给模式等,决定着服务组织的权力及合法性取得的程序及组织资源(包括资金、人员、顾客或受益者)的获取与分配,影响其决策机制及治理结构的构建。在这种竞争激烈的网络环境中,社会组织为保持其自主性趋向于实施各种形式的政治策略,从总体上实现了从竞争到合作再到建立战略联盟的根本转变。[①]

(2) 组织生态学范式 (Organizational Ecology)。组织生态学的分析框架使用生态学的基本分析方法,即:①组织内部存在着强大的变革阻力;②外部环境的不确定性使组织变革成为可能。同时提出社会组织是市场经济生态系统的有机组成部分并发挥其功能,并诊断影响组织变化的因素,包括对资金、人员及其他资源的竞争、合法性、组织寿命、环境的宽容及限制等。认为:一方面,组织因存在不同国家及不同历史时期面对的环境因素的差异,而使其在系统中功能和地位各有千秋。另一方面,来自系统同构的巨大力量 (Isomorphic Forces) 已逐步侵蚀了基于组织法律形式的清晰边界,政府、企业、非营利部门的组织行为呈现趋同化趋势,例如,组织产权形式的差别并不妨碍它们采取一体化的管理原则及技术。[②]

(3) 新制度主义范式 (Neoinstitutionalism)。新制度主义试图使用一整套工具以解码组织所处的复杂而动态的环境,其基本观点为:制度力量形塑组织结构及组织行为。根据 Van Til, J. Powell W. 和 Dimaggio,制度的概念可概括为 3R,即正式规则和非正式规则 (Rules or Rotines)、角色 (Roles)、关系

[①] Austin D. The Political Economy of Human Service Programs, JAI Press, Greenwich, Connecticut. 1988; Benson K. The Interorganizational Network as a Political Economy [J]. *Administrative Science Quarterly*, 1975.

[②] Ielefeld W. & Galaskiewicz J. Nonprofit Organizations in an Age of Uncertainty: A Study of Organizational Change [J]. Aldine de Gruyter, Hawthorne, N.Y., 1998.

(Relationships)，认为组织存在于由各种横向关系和纵向关系交织而成的政府、企业、非营利部门相互渗透的复杂社会体系之中，社会文化、各利益相关群体，以及其他强制因素无不制约着组织的行为。社会组织受组织公信力、资源、政府规制及不断变化的筹资环境等制度因素的影响，不能不强化其科层化、专业化、商业化取向。也就是说，竞争与制度同构促成了政府、企业及社会组织间在社会公益服务领域的相互依存、平等合作的基本格局。①

（4）开放、多元福利范式（Mixed，Opened Systems）。此种范式放弃了传统的公共领域—私人领域的二分法，引入多元福利理念（Welfare Mix Concept）以作为组织社会公益服务事业的基本原则。在多元福利理念下，政府不再作为社会福利的单一行动者，既筹集资金，又直接提供服务。社会福利事业的参与主体除政府外，还包括非营利部门、企业及社区，由于他们在社会福利供给方面各有其优势及局限性，需要相互补充、相互作用，共同支撑起社会福利事业的广阔天空。Kramer 为强调其多元性，还特别提出了"中介领域"（Intermediate Area）的概念，他认为非营利部门的活动覆盖到了所有社会福利事业的所有领域，因而毫无疑问属于"中介领域"的重要组成部分。这一领域边界的灵活性、可渗透性特征，使它像一个巨大的齿轮将正式的和非正式的、专业性的和志愿性的、政府的与非营利部门的社会公益服务事业有机地整合起来。②

尽管研究领域从第三部门的理念，逐步延伸到组织的结构、公民社会、社会运动、社会资本等，学者纷纷从政治学、社会学、组织学、管理学、经济学及历史学等学科或跨学科角度对社会组织进行广泛的研究，但当下的研究者们仍然在组织的定义与分类、非营利部门与政府的关系以及慈善与志愿等问题上纠缠不休，有关社会组织发展存续的运行与管理问题还没能得到深入系统的探讨。

二、国内的研究

(一) 关于社会组织的定义与分类

社会组织的概念来自西方，由于各国的历史与国情各异，社会组织活动范

---

① Powell W. & Dimaggio P. (eds.) The New Institutionalism in Organizational Analysis [J]. University of Chicago Press, Chicago, Illinoise. 1991; Scott W. Institutions and Organizations, Sage Publications, Thousand Oaks, California, 1995.

② Evers A. Shifts in the Welfare Mix [J]. Eurosocial, 1991: 7-8; Evers, A. Part of the Welfare Mix: The Third Sector as an Intermediate Area. Voluntas, 1995 (6), 159-182; Evers, A.& Svetlik, I. (eds.) Balancing Pluralism: New Welfare Mixes in Care for the Elderly, Avebury, Enland, 1993.

围广泛，方式各异，研究者又通常从不同的语境和话语体系出发对社会组织进行界定与分析，其概念具有多重的表达且具有内涵的不确定性也就不足为怪，第三部门、公益（民间）组织、慈善部门、非政府组织、非营利部门、第三域、志愿部门、独立部门、免税组织等都是社会组织的同义词或近义词。大体说来，社会组织（部门）强调与营利企业相区别的非营利性；第三部门（第三域）强调与国家、市场三足鼎立的第三势力；公益民间组织趋向于展示组织的存在目的是追求公共利益；慈善部门则凸显组织的资金来源于私人的慈善性捐款；非政府组织偏重于说明组织独立于国家体系之外，不是政府部门或其附属机构；志愿组织侧重于组织的运作在很大程度上靠志愿者秉承志愿精神在时间、精力及金钱上的投入。至于各定义的确切边界必须联系其话语背景。

大多数学者根据 Salamon 的定义，确认了社会组织的七大基本特性（虽有不同的表述），即：①组织性（Formal）。它具有某种程度的制度化及稳定的成员关系，且组织具有合法性。②民间性（Nongovernmental）。它们不是政府行政的附属，与政府行政机构无直接隶属关系，具有独立的法人资格和责任能力。③非营利性（Nonprofit Distributing）。组织的存在非以营利为目的，盈利不得在利益相关者中分配。④自治性（Self-governing）。组织具有独立的决策和运作能力，具有制度化的管理结构与管理程序，其经营与运作不接受来自外部的领导与管理。⑤志愿性（Voluntary）。社会组织包括志愿人员一定程度的参与，特别是由志愿人员组成负责管理的董事会。⑥非政治性（Nonpolitical）。不谋求组织或个人的政治利益，不参加竞选等政治活动。⑦非宗教性（Nonreligious）。即不是宗教组织，不开展传教、礼拜等宗教活动。①

另一美国学者（Wolf）从公益的角度定义社会组织同样得到中国学者相当程度的认同。Wolf 认为，社会组织是合法建立的非政府组织，以公共服务和非营利为目的，并根据有关法律享受免税待遇，其特点为：①必须承担公共服务的任务；②必须基于公益或非营利而组成；③管理层排除个人利益和私人财物所得；④依法成立的合法组织并依法免税；⑤由特别法明确规定捐赠者享受减免税特权。

定义的探讨属于定性研究，不免具有模糊性，如果以一定的方法进行分类，也许在某种程度使社会组织的概念更为清晰，许多学者在这方面付出了时间和智慧。学者们常见的分类有以下几类。

---

① Salamom 所列七大属性第一次在联合国 CNP 统计项目（1994~1996 年）中使用，由此形成的定义被国际公认为是社会组织的权威性阐释。

参照国外学者的分类方法，根据服务对象分为两类：一是以集体利益为目的，以组织成员为服务对象的互惠组织，如工会、合作社、互助保险公司等；二是以社会公益为目的，以不确定主体为服务对象的公益机构，如基金会、慈善组织等。公益机构以公共利益为宗旨，致力于救助灾害、救济贫困、扶助残疾人等困难的社会群体和个人的活动，涉及科研、教育、文化、卫生、体育、环保、社会公共设施建设以及促进社会发展和进步。①

根据中国现行法律法规分为三类：一是依据《社会团体登记管理条例》（1998）在民政部登记注册的社会团体，二是依据《基金会管理办法》②（1988）在民政部登记注册的基金会，三是依据《民办非企业单位登记管理暂行条例》（1998）在民政部登记注册的民办非企业单位。其中前两种获得社会团体法人资格，后一种视不同情况获得法人、合伙或者个体的行为主体资格。按照现行《民法通则》的规定，企业、机关、事业单位和社会团体四种法人具有民法中的法人地位。此种方法排除公益事业的重要力量——事业单位。

按照汉斯曼资金的主要来源方式及管理方式分为四类：一是"赞助型组织"，即组织收入大部分来自外界公众的捐赠，如红十字会、中国人口福利基金会；二是"商业型组织"，此类社会组织在相当程度上依靠销售自己的社会服务来筹集资金，如医院等；三是会员付费组织，经费来源于会员会费并由会员管理；四是"企业型组织"，这类组织成立专门的董事会，然后聘请总经理来管理。

一些学者根据联合国国际标准产业分类体系将3类15项列入"社会组织"这一大类。具体是：①教育：小学教育、中学教育、大学教育、成人教育及其他；②医疗和社会工作：医疗保健、兽医、社会工作；③其他社区社会和个人服务：环境卫生、商会与专业组织、工会、其他会员组织（包括宗教与政治组织）、娱乐机构、新闻机构、图书馆、博物馆及运动与休闲等。

美国约翰·霍普金斯大学社会组织比较研究中心的"社会组织国际分类体系"也在我国学界得到一定程度的认同。该体系列举非营利部门的12类组织：①文化与休闲；②教育与研究；③卫生；④社会服务；⑤环境；⑥发展与住房；⑦法律、推促与政治；⑧慈善中介与志愿行为鼓动；⑨国际性活动；⑩宗教活动与组织；⑪商会、专业协会、工会；⑫其他。③

---

① 陈晓畅，仲伟周，李霞. 公益机构的行为扭曲与管制 [J]. 科研管理，2004（2）.
② 2004年6月1日实施《基金会管理条例》，1988年9月27日国务院发布的《基金会管理办法》同时废止。
③ 王绍光. 多元与统一：第三部门国际比较研究 [M]. 杭州：浙江人民出版社，1999.

王名对各种分类进行了梳理后,将中国社会组织依照组织构成与制度特征分为会员制和非会员制组织,并进行了细分,如图1-2所示。①

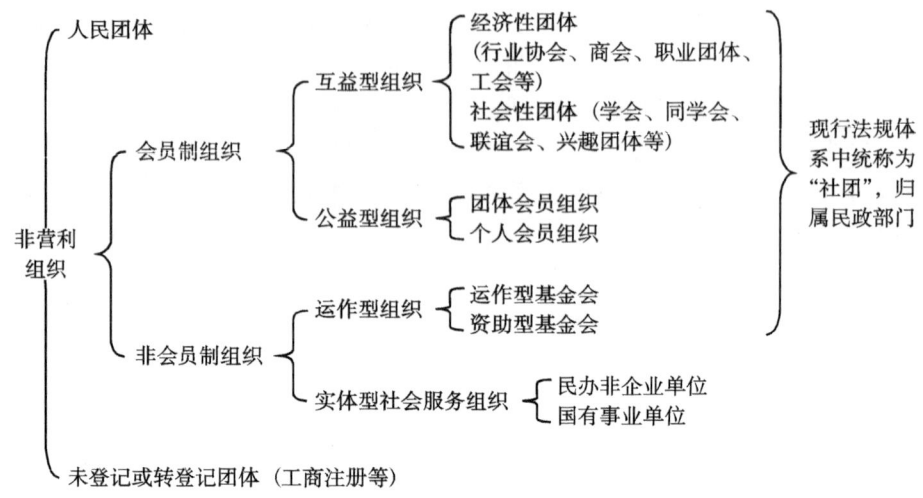

图1-2 中国社会组织分类

无论定义与分类,都难以有统一的答案。应该说普遍性与个性化总是以一种对立统一的方式紧密联系在一起,过于追求普遍共识的概念和边界既不现实,也毫无意义。概念的多样化及内涵外延的伸缩性都不妨碍对于这一"二十世纪最伟大的社会革新"的研究,反而更显示其活力、潜力与张力。

(二) 有关中国社会组织发展的必然性与必要性

社会组织是改革带来的新事物,对这种新事物出现的必然性和必要性是研究社会组织的学者必须回答的问题,很多学者从不同的角度对这一问题进行了探讨,却殊途同归(基本上给予了一致的回答)。除了沿用市场失灵、政府失灵等理论对社会组织作出功能性解释外,普遍认为中国的改革开放使政治资源、社会资源和文化资源逐渐由政府向民间转移,从而为中国第三部门崛起提供了制度空间。金太军认为,在计划经济体制改革下,全部社会资源都控制在政府特别是中央政府手中,国家通过一系列制度性的手段诸如身份制、单位制、行政制等将公共产品提供给个人。随着改革开放,计划体制向市场体制转轨,社会资源一方面从国有体制向外分散和转移,另一方面在国有体制内从上向下,向地方、单位分散和转移。这样原来由国家占有几乎全部社

---

① 王名,刘培峰等.民间组织通论[M].北京:时事出版社,2004.

会资源并统一按照国家行政分配系统分配社会资源的结构体系向一个在各个维度上分化的社会结构体系转变，政府对社会干预的范围在缩小，干预的方式在转变。与此相关联的是建立在国家控制全部社会资源基础上的政府供给（公共产品）模式开始向多元的社会供给模式发展，这无疑为第三部门的崛起提供了合法性和活动空间。① 王绍光认为，改革以前政府垄断着国民经济和社会服务，民间组织无生存空间，改革后，国有经济萎缩，市场配置在国民经济中占主导地位，政府部门从许多领域退出。由于无论是膨胀的市场部门还是萎缩的政府部门均无法满足社会各种广泛的需求，于是，民间非营利部门应运发展。②

（三）关于中国社会组织运行中存在的问题及管理的研究

中国的社会组织能否承担新的历史时期赋予的社会责任？这一问题不能不引起学界的关注，而现实中社会组织发展过程中所出现的问题更加重了学者们对这一问题的忧思。王绍光直言：中国社会组织几乎是在还没有做好"育婴准备"的情况下，呱呱坠地。人们需要适应，政府法规政策没有到位，虽然"怀胎不止十月"，仍然天生发育不良。很多学者剖析了社会组织中存在的问题，赵黎青提出中国社会组织健康发展将会遇到来自以下四个方面的威胁："违背社会组织非政治化原则的政治追求，组织运作及行为的非法化，组织和个人的腐败行为，以及狭隘的小农意识等障碍。"③ 清华大学 NGO 研究所在 2000 年对全国社团组织的抽样调查（有效样本 1564 个）所列问题基本上反映了中国社会组织所存在的问题，如表 1-1 所示。④

鉴于中国社会组织的官民二重性妨碍了社会组织的发展，许多学者从政府—第三部门关系的角度提出政府应深化改革，还权于第三部门，认为自治才是当前解决问题的关键。⑤ 更多的学者从综合的视角分析中国第三部门的制约因素，并由此提出一揽子对策，包括志愿精神的培育，法制体系的完善，从第三部门自身来说则应明确社会使命、完善组织结构、规范财务管理、拓展筹资渠道等。伴随着人们日益关注社会组织困境及能力建设问题，有远见的学者开始探寻问题的关键所在，发现社会组织发展的决定因素乃是组织的公信力。王绍光在谈到加强基金会动员捐款的能力时，明确指出"最关键的是提高潜在捐款人对基金会的信任。而信任的基础必须是健全、透明的基金会内部机

---

① 金太军. 第三部门与公共管理 [J]. 江苏社会科学，2002.
② 王绍光. 促进中国民间非营利部门的发展 [J]. 管理世界. 2002（8）.
③ 赵黎青. 非政府组织问题初探 [J]. 中共中央党校学报，1997（4）.
④ 邓国胜，王名. 中国 NGO 问卷调查的初步分析 [J]. 中国 NGO 研究，2001（43）.
⑤ 周义程. 治理理论与我国第三部门的培育 [J]. 南京市行政学院学报，2003（3）.

表 1-1 中国社会组织存在的主要问题

类型	比例（%）	排序
缺乏资金	41.4	1
缺乏活动场所与办公设备	11.7	2
缺乏人才	9.9	3
政府支持力度不够	8.5	4
组织内部管理问题	7.5	5
缺乏信息交流与培训机会	5.2	6
开展的活动得不到社会的回报	3.6	7
相关法律法规不健全	3.4	8
缺乏项目	3.0	9
不存在问题	1.8	10
政府的行政干扰太大	1.1	11
其他	9.3	12

制"。[1] 邓国胜主张构建我国社会组织问责机制，以确保公益组织的诚信及服务的有效性。[2] 李虹则提出了公信力制度建设的五道防线：第一道防线——政府的监督；第二道防线——独立的第三方评估；第三道防线——社会组织的同行互律；第四道防线——媒体与公众的监督与评估；第五道防线——社会组织的自律。[3]

赵黎青则批评国内许多学者过多地关注组织的外部环境而对中国社会组织自身的发展与建设关注不够，认为中国社会组织能否健康地发展起来，根本上还是要取决于自身的素质，其治理状况直接关系到组织的成败与否。他认为社会组织要实现好的治理，必须：①明确组织使命；②组织领导人具备良好的素质；③逐步在实质上采用和健全理事会治理机制；④建立健全与自身性质相符合的财务管理制度；⑤妥善解决好中国社会组织工作人员的待遇。[4]

陈林另辟蹊径，力图从法人治理的角度开辟中国社会组织研究的新领域，实现从公司治理到法人治理的延伸。陈林在比较和借鉴英美法系和大陆法系法人制度基础上提出了重构我国的社会组织法人制度，并以公司治理为鉴，分析了社会组织法人治理基本原则，认为自主治理与协同治理应成为非营利法人治理的指导思想，奉行以董事会为中心，保障董事特别是独立董事的有效

---

[1] 王绍光. 促进中国非营利部门的发展 [EB/OL]. http://www.cuhk.edu.hk/gpa/wang_files/Promote，2002.
[2] 邓国胜. 论我国社会组织的问责机制 [J]. 中国行政管理，2003 (3).
[3] 李虹. 论社会组织社会公信力的建设 [J]. 上海交通大学学报（哲学社会科学版），2003 (1).
[4] 赵黎青. 组织治理与中国社会组织建设 [EB/OL]. www.sociology.cass.cn/shxw/xstl，2001.

作用，吸纳利益相关者的多方参与，加强信息披露和透明度等若干治理原则，并在此基础上提出了中国非营利法人的治理结构。诚如作者所说："由于这种研究的前瞻性所导致的研究的困难性，本文只能期望作出一些初步的探讨，为后续研究提供一个基础平台。"[①] 然而，陈林最大的贡献是为中国社会组织的研究提供了一个新的视角。

金锦萍则从法学的角度就非营利法人治理结构做了开创性的探讨。金锦萍在其博士学位论文《非营利法人治理结构》中，将非营利法人分为社团法人和财团法人，并分别就两类法人的治理结构和监督机制做了深入的探讨并提出了自己独到的见解。李炳秀、陈晓春则将公司治理中的内部人控制问题引入社会组织，认为内部人控制是我国社会组织中的一个严重问题，解决这一问题的关键是建立一个规范高效的社会组织治理结构。

康晓光等在《中国NGOs治理：成就与困境》中，全面评价了中国社会组织的治理现状，指出NGOs治理机制分为"内部的"和"外部的"。所谓"内部治理机制"包括组织的使命、文化、理事会，还有一般意义的内部管理制度。而"外部治理机制"又可以分为"积极的"和"消极的"，前者指民政部门的管理、业务主管单位的控制、政府的审计、社会独立机构的审计、捐赠方和收益方的监督、媒体监督、公众监督、行业自律、专业NGOs的监督、公布定期财务报告、公众意见调查等，后者指"终止合作"，这意味着社会合法性的丧失。

随着社会组织的发展，部分学者开始关注组织的管理问题，涵盖战略管理、人力资源管理、营销及评估等诸多领域。如李菲漓（2008）分析了社会组织战略管理设计、实施、评估各阶段的现存问题，提出应当建立正式的战略规划系统，以及基于组织使命的战略选择：创新战略、共生战略、应急战略、人力资源战略。魏于钰（2012）提出从制度环境、规划、招聘、培训、激励和保障方面来提升社会组织人力资源管理；祁麟、李林（2014）从政府扶持、人员选拔机制、绩效考核机制、激励机制等方面寻找人力资源管理的出路；高婷婷（2011）从规划与招聘、绩效考核与激励、培训、薪酬管理与员工生涯规划四个方向构建有酬员工人力资源管理体系；陈晓春将社会组织的营销分为形象营销、绿色营销、质量营销；张娟（2007）、赵一鸣（2008）、郭国庆等（2009）、董文琪（2006）、张力文等（2010）分别对形象营销、网络营销、体验营销、合作营销、社会营销等营销类型进行了研究。

总体说来，关于中国社会组织问题的研究实质是中国社会组织的成长问

---

① 陈林.社会组织法人治理［M］.台北：洪叶出版社，2004（4）.

题，它代表了中国社会组织研究的方向。公信力与社会组织发展息息相关，但公信力的源泉在于组织自身合理有效的管理结构和良好的运行状态。根据系统论，系统结构是指系统的内部状态和外部作用，系统功能是系统内部固有能力之外部表现，归根结底是系统结构决定的。本书探讨的核心问题是社会组织怎样才能有效承担以使命为核心的社会责任，社会组织应如何完善治理结构，社会组织应如何加强和改善管理。

第三节 本书的基本框架

一、研究思路

社会组织承担着以公益或互益使命为核心的社会责任，社会责任的实现、问责机制的建立是社会组织运行良好的前提。高效益、高效率、高度负责地完成使命，呼唤完善的治理结构以及在人力资源、财务及营销等功能领域有效的管理，并将项目评估、组织效能评估纳入组织文化中。换言之，本书的逻辑是：组织内外环境的协同作用呼唤社会组织建构有效的问责机制，为回应内外环境的问责需求，实现组织使命，社会组织需要从完善社会组织的内部治理结构为切入点，从战略的视角思考社会组织的发展，通过完善内部管理来实现社会组织的使命，并向社会展示组织的效能。

任何研究的首要工作便是研究对象的界定。社会组织不存在统一的概念，国际上对于社会组织的定义不一，标准多样，边界模糊。我国学者对社会组织做了不同的界定。本文认为对于社会组织可以有不同的称谓，王名也认为第三部门、公民社会、NGO、社会组织指的都是同一类的社会组织，即独立于政府与企业市场体系之外非营利的、公益导向的社会部门。如前所述的概念，第三部门、公益（民间）组织、慈善部门、非政府组织、非营利部门、第三域、志愿部门、独立部门、免税组织均系社会组织的同义词或近义词，在本书中，社会组织和社会组织通用，社会组织（Nonprofit Organizations，简称社会组织）在国际上较为通用，而社会组织颇具中国特色。对社会界定则采用基于国家与社会关系的定义，将之定义为：在政府、营利企业之外的领域中具有不同程度自治性的、不以盈利为目的的正式组织。

二、研究路径

（1）通过查阅大量国内外文献，界定社会组织与社会组织管理，形成社会组织运行与管理的基本框架。

（2）每一个组织都必须信奉共同的目标和共同价值观。没有这种承诺，也就没有组织，有的只是一群乌合之众。组织必须有简单、清晰并能让所有成员保持一致的目标。社会组织管理的目标是实现组织的公益使命。使命是社会组织存在和合法性的来源。社会组织能否信守使命承诺事关组织的公信力。因此，建构以使命为核心的问责机制是社会组织良性运行的前提和保障。

（3）组织使命和社会责任的实现源自组织具有良好的内部治理结构。本书认为，社会组织治理结构从根本上讲是董事会（理事会）、高级管理层、监事会的职责配置与权力的分割与制衡，关键是董事会（理事会）与监事会功能的有效发挥。

（4）良好的治理结构奠定了组织良性运行的基础，也为组织的战略规划提供了组织保障。面对动态的组织内外环境，为确保组织的可持续运行，需要在战略分析的基础上，明确组织战略定位，制定战略规划，明确组织发展方向，推动组织变革与创新。战略规划为社会组织的现在和未来之间架起了一座桥梁。通过战略管理，组织管理者及组织成员理解了组织的远景、使命、目标。

（5）战略规划的成功需要人力资源、财务与营销等功能战略的匹配，否则战略规划将成为一纸空文而归于失败。

（6）社会组织主要以项目为导向，每个社会组织的宗旨与服务的实现都是以项目的形式来进行，每个项目都有其具体的目标和针对群体。可以说项目运作是社会组织运营的核心。社会组织的有效运行与战略规划的成功，离不开有效的项目管理。

（7）社会组织效能是社会组织运行与管理的结果和综合表现。它展示的是组织实现使命的能力和公信力。因而组织效能同时又是组织成长和进一步发展壮大的基础。社会组织需要将效能评估纳入组织文化之中，以持续地适应动态的复杂环境，寻求组织的可持续发展。

三、研究方法

本研究主要采取文献研究、规范研究和实证研究相结合的方法。由于本研究注重社会组织权力与职责的合理配置与平衡，注重构建合理而有效的机制，文中并不单纯运用单一学科的研究方法，而是结合管理学、政治学、法学、社会学等学科的研究资料和研究成果。

文献研究。通过大量的文献收集，了解国内外有关社会组织理论的研究成果，获取我国社会组织发展及治理状况的各种资料和数据，以及国内外有关治理环境和社会组织治理结构的基本资料等。资料收集方法包括文献研究、个案调研、参与观察、深入访谈、问卷法等。

实证调研。主要采取个案研究方法，通过互联网网站及报章杂志收集资料，收集个案社会组织的年报及相关文献，并深入个案组织调研。调研以半结构式访谈为主，结合小型座谈会、参与活动及直接观察等方式。

比较研究法。本研究对有关国家社会组织管理制度做比较，并借鉴有关营利企业管理与运营的实践，试图为改善社会组织的管理与运营提供建议。

历史研究法。本研究试图对于社会组织概念缘起及其话语背景做一历史考察，尤其是考察我国有关制度的演变，为本研究提供一个平台和起点。通过运用社会组织历史发展资料，对社会组织基本职能、类型、结构的演变进行研究，从而总结社会组织的基本发展规律，试图借以揭示我国社会组织未来的发展趋势，为我国社会组织的培育提供参考。

四、篇章结构

本书基于上述思路和逻辑就如何改善社会组织运营与管理展开分析。全书共分十章。

第一章是绪论，提出所要研究的问题，系统介绍国内外对于社会组织的研究现状，并对本论文的研究对象、目标、思路、内容及研究方法作出说明。

第二章是对社会组织问责的分析。主要考察社会组织问责在社会组织运行中的功能与地位，分析社会组织问责的特性与机制，探讨社会组织应如何强化问责，以增强社会组织公信力，改善社会组织运行环境，推动社会组织可持续运行。

第三章是对社会组织内部治理结构的分析。本章追溯了治理的含义，对社会组织治理结构的内涵予以界定，提出了社会组织治理结构的基本框架。董事会是社会组织治理结构的核心组成部分，承担界定组织使命、监督组织运行、制定组织战略规划等职能，对组织绩效负有最终的责任。考察了社会组织监事会设置的必要性和合理性，分析了社会组织监事会的规范职能和基本原则。

第四章是对社会组织战略规划的分析。有效的战略管理是组织持续良好运行的保障。本章考察了战略规划的特征和意涵，分析了社会组织战略规划的过程。战略分析包括战略环境的分析与组织的诊断，能否实现战略环境的内外匹配直接决定战略规划的品质。战略分析之后探讨了战略制定的可行方法。当社会组织决定战略选择之后，战略实施是组织成功的关键，对于战略实施来说，最重要的包括制定政策、设置年度目标、配置资源等活动。为确保战略规划的成功，特别探讨了社会组织战略规划的注意事项。

第五章是对社会组织项目管理的分析。社会组织公共服务的提供通常以项目的形式来实现。因而组织的运行主要体现为项目的运行与管理。它探讨社会组织项目管理的意涵和特殊性，阐述项目的生命周期以及成功实施项目的条件。鉴于项目评估对于项目管理的至关重要性，着重探讨项目评估的方法和指标体系。

第六章是社会组织的人力资源管理分析。社会组织运行良好与高效能最终的决定因素在于组织的人力资源。它分析了人性假设与社会组织人力资源管理的契合性。鉴于社会组织自身特殊性所决定的社会组织专职人员与志愿者的二元结构，社会组织人力资源管理者需要根据专职人员和志愿者的特点进行管理。基于二者的差异，探讨了社会组织人力资源管理的过程，并着重考察了志愿者的招募和管理。

第七章是社会组织的财务运行分析。它从财务视角描述了社会组织的特性并进而分析了社会组织会计核算的特点。考察了当下社会组织资金运行中存在的主要问题；认为健全的资金管理体系是社会组织资金良性运行的前提条件。社会组织资金管理体系包括：预算管理、财务核算体系、财务风险识别防范体系、财务分析的指标体系。

第八章是社会组织的营销与筹资分析。它简要回顾了社会组织的营销发展历程，分析了社会组织营销的特点和客户定位，重点阐述了营销的4P力量及其在社会组织中的应用。鉴于社会组织营销与募款通常你中有我，我中有你，因而特别讨论了社会组织的募款市场与募款方法。

第九章是社会组织的效能评估分析。社会组织运行良好最终体现为组织的高效能。本章描述了社会组织效能的基本理论模型，考察了社会组织效能评估的多元标准，探讨了效能评估的基本原则和方法。借鉴已有研究成果，结合社会组织的特性，设计了社会组织效能评估的指标体系，评估的维度包括资源、结构、业务流程及项目与服务。

第十章是社会组织的趋势分析。在回顾中国社会组织的基本历程与表现形式的基础上，认为中国社会组织的自主治理是中国社会组织高效能和活力的源泉，建议优化行政环境、健全法制建设、加强社会组织自身的效能建设，激发社会组织活力，展望未来中国社会组织与政府、营利企业的合作关系以及社会组织的国际化。

第二章 社会组织问责

第一节 社会组织问责的概念与特性

一、社会组织问责的概念

社会组织治理目标在于追求良好的治理状态,即善治(Good Governance)。从政治学的角度,善治就是使公共利益最大化的过程。对于社会组织来说,善治意味着在法律框架内合理的治理结构及其功能的有效发挥,从而确保公众对组织的信任,也就是说,善治意味着持久的社会责任和高公信力。与此同时,善治也是组织良好管理的前提。

社会公信力(Public Trust)表示公众对社会组织的认可与信任程度,通常体现为组织的声望(Reputation)。如果从社会组织自身的角度来看,则意味着组织的诚信度(Accountability);如果从利益相关者的角度来看,则是诸多利益相关者通过多元方式要求社会组织交代、说明、解释或证明其行为的正当性,并使之承担相应后果的过程。

"Accountability"可译为"责任、义务、可说明性、可靠性"。在中国香港学界多译为"问责"或"问责交代",譬如说政府拿纳税人的钱,办了什么事,得有个"交代"。中国台湾学界多译为"责信",陈林则译为"公共责任"。[①] 我们更偏向于采用较为普遍接受的概念"问责",因为它反映组织与环境、组织与公众之间的互动关系,兼有"诚信"与"问责"之意。按照《现代汉语词典》的解释,社会责任包括两层含义:一是指分内应做的事,二是指没有做好分内应做的事,因而应当承担的过失。张贤明则认为责任由三个部分组成:第一,责任主体的分内之事;第二,没有做好分内应做的事,因而

---

① 陈林.非营利组织法人治理[M].台北:洪叶出版社,2004(4).

应当承担的过失;第三,对责任行为主体的评价。① 张康之在《公共管理伦理学》中论述到责任与义务属同一概念,从本质上看,它们是统一的,都是人与他人、与社会的一种特殊关系。杰克逊认为,责任意味着"对曾经做过、正在做和计划做的事做出解释和辩护……在一方有权要求另一方就其行为进行解释这一点上,可以说后者对前者负有责任"。② 因此,"问"与"责"融为一体,不可分离。从问的角度来看,它意味着公众有权知晓社会组织承担社会责任的状况。从"责"的角度,社会组织有义务承担社会责任并交代组织是如何履行社会责任的真实信息。

社会组织的问责与其公信力直接相关,社会公信力是指一个社会对组织的认可及信任程度,从社会组织管理的角度来看,就是"责信度"(Accountability),也可称为"负责性",它是指一个组织对其所使用的资源的效用及社会期待或需求满足程度可以交代的程度。简单地说,就是具有公开说明组织所获各种资源的流向,以及各种运作是否有成效,是否符合组织宗旨及其社会承诺,以证明其为一可靠(Accountable)组织的事实。

根据约瑟芬伦理研究中心(The Josephson Institute for the Advancement of Ethics)的分析,责信被确认为十大基本伦理价值之一,并将其定义为:"使自己可靠、接受责任,愿为其所作所为或不所为(Inactions)的后果负责,并且愿做他人的行为表率,发展并维护其名誉与诚信(Integrity),避免任何不恰当行为(Inpropriety),同时也愿意及时纠正他人的不适当行为。"③ Lawry(1995)更将组织的责信转换为组织的透明性,认为责信的最佳诠释就是具有愿意让社会大众仔细检验其所作所为的坦诚,换言之就是要求组织公开有关信息,如财务报告、业务报告、绩效报告等。④ Frederick Moch(1979)⑤ 讨论了责信的三个基本要素:第一个要素是关于负有责任的个体和组织对其委托者的行动和决议的信息。所提供信息的内容和有用性起到至关重要的作用,这就包括忠实性、准确性、完整性、具体性、相关性、恰当性和及时性。第二个要素是个体或组织愿意并能够去审视、回顾、调查、整理和报告相关信息,并基于信息采取合适的行动。第三个要素就是纠正错误和改善业绩,善用资源,运用奖励功绩和处罚越轨的手段,奖励正当行为,惩罚不适当行为。

---

① 张贤明. 论政治责任——民主理论的一个视角 [M]. 长春:吉林大学出版社,2000 (1-3),22-25.
② 周志忍. 自律与他律——第三部门监督机制个案研究 [M]. 杭州:浙江人民出版社,1999 (17).
③ 萧新煌. 非营利部门组织与运作 [M]. 台北:台湾巨流图书公司,2000 (9).
④ Lawry R. P. *Accountability & Nonprofit Organization*: *An Ethical Perspective*. Nonprofit Management & Leadership, 1995, 6 (2): 171–180.
⑤ Frederick H. G. Lessons from Government Reform [J]. *PA Times*, 2000a, 23 (7): 8.

二、社会组织问责的内容

根据《公共管理词典》*Public Administration Dictionary*，社会组织问责涉及组织财务问责、法律问责、项目问责、程序问责及产出问责。如果说责信反映组织与公众的关系，那么结构意味着稳定的行为模式以赢得这种良好的关系。Bigelow等在1996年撰文指出，由于社会组织在一个高社会期望、高社会责任压力的环境中求生存，组织治理结构和行为的合法性对于组织获取资金与人才、赢得顾客（受益者）、获得影响和声誉变得十分关键，而合法性取决于组织是否遵从善治所要求的规范和信念。组织的效率对社会组织的重要性日渐突出，然而与合法性相比较，公众趋向于要求将这种效率体现在制度化的治理结构之中。①

Kearns也肯定社会责信标准的存在并将社会责信定义为社会组织必须服从的一个更高权威，这一权威又称为社会信任，它乃是组织权力权威及合法性的真正来源。而社会责信的标准既来自法律法规的正式规定，也来自纳税人、受益者（顾客）、捐助者及其他利益相关者，这些不同的标准必须持续一致地将其融入组织的结构和组织运行程序及战略规划中。②

三、社会组织问责的特性

社会组织问责的特性取决于社会组织区别于政府和企业的不同特征。David Mason（1984）总结了社会组织的13点特性：①志愿者参与与志愿精神的嵌入，这不仅凸显了社会组织的公共性和公益性，而且增加了管理和问责的复杂性；②组织服务提供和资源获取的双重系统；③顾客非组织资金的主要来源；④利益相关者的特殊性；⑤特殊的法律地位；⑥缺乏统一的测评组织运作绩效的标准；⑦绩效评估标准的抽象性；⑧由于系统的开放性，即使支出大于收入并不构成对组织生存的巨大威胁；⑨资金对于社会组织来说只是实现组织公益目标的手段，而对于营利组织来说，却是唯一的追求目标；⑩社会组织属于使命驱动型组织，既不同于政府的强制机制，也不同于企业的市场机制；⑪组织的资产很少能产生收入；⑫组织的责、权、利边界模糊；⑬对于如何最好地服务于公众常常存在相互冲突的观点。③

---

① Douglas A. Bigelow, Using a Logic Model to Focus Health Services on Population Health Goals [J]. The Canadian Journal of Program Evaluation, 1997, 12 (1): 167-174.
② Kearns K.P. Managing for Accountabilitiy; Preserving the Public Trust in Nonprofit Organization [M]. San Francisco: Jossery-Bass, 1996.
③ David Mason. Voluntary Nonprofit Enterprise Management [M]. New York: Springer Press, 1984.

由于社会组织的特性，与政府（行政）问责和营利组织问责相比，社会组织问责有其独特之处。

（一）问责的复杂性

"政府因为执行公民意愿面对公民问责，商业组织为了赚钱接受所有者（股东）问责。"[①] 而社会组织的利益相关者提出的问责要求并非如此单一和集中。政府作为主要的规制者主要是出于有序的服务递送、社会稳定和秩序的目的进行问责，基金会期望它们资助的项目成效显著，捐赠者和公众要求组织卓有成效，资金使用得当且高效率与高效益，理事会成员则需要对项目的详情有了解，顾客或受益人提出问责要求则是希望得到社会组织承诺的服务，员工和志愿者因期待与社会组织一致的价值和目的能够实现而质疑组织行为等。

（二）缺乏问责"底线"

正如 Alan F.Fowler 指出的那样，"不像政府和商业（能够根据政治支持和财务回报分别得到评判），社会组织没有容易接受的'底线'"。[②] 彼得·德鲁克表达了同样的观点："对企业，可以把是否盈利当作评价领导能力的一条充足标准……对政府来说，领导能力的最终标准是能否获得连任。但对社会组织的管理者而言，就没有这样一条主导性的标准。"[③] 所以，社会组织问责是一个复杂的议题，不能被简化为单一的、定量性的底线标准。毕竟，社会组织的组织目标是多元化的。实践证明，正是过度追求量化的财务绩效才使社会组织问责走上歧途。

（三）问责主体多元化

社会组织问责的复杂性和"底线模糊性"源于问责主体—利益相关者的多元性。《国际非政府组织问责宪章》识别出来的利益相关者多达十种，包括未来一代在内的其权利受到保护和促进的人，生态系统、组织的成员与支持者、组织的员工与志愿者，提供资金、物品或服务的组织和个人，与组织一起共事的伙伴组织，规制机构、组织希望影响其政策、项目或行为的组织和个人、媒体和公众。王名等为基金会识别出七种主要利益相关者，分别是：捐赠人、受益人、受益权人、实际受益人、捐赠人所在地的政府和社会公众、受益人所在地的政府和社会公众、组织内部员工。刘春湘在《非营利组织治理结构研

---

① Young R.D. The Influence of Business on Nonprofit Organizations and the Complexity of Nonprofit Accountability: Looking Inside as Well as Outside [J]. American Review of Public Administration. 2002, 32 (1).
② Michael Edwards, David Hulme (Eds.). Beyond the Magic Bullet: NGO Performance and Accountability in the Post—Cold War World [M]. USA: Kumarian Press, 1996.
③ [美] 彼得·德鲁克. 非营利组织的管理 [M]. 吴振阳等译. 北京：机械工业出版社, 2009.

究》中归纳了三个层次的利益相关者：第一层次的利益相关者是所有能够影响或被社会组织的宗旨、决策、活动所影响的人或团体，包括捐助者、政府主管部门及其官员、受益人、评估组织、专业协会、社区、组织所在城市或地区、媒体及公众等外部利益相关者，也包括董事会、监事会、管理层、员工及志愿人员等内部利益相关者。社会组织被认为对上述这些利益相关者负有责任。第二层次的社会组织利益相关者的定义的外延稍窄，是指与组织有直接关系的人或团体，主要包括捐助者、受益人（广义）、政府主管部门、志愿人员及内部利益相关者。第三层次，即从最狭义的角度来考察，社会组织的直接利益相关者是捐助人、受益人（狭义）及内部利益相关者。① 社会组织利益相关者的多元性还可以从管理学大师德鲁克（Drucker，1990）处得到验证："对一个上市公司来说，股票持有者是最终的'选民团体'。对政府来说，投票者是最终的'选民团体'。而对社会组织的负责人来说，仅同一个占主导地位的选民团体打交道是'无法享用的奢侈品'。他们总是面对更加多样化的利益相关者群体，而每一个群体都拥有某种意义上的'否决权'。"②

一言以蔽之，社会组织处在一个360度的问责圈中。问责圈由众多力量不同、要求各异甚至冲突的利益相关者组成。在这些利益相关者中，既有处于优势地位的规制机构和资助者，也有缺乏权势的顾客或受益人，还包括理事会、员工、志愿者和社区、合作伙伴、其他社会组织和媒体等。诸多利益相关者的问责决定着组织的合法性、生存的正当性以及发展的可持续性。也就是说社会组织必须承受诸多利益相关者施加的形式各异、程度不同的后果。这些后果既有激励性的，如增加拨款、扩大合作、评定等级上升、晋升和奖励等，也有惩罚性的，如撤资、终止合作、拒绝接受服务、降级、退出组织和注销等。值得强调的是社会组织面临的多元利益相关者问责要求具有多样性，甚至各种要求之间具有矛盾性和竞争性。问责要求之间存在竞争性是因为"多重利益相关者（例如，理事会、顾客、拨款机构、选举官员、社区、倡导群体和项目管理者）中存在各自不同的问责概念，这使得社会组织问责复杂化"。

---

① 刘春湘. 非营利组织治理结构研究 [M]. 长沙：中南大学出版社，2007.
② Drucker Peter F. Managing the Nonprofit Organization: Practices and Principles [M]. Oxford Butter Worth-Heinemann Ltd., 1990.

第二节　社会组织问责的目标与功能

一、社会组织问责的目标

现代经济学研究证明，制度的关键功能是增进秩序，带有惩罚的规则建立起一定程度的秩序，将人类的行为导入可合理预期的轨道。社会组织问责的目标可以设定如下。

（一）有效的组织治理结构

社会组织如果缺乏专业知识和技能，缺乏现代化组织管理是不可能有生命力和信任度的，因此，社会组织必须强烈地意识到这是面临的最大的自我挑战。如何发挥董事会（理事会）的决策、监督作用？如何建立健全内部的控制制度？如何投入人力资源的开发与管理？如何与政府、社会、受助者以及其他社会组织进行有效的沟通，建立良好的战略合作伙伴关系？这一系列问题的解决依赖于一个有效的组织治理结构。社会组织问责推行的首要目标就是保障社会组织有效治理结构的实现。

（二）提升组织绩效

社会组织涉及多方面的利益人和政府的规划管理，为了取得政府支持和捐助者的进一步捐助，社会组织必须定期进行绩效测量和评价，并向有关方面提供全面而详细的信息。尤其要明确机构的运营创造了哪些社会效益或价值，哪些指标能够体现和反映机构的社会贡献或效果，哪些指标能够体现机构的活动数量或产出，哪些指标能够体现和反映实际利用的资源或投入，这些资源的财务成本是多少，资源的投入所产生的效果和社会影响如何等问题。社会组织问责的推行在某种程度上能够保证绩效测量的公正并进而提升组织的绩效。

（三）实现公共利益

社会组织的起源本身就蕴含了推进公共利益的信念和使命，这正是社会组织的根基和灵魂，引导着社会组织的健康发展，正所谓"私人的行动，公共的利益"。然而社会组织也有可能因各种诱惑而不自觉地渐渐丧失基本的社会道德伦理，这极易导致公众对社会组织的不满甚至是厌恶。另外，社会组织在承担提供公共产品的职能时因其代表的是小范围内公众的利益，较易演变为一己盈利之实，也容易引起公众的质疑和愤懑。

（四）获得公共信任

各种社会资源是有限的，而社会组织获取的社会资源更加有限。对资源的争夺在社会组织之间会不可避免地展开，在这种激烈的竞争中，公信力就是获取资源的源泉。在资源日益稀缺的今天，社会组织如何赢得公众对它的慷慨解囊？答案就是"责任造就公信力"。所有的组织都具有相应的公共责任，社会组织的公共责任就是对公众负责，这也是其存在的理由。只有对公众负责，才能够赢得公众的信任与支持，但与政府和企业等其他各种组织结构不同的是，利益关系的多样性使得它的责任对象具有多样性，包括了一般公众、志愿者和新闻媒体等利益相关者。利益关系的多样性使得权责对应变得复杂，正是从这个角度出发，社会组织问责推行的目标之一就是获取公共信任。

二、社会组织问责的功能

社会组织问责的功能效应主要体现在监督功能、教育功能和预防功能三个方面。

（一）监督功能

近几年来，社会组织的蓬勃发展引起了社会的广泛关注。我国政府对社会组织的监督主要体现在对社会组织登记的严格规制上，缺乏对社会组织运行过程的全程监督制约，仅仅存在一些零星的监督制度，如对社会组织的年检制度等。面对社会组织在社会领域的不断扩展，加之，社会组织监督固有的局限性，有限的监督部门往往显得力不从心，不能有效地达到监督效果。科学合理的社会组织问责制度的建立则可以对社会组织及其工作人员使用公共资源的行为形成制度化的全程监管，以迅速有效地解决好这一问题。

社会组织问责制下监督主体的广泛性、监督行为的法制化和程序化、社会组织责任体系的明确化，尤其是公众和舆论的参与将使得社会组织行为都无时无处不处于严格的监督之下，真正实现监督的社会化。社会组织问责是把原有的事后结果追究的单一模式转变为事前、事中、事后的多重教育约束机制，把惩前和毖后有效地结合起来；把社会监督制度化，使监督主体在行使问责制度时，能做到有章可循、有规可依，督促社会组织工作人员更好地履行职责，实现组织使命。

（二）教育功能

社会组织问责的教育功能寓于监督过程之中。由于社会组织问责的监督是对社会组织使用公共资源的全程监督，是事前、事中、事后监督的统一，因此问责行为的每一步骤，对于问责对象来说都是一次深刻的教育，对其他潜在的问责对象则是一种严肃的警示。问责程序上的法制化，尤其是问责过程中问责对象的申辩、听证的举行，更是加强了问责对象和问责主体的交流和沟通，既充分保障了问责对象的权利，又彰显了法治的权威，无疑是对问责客体的一个生动的法制教育。

（三）预防功能

社会组织的预防功能表现为两个方面：其一，特殊预防。是指通过对问责客体适用问责程序，追究其责任，令其承担不利后果，达到预防其再犯的目的，这有点类似于刑法的特殊预防作用。其二，一般预防。一般预防通过两种方式表现出来：一是指通过社会组织问责制度体系本身的设计，如事前程序的设计、处理结果的规定等，使问责客体对行为及其责任有一个明确合理的预期，从而自觉遵守行为规则，减少被问责的可能；二是通过对特定的对象适用问责程序，达到对所有潜在的问责对象的预防功能。

第三节　社会组织问责机制

传统的问责概念限于科层组织结构中，问责也仅仅是指组织内部中上、下级的问责关系。强调在组织科层结构中对较高权威者负有责任，或是组织内部的命令链条关系。阿尔巴内塞认为管理者必须对上级交代自身工作范围的成果以示其负责，并且清楚地认识到自身的职责依赖于这层关系。这种问责就是休斯（Hughes，1994）所讲的"科层（或管理）问责"。随着福利多元主义（Welfare Pluralism）的兴起，以及福利供给主体的多元化，传统的问责受到了挑战，特别是涉及多元行动者之间在福利提供的互动网络关系时，广义的问责概念出现了，广义的问责不仅包括了狭义问责的内容，而且扩展到公共信任与公共利益。其中公共信任是指组织为完成使命和目标，对利益相关人负责并达成承诺的一种信念，这种信念结合了管理与治理的实务。本文讨论的社会问责即广义的问责，它的内涵不仅包括了组织内部问责，还包括了组织外部问责。由此，社会组织的问责主体包括内部利益相关者和外部利益相关者。

一、政府与社会组织问责

在中国，政府无疑是社会组织最重要的利益相关者，因而也是社会组织主要的问责主体。政府独有的强制力是有效问责的基本保障。政府问责的主要形式是政府立法和政府规制。立法机关颁布的相关法律构成了社会组织的基本环境，既是对社会组织行为的系统约束，又是判断其行为正当性的基本标准。政府规制由独立规制机构或行政机关实施，包括规则制定（准立法职能）、执行（行政职能）、裁决（准司法职能）。

目前，规范我国社会组织行为的主要是国务院 1988 年和 1989 年先后制定的《社会团体登记管理条例》、《民办非企业单位登记管理暂行条例》及 2004 年公布的《基金会管理条例》，这些法规奠定了对社会组织规制和问责的法律基础。社会组织接受登记机关和业务主管部门的双重管理或指导。根据这些规定，我国社会组织注册成立必须符合以下条件：一是有活动宗旨和章程草案，且必须从事符合其宗旨的社会活动；二是有规范的名称、组织机构，有固定的场所，有与其业务活动相适应的从业人员，有必要的场所，有独立承担民事责任的能力（民办非企业单位可以法人登记、合伙登记和个体登记）；三是有合法的资产和经费来源。注册成立社会组织还有两个前提：一是合法性前提，即社会组织必须遵守宪法、法律、法规和国家政策，不得违反宪法规定的基本原则，不得危害国家、安全和民族的团结，不得损害国家利益、社会公共利益以及其他组织和公民的合法权益，不得违背社会风尚；二是非营利性前提，即社会组织本身不得从事营利性活动。

政府对社会组织行为的问责和规制凸显对社会组织财务控制的关注。政府对社会组织的财务运行的规制主要见于捐赠法、审计法、会计法和事业单位的财务规范等相关法规中，在登记管理条例中并无明确规定财务公开制度，只是规定社会组织的财务账目应该接受政府有关部门的监督，同时以适当的形式向社会公众和捐赠人公开。例如，《民办非企业单位登记管理暂行条例》规定："民办非企业单位必须执行国家规定的财务管理制度，接受财政部门的监督；资产来源属于国家资助或者社会捐赠、资助的应当接受审计机关的监督"，"民办非企业单位接受捐赠、资助，必须符合章程规定的宗旨和业务范围，必须根据与捐赠人、资助人约定的期限、方式和合法用途使用。民办非企业单位应当向业务主管单位报告接受、使用捐赠、资助的有关情况，并应当将有关情况以适当方式向社会公布。"

从政府问责的形式和程序而言，现有法律规定了如报告、信息公开、财政监督、审计和年度检查等问责形式。譬如，社会团体登记管理条例第二十九条要求社会团体报告并披露接受资助情况。当然，究竟什么是"适当方式"还需要进一步明确。第三十一条对年度检查做了规定："社会团体应于每年 3 月 31 日前向业务主管单位报送上一年度的工作报告，经业务主管单位初审同意后，于 5 月 31 日前报送登记管理机关，接受年度检查。工作报告的内容包括：本社会团体遵守法律法规和国家政策的情况、依照本条例履行登记手续的情况、按照章程开展活动的情况、人员和机构变动的情况以及财务管理的情况。"

就政府对社会组织规制和问责实践来说，上述政府问责形式可整合为年度检查、评估与信息披露。

首先，年度检查。上述三大条例均明确规定：登记管理机关对社会团体、民办非企业单位、基金会实施年度检查，随后出台的部门规章《社会团体年度检查办法》《民办非企业年度检查办法》《基金会年度检查办法》对年度检查制度进行了详细规定。业务主管单位负责年检的初审。年检的内容主要包括遵守法律法规和国家政策的情况、依照本条例履行登记手续的情况、按照章程开展活动的情况、人员和机构变动的情况以及财务管理的情况。从年检实践来看，年度检查的实质性内容就是组织的"财务管理和经费收支情况"，因为对法律、法规和政策等的执行情况以及业务或经营活动情况的检查都属于事后在形式上进行"追问"，而机构和人员变动情况则"无伤大雅"。正如民政部门的一位基层官员所言："社会组织年检的内容可分为财务情况检查和非财务情况检查。其中财务情况包括社会组织的财务状况、资金来源和使用情况，财务情况在年检中占有很重要的地位。"对于年度检查的后果，《社团年检办法》有两个条款与此有关。第十二条明确了年度检查"不合格"的后果："年检不合格社团由登记管理机关责令其限期整改。整改后仍不合格的社团，按照有关规定另做处理，并由登记管理机关在报刊上予以公告，公告费由社团承担。"例如，2015年，民政部对中华伏羲文化研究会等三家社团作出停止活动六个月的行政处罚。《民办非企业年检办法》的出台和实施要晚于《社团年检办法》，其内容较为详细和具体。比如，第八条以列举方式详细规定了年度检查"基本合格"和"不合格"的情况。第九条进一步规定了相应的后果："'年检基本合格'和'年检不合格'的民办非企业单位，应当进行整改，整改期限为3个月。整改期结束，民办非企业单位应当向登记管理机关报送整改报告，登记管理机关对整改结果进行评定并出具意见。对'年检不合格'的民办非企业单位，登记管理机关根据情况，可以责令其在整改期间停止活动。民办非企业单位被限期停止活动的，登记管理机关可以封存其登记证书、印章和财务凭证。"《基金会年检办法》的规定也十分相似，基于基金会作为财产集合的组织，特别强调检查上年度工作报告，报告内容应当包括财务会计报告、注册会计师审计报告、开展募捐、接受募捐、提供资助等活动的情况以及人员和机构的变动情况。

其次，评估。在我国，对社会组织进行评估是一种新的问责方式。2011年3月1日开始施行的《社会组织评估管理办法》对评估主体、对象、内容、程序和等级管理等方面进行了规定。该办法规定社会团体和民办非企业单位都可申请参加评估。评估按组织类型分类进行：对社会团体实行综合评估，评估内容包括基础条件、内部治理、工作绩效和社会评价；对民办非企业单位实行规范化建设评估，评估内容包括基础条件、内部治理、业务活动和诚信建设、社会评价。《社会组织评估管理办法》的一个进步是初步明确了评估的后果，包括激励性后果和惩罚性后果。激励性后果包括优先与政府合作、获得奖励、免税资格和简化年度检查程序。比如，第二十八条规定："获得3A以上评估等级的社会组织，可以优先接受政府职能转移，可以优先获得政府购买服务，可以优先获得政府奖励。获得3A以上评估等级的基金会、慈善组织等公益性社会团体可以按照规定申请公益性捐赠税前扣除资格。获得4A以上评估等级的社会组织在年度检查时，可以简化年度检查程序。"惩罚性后果包括降低或取消评估等级以及相应的后续处罚措施。第三十条以列举的形式明确了应降低或取消评估等级的情况："获得评估等级的社会组织有下列情形之一的，由民政部门作出降低评估等级的处理，情节严重的，作出取消评估等级的处理。评估中提供虚假情况和资料，或者与评估人员串通作弊，致使评估情况失实的；涂改、伪造、出租、出借评估等级证书，或者伪造、出租、出借评估等级牌匾的；连续2年年度检查不合格的；上年度年度检查不合格或者上年度未参加年度检查的；受相关政府部门警告、罚款、没收非法所得、限期停止活动等行政处罚的；其他违反法律法规规定情形的。"被取消或降低评估等级的后果则是收回或换发证书、牌匾。如第三十三条规定："被取消评估等级的社会组织须在收到通知书之日起15日内将原评估等级证书、牌匾退回民政部门；被降低评估等级的社会组织须在收到通知书之日起15日内将评估等级证书、牌匾退回民政部门，换发相应的评估等级证书、牌匾。拒不退回（换）的，由民政部门公告作废。"

最后，信息披露。世界银行在2004年的世界发展报告中将信息视为责任（Accountability）关系的五个关键特征之一。信息披露状况是衡量组织透明度的最重要指标。正如A. Goddard和M. J. Assad所言，那些具备更强大的会计功能，拥有更高资格的会计人员以及文件更齐全的会计制度的组织并不必然被利益相关者认为是更负责任的。高水平问责被认为与社会审查的可接近性和事情如何得到解决的透明度有关。在我国，对于社会组织的强制信息披露，目前只存在一部部门规章，即民政部于2006年1月发布的《基金会信息公布办法》。令人遗憾的是，目前还没有一部真正对公益性社会组织（社会团体和民办非企业单位）的信息披露进行规范的法律、法规或规章，这不能不说是问责制度中的重大缺憾。

总体观之，政府对社会组织的问责尚停留在控制型问责状态。伴随着新一轮社会组织管理体制改革，简化登记审批程序，社会组织登记门槛有所降低，除"法律法规规定需前置行政审批及政治法律类、宗教类社会组织和境外社会组织代表机构"外，其他各类社会组织均可由各级民政部门实行直接登记。但社会组织资格的准入门槛仍然很高。这使得大量的社会组织游离于法律监管之外，也使得政府对成立后的社会组织的监督和问责空洞化。加上法律对社会组织信息披露和内部治理的规定仍过于原则，在实际中缺乏可操作性，这在一定程度上导致政府问责具有很大的主观性和随意性。

二、捐赠者与社会组织问责

捐赠者与捐助行为有关。捐助行为，或称为公益捐赠行为，系指个人或组织为发展社会公益事业或代表受资助不特定人的利益而作出的无偿给付财产的行为。① 本文以为，捐赠者有两类：第一类捐赠者就是公益类社会组织的设立人，通过捐助行为设立社会组织；第二类是向业已成立的社会组织捐赠财产的人或组织。

就作为社会组织的设立人而言，其捐助行为，乃是以设立社会组织为目的，订立捐助章程，捐出一定财产的无偿行为。社会组织的捐赠者对于组织本身并不拥有成员的身份及相关的权利，其所捐助的资产，在捐助行为完成时，即脱离捐助人的财产控制，也不能以任何形式成为捐助人财产的延伸。捐助人除非经由捐助章程，获得介入组织管理事务的一定权限，例如选任董事及担任监事等，否则，组织一旦成立，捐赠者就不再享有任何正当权利介入组织的内部事务。当然，在实践中，捐赠者一般会通过捐助章程成为董事会（理事会）的成员而参与组织的治理。"与企业一样，基金会的决策权力机构是董事会。最初一届董事的产生多半就是注册人，也就是捐赠者和他的家人或极少数亲密朋友。"② 此时，捐赠者已不再具备捐赠者的身份，而是在行使组织决策者的职能，而该职能的行使也是遵照章程的有关规定。

既然设立人的意愿已经通过章程来明确，那么设立人如果没有参加组织的内部管理，在组织行为有违章程宗旨或规定时，作为设立人则只能通过一定的司法途径寻求问责而不能直接干涉组织的内部管理事务。

阻止设立人直接干涉组织内部事务的理由主要基于：如果允许组织的设立人可以强制要求董事们履行义务，那么是否要赋予并非组织设立人的其他捐赠者同样的地位呢？因为法律不能厚此薄彼。然而，假若允许后者也有如此

---

① 彭万林先生主编的《民法学》一书提出：捐助是无偿给付财产的单方行为，通常是通过捐助来设立财团法人，但也有捐助其他特定公益目的而不设立法人的情形。
② 资中筠.散财之道：美国现代公益基金会述评[M].上海：上海人民出版社，2003.

法律地位就会导致管理上的一系列问题。"当董事无法自主地决定运作的时候，他们又怎样能够高效率地、负责任地治理组织，提高组织的绩效呢？"① 正是基于这一理由，尽管有学者坚持认为公益信托的设立人有理由来直接问责公益信托，因为除受托人（受赠者）外，他应该是最知晓和最关心该社会组织的利益相关者，且允许设立人的诉讼资格并不会导致公益信托比一个共同托管的信托遭受来自大众过多的诉讼，而被普遍接受的观点是：社会组织捐赠者并不享有就其董事违反义务而起诉的资格。不过，美国有些州已有相反的尝试，在威斯康星州，有制定法规定，如果有任何10个"利益相关者"提起诉讼就应该被受理，而捐赠者或者受益人就属于"利益相关者"。俄勒冈州也规定，募集资金的非营利法人的任何10个捐赠者可以向法院要求指定某注册会计师对该法人的账目进行审计。法院必须指定某个会计师，当然审计费用由捐赠者们支付。而且根据亨利·汉斯曼教授的研究，威斯康星州的如此规定并没有导致诉讼的增加。② 所以我们就有必要来考察一下并非组织设立人的捐赠者问责地位问题。

考察捐赠者在捐助行为发生时受赠主体已存在的情况，捐赠者将一笔资产捐献给某个社会组织，资产形式可能多种多样，例如现金、抵押现金、投资、材料、物料、设施或公共物品的使用权、个人服务和收藏品。不论以何种形式向社会组织捐出资产，此种捐助行为是捐助人为公益目的或资助不特定的社会成员而向社会组织捐赠财产、权利的意思表示，经受赠主体接受捐赠的意思表示，而成立并履行的双方法律行为。捐赠者捐出资产的行为属于目的性赠予，是附义务的赠予。作为捐赠者，有权就该笔资产指定特别用途，即使捐助人没有为所捐资产设定特别用途，也同样期望社会组织提供某种公益服务，因而非限制性捐赠并非意味着社会组织可以随心所欲，任意处置。社会组织作为受赠人，理应满足捐赠者的意愿，特别是当捐赠者为捐赠资产指定了特别用途，则应该严格遵从关于资产用途的意愿。如果受赠的社会组织未能按照约定用途使用资产的，就会构成对捐助人意愿的违反，捐赠者则有权请求受赠人实现或请示有关机关督促受赠人实现公益捐赠的目的。例如，某捐赠者捐赠一社会组织一笔款项，希望该组织能够为聋哑儿童提供受教育的机会，但是该组织的工作人员却将该资金用以增加员工的工资或者拿去进行高风险投资，导致本该用在聋哑儿童身上的钱用作他途，按照规定，接受

---

① Kenneth L. Karst. The Efficiency of the Charitable Dollar: An Unfilled State Responsibility [J]. 73 Harv. L. Rev. 1960: 1168–1177.
② 金锦萍. 非营利法人治理结构 [M]. 北京：北京大学出版社，2005.

捐赠的社会组织就有返还的义务并承担相应责任。又例如1995年，美国耶鲁大学就将一笔指定用于西部文明研究的数额2000万美元的捐款还给捐赠者Lee Bass，原因是捐赠者对该研究计划的执行很不满意。类似的案例在中国也发生过，例如，1999~2000年，一个由美国华人创办的慈善机构——美国妈妈联谊会为救助云南丽江两次地震中成为孤儿的儿童而向云南丽江妈妈联谊会捐赠了35万美元。2000年12月10日，美国妈妈联谊会以未按照捐赠者意愿使用捐款为由，将云南丽江妈妈联谊会告上法庭。2002年8月29日，云南省最高人民法院依法作出终审判决，被告返还原告未按照捐款意愿使用的90万元人民币。从对捐助人监督地位的考察中，我们发现，法律并未给予捐赠者以特殊的身份以直接介入社会组织的内部事务，捐赠者并不具有比其他利益相关者更多的直接监督权，不应该直接介入社会组织的管理和运作过程。甚至在美国，捐赠者也并不能因此而取得对于违反义务的董事诉讼的权利。然而社会组织的资源大量来自捐助人的慷慨解囊。当捐赠者的意愿不能获得满足时，捐助人会直接"用脚投票"表达自己的声音，认为社会组织不能实现公益使命承诺，所以不对非营利事业捐款。能否尊重捐赠者的意愿直接关系到组织从环境中获取资源，影响到组织与环境良性互动的可持续性，因此有必要赋予捐赠者一定的权利，在社会组织问责中发挥作用。

捐赠者问责的一个最关键的困难就是缺乏及时、充分和真实的信息以行使其问责权力。信息是问责的基础，"没有及时的和准确的信息，利益相关者不能使决策制定者承担责任"。因此，捐赠者在问责中发挥作用的必要前提在于其不可漠视的知情权，捐赠者应该知晓自己的资产是如何使用并带来何种结果。通常的惯例是定期向捐助者报告组织的运行信息，特别是年度财务状况报表。财务报告的基本功能在于：第一，提供本期如何获得和使用资金的信息；第二，在期末显示可供未来使用的资金；第三，报告组织在将来持续提供服务的能力。

三、受益人与社会组织问责

在社会组织问责体系中，受益人是十分重要但往往容易被忽视的利益相关者。由于社会组织多是使命导向型组织，其存在的目的在于追求他人利益，为不特定的公众服务，可见受益人是作为组织的服务对象而存在，也是因捐助人的捐助行为而享受利益的人，受益人利益是否得到保障关乎组织存在的合法性。在官方文件、实践操作、研究报告和学术文献中，受益人还有一些含义相似且经常交替使用的术语："服务对象"、"服务使用者"、"服务接受者"、"顾客（客户）"、"消费者"、"受助方"。

社会组织的受益人可以在捐助章程或信托契约上明确规定，也可以委托社会组织来确定，一般由董事会来选定。受益人是一般性或不特定的一部分人，但不一定非是自然人，机构团体也可以成为受益人，例如受到资助的学校、研究机构等。在最广泛的意义上，受益人可以是整个社会或全体公众。受益人享有的权利就是受益权。从严格的法律角度考虑，受益人是指前者。

赋予受益人问责权的理由有三。最低层次的理由是，受益人问责能够作为规制者和捐赠者问责的补充。所谓补充，并不是被动地、有限地参与到其他问责主体的问责过程中，而是主动地、独立地采取问责行动以补充其他问责之不足。第二个层次的理由是，受益人最有资格评价社会组织提供服务的质量和绩效。受益人的服务体验是衡量社会组织的项目和服务是否到位的最有力的证据。"人们是他们福利的最佳法官"，这句格言表明社会组织是否兑现了其服务承诺以及服务是否有成效，只有受益人才能作出最恰当的判断。对社会组织问责而言，如果受益人缺席问责体系，那么问责结果的准确性、客观性和合理性就要大打折扣。最高层次的理由是，受益人的状态改变是公益性社会组织的使命、价值和目标的体现。如同公民要时常检视政府的行为，顾客可以质疑企业的不足一样，受益人的问责才能在最大限度上驱动社会组织健康可持续发展，实现组织所声称的使命、价值和目标。

尽管有足够的理由为受益人问责社会组织提供支持，但是问责能力的缺乏却不足以使其问责变成现实。受益人是否具有法律意义上的诉讼请求权？各国的惯常做法是受益人对于社会组织的给付是否享有请求权，得视组织章程的解释而定。

首先，要判断章程是否已经明确赋予受益人以请求权，如果章程规定社会组织对受益人应给付一定的数额，则应为肯定的解释；假如章程规定给付的数额属于社会组织的自由裁量的范围，则受益人不具有诉讼的请求权，当然，如果捐助行为中详细列出受益人，则受益人享有请求受赠人实现公益捐赠目的，或请求主管机关督促受赠人履行合同义务。

其次，如果社会组织已经作出给特定受益人给付一定财务的决定时，那么，受益人就享有一种债权请求权，有权请求捐赠人履行给付，请求捐赠人履行义务的权利人应当包括公益捐赠合同另一方当事人和受益人。受益人还有请求赔偿损失的权利，公益捐赠受益人因受赠人不履行合同义务而遭受损失时，或因受赠人故意或重大过失履行合同义务不力致使合同标的灭失或减损时，可以请求受赠人赔偿相应经济损失。

在英美法上，传统观点并不认为受益人有起诉人的资格。在美国，如前所述，一般公众不享有起诉人的资格，起诉权被授予州首席检察官，由州首席检察官来行使这一职权。但近期以来，这一传统规则遭到一定程度的突破。在美国和英国，"法院的作用和法律制度本身，正经历一场深刻的变革。今天，财产权只是实现我们所追求的价值的一种方法，而法律制度更关注的是社会的终极价值，没有人是一座孤岛，每个人都是公共利益的守护者，只要适合，每个人都可以在法院代表公共利益"。① 基于这种新的理念，一个公益信托的受益人得就信托的履行和资金的分配提起诉讼。当然，在确定受益人起诉社会组织的资格上，法院一般考虑以下因素：①原告提出诉讼行为的重要性和所寻求的救济途径；②作为被告的社会组织的确存在欺诈或其他不法行为；③州首席检察长的作用和有效性；④受益人的性质及其与被告的关系；⑤具体个案的实际情况。

由此可知，通常情况下，受益人缺乏有效的问责手段。不像捐赠者能够撤资，也不像政府能够强加约束条件，很少什么有效的手段实现他们可能有的问责权利。正如 R. Gray 等人所指出的，"非政府组织是典型的服务性组织，那些控制和资助组织的人（管理者和捐赠者）与那些接受服务或从服务中受益的人（顾客或受益人）有相当大的区别。没有可供顾客或受益人使用的直接手段向管理者和捐赠者施加问责"。② "即使在理论上存在拒绝合作的选择权，这也是一个不现实的（有时是残酷的）选择"，③ 因为，拒绝合作可能就意味着放弃服务的获取。显然，如果社会组织存在提供服务的竞争性时，受益人的问责能力将增强。

四、社会公众与社会组织问责

由于社会组织承担的是社会公益和社会服务的任务，本质上说属于民间的行为，私人的行动，但谋求的却是公共的利益，如前所述，从最广泛的意义上讲，社会组织行为受益人可以是整个社会或全体公众。从这一意义上讲，利益相关者一词可以转换为社会公众。正是社会组织的这一特性，决定了其对环境资源的依赖形态，以维系组织的运作。社会公众不仅是社会组织的受益者，更是社会组织资源的提供者。④ 这主要可以从以下得到论证。

---

① 周汉华.行政诉讼原告资格审查[J].中国法学.1991 (6).
② Gray R, Bebbington J, Collison D. NGOs, Civil Society and Accountability: Making the People Accountable to Capital [J]. Accounting, Auditing & Accountability Journal, 2006, 19 (3): 319-348.
③ Najain A. NGO Accountability: A Conceptual Framework [J]. Development Policy Review, 1996 (14): 339-353.
④ 企业主要以资本的形式获取社会资源，政府主要通过税收集中社会资源，而社会组织的社会资源则是基于志愿精神的志愿者和社会捐赠。参见王名.社会组织管理概论[M].北京：中国人民大学出版社，2002.

(1)社会公众是现实和潜在的捐助者。民间捐赠,包括来自个人、基金会和企业的捐款,这是社会组织独特的收入来源,也是它们与公共部门及营利企业相区别的标志之一。统计显示,社会公众捐赠并非社会组织收入的主要来源,甚至不是第二个重要的来源。① 根据 Salamon 对世界 21 个国家的统计发现,在社会组织的收入结构中来自个人、企业和基金会的捐赠平均仅占 11%,如图 2-1 所示。②

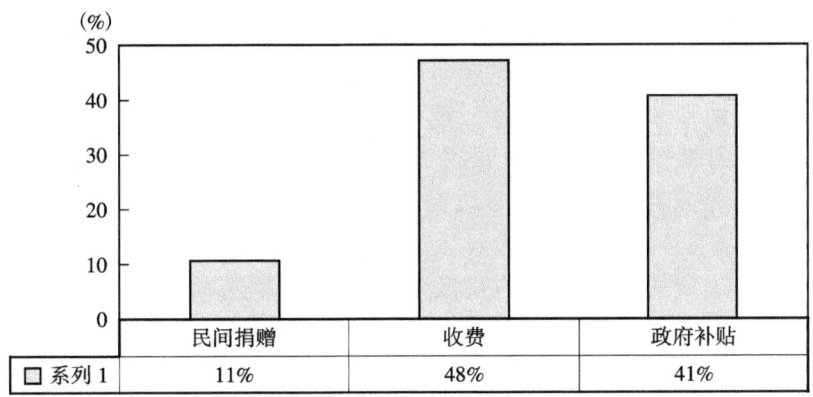

图 2-1 社会组织的收入结构

在发达国家,民间捐赠比例最高的是美国,但也仅占到 19%。其余国家则更为有限,英、德、法、日分别仅占 12%、4%、7%、1%。在民间捐赠这一类中,社会公众个人捐款最重要。个人捐款在美国占非营利部门收入总额的 13.9%,在英国占 6.5%,在法国占 3.8%,德国占 2.1%。③ 尽管如此,公众仍是一个"不容忽视的最大利益相关者",④ 在美国,几乎全国每个人每年都要对一个或几个组织捐款。据美国专业募款协会(The American Association of Fundraising Counsel)所出版的年报(Giving USA 1995)及其历年捐款比较,发现个人捐款占总捐款额的 80%左右。

(2)社会公众是志愿服务提供者。以某种方式参加帮助别人的工作或活动而不领取报酬或者领取低于正常报酬水平的行为被称为志愿者服务。在一些发达国家,志愿者占国家总人口的比重很大,大多能占总人口的 20%~30%,

---

① 王绍光. 促进中国民间非营利部门的发展 [J]. 管理世界,2002(8).
② 约翰·霍普金斯. 非营利部门比较项目 [J]. 1995.
③ Lester M. Salamon, Helmut K. Anheier and Associates, The Emerging Sector Revisited: A Summary [M]. Revised Estimates, CNP, the Johns Hopkins Comparative Nonprofit Sector Project, Phase II, 1999.
④ 萧新煌. 非营利部门:组织与运作 [M]. 台北:巨流图书公司印行,2000.

有的达到近60%，如美国达56%，北欧平均达35%。①中国青少年研究中心1995年的调查显示，不同程度地参加"中国青年志愿者行动"的青年的比例为73.5%，其中，经常参加的为17.6%，有时参加的为37.3%，偶尔参加的为18.6%；从未参加的比例为24.1%。2000年，在接受调查的青年中，从未参加志愿服务的青年已降到13.6%；参加过1~2次、3~5次和6次以上的比例，分别达到32.4%，32.0%和22.0%，合计86.4%。

（3）社会公众是间接的资金提供者。社会组织通常接受政府多种渠道的支持，政府是社会组织经费的必不可少的重要来源之一，美国霍普金斯大学在42个国家进行的社会组织国际比较研究项目结果显示，在社会组织的收入结构中，政府资助41%，其中保健、教育和社会服务领域得到政府的资助尤其显著，分别占到该领域总资金来源的55%、47%和45%。政府的支持可以采取两种方式。一是直接的方式：即政府拨出部分税收收入用于资助社会组织。二是间接的方式：对社会组织的收入及向社会事业捐款的个人和公司提供减免税的待遇，这实质上是将本应由政府收取的税款用来资助社会组织。无论何种方式，均是从政府财政获得的资源，而政府的财政来源于公众的纳税，故社会组织获取的政府的财政资源最终都来自社会公众。

社会公众是社会组织举足轻重的利益相关者，理应在社会组织问责体系中发挥举足轻重的作用。由于其分散性和不确定性，能否具有诉讼请求权？如前所述，从两大法系的实践来看，两大法系均没有从一般意义上赋予社会公众以法律意义上的诉讼请求权。随着现代国家的民主化进程的不断推进，法制化、现代化的迅速发展，社会公众的问责将越来越借助司法程序手段，以司法保障为后盾。在保障诉讼便捷的前提下扩大当事人原告资格，放宽起诉的条件将成为不可逆转的趋势。在这方面，美国的做法值得我们借鉴。在美国，为了保障社会公众的监督权利，允许公众作为相关人（Stakeholder）以州或州属机构的名义起诉的相关人诉讼，公众还可以以纳税人的身份拥有请求禁止公共资金违法支出的诉讼提起权。例如，作为公园使用人的市民可以作为相关人提起诉讼；纳税人可以就阻止某社会组织为了获得政府资助将其图书馆转移到另一社会组织名下而提起诉讼；市民和纳税人可以就反对医院的迁址提起诉讼。不过，总体说来，为防止司法资源的浪费，防止"捣蛋者诉讼"，现在通行的一般规则是：如果不存在一种法定权利，那么就不享有对某社会组织提起诉讼的权利。

---

① http://www.zycq.cn/article/33010.html.

第二章 社会组织问责

五、一线员工、志愿者与社会组织问责

除了来自外部的问责外，内部问责也是不可或缺。在世界银行提出的公共服务框架中，一线（专业）人员是指"教师、护士、医生、工程师、公务员或与客户直接接触的其他各种服务提供者"。这个定义指出了一线人员的一个最重要特征：与受益人直接接触，但忽略了构成一线人员的两个必须区分的群体——一线员工和志愿者。一线员工和志愿者都在提供公共服务的过程中与受益人进行互动，不同之处在于，前者是领薪职员，而后者是不计报酬，自愿投身公益的人。社会组织的一线员工是指在提供公共服务的过程中直接与受益人进行互动的领薪职员。因此，一线员工问责通常系指一线员工对上级（项目负责人、管理者和理事会）的决策制定、执行活动（项目）及其绩效提出质疑和投诉，要求后者进行说明、解释或证明其行为的正当性，并承担相应后果的过程。问责的内容包括：决策是否有利于组织使命、价值和目标的实现以及实现的程度，执行活动（项目）是否偏离了决策目标，组织行为产生的短期效益和长远影响是否有利于受益人，等等。

作为社会组织的内部核心利益相关者之一，一线员工的内部问责问题很少被讨论。但一个组织对其员工负有某种责任却是不争的事实，社会组织也是如此。20多年前，J.Clark 就这样认为："社会组织自身的员工一般都是最尖锐的、最执着的批评家，他们的问责带有强烈的血亲相奸（Incestuous）的意味。然而，正是员工的成绩及其意见的恰当性是社会组织必须负责的"。① Najam 建构的社会组织问责框架中，员工问责构成社会组织内部问责的一部分。该框架不仅认为社会组织应当接受资助者和受益人问责，还认为应对自身问责。他指出："社会组织最终应对组织的愿景承担责任。它们要对自身声称的使命、对员工（Staff）、对拥护者、成员、对合作伙伴、对社会组织本身共同体承担责任。"② Norman 也表达了同样的观点："社会组织当然应对捐献人，也对为其提供拨款的捐赠机构作出交代；而且，在某种程度上对公共官员，当然也对其员工作出交代（尽管这往往没有被明确地表述出来）。"③ 但是，在国内

---

① Najam A. NGO Accountability: A Conceptual Framework [J]. Development Policy Review, 1996 (14): 339-353.
② Najam A. NGO Accountability: A Conceptual Framework [J]. Development Policy Review, 1996 (14): 339-353.
③ Norman Uphoff. Why NGOs Are Not a Third Sector: A Sectoral Analysis With Some Thoughts on Accountability, Sustainability and Evaluationn [A]. In Edwards M., Hulme D., Beyond the Magic Bullet: NGO Performance and Accountability in the Post—Cold War World [M]. USA: Kumarian Press, 1996.

的研究文献中，少有阐述社会组织的员工问责的研究成果。

赋予社会组织一线员工问责权的重要性可从两个方面得到体现。第一，赋予一线员工的问责权有助于确保公共服务提供的有效性。与组织的管理者和项目负责人不同，那些站在公共服务提供最前线的一线员工最清楚受益人的需求，最了解公共服务本身及提供过程中的问题。他们的问责可以检视公共服务项目设计的不足、项目执行过程中的问题或者组织自身的管理漏洞，等等。第二，一线员工能够成为社会组织一名专职工作人员，在很大程度上是因为他们秉持公共服务理念，认同组织的使命、价值和目标。正如彼得·德鲁克所言："人们在社会组织中工作是因为他们信仰组织的理念……"，特别是那些掌握专业技术知识和具有丰富公共服务经验的一线员工对组织使命、价值和目标的实现，起到支撑性作用。既然一线员工付出了时间和精力，贡献了专业技术和经验，那么社会组织如果期望可持续发展则没有任何理由不建立内部问责机制，没有任何理由不对一线员工问责作出恰当的回应。

但实际上，在社会组织内部鲜见一线员工的问责。究其原因，从组织角度考虑，主要是因为大部分组织内部没有正式的规章制度支持一线员工的问责，也缺乏正式的问责渠道，更缺乏组织文化的支持。在笔者所在团队调查的所有社会组织中，几乎没有组织在规章制度中明确员工质疑与投诉的条款；相应地，也就没有建立专门处理一线员工质疑与投诉的部门，也没有设置这样的职位。从员工角度考虑，由于一线员工对社会组织存在依赖性，在就业压力一直居高不下的情况下，能够在社会组织谋一份较为体面的职位并不容易。一位大型公益性社会组织的一线员工这样谈道："大家都很在意这份工作，做公益有荣誉感，况且找工作也不容易……"面对如此状况，要对上级进行质疑需要一定的勇气。长期以来，在中国，作为组织的下级，一线工作人员往往扮演任务接受者和执行者的角色，信奉"任劳任怨"的劳动哲学。即便有质疑或反对意见，那也只是个别情况。社会组织也不例外，一直没有员工对上级进行问责的传统和氛围。当然，这并不意味着完全没有一线员工的内部问责的空间。非正式沟通通常是一线员工问责的主要机制。

志愿者是社会组织问责的主体。许多社会组织提供公共服务往往通过"动员和利用基于志愿的各种公共资源"来进行，这也是其优势之一。所以，社会组织从根本上来说要向社会负责任，包括向它们的捐赠者、志愿者、受益者和其他各种利益相关者负责，这些群体所代表的是作为整个社会的公共利益，所以社会组织向社会负责的核心是要保障和实现社会公共利益。因此，志愿者成为问责社会组织的主体不应存在质疑。

志愿者应归入社会组织的外部利益相关者还是内部利益相关者呢？我们认

为，将社会组织的志愿者视为内部利益相关者更为恰当。原因有三：第一，与提供资金和物资的捐赠者不同，志愿者已经参与到公共服务的提供过程中，与组织的一线员工共同工作、共同面对服务的受益人。第二，许多社会组织，如志愿者组织完全依靠志愿者开展活动，缺少志愿者将使组织无法运作。将志愿者视为组织内部利益相关者，更有利于动员并加强公益性社会组织与志愿者的合作，有利于激发民间志愿力量。第三，这是最重要的，面对给自己提供服务、带来帮助的社会组织，那些接受服务的受益人无法区分，也不需要区分谁是组织的正式员工，谁是志愿者。他们已经将志愿者视为社会组织的一部分。何况，一些社会组织往往授予志愿者代表组织开展活动，志愿者也声称是组织的代表。在此，将社会组织的志愿者问责定义为，志愿者对组织工作人员（主要是决策者和管理者）的决策、行为，对组织的规章制度、活动要求等提出意见和质疑，要求组织工作人员进行说明、解释或证明其行为的正当性，并让其承担相应后果的过程。具体而言，问责的内容包括：决策是否科学合理，活动是否获得预定的绩效及其对受益人产生什么程度的影响，组织规章制度和行为要求是否合理，等等。

但就实际问责情况而言，很少有组织在章程等内部规定中写入有关"志愿者问责"的条款。一些对志愿者依赖性较强的网络型组织往往在组织章程等规定中强调志愿者的作用，其中也有与志愿者问责有关的内容。但通常缺少可操作性规定。就实际问责行动而言，与一线员工问责一样，志愿者提出问责要求也缺乏正式的渠道；尽管志愿者没有一线员工那么强烈地依赖所服务的组织，但也处于被管理者的地位，通过与"上级"直接互动（如对话、电话等）来表示不满就显得非常"尴尬"。这些因素极大地影响了志愿者的问责。志愿者选择的问责工具除了询问、建议和质疑外，通常会选择退出。显然，志愿者问责受到自身能力的制约。

第四节　强化社会组织问责，提升社会组织公信力

一、确定使命导向的问责优先性，强化内部问责

使命是社会组织存在的基础，因而社会组织问责也应以使命为导向。"使命是社会组织的灵魂——组织的问责不仅仅根据其花费的资金，还要根据其实现社会目的的有效性。"也就是说，问责应着重关注社会组织是否以及在何

种程度上实现了组织的使命、价值和目的。

完善社会组织自我问责,首先,需要改进内部治理结构。由于社会组织的不良行为打击的不仅仅是公众对个别社会组织的信任,而是损失公众对整个非营利部门的信任,因而成为其发展之路上未曾适当关注的一个障碍。所以,有效的内部治理结构甚为关键,社会组织必须有一个强有力和积极进取的董(理)事会来进行自我问责。因为董事会最终要对社会组织的行为负责,并确保合法合规性以及社会组织资产安全性。除非有充足的理由,任何对社会组织董事会成员的补偿形式都应该终止,出差旅行费用报销的政策和规则应该明晰。

可以借鉴国外的做法,公开社会组织主要负责人和五个最高薪酬员工享有的所有形式和数量上的工资与福利。国家税务局应该对适当和过度的补偿有明确的层次限定。董事会应该为社会组织制定合理的薪酬政策。董事会应具有适宜的关于成员产生、任期、人事、利益冲突、保护举报人等政策,在董事会成员构成上强调异质性和广泛代表性,董事会应该至少三分之一成员来自组织外部,独立于组织管理层,在过去一年没有从组织中获取任何物质利益,并且没有与在组织中获取物质利益的人有任何关联。董事会应设立若干委员会以提高董事会的运行效率,值得强调的是董事会中须有财务专家,并应建立审计委员会,组织财务主管参加会议但无投票权。董事会必须证明他们的成员遵循他们的道德规范并能确保组织能有效运转、肌体健康。

董事会规模应恰当,宜在5~15人。董事会一年开会2次很难发挥作用,应至少4次,会议前必须准备充分,每一位董事会前应拥有真实、准确、及时、完整、具体、相关、恰当的信息,确保会议的高效率和富有成效。

董事会应专注于组织重大事务,创造组织愿景,筹谋战略规划,充当组织与环境沟通的"大使",遴选、支持和评估高层管理者的绩效,必须对组织的效能评估常规化,并使之成为组织创新和不断提升组织效能的必要手段。董事会还需对自身的效能做定期自我评估,确保组织治理的有效性。

其次,改善内部管理制度。没有强有力的内部控制与管理,组织的公信力就无从谈起。为提升社会组织自身的问责能力,健全的制度十分关键:①健全的内部控制制度和财务管理制度。财务管理主要涉及预算决算、收入与支出的管理。高层管理者经常要思考的四个问题,即组织的目标与其财力资源是否一致,组织的行为是否符合代际公平,可供使用的资金与实际使用的资金是否匹配,组织的发展是否具有可持续性。① 应聘请独立会计师对组织财务进行外部审计。制定一系列内部规章制度来规范其财务活动。②健全的人力

---

① http://www.docin.com/p-1301894103.html。

资源管理制度和激励制度，营造积极向上的工作氛围。③健全的自我评估制度。自我评估包括结构与流程、财务绩效、项目与服务的评估。通过自我评估，明确组织的优势与劣势，以坦诚的态度正视组织的问题和不足，审时度势，为组织的改革和创新及效能建设铺平道路。诚然，自我评估需要消耗资源，但绝不能将它作为负担，而要将其视为常规性的任务，使其融入组织文化之中。

二、主动披露信息

在一定意义上，组织的透明度表征了组织的公信力。社会组织应将主动的信息披露作为组织战略组成部分，融入组织文化中，真正成为组织和利益相关者联系的桥梁。为此，社会组织要针对不同的利益相关者通过多条途径展开信息披露，及时、准确、完整地向各利益相关者披露组织是如何运用资源以实现组织使命的。值得一提的是，社会组织可以在法律框架内根据不同利益相关者的期望选择恰当的方式并以简洁的内容公开信息，以增强信息的可理解性。建议社会组织应加强信息化管理制度建设，要建立规范档案、信息年报制度和信息报送制度。除运用报刊、广播、电视等传统媒体外，还要充分发挥新媒体的作用。事实证明，信息的公开与广泛交流有利于增强社会组织问责的有效性，提升社会组织与利益相关者的相互信任度。

三、强化法律问责，增进外部问责的有效性

马克思指出："自由就是从事一切对别人没有害处的活动的权利，每个人就进行的对别人没有害处的活动的界限是由法律规定的。正像地界是由界标确定的一样。"[1]法制监督是包括政府在内的所有利益相关者问责的基础和保障。健全的法律法规，既是社会组织发展的制度环境，也是政府问责和利益相关者问责的法律凭据。我国必须尽快出台一套完善的、科学的法律体系，现有法律的修改充实已迫在眉睫。主要应在以下几方面取得突破。

（1）加快募捐立法。目前，我国社会组织的筹资行为相关法律基本上处于空缺的状态，没有专门规范募捐行为的法律，仅仅依靠民法以及合同法的一般规定来规范法律行为，不利于捐赠人、服务对象（受益人）的问责。由此，加快完善捐赠的相关法律已经成为一种共识，建议尽快搭建规范募捐行为的法律框架。法律法规的相关规定应该明确捐赠人、受益者和公众的问责权利，确保公众的知情权和问责权。

（2）完善政府问责。长期以来，社会组织的双重管理体制的弊端已经饱受

---

[1] 马克思. 第六届莱茵省议会的辩论. 马克思恩格斯全集第1卷 [M]. 北京：人民出版社，1995：167.

诟病，过高的门槛不仅使大量社会组织法外生存，而且使监管机关无力顾及成立后对社会组织行为的有效问责。需要合理界定管理机关的职责，推动从重入口轻过程的"入口管理"向"入口、过程、出口并重"的全程式管理转型，在简化社会组织登记注册手续的同时，加强对它们开展活动及其组织运作的动态过程的监管、评估和控制。建议成立类似证券监督管理委员会和银行业监督管理委员会的统一的监管机构，可以取名为社会组织监管委员会，以专司问责之职责。

委员会的主要职责如下：

1）建立规范透明的登记和备案条件，制定规范性的章程范本、财务准则、申请减免税及公共资助指南，规范社会团体的发展。

2）检查社会组织违法行为。在全国范围内建立接受公众举报的管理网络，及时依法调查和处理社会组织的违法行为。

3）对不履行法律规定义务的社会组织的处理。对于不履行法律规定义务的社会组织，民监会应发出书面警告，限期履行相关义务，对于限期不履行相关义务的社会组织可以委托独立第三方机构进行调查、检查和评估，并向社会公布。

4）对治理结构的监管。社会组织的理事人数低于法定最低限额，或者法定代表人缺位的，委员会应责令其进行补选。

5）对募捐的监管。

（3）赋予利益相关者诉讼请求权，以鼓励利益相关者积极参与对社会组织的问责和社会组织公信力建设。为避免捣蛋者诉讼，可以作出适当限制。

（4）健全信息披露制度。建立信息披露制度不仅要求确立公开原则，更需要从法律上明确具体问题，比如谁来公开这些信息，公众通过什么途径获得，哪些信息将被披露等，以增强信息披露的可操作性。财务信息的披露不仅要包括财务状况，还应当披露财务分析结果、高层管理人员的薪酬以及所从事的业务活动等。建议应赋予公众中的任何成员有权获得公益性社会组织的年度报告和财务报告。总体而言，披露的信息应符合五个标准：及时性、充分性、相关性、可理解性和易接近性。及时性就是信息迅速向包括利益相关者在内的所有公众公开。充分性是指信息的数量，社会组织不应当有"组织秘密"，作为公共组织，没有权利像企业一样拥有自己的"企业秘密"，也没有权利拥有像政府一样的"国家机密"，它必须向社会公众全方位地公开其财务、活动、管理等方面的信息。而相关性衡量信息的质量，两者是就信息的内容而言的。可理解性要求提供的信息明白易懂。易接近性是指信息被方便地检索和获取。

四、推动外部利益相关者问责

除政府问责外，外部利益相关者问责均属于非正式问责机制，同时也是不可或缺的软约束。因为仅有政府问责，缺乏其他利益相关者的参与和互动，这种问责机制是不充分的，不足以夯实社会组织公信力的基础。如果说，社会组织的政府问责具有强制性、制度性、刚性化特征的话，那么其他利益相关者问责就具有广泛性、直接性，兼具制度性与柔性的特征。推动外部利益相关者监督，除了需要前述法律问责和信息披露制度作为保障和前提性条件外，还须在以下几方面下力气，以提高其问责机制的有效性。

（1）普及问责文化，培养公众的公共精神、权利意识、问责意识，营造积极健康的问责氛围，使包括捐赠者、受益人、一线员工和志愿者在内的公众敢于问责，能够问责，易于问责。

（2）营造竞争性的社会服务递送环境，扩大顾客或受益人的服务选择机会，降低其服务退出成本。之所以存在如 A.Najam 所说的行使退出选择权"不现实（有时是残酷的）"，其原因就是顾客或受益人接受的服务缺乏竞争性。实际上，服务竞争性不足不仅仅是退出成本高昂的问题，还可能出现服务提供者"共谋"以损害顾客或受益人的利益。如何提供竞争性的社会服务呢？一方面拓宽社会组织生存和发展的政治空间、行政空间和经济空间，使社会组织日渐壮大和成熟，这既有利于在社会组织领域形成竞争性的筹资市场，也有利于营造竞争性的服务输送环境。另一方面，健全公共服务体系，形成政府、私人企业和社会组织协同共治的局面。三者既合作互补又进行竞争。

（3）强化大众媒体监督。由于大众传播的直接性、迅速性和广泛性等特点，媒体已成为现代社会最为普遍的传播工具。在利益相关者问责过程中公众需要获得社会组织全面、及时而准确的信息。但公众在现实生活中受到种种条件的限制，使得公众更希望借助媒体获得决策信息，甚至将问责权利主动委托或让渡给独立而具有广泛影响力的新闻媒体。借由媒体对社会组织信息的披露，为公众问责提供一个公开、有力的平台，并由此产生聚合效应，形成舆论压力，产生巨大的震慑作用，因此媒体问责对利益相关者问责的有效性起着举足轻重的作用。如美国联合劝募会丑闻在媒体曝光后，导致公众捐款直线下降就是明证。

（4）引入独立第三方评估。客观公正的评估是为利益相关者问责提供信息的重要来源，帮助公众作出正确的捐款决策，起着"为捐款人把关"的作用。

除政府的问责和评估外，更应重视独立的评估机构向各利益相关者提供社会组织的相关信息，帮助公众作出明智的捐赠决定。独立的评估机构独立于政府，没有法律所赋予的管制权，它只是通过搜集社会组织的资料，按一些大家一致认可的评估标准，对社会组织的表现、能力与诚信度进行评估，并将评估资料及评估结果用最简单最直接的方法告知公众。以美国为例，在第一次世界大战期间，全美掀起了一股对难民、饥民的捐赠热潮。由于少数机构在里面浑水摸鱼，从中渔利，而导致了民众对捐助信心的丧失，为了扭转这种局面，一些民间组织的管理人员、学者、律师和会计师，于1918年共同发起成立一个独立的评估机构"慈善信息局"（National Charities Information Bureau，NCIB）。该机构制定和出版了慈善组织的标准（共有9项），定期要求慈善组织将所有信息按标准先进行自我评估，然后提供给该局，再由该局组织专家进行评审；遇到可疑问题便着手进行调查，并将结果定期公布。谁是评委？该机构可以打多少分？一查即知。这样一来，独立评估机构事实上是对参加评估的社会组织造成了一种约束和激励，通过这样中立而透明的信息披露，有力地保障了社会组织的肌体健康。当然，社会组织也可以拒绝参加评审，但由于独立的中介评估组织具有的权威性不可低估，拒绝参评反而会引起公众的猜疑。

除 NCIB 外，美国还有另外两个独立的权威性机构：商务发展局理事会的慈善咨询服务部（Philanthropic Advisory Service of the Council of Better Business Bureaus，CBBB）、福音教会的财务理事会（Evangelical Council for Financial Accountability，ECFA）。CBBB 制定了 23 个慈善组织的申请标准，鼓励慈善组织诺守自律的责任，遵守 CBBB 慈善组织标准中规定的合乎道德的工作方式。

ECFA 成立于 1979 年，起因是在美国发生了一系列宗教慈善组织的丑闻，这些慈善组织大部分不受政府条例的约束，ECFA 填补了这一空白，它采用会员制，定出 7 项会员标准和 12 项募集基金标准。其董事会由代表性广泛的、有显著成就的人员组成，标准委员会的成员主要由律师、会计师、职业基金募集人和科技人员以志愿者身份组成。ECFA 是独立机构对慈善业进行资格认定模式的典型。总之，上述三个机构均是作为独立第三方通过制定标准，对社会组织及其项目进行评估，为受益人和捐赠人进行信息和咨询服务，提供明智的咨询意见。

需要指出的是，公众问责意识、信息披露制度、竞争性服务输送制度、媒体问责、独立第三方评估制度并非是一个相互独立、泾渭分明的过程，而是多元问责主体在适宜的问责文化环境中交织为一个密不可分的整体，共同服务于对社会组织的问责，打造社会组织的公信力。

第三章 社会组织的内部治理结构

第一节 社会组织治理的概念

社会组织治理是一个逐步演变的概念。具有现代意义的（区别于营利性企业的）社会组织治理的概念可以追溯到 20 世纪 60 年代的高等教育的先例中，那时的治理意味着教授委员会与行政人员的二元一体的组织形态（Dual Organization of Faculty and Administration）。在这种治理状态下，教授委员会负责课程设置等事宜，而行政人员专司行政事务。教授委员会对课程设置等有关教学的重大决策具有绝对的权威，如果行政政策或行政决定涉及有关教育方案，行政当局应与教授委员会协商。在这一先例中，治理涉及决策机制的民主程序而不仅仅是内部管理组织运作，学校决策应该与可能受其影响的利益相关者进行协商。[①]

根据 Nason J.W. 的观点，当大学行政当局不能解决教员、学生或其他利益相关者的争端时，大学的董事会有权介入其中，并以最高仲裁者的身份解决纷争。[②] 在这里，治理的意涵已远远超越行政、管理及运行的范围，治理意味着董事会持有决策权，且处于社会组织治理结构的顶层，发挥着控制组织的作用。

Gies 和 Shafritz 从社会组织治理功能的角度明确指出："治理是一种监督与管理的功能，当一群人为了非营利的目的共同筹组合法之法人团体时，治理的功能便已产生。治理的含义一般系指董事会为了治理免税组织所采取的集体行动，身为董事会之成员，董事们应针对组织的有关事务表达自己的态度、信念及价值。治理就是治理，不是管理，社会组织的诸多治理功能与营利组

---

① Miriam Wood. Nonprofit Boards and Leadership [J]. Jossey-Bassa Wiley Company, 1995 (3).
② Nason J.W. The Future of Trusteeship [M]. Washington D. C.: Associations of Governing Boards of Universities and Colleges, 1974 (23).

织是相似的。"①

Carver J.将社会组织治理视作一种引领组织成功的决策机制与原则。他认为组织的决策权赋予董事会（理事会）(Board of Directors, or Board of Trustees)，以使它的权威与其负有的对所有组织活动的社会责任相匹配。与此同时，他毫不讳言尽管董事会被赋予组织治理的终极权威，但其治理的现实却不尽如人意，理论界对它的研究也似乎是一个被遗忘的领域。于是他在揭示董事会治理失效的基础上，提出了一系列他认为能使董事会有效发挥作用的治理原则，包括董事会角色的清晰界定、董事会与 CEO 关系协同及监督机制的建立。②

Salamon 将社会组织治理与社会责任联系起来，认为治理就是对社会组织的内部结构及组织运作实施限制。社会组织的治理必须既保障组织的自治性与独立性，同时又能确保组织具有合理有效的治理结构，使其有完全能力对组织实施控制，并承担公共责任；因而特别强调组织最高权力的归属、执行机构与董事会的角色以及权力责任义务的配置及组织的决策程序。③

Mirian M.Wood 等则进一步将治理概念扩展为高级管理层、董事会与各利益相关者的协同治理 (Governance-by-stakeholders)。在政治化的背景下，所有组织，尤其是社会组织日益依赖于各利益相关者所构成的动态环境。在这种动态的环境中，由于所有的利益相关者都平等地享有表达自己声音的权利，治理行为的有效性便取决于利益相关者各方在讨价还价中能否实现平衡，或者说能否在沟通与协调中使各方明白什么是最重要的。因此，面对利益并非完全一致甚至相互冲突的不同的利益相关者，有效治理是说服不同利益相关者的代理人在某种程度上达成共识以指向组织的利益和终极目标。利益相关者协同理论认为，现时各利益相关者的平等对话有意无意地导向关于治理主题的一致性认识：使命、战略规划、组织绩效及社会责任。④

综观国外学者关于社会组织治理的论述，均以组织治理结构的设计为基础，尤其强调决策机制及对组织的分权与制衡，确保董事会从法律上、伦理上、道义上承担决策和治理责任的有效性。社会组织各利益相关者协同，其核心关注点依然是决策机制与程序，其基本点仍在于董事会决策的民主性与有效性。求同存异，西方学者关于社会组织的治理结构基本上可以用图 3-1

---

① 陈林.社会组织法人治理 [M].台北：洪叶出版社，2004.
② Carver J. Boards that Make a Difference: A New Design for Leadership in Nonprofit and Public Organizations [M]. San Francisco: Jossey-Bass, 1990 (1).
③ Salamon, Lester M [M]. The International guide to Nonprofit Law [J]. John Wiley & Sons, Inc, 1997.
④ Mirian M. Wood. Nonprofit Boards and Leadership [M]. Jossey-Bass a Wiley Company, 1997, 4-5; Heiftz R.A. Leadership Without Easy Answers [M]. Cambridge, Mass: Harvard University Press, 1994.

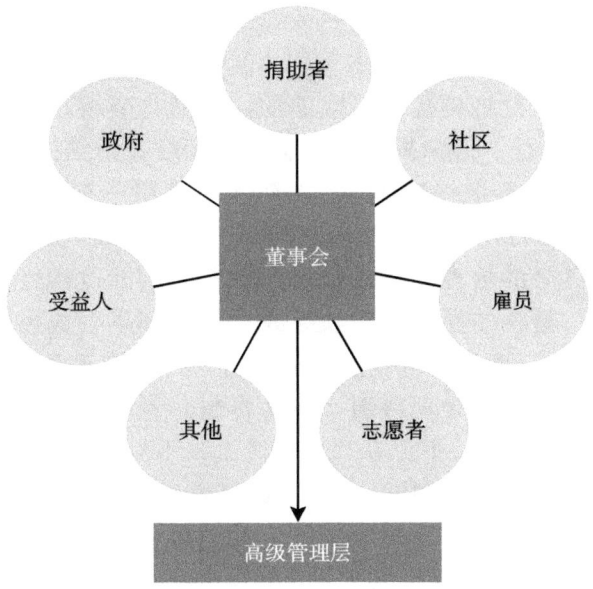

图 3-1 西方学者眼中的社会组织治理结构

予以简化。

他山之石，可以攻玉。西方关于社会组织治理结构的理论及董事会角色与功能发挥的重视尤其值得我们借鉴。当然这种借鉴并非照搬照抄，毕竟西方的这种董事会治理模式有其自身的制度环境。

陈林第一次借鉴公司治理理论，认为社会组织法人治理是以所有权、控制权与受益权分离为基础，以利益相关者协同为重心，以委托—代理关系为主线，以公共责任为依归，并提出应奉行以董事会为中心，保障独立董事的有效作用，吸纳利益相关者多方参与，加强信息披露与透明度等治理原则。在此基础上，他分别为中国社团、民办非企业及基金会粗略地构建了治理的基本结构。[1] 诚然，社会组织与营利组织在管理与治理方面日渐趋同，但毕竟两者在性质与目的上存在质的区别，因而不可能简单地将公司治理结构引入社会组织。

孟唯从治理与善治的角度谈及社会组织及其治理问题，认为社会组织也可成为国家的权力中心。[2] 在孟唯看来，治理也可称为治理结构，其本质上是同一种关系，好的治理意味着好的关系。作为社会组织的善治应该具备以下三

---

[1] 陈林. 社会组织法人治理 [M]. 台北：洪叶出版社，2004.
[2] 孟唯. 社会组织及其治理 [D]. 中国社会科学院博士论文，2003 (6).

社会组织运营与管理

个基本条件：①有自己的价值取向——志愿精神与利他主义。②合理的治理结构与决策程序。③设立内部工作人员的激励机制。就治理结构来说，他认为有效的理事会和执行机构是不可或缺的。显然作者仅仅涉及治理结构，且将治理与管理混为一体，并未揭示社会组织治理或善治结构。

赵黎青指出："社会组织的治理，是针对着组织所有需要执行的职能的整体，这些组织职能的行使，既涉及内部的关系，又涉及同外部组织的关系。"① 他认为社会组织良好的治理意味着社会组织非营利非政治性使命的确立、具有"社会企业家"精神的社会组织领导人（包括理事会成员以及组织的各级行政和项目负责人）、健全的理事会治理机制、财务管理制度和信息披露制度以及社会组织工作人员的合理待遇。在这里赵黎青教授勾勒了中国社会组织良好治理的一些基本表征，不免有"只见树木，不见森林"之嫌。

本书以为社会组织治理结构从根本上讲是董事会（理事会）、高级管理层、监事会的职责配置与权力的分割与制衡，关键是董事会（理事会）与监事会功能的有效发挥。

一、社会组织治理与社会组织管理

从语意上来看，"管"即管辖、管制、约束、控制，"理"是道理、整理、处理。"管"、"理"合用即根据某一道理管人管事。可见，管理即有关组织目标之计划、实施、控制等，同"治理"的"控制""支配"等义项相比，管理更算得上是一种亲自过问的行为（A Hands-on Activity）。社会组织治理同管理的区别与公司治理同管理的区别并无二异，特里克（Tricker，1984）明确指出：公司治理与管理是不同的概念。管理涉及的是公司边界之内的业务运作，如生产、开发、人事、营销、融资等。公司治理涉及的则不是这种活动的本身，而是公司边界之外董事如何全面指导企业，监察、控制管理部门的执行行动，满足公司边界之外利益集团对责任和规制的合法预期。根据社会组织治理研究专家Chait，治理的核心事务主要有四类：①组织的使命、价值观及组织的发展方向；②组织的长期社会表现；③组织资产的保值增值；④对于具有战略或象征性意义的重大事项的决策程序。② 因而治理是战略导向的，而管理则是任务导向的。治理着重于政策和组织特性的问题，而不是日常项目实施的问题。治理意味着解决社会组织的前景、使命以及战略的问题，着重

---

① 赵黎青. 组织治理与中国社会组织建设［EB/OL］. www.sociology.cass.cn/shxw/xstl，2005.
② Chait R.P. How to Help your Board Govern More and Manage Less ［M］. Washington, D.C.: National Center for Nonprofit Boards, 1993.

于未来的方向和长期的战略考虑。治理是在考虑内部计划、工作人员和资源配置的条件下解决组织政策的问题,并为组织职能基础的规则和价值观下定义。社会组织治理最重要的是须考虑组织在社会中行使职能和运作的有效性,如图3-2所示。

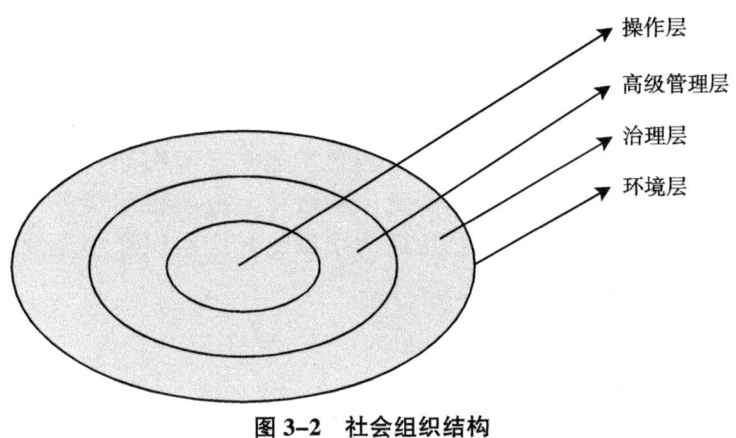

图3-2 社会组织结构

当然,值得指出的是,社会组织治理与管理并非互不搭界,而是相互关联,相互沟通。因为治理除了"控制、支配"之意项外,本身就有管理之意项。

二、社会组织治理与治理结构

从一般意义上说,社会组织治理与治理结构可以不做区分,然而从严格意义上说,两者的含义有别,不能等同。社会组织治理是指通过一系列方式与策略动员资源以实现组织使命,治理更强调动态制衡的过程,而治理结构偏向于从静态的角度规范组织内部的权力配置机制,强调组织内部分权与制衡的关系。

社会组织治理结构可以被看作达成社会组织治理状态的手段,用以协调组织决策层、执行层、监督层及利益相关者的关系,确保组织的社会公信力,确保组织的健康发展与长期成功。社会组织治理结构之于治理,就如同汽车车况之于司机的驾驶表现。车况好比社会组织治理结构,司机好比社会组织执行长,司机的驾驶表现好比组织治理。车况不好,司机自然困难重重,难有好的表现,甚至可能招致灭顶之祸。车况好,司机驾驶起来就越容易,越安全,越易创造好的业绩。当然,司机及其驾驶技术也是非常重要的。

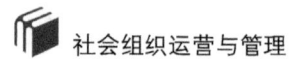

第二节 社会组织董事会治理

董事会①是社会组织的决策机关,承担界定组织使命、监督组织运行、制定组织战略规划等职能,对组织绩效负有最终的责任。为什么董事会是社会组织治理结构的核心和关键?非营利董事会的一般和核心职能是什么?在社会组织治理的实际运作中是否发挥了角色功能?本节在回答上述问题的基础上探讨董事会的规模、运行机制、董事在法律上应履行的义务,从规范的角度提出董事会治理的应然状态,从而为中国的社会组织理事会治理提供一个基本的框架。

一、董事会治理的理论依据

(一) 三权分立理论赋予董事会决策权

权力制衡理论的渊源可以追溯到古希腊的政治思想。亚里士多德曾提出"一切政体都有三个要素——议事机能、行政机能和审判机能"。②亚里士多德的所谓政体三要素不同于近代意义上的三权分立所体现的权力制衡关系,但它却为权力划分为不同的部分开了思想先河,从此西方思想家和政治家们便开始了关于分权和制衡理论的探索。17世纪末,英国著名思想家洛克提出了三权分立相互制衡的理论,但其对权力之间制衡的理论说明还不够深入。第一次完整系统地论述三权分立与制衡学说的是18世纪法国思想家孟德斯鸠,他不但把国家权力分为立法权、行政权和司法权,还明确提出了权力制衡的理论。他说:"立法权属于议会,行政权由国王执掌,司法权由法院拥有。由于人们容易滥用权力,所以三种权力不仅要分立,还要互相制约,同时互不统属以达到权力的平衡。"③他强调:"当立法权和行政权集中在同一个人或同一个机关之手时,自由便不复存在了;因为人们将由这个国王或议会制定暴虐的法律,并暴虐地执行法律。如果司法权同立法权合二为一,则将对公民的生命和自由施行专断的权力,因为法官就是立法者。如果司法权同行政权

---

① 在中国,大部分社会组织(如社团、基金会等)决策机构被称为理事会,以区别于企业的决策机构董事会。在本文中,董事会与理事会通用。
② 亚里士多德. 政治学 [M]. 吴寿彭译. 北京:商务印书馆,1965:214–215.
③ 孟德斯鸠. 论法的精神(上册)[M]. 张雁深译. 北京:商务印书馆,1961.

合二为一，法官将握有压迫者的力量。"①孟德斯鸠关于三种权力交由不同机关掌握，按一定方式互相制约、保持平衡以保证国家权力协调运作的思想不仅对西方各国的政治实践产生深远影响，而且对其他组织的结构模式产生了决定性的影响，成为判断组织机构是否健全和规范的重要依据。按照分权制衡的要求，公司治理结构模式将权力分解为决策权、执行权和监督权，并分别由股东会、董事会和监事会行使。三者相互制约以确保公司不背离股东目标并进行有效运转。公司法在某种意义上说是政治上立法权（议会）、行政权（政府）、司法权（法院）三权分立模式的翻版。美国学者伯纳德·施瓦茨曾经这样论述："公司法的发展说明了它是随着公法本身而发展的。后者成功地使权力成为责任——使政府行为服从法律方面取得了一定成就。形成中的公司法正重复着这一过程。虽然，公司的行为还没完全为保证有关的各种利益平衡的规则所制约，然而人们已有可能进一步阐明权利和责任，使公司权力和政府权力一样'负有责任'。从与政治权力分配有关的更普遍的价值意义上剖析公司的权力，这样的时期已经来临。如同一位著名的公司法学家承认的，公司法面临着一个宪法问题：将某种宪政主义的形式加于公司经济之上。"②从此种意义上说，现代组织可以被看作是现代国家的缩影，社会组织作为现代组织的基本形式，其治理结构应该同样是基于分权制衡理论的实践，其理由有如下三点：

（1）任何组织作为组织实体，在组织结构上均具有一定的相似性。"组织机构"通常是指由组织的权力机构（决策机构）、监督机构和执行机构等所构成的完整、有机、科学的组织系统。所以，健全的结构使组织的各机构之间权责分明，各司其职，且相互制衡、相互协调，以保障组织肌体的健康，最大限度地发挥组织的整体功能。

（2）社会组织权力、公司权力与政府权力一样，具有相似的属性，如同孟德斯鸠所说："一切有权力的人都容易滥用权力，这是万古不变的一条经验……从事物的性质来说，要防止滥用权力就必须以权力约束权力。"③公司权力、社会组织权力同样需要一定的治理结构——组织的决策权、执行权及监督权的合理配置，使其对组织的使命、对受益人、对社会公众承担责任。

（3）任何组织，包括公司、社会组织以及政府，为实现其功能都需要授权某一机构为其现实和未来的行为作出谨慎合理的决策，并使其处于组织金字

---

① 孟德斯鸠. 论法的精神（上册）[M]. 张雁深译. 北京：商务印书馆，1961.
② 伯纳德·施瓦茨. 美国法律史[M]. 王军等译. 北京：中国政法大学出版社，1997：211–213.
③ 孟德斯鸠. 论法的精神（上册）[M]. 张雁深译. 北京：商务印书馆，1961：154.

塔的塔尖。董事会承担组织决策职能，成为治理结构中核心和关键的一环，其良好的治理既可以保障相关利益者的权益，又可以赋予执行层充分的经营自主权，同时还可以调动组织成员的积极性和创造性，从而最大限度地发挥组织的整体功能。

（二）董事会是社会组织委托—代理链条的核心环节

如前所述，委托—代理理论是公司治理研究中长期占支配地位的解释框架。它起源于贝利与米恩斯《现代公司与私有产权》（1932）中提出的所有权（股东）与控制权（经营者）的分离。[1]所有权与经营权的分离提供了经营者（代理人）依照自利原则行使权力的机会，当经营者追求自身的利益而损害股东利益时，则"委托—代理问题"就产生了，而股东自己基于股份分散也很难有效实施监督（搭便车问题），董事会就是为了减轻因经营者与股东利益冲突而引起的代理问题而存在的重要公司内部治理机制。通过这一机制，所有者将自己的资产交由董事会托管。董事会作为最高决策机构，拥有对经理人员的聘用、奖惩以及解雇权；高级经理人员受雇于董事会，组成在董事领导下的执行机构，在董事会的授权范围内经营企业。因此董事会治理应当成为公司治理的核心，治理成败的后果几乎涉及公司内部、业务、环境等方面的一系列问题。

对于社会组织而言，由于其产权的特殊性，它不同于私有产权，不存在产权的清晰边界，捐助者一经捐款，便自动失去了对捐助资产的所有权，而且不存在任何组织和个人声称对社会组织资产拥有所有权，因而它具有一般公共产权的特性。社会组织的产权具有公共产权的不可分性，任何组织或个人不得随便转让其产权，当然它又有别于一般意义上的公共产权，它具有一定的排他性，社会组织的资产并非任何人均享有均等机会的使用权，它通常是为某一不特定人群而设，或者为某一受益人群或公益目的而设。公司治理中所有权与经营权的二权分离转化为社会组织的所有权、经营权、受益权的三权分离，因此社会组织产权的模糊性并不否定代理理论的适用性，相反只是使代理问题变得更复杂化，社会组织的董事会不是为了股东利益最大化，但它必须承担类似公司董事会的责任。社会组织董事会承担组织的决策和监督职能，其目的不是盈利，而是实现组织的公益使命，为了不特定人群受益人的利益。

---

[1] Berle A., G. Means. The Modern Corporation and Private Property [M]. New York MacMillan, 1932.

二、董事会的规范职能

董事会制度起源于现代公司制。公司制起源于16世纪的英国,当时主要采用合伙制和特许公司的形式。然而具有现代意义的股份有限公司是在19世纪初才由美国最早建立起来,有关设立股份有限公司的法规也于同一时期由美国最先制定,之后逐渐在西方各国发展起来。现代意义上的股份有限公司的相关法律规定赋予了公司独特的法律人格,成为与出资者分离的"法人"。在现代公司中,随着公司的规模化、股东的数量化、经济关系的复杂化以及公司经营的专业化,成千上万的股东不可能亲自治理公司,也不具备参与公司高层管理的信息、时间、影响力、知识或经验。董事会便实际上拥有、占有、使用、收益和依法处分公司法人财产的一切权力,并在法律上确立了其独立性地位。

社会组织的董事会制度据考证起源于17世纪的美国。1637年,马萨诸塞州的立法机关为了减少教会对当时哈佛大学的影响,便由政府派人员与教会的教士共同组成学校董事会。[①] 一般而言,董事会由三位以上的董事组成决策机关,并依集体责任的方式履行领导统御的职能,对其服务的组织负起治理或政策制定的职责,并在首席执行官、董事及各类利益相关者之间,充当使决策机制顺利运作的角色。[②] 董事会处于社会组织的权力顶峰,同时处于组织责信链条的终极环节,对组织绩效负最终的法律和道德上的责任,负责实现组织的使命。董事会能否有效履行自己的职能直接关系着社会组织的成败。

一般而言,董事会应当基于忠诚受托者(Trustees)的立场,扮演良善托管者的角色,国外学者一种最简单的说法就是董事会对社会组织所做的每一件事负法律和道德上的责任。正由于它担负着组织行为的最终责任,董事会才被置于组织权力的中枢位置并执掌整个组织最大的控制权(Oversight and monitoring)。

Oster认为社会组织董事会同时承担着控制和运作职能。[③] 董事会的控制职能首先涉及有效率地收集和吸纳相关信息以利于科学决策,之所以强调信息的收集,主要是由于相对于营利性公司,社会组织对环境具有更多的依赖,

---

① Hall P. D. A Historical Overview of the Private Nonprofit Sector. In Powel, W.W. (ed.). The Nonprpfit Sector: A Research Handbook [M]. New Haven: Yale University Press, 1987.

② Burgress B. The Board of Directors. In T.D. Connors (Ed.). The Nonprofit Handbook: Operating Policies and Procedures [M]. New York: John Wiley & Sons, Inc. 1993: 195-277.

③ Katherine O'Regan Sharon Oster, Does Government Funding Alter Nonprofit Governance? Evidence from New York City Nonprofit Contractors [J]. Journal of Policy Analysis and Management, 2002(3): 21, 359-379.

社会组织目标通常是多重性的且难以评估。有一些信息的收集，对组织未来发展方向与董事会的治理绩效极为相关；其次董事会的控制职能还意味着确保高级管理层具有适当的激励机制在面对代理问题时作出正确决策。有关历史记载表明以往董事会更关注前者，但随着20世纪90年代高级管理层丑闻的接连曝光，人们在关注公司治理的同时，更多地关注社会组织治理问题，因而也就更为强调董事会对高级管理层的激励与约束。

由于历史及各社会组织的具体情况，社会组织董事会还承担着区别于公司董事会的操作性职能。例如筹募资金、作为组织的代表向社会做宣传、动员和关怀志愿者。在一些小型社会组织，董事会成员甚至亲自参与服务提供等。筹募资金包括了董事自己本人的贡献，从其他个人、政府、公司和基金会获得捐赠，或者以低于市场价格获得物品和服务。由于社会组织董事会不仅致力于内部治理，包括组织政策的制定，选拔和监督首席执行官，给予其充分支持与指导，以使其负起组织运作成败的责任，维持组织生命的持续、稳定与完整，而且还必须对组织的环境予以持续的关注与监控，维系组织与环境的交换关系，获取环境资源，将组织与环境连为一体，因而社会组织董事会又被誉为"边界扳手"（Boundary Spanners）。①

Axelrod等则将董事会的主要职能归纳为：①选择、支持和评估首席执行官；②从事战略规划；③监督项目和服务；④提供良好的财务管理；⑤提升组织形象；⑥筹款；⑦确保组织行为符合法律规范和道德规范。②

Hummel和Flanagan从开放系统的观点出发，更进一步归纳了董事会对组织的两种贡献：对内的贡献（策划与管制）；对外的贡献（募款与建立资源网络）。我国学者陈林也从"对内管理"与"对外联结"概括了董事会的职责。所以，社会组织董事会拥有对内的职能包括：①决定组织的使命与目标；②甄别与选拔行政长官（首席执行官）并予以实质协助；③定期评估行政长官的工作绩效；④从事组织目标的规划；⑤预算和财务监督；⑥决定并监督组织的方案与服务；⑦充当内部冲突的最终仲裁者；⑧定期评估自我的表现。③

社会组织董事会对外联结的职能与对内管理的职能同样重要，它所拥有的对外联结的职能包括：①提升组织的公共形象；②对外募款；③与政府监管机关建立良好的关系。

---

① Pfeffer J. & Salancik G. Organizational Decision Making as a Political Process [J]. Administrative Science Quarterly, 1974（19）：135–151.
② Axelrod. The Chief Executive's Role in Developing the Nonprofit Board. Washington [M]. D. C.：National Center for Nonprofit Boards, 1998.
③ Joan M. Hummel, Starting and Running a Nonprofit Organization [J]. University of St. Thomas, 1996.

第三章 社会组织的内部治理结构

黄浩明则提出理事会通常有五个方面的主要职能：①选择和评估机构的首席执行官；②确定和重新评定机构的宗旨和远景规划；③确定机构的长期规划和审批年度计划；④审批和确定年度财政预算；⑤帮助机构得到各方面的资源或疏通资源渠道。

显然董事会的职责十分广泛，可谓包罗万象。董事会在实际的治理实践中能否有效地发挥其功能？在缺乏市场监督机制（测试机制）的情况下，客观现实表明非营利董事会在履行其职责方面临着极大的挑战，德鲁克认为，"不考虑其法律地位，所有公司董事会都有一个共同的特性，那就是，不能发挥其正常功能"。对于具有市场测试机制的公司董事会尚出现董事会式微的趋势，更不用说服务于"无声市场"中的社会组织董事会了。面对繁杂的职能，如果不分主次，社会组织董事会容易陷入误区，或忙于琐碎的事务，追求短期效应；被动反应，仅限于批准管理层已作出的决策，董事会沦为装饰门面的"橡皮图章"（Rubber Stamp）；或重复管理层工作，对管理层干预过多，治理职责与管理职责不清，董事会转化为无事不管的"看门人"（watchdog）或干涉者（meddler）。两大误区的共同特征在于董事会偏离了治理的正确轨道，而使其运转失灵，把组织引入歧途。因此，董事会有必要根据组织内外环境的要求，对其庞杂职能作轻重缓急的筛选，始终把关注点置于决策和控制这两大基本职能之上。社会组织董事会之所以应聚焦于决策和控制，主要基于以下四个因素的考虑：其一，集中精力致力于组织的核心事务，能使董事会的治理事半功倍。如果董事会过分忙于处理日常问题，以至于未能以战略眼光去看待组织，其结果必然是小问题要变成大问题或组织危机时才会被发现。其二，董事会的成员系选举产生，大多是自愿性的，通常并不具备所有的管理技能，如果能专注于组织政策（包括使命、组织前景、战略问题等），使董事们不再需要很高的专业要求，则董事和董事会的效率将得到提高。其三，如果董事会将具体事务的处理责任委托给执行层，只留下核心的事务——处理组织的政策问题和行为准则，集中关注组织战略，这些事务通常具有持久的重要性，处理这类事务对于董事会来说才具有真正的合法性。其四，为组织的未来描绘愿景和激励应该成为处于领导地位的董事会的责任，董事们忙于日常事务的处理可能是令人满意的，但这既不会提供愿景，也不会给组织成员以鼓舞。基于上述，社会组织董事会拥有以下基本职能。

（1）制定组织政策是董事会的核心职能。组织的核心政策乃是决定组织的目标和使命。明确界定组织使命是非营利董事会最重要的职责。使命涉及组织奋斗所要实现的目标，组织的事业将如何影响周围的世界，它实际上展示了组织存在的理由，因而也是组织维系人员奉献的主要源泉。董事会在决定使命时应将组织与环境交换时给社会带来的福利与需要的成本进行综合考量，以战略的眼光审视组织是否满足了社会的需要，代表了谁的利益，为了谁的利益，以何种代价。董事会的目标在于确保组织以经济的方式创造合理合法的经过慎重选择目标明确的公益产品。可以说，组织是否具有强有力的使命很大程度上反映了组织的治理状况。

富有强大生命力的使命应该具有以下几个特征。

1）组织目标的专门术语。使命并非以组织为赢得某一目标而展开的活动来表达，而以组织活动所追求的目标来表达，这一目标的实现将带来世界的改变。改变本身即使命。

2）简明扼要。冗长的使命意味着董事会未能就组织目标达成共识。对使命的不当解释、呆板的方法及不必要的空话将窒息使命的生命力。董事会既然未能明确界定使命，管理层也就无法围绕使命使组织有效地运转。

3）产生的权威性。使命的确定是非营利组织治理的核心问题，因而是董事会的核心职责。董事会不能仅仅被动地简单地批准管理层对使命的陈述。如果董事会不能积极地审慎地决定使命，它将丧失其他职能如控制组织、遴选高层管理人员等职能的依据和理由。

4）共识性。使命是董事会为了"所有者"的利益基于组织内外环境的匹配而形成的。董事会对组织的运行承担集体责任。如果董事会成员不能就使命形成一致的声音，将严重损害组织的整合性，有害肌体的健康，使组织偏离其宗旨。

5）普遍适用性。使命充分体现了组织的价值观和世界观，作为组织的灵魂应该深入组织的各个角落，落实到组织行为中，转化为强大的物质和精神力量。否则，使命将失去指导思想的作用，无法推动组织的发展。

6）组织凝聚力的源泉。使命是组织的"脊梁"，贯穿组织的各个部分和所有活动。强有力的使命就像强大的磁场，将董事会的活动、高层管理人员的管理活动及组织成员的活动有机地联系在一起。借由使命组织成为充满活力的有机体，组织的有效运转从而成为可能。

（2）制定战略规划：使命制定过程的自然延伸。使命明确后，战略制定便成为必需，可以说战略规划是使命制定过程的自然的、逻辑的延伸。董事会必须站在战略的高度超前谋划，为组织确定以使命为导向的立足长远的远景规划。战略规划是一个过程，而不仅仅是批准由管理者提出的年度计划。借助于它，董事会的每个成员能最终理解组织所处的内外环境，能全面了解各利益相关者对组织的期望和要求，并就董事会为组织规划的前景达成共识。在这方面，董事会遇到的一个困难，是如何既为组织战略作出贡献，又不会代替高层管理人员履行责任。无疑,后者在战略过程中要发挥重要作用,尤其是在主动性的分析、提议和解释上。然而,每个董事在此过程中也都有施展才华的机会:提供信息、咨询、质疑和批准,成为这一创造性过程的一部分,并因而使得整个董事会最终对组织的战略内容达成共识。

(3)董事会的监控职能。董事会作为社会组织的中枢机关,负责组织使命的界定及战略决策,同时也担任着组织的监控职能。董事会之所以可以成为组织的监控机关,是与董事会的职能内容有着密切联系的。董事会虽然是公司的最高决策机关,但是作为一个会议体,董事会难以对瞬息万变的组织活动都能作出及时处理。为保证组织顺利、有效地运作,高层管理人员必须在必要的范围内被董事会授权代替董事会作出经营上的决定。因而,董事会可以依法将一部分业务决定权授权给高层管理人员,放弃了业务决定权并不意味着董事会可以放弃本应属于董事会来实施的业务经营,董事会有义务对这部分业务行为的合法性以及合目的性等方面进行必要的监督、管理。欧亚董事协会的 Dr. Marilyn Wyatt 主持的跨文化跨学科研究项目对匈牙利社会组织治理的调查显示,69%和77%的组织确认非营利董事会的重要职责是监控组织的财务状况及项目评估。[①] 一般来说董事会的监控内容主要包括:①对高层管理人员的业绩评价,即从效率的角度实施监控。②业务执行中发生与组织利益冲突时的监督。③预算与财务监控。董事会审核并批准预算,制定与执行筹资与财务控制政策。④确保在组织经营中不违反国家法律法规、不违背社会公德方面的监督。

对于董事会而言,有效行使董事会控制权的关键在于如何有效控制组织的健康运作,又不至于干涉组织的具体业务。一般而言,适当的方法在于对管理层和组织的运行施加限制,制定行为规范和行为禁区,既给予管理层足够的空间管理组织内部事务,又明确行为底线。让管理层清楚董事会的期望,充分认识到其行为边界,了解何种行为为不当行为,以确保其行为的合法性、正当性。

(4)董事会的边界扳手职能。董事会需要扮演宣传大使的角色,保持与社区及社会各界的沟通联系,维系资源的流入,提升组织的公众形象,同时,将外界的信息及时反馈组织。

总之,尽管社会组织董事会具有广泛的职能体系,但确定组织的使命是董事会职能的核心。以使命为指针,对组织的发展实施战略性指导,积极开展战略规划,并代表公众利益和公益使命对组织实施监督控制,战略规划与监

---

① Marilyn Wyatt. Nonprofit Governance Practices in Hungary [J]. BoardSource,2002.

督控制是核心职能不可或缺的两翼，如图 3-3 所示。

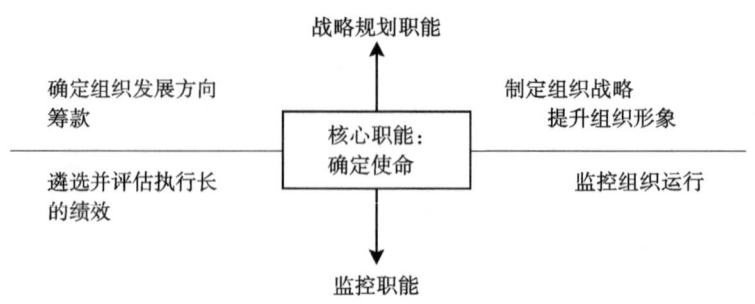

图 3-3 非营利董事会职能体系

三、董事会的运行机制

衡量治理有效标准应该是如何使组织最有效地运行，以保证公益目的的实现。而组织的有效运行核心在于董事会治理的有效运行，董事会功能的正常运转。也就是董事会能否审时度势有效地形成具有生命力的使命和合乎时代要求又面向未来的战略规划并实施控制，这实质上是事关确保董事会的决策科学化的运行机制问题。一般地说，董事会履行其职能的重要机制是合议体制和专业委员会制度。

（一）董事会会议

"董事会是一种'合议体'，是以集体决议的方式履行其职权"。[1] 董事会的运行机制从本质上说是民主决策机制，董事会承担的是集体责任，尽管不同董事承担不同的具体职责，但每个董事都应该对组织承担同等责任，任何人均不得凌驾于董事会之上。董事长是董事会选举的合法主席，他由董事会任命，有明确职责。他主要就是领导并管理董事会。他的主要职责是为董事会服务，协调董事会中各成员的关系，确保所有重要的相关问题都在议事日程上，确保所有董事会成员在自身的领域发挥其积极性。任何一位董事会的董事都可以提出召开董事会的要求。整个董事会要共同分担责任，以保证董事会作为一个整体高效运行。

董事会会议分为普通会议和特殊会议。普通会议是组织规定定期召开的会议。特殊会议则是董事会认为必须召开的会议。参加董事会会议的人数只有符合法定人数，会议才属合法。只要由出席会议的董事法定人数中的多数通

---

[1] 于东智. 董事会与公司治理 [M]. 北京：清华大学出版社，2004.

过的决议，就应视为整个董事会的决议。例如 2004 年颁布的《基金会管理条例》规定，理事会每年至少召开二次会议。理事会会议必须有 2/3 以上的理事出席方能召开，理事会决议须经出席理事过半数通过方为有效。重要事项的决议须有 2/3 以上通过方为有效。

董事会决策是一个充满分歧、磋商、妥协、形成统一认识的过程。董事会会议的目标是将不同的声音转化为共识，形成组织决策。如何经由会议制来提高董事会的工作效率确保董事会的科学决策是一个十分复杂而又重要的问题。John Carver 认为选择合适的讨论议题、时间和地点对有效地集中董事会的集体智慧发挥会议体制的作用十分重要。诚然，董事会要保证决策的科学性，适当的会议次数、合理的会议议程十分重要，但这又往往容易被忽视。

就董事会开会的次数而言，并没有统一的定论。世界各国非营利董事会一年开会的次数有所不同。如法国、德国、荷兰和瑞士的董事会一年通常开三四次会，英国和加拿大非营利公司董事会开会较多，每年 5~9 次。董事会每年只开两次会，无论如何是不够的。一方面，它不利于董事会在组织遇到危机或大好机遇时及时作出反应，另一方面，不利于充分吸收董事会的智力资源，发挥集体智慧。

董事会会议议程的安排也影响董事会运作效率。董事会除讨论常规性组织重大事务外，只有影响组织发展的长期的或战略性的问题才应列入董事会特别讨论的议程。一些公司董事会会议对长期或战略性的问题往往注意不够，在有的董事会会议上，本末倒置，一些事关组织发展方向的重要问题排在后面讨论，从而难以得到充分考虑，而一些小问题在前面讨论时却占用了太多时间。这样的安排无疑降低了董事会决策的效率，不利于科学决策。

（二）各种专业委员会

社会组织，尤其是较大规模的社会组织董事会运行的又一机制，是实施委员会制。为提高董事会运行效率，促进董事会工作的专门化，提高董事间信息沟通和信息处理的有效性，在董事会内部设置若干委员会是强化董事会职能的发展趋势。由于组织不同的特质及所处的法律环境的差异，委员会的设置会有所差异，一般地说，如图 3-4 所示的委员会是经常设置的，这些委员会是执行委员会、审计委员会、薪酬委员会、提名委员会、公共政策委员会等。

1. 执行委员会（Executive Committee）

执行委员会一直处于组织控制的核心，在董事会不召开会议期间代表董事会行使权力。它也是董事会中的主要协调机关，确定董事会的行为方式、日程安排、协调其他委员会的活动。执行委员会的会议召开频率远远超过其他委员会，因为执行董事是组织的专业人员，他们不得不时刻面临着组织的

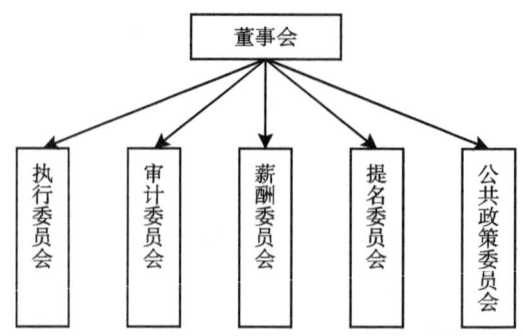

图 3-4　社会组织董事会的专业委员会

日常决策。

2. 审计委员会（Audit Committee）

在英美法系国家，实施单层制董事会模式，[①] 非营利董事会设立审计委员会。审计委员会主要关注的是组织内部审计人员及外聘会计师审计的有效性，具体责任：一是选择推荐独立的外部会计师；二是检讨审计结果及需要由其领导的审计范围；三是检讨组织内部审计与财务控制系统的构成与活动范围；四是评估公司的财务报告活动（包括代理人报告和年报）以及会计标准和遵循的原则，如在基金会的董事会下，设独立的审计委员会以确保基金会的财产安全及基金的保值增值；五是检查雇员遵守组织政策及相关适用法律的情况。

3. 薪酬委员会（Compensation Committee）

薪酬委员会主要有两个基本职责：一是监察高层管理人员的表现，高层管理人员的来源、构成、继承人计划、培养与选择过程；二是检讨与批准高层管理人员的薪酬和调整。

4. 提名委员会（Nominating Committee）

提名委员会的职责是向董事会提出担任董事的人选，同时也包括对现有董事会的组成、结构、成员资格进行考察，以及进行董事会的业绩评价，包括评价执行长。

5. 公共政策委员会（Public Policy Committee）

公共政策委员会的职责是通过经常性的研究，从事组织的战略发展规划，审视组织的宗旨，确保董事会的延续性和执行总裁的稳定继承和过渡。

当然董事会的专业委员会并非必设机关。董事会是否设专业委员会或者设何种专业委员会，主要由特定董事会董事职责分工必要性来决定。例如，香

[①] R.W.汉密尔顿. 公司法（第4版）[M]. 北京：中国人民大学出版社，2001.

港乐施会（Oxfam Hong Kong）理事会就设置了如下7个专业委员会：执行委员会、财务投资及监控委员会、香港委员会、筹款委员会、义行者委员会、项目发展委员会和政策及公众教育委员会。各专业委员会的成员系由董事依其专业知识、特长或兴趣兼任之，并各推选1人为委员会主席。有时为应对特殊任务之需要，也可延请外部的得力人士或内部职员参与。但无论如何分工，决策的最终裁定仍应由董事会决定，因为只有董事会才是整个社会组织的决策中心，各专业委员会的工作内容和视野则主要集中于治理层面的事务，其目的在于更好地发挥董事会的职能，因而各委员会并不宜直接介入受雇人员的专业考虑和管理运作。①

（三）实际运作中的董事会类型

根据Murray、Bradshaw和Wolpin（1992）的实证研究，②董事会体现为以下几种形态。

1. 首席执行官主导董事会（CEO-Dominated Board）

在此类型的董事会中，实际的决策大权往往落于具有专业知识和经验的首席执行官手中。执行长以其专业的知识、成功的管理经验以及与受雇幕僚的直接接触，享有极大的影响力。董事会则因成员极为忙碌或无专业知识，因而将决策大权下放给执行长，并由其全权处理。这种类型的董事会仅扮演着"橡皮图章"（Rubber-stamp）的功能，仅针对执行长的议案执行象征性的审核并全盘吸收，少有积极的意见投入。

2. 董事长主导董事会（Chair-dominated Board）

董事长依其特有的魅力与亲和力，对其他董事产生强烈的影响。组织的计划及行事程序大多以其个人的意向为依归，加上有执行长充当得力副手，董事长便能充分主导整个组织的运作，在"国王的人马"充斥的董事会里（董事会成员系由董事长决定或因彼此私交关系而来），会议少有歧见出现，即使有新计划提出，亦是揣摩上意之作。

3. 权力分割的董事会（Fragmented Power Board）

冲突是此种类型董事会的一大特征，董事会成员分别具有不同的信念与意识形态，且各自代表着不同的利益，如不同的顾客群、不同的弱势群体、不同的捐助人等。故董事会会议可能具有高度的火药味，很难作出任何决定。亦因派系林立，很少形成战略性的规划。当董事出差错时，董事会必须承受问责

---

① John Carver. Boards That Make a Difference [M]. Jossey-Bass a Wiley Company, 1997.
② Murray, Bradshaw和Wolpin（1992）根据其深度访谈及相关文献调研的结果，除了仿照Kramer（1981）根据决策权利的分布状况作为治理形态的分类指标之外，还将董事会处理重要问题时的共识程度列入考虑。

并离职。重大决定前，相当程度的政治手腕运用是非常普遍的行为，而且大家也能察觉到各自的权力及影响力各为多少，并据此争取更有利的地位。

4. 权力分享的董事会（Power-sharing Board）

此种类型董事会是一种强调权力分享，并积极寻求共识的治理形态，亦是规范观点下的理想决策模式。其最大的特征是决策权为大家所分享，并在民主平等的原则下进行议程的讨论和参与，强调从团体协商中寻求共识。缺点在于过度强调共识的达成，因而难以推行重大的变革和新的服务方案。

5. 无权力的董事会（Powerless Board）

毫无目标及充满不确定性是此种类型董事会的主要特征。董事会根本不清楚自己的角色与职责为何，而且也不太关心它，致使无法出现强而有力的领导。事情之所以能完成，是因为董事们因循旧例，或是有人愿意全程负责。冷漠及毫无目标感是此种类型董事会组织气氛。董事会会议是在欠缺准备的情况下举行，少有人参与，有时甚至议而不决。组织不但没有形式性规则，甚至连上下间的沟通亦是相当欠缺。

由此可知，理论逻辑和法定职责要求董事会是治理的核心，集体决策的实体，但实际上董事会作用的发挥会受各种因素的影响而形成上述不同的表现形态，不过有一点是肯定的，不论其发挥何种作用，都离不开董事的参与及其职责的履行，不仅与其是否专注其核心职能有关，还与其结合方式与互动机制有关。

四、影响董事会运行的因素

（一）董事会的规模

董事会结构与规模是影响董事会职能发挥的重要因素。近年来对公司董事会结构和效率的研究非常之多，也得出了大量理论和实证的结果。Hermanlin 等人（2001）研究的结果是规模小的董事会效率更高；外部董事更能有效地发挥监督作用；规模较小和外部董事所占比例较大的董事会能更好地协调经理人和股东的利益。实证发现仅董事会规模对公司的业绩有显著的正面影响。对于社会组织董事会而言，由于其公益使命及承担的社会责任，加之社会组织对外部环境的资源依赖性，因而在客观上要求董事会成员具有广泛的代表性及其知识结构的合理整合。董事会应鼓励有更多的独立和志愿人员、社区代表加盟，较多的独立和志愿人员有利于增强组织的自主管理、组织透明度及社会责信的提高，社区代表的加盟则有利于组织对社会需求的响应。

董事会董事人数应保持在何种规模才算合理？从公司治理的角度来考察，人数过多不仅可能影响董事会的监督职能，还会造成董事会成员沟通和协调上的困难，甚至会出现一定程度的机能障碍，从而对公司业绩产生负面的影响。此外，董事会规模过大还会使一些董事会成员产生搭便车的动机。因此早在20世纪90年代初，Lipton 和 Lorsch 就提出限制董事会的规模，认为董事的人数最多不应超过10人。之后 Jensen 又提出如果董事会人数超过7~8人则会效率降低，并容易受 CEO 的操纵。Jensen（1993）、Lipton 和 Lorsch（1992）提出大董事会比小董事会效率低，小董事会比大董事会监督高层经理人员更有效，[1]并认为随着董事会规模扩大，团体内决策冲突以及团体内高昂的协调信息、沟通信息以及处理信息的费用，导致董事会决策和监督能力弱化。Yermack（1996）通过研究支持了这种观点。他以美国大公司为样本检验了托宾Q与董事会规模之间的关系，控制其他影响托宾Q的变量。他的结果显示，董事会规模与Q值存在显著负相关。Eisenberg（1998）以芬兰中小公司为检验样本通过论证也得出相似的结论，董事会规模与公司绩效负相关。当然，董事会人数过少，同样难以使董事会发挥民主决策和监督职能。

虽然董事会规模与绩效的相关研究主要基于公司董事会，但其研究成果同样适用于社会组织董事会。由于其承担的公共责任及享受的减免税待遇，各国法律通常要求最低标准的董事会成员数，即董事会成员数至少3人。[2]这主要出于董事会规模太小，决策权过于集中，容易导致专制，不利于民主决策和科学决策的考虑。具体到各公益民间组织，其董事会规模必须与其承担的功能、组织的规模、使命与任务的复杂程度、组织的历史、生命周期及组织内外环境等相适应。社会组织董事会规模一般比公司董事会规模大，根据黄浩明的研究，国外公司董事会的平均规模在5~10人，社会组织董事会规模平均为30~50人。但这并非意味着董事会规模大必然优于小型董事会。董事会规模过大，必将导致决策冲突，董事会成员沟通信息和处理信息成本过高，造成协调困难，难以形成合力，无法起到决策机构的作用。1999年4月Witt/Kieffer、Orlikoff 和 Associates 的调查显示，理想的非营利董事会应该由13人组成，然而董事会的平均规模为17人，最少为7人，最大不超过66人，"如果董事会规模过大，则每人无法充分表达自己的意见，或者必须携带扩音器以

---

[1] Jensen M. The Modern Industrial Revolution, Exit and the Failure of Internal Control Systems [J]. Journal of Finance, 1993 (3), 851–880; Lipton, M & Lorsch J. A Modest Proposal for Improved Corporate Governance [J]. Business Lawyer, 1992 (1): 59–77.
[2] 例如，日本《特定非营利促进法》第15条规定，应该设置董事3人以上；捷克《公益法人法》第10条规定理事最少3人，最多15人；美国《非营利公司法》对于法人董事的数目的规定要求有3个或者3个以上的自然人组成，其具体数目根据章程或者规章确定或者指定。董事的数目可以随时通过修改章程或者根据章程或者规章规定的方式增加或者减少。

传达其建议,常识决定所有董事会规模不可过大,大多数有效的董事会规模在 10~20 人"。①

我国《社会团体登记管理条例》和《民办非企业登记管理暂行条例》对董事会的人数未做明确的规定,但从这两个条例和章程示范文本来看,措辞用的均是理事会,②并且规定了有关议事规则,所以可以理解为应该采取由数人组成的理事会。《基金会管理条例》第二十条规定,基金会设理事会,理事人数为 5~25 人。本文认为理事会(董事会)作为治理结构核心组成部分,法律应该有所作为,至少应该规定一个下限,当然具体数目可以不必作强制性的规定。

(二) 董事会的构成

研究表明,董事的产生和董事会的构成直接影响董事会功能的发挥。前述董事会运行的四种类型从某种程度上揭示了董事会的不同构成状况直接影响其运行绩效与功能发挥。例如,一个强调社区及各阶层人士都应有代表的董事会与一个以组织内部人员或会员为核心的董事会所发挥的功能和影响不可同日而语。另外,假若社会组织董事会人选须优先考虑政府官员代表或其他团体的约束,以此组织董事会的运作,组织的自主性必然降低。董事会的构成也影响其与组织管理层的互动关系。Hall(1988)指出,一个由多数企业界人士组成的社会组织董事会,其与强调社会工作专业化的管理层的互动上,容易在运营的观念上产生摩擦。

(三) 董事个体的角色意识和角色行为

董事能否履行其职责和义务是董事会职能发挥的微观基础,基于董事会承担的职能和赋予的权利,董事负有相应的信义义务(Fiduciary Duty),具体体现为:注意义务、忠实义务和顺从义务。注意义务属于一种积极的作为义务,它要求董事在作出经营决策时,其行为标准必须是为了组织的利益,以适当的方式并尽可能合理地注意履行职责。忠实义务既是一种客观义务又是一种消极义务,或禁止性义务,要求董事在其自身利益与非营利法人利益一旦存在冲突,董事必须以非营利法人的最佳利益为重,不得将自身利益置于组织利益之上,更不得利用其董事的职位为自己或亲属或其他组织谋取不正当利益。董事在处理组织事务中必须避免利益冲突,以忠实于组织利益和公益使

---

① A National Survey of Premier Owner CEOs, Conducted by Premier in Conjunction with Witt/Kieffer and Orlikoff & Associates, Inc.

② 在我国,在现有的法律框架内社团、基金会均属社团法人,其决策机构通常称为理事会,而将民办非企业如医院、学校等实体的决策机构称为董事会。

命。利益冲突的交易就是对董事是否履行忠实义务的试金石。利益冲突事项通常包括以下内容：①内部交易，包括董事、高级职员直接与组织作交易，董事、高级职员对交易相对方享有重大的直接或间接利益；②确定高层管理人员的报酬；③滥用组织财产；④不当的组织行为。顺从义务（The Duty of Compliance）是指董事应该贯彻组织章程中所规定的使命。社会组织董事不得以任何方式偏离组织成立时所确定的特定目的。董事有义务确保组织的政策和活动符合法律有关规定。如果一个社会组织（法人）要求改变其宗旨或者目的，它就必须在知会一定主管机关后才能修改其章程。

在实际运行过程中，董事可能不清楚其职责而疏于扮演其应有的角色。有的董事认为董事长和执行长已执行所有主要的功能，自己无须过问；还有些董事认定自身所扮演的只是仪式性的顺从功能（Ceremonial Conformity）。

（四）组织的内部特征

从社会组织内部特征来看，影响社会组织董事会角色行为的变量主要有：组织规模、组织年龄，以及组织的专业化程度。

（1）组织规模。Zald（1969）与 Mddleton（1987）均认为组织发展的规模大小与组织的董事会之权力和功能的发挥有密切的关联性。越是规模大的社会组织，其董事会的功能动作越偏向于"决策制定"，而较少涉入内部管理的细节。不过，从另一个角度观察，机构的规模越大，实际的行政权力越容易掌握在执行长（行政主管）的手上，因为其掌握了机构运作的复杂知识。

（2）组织年龄。一个社会组织成立的初始阶段，董事会成员较热心于参与机构的各种活动，Wood（1992）谓之为"集体的阶段"（Active Phase）。年轻的机构，其董事会成员对于组织功能的定位与方案的规划很有可能发挥实质的影响力，因此，董事会在一般行政的角色上将有较多的涉入。

（3）组织的专业化程度。Zald（1969）认为组织的专业意识形态愈盛行，董事会的角色功能则愈趋弱化。Zald 和 Denton 研究"基督教育年会（YMCA），发现 YMCA 的行政主管几乎都来自中下阶层的平民，且普遍缺乏管理的专业知识，因而权力基础薄弱，董事会则扮演较强势的决策与行政指导功能（Zald and Denton，1963）"。反之，Kramer（1981）发现，那些需要高度专业技术以执行方案的社会组织，其董事会角色功能的扮演就会被削弱，甚至到最后变成有名无实的决策者。

（五）董事会与执行长互动关系状况

组织理论领域的"领导"研究，强调组织高级管理层的领导能力和技巧与组织经营的成效有密切的关系。早期的社会组织董事会的研究也指出，机构董事会的功能能否发挥，相当程度受到执行长作为的影响。Bernstein（1991）

附和此论点并认为，社会组织的执行长因为广泛参与机构内外的各种活动，因而扮演了核心的角色。此外，明晰"董事会"与"执行长"的职责也有助于二者之间良好的互动。Kenneth N. Dayton 曾经历任美国数个大型基金会的董事、董事长，以及企业公司的总裁，在其名著 *Governance is Governance*（1998）中，现身说法董事会与执行长职责的差别。

董事会的职责在于：①审视与确定组织的核心目标与组织存在的哲学，同时定期检视行政部门在工作的成果上有无达成机构的核心目标，实现组织的使命；②年度评估外在环境的变化及其对组织的冲击，同时审议组织面对外部环境变化的应对策略；③年度审议组织的募款策略，同时评估组织战略规划方案；④年度审议并核准组织的预算；⑤审议并核准组织的重大政策与方案。相对而言，执行长的职责在于：①负起维系机构的核心任务与财务目标；②确保机构财务收支的正常状况，同时将经费合宜地配置于方案与管理之所需，以反映机构、服务对象、社区的需求，以及兼顾机构未来潜在发展的投入；③维系一个有效能的管理团队；④确保人员训练、计划发展、业务方案的规划与执行，以便使机构的人力资源足以有效达成组织的核心任务和使命；⑤培养与维系一个能够激发员工潜力与专业素质的组织气氛；⑥规划并执行所有主要的政策与方案；⑦作为组织对外的主要发言人，应时时审视组织的产出与表现是否符合社区大众的期望与要求。

为实现组织的使命和核心任务，必须要有立足长远的发展战略，不但要使该战略的推动有一贯性，且要适时地加以调整。Hummel（1980）和 Flangan（1981）的实证研究指出，"好的董事会"对于社会组织的运行成败具有关键性的影响。好的董事会对组织有两种贡献：①对内的贡献（策划和管制）。②对外的贡献（募款和建立资源网络）。尤其是在履行机构的内部功能上，Hummel 和 Flangan 均认为董事会相当程度依赖机构的全职行政人员，特别是执行长、董事会与行政人员互动品质的好坏，深深影响董事能否称职地扮演好内部的角色。Herman 和 Tulipana（1989）指出，非营利机构的董事会成员是否被行政人员有效"告知"工作内容，往往左右了董事们的表现。因此，执行长应发挥教育与告知的功能，鼓动和促使董事会成员参与机构的活动，并使董事们与行政人员一起成长。

第三节 社会组织监事会监督

社会组织需要类似公司治理中的监事会吗？从理论上回答这一问题并说明在现有法律体系中并不将监事会作为社会组织治理中的必设机构的理由。我国是大陆法系国家，为强化组织自治能力，社会组织尤其是公益慈善类社会组织应该设立监事会，以实现决策权、执行权、监督权的合理配置。对比大陆法系监事会的职能，分析监事会发挥其功能角色的基本原则并就社会组织监事会的任免、监事的资格、监事的数目及监事会的议事规则做一理论阐述。由于监事的义务可以援引董事的责任与义务，本节不再赘述。

一、监事会监督的理论依据

（一）权力制衡理论赋予监事会监督权力

由于西方社会的主流观点认为不论权力的行使者是谁，其本质是邪恶的，19世纪的阿克顿爵士指出："权力必至腐化，绝对的权力导致绝对的腐化。"[1] 由于对权力的强烈不信任，于是就有这样的呼声："凡是不凭感情因素治事的统治者总比感情用事的人们较为优良。法律恰是全没有感情的。而要使事物合乎正义（公平），须有毫无偏私的权衡。"[2] 这些政治理念和思想对西方政治制度精髓——三权分立的产生起到极其重要的作用。英国和美国相继确定了三权分立和法治，并且，"美国法律生活的独特之处是权力的分散。……几乎每个正式权力机构都是由某种相对权力所平衡"。[3] 这些因素深刻地影响着这些国家的公司治理。权力制衡理论构成了董事会和监事会制度的理论基础。正是在分权制衡理论的基础上，西方各国监事会制度已经建构并逐步趋于完善，在规范公司经营活动，保护股东合法权益方面发挥着越来越重要的作用。诚然，社会组织作为自治主体，需要按照结社自由和自主自治的要求，和自然人一样对自己的行为进行自我约束和监督。但是在所有权、经营权和受益权分离的情况下，组织的自主治理和自我监督需要借鉴公司治理来组织权力的合理配置。社会组织自主自治的原则同样应当服从社会共同福利的本质和内

---

[1] [英] 阿克顿. 自由与权力：阿克顿勋爵论说文集 [M]. 侯健，落亚峰译. 北京：商务印书馆，2001.
[2] [希腊] 亚里士多德. 政治学 [M]. 北京：商务印书馆，1994：163-169.
[3] [美] 伯纳德·施瓦茨. 美国法律史 [M]. 北京：中国政法大学出版社，1990.

在的制约，更何况推进社会福利乃是社会组织生存的理由。本书认为社会组织必须将监督权分配给专门的机关——监事会行使，以形成对董事会经营决策（董事会通常将经营权委托给管理层）权力的制约。

（二）降低代理成本是监事会制度的目的所在

西方经济学家认为，在企业所有权与经营权力分离的原则下，作为企业所有者的股东，由于不具备经营企业的能力与经验或没有足够的时间与精力，以及由于股东分散化导致的直接管理成本的无限增大，需要将企业经营权交给专业管理人员来掌管、执行。基于此，股东与管理人员之间形成了私法上的委托—代理关系。然而，在这种委托—代理关系中，股东（委托人）关心的是自己财产的安全、保值和增值，董事、经理（代理人）却有着自己的利益驱动因素。正如亚当·斯密所指出的："在钱财的处理上，股份公司的董事为他人尽力，而私人合伙公司的伙员，则纯是为自己打算。所以，要想股份公司的董事监视钱财用途像私人合伙公司伙员那样用意周到，那是很难做到的。"董事、经理（代理人）在代人理财的过程中，既拥有庞大的权力，又有自己的利益考虑所在，可以肯定，他们很难像企业主那样追求公司资产的有效使用，甚至可能以牺牲公司及股东的利益来追求自己的最大利益。在这种情况下，决策不当、滥用权力乃至中饱私囊的行为势必引起公司及股东利益的损失，这种损失便是著名的"代理成本"。① 正是由于"代理成本"②的存在，特别是20世纪以来，公司股东会权力的削弱，董事会权力的扩大已是不争的事实。各国公司法也顺应这种要求，规定董事会拥有法定的经营管理公司事务的权力，即公司机关权力分配上的董事会中心主义，它强调股东会只能行使法律明确规定的权力，而由董事会行使股东大会权力范围以外的所有其他权力。董事会的权力一经法律规定或公司章程确认，它就是一种独立排他的权力，股东会无法予以剥夺。无论是英美法系国家还是大陆法系国家，均确立了董事会作为法定公司机关在公司组织机构中的核心地位，在董事会中心主义的情形下，围绕董事会权力的扩大与制约，围绕股东的利益最大化与股东利益的安全，现实需要监事会制度的存在，以强化监督约束，以减少代理成本和控制代理风险。对于社会组织而言，由于前述的委托代理问题同样存在，且更为复杂，因而有必要建构监事会，在保证组织经营者拥有一定"弹

---

① Jesen M.Agency Costs of Free Cash Flow, Corporate Finance, and Takeover [J]. American Economic Review, 1986 (76): 33-329.

② 在经济学上，代理成本是指对委托人或对代理人而言，难以零成本确保代理人所作决策可以永恒达到委托人所希望的最佳决策。其包括三项内容：a. 委托人所支出的监控成本；b. 代理人所支出欲让委托人相信其将忠实履约的成本；c. 因代理人所做决策并非最佳决策，致使委托人财产上所受的损失。

性"权力的条件下,对董事会和高层管理人员进行有效的监督与约束。

(三) 监事会监督权的行使以法人准公共产权为基础

从公司监事会的权力来源看,出资者投资形成公司法人财产,但出资者不可能分散地行使公司各项监督权,于是出资者依据分权制衡理论将监督权授予自己选举出来的机构——监事会,由监事会代表出资者行使对公司董事会和经理人的监督权。由此可见,监事会行使的职权是出资者赋予的监督权,是由出资者所有权决定的,是出资者所有权的延伸。社会组织的出资人是捐助人,捐助人实质上是一个不特定的主体,包括政府、企业、基金会(基金会本身是公益民间组织)、公众捐助者等。由于社会组织通常享受减免税待遇,这实际上是公众对其进行的间接投资。捐助人捐赠关系是自愿的,但捐赠行为一经发生,出资人就不再就该笔资产主张财产权。在公共信托过程中,捐助人自愿将自有资产拿出,用于公益事业,同时享受相应的税收优惠政策。公益信托的设立是自愿的,但在信托完成时,该笔资产因公共税收的加入,不再具有私人性质而带有公共产权的特性,委托人已经与资产脱离了关系。既然捐助人不能就非营利法人的资产主张财产权,那么,谁将以出资人的身份来确保法人独立资产的安全与完整?是否可以将公司治理中的监事会监督的基本理念向社会组织延伸?本书认为答案是肯定的。曾维和认为,在我国,监事会可以作为社会组织的专职监督机构,基本职能是以出资人代表的身份监督董事和管理者的经营活动,以财务活动为重点,确保董事及管理者正确有效地行使职权,而不是滥用职权;对于违反法律法规、组织章程及损害组织利益的行为,监事会有权要求纠正。[①] 不可否认,社会组织出资人具有一定的虚拟性,但其资产的公益目的却是明确的,因此监事会可以代表处于虚拟状态的出资人行使监督权,当然资产目的的公益性又使得作为社会组织尤其是公益民间组织的监事,实质上是代表捐助人和社会公众的利益对董事会和管理层实施监督。

(四) 社会组织监事会设置的任意性探讨

社会组织内部监督权的配置是社会组织治理结构的组成部分。对于社会组织,监督权的实现与公司治理相比,有着明显的特色。

首先,与公司治理相比较,社会组织更强调外部监督,由于社会组织在规模、服务领域、使命及运作的复杂程度等方面存在巨大的差异性,例如一个社区救助组织与一个全国性环保组织在服务领域及其他诸多方面有着极大的差异性,非营利医院与博物馆、交响乐团的运作方式各有千秋,大学与基金

---

① 曾维和.社会组织治理中的综合监督机制探讨[J].兰州学刊,2004(3).

会所面临的组织环境也明显不同。因而其内部监督机构的设置具有较大的灵活性。设置专门的监督机关——监事会对一个全国性大规模的非营利法人来说很有必要，而对尚处于创立时期的草根组织而言却显得不现实。

其次，任何制度设置总是根植于一国深厚的文化和历史的土壤之中，正是基于不同的政治、经济和文化发展轨迹，形成了两大基本公司治理模式，即英美法系下的一元制治理模式与德日大陆法系下的二元制治理模式。在这两种不同的制度安排下，监督机构的设置及其功能均有很大的不同。英美法系国家采用一元制，公司机关除股东大会外只有董事会而无监事会，董事会既是公司的决策与执行机关，也是公司的监督机关。大陆法系国家则采用二元制，除董事会外，大多有专司监察的机关即监事会的设置。二元制治理模式下又存在上下级型和平行型两种治理结构类型。目前德国是上下级型的代表，仿效德国模式的国家有奥地利、丹麦、挪威、瑞典、比利时和卢森堡。在德国模式下，监事会和董事会相互分离，不得相互交叉，一般由地位较高的监事会（The Supervisory Board）监管董事会，监事会具有强有力的监督职能。日本是平行型治理结构类型的代表。中国台湾也采取此种模式。在此种模式下，董事会（经营决策机关）和公司的监事会（监督机关）并列存在。董事会与监事会之间无上下级之别，各司其职。公司的监督体制因此走上了两种不同的发展道路，形成了公司内部监督的两大模式——董事会监督制与监事会监督制，如图3-5、图3-6和图3-7所示。

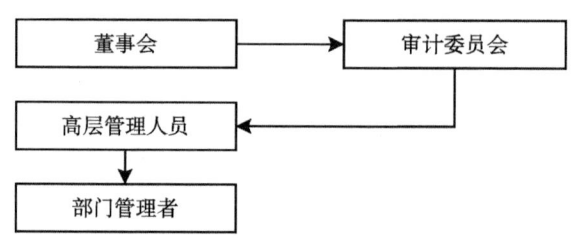

图3-5 英美法系国家一元制治理模式：董事会监督

在英美法系国家，实行的是一元制治理模式，只设董事会，不再另设监事会。为强化董事会的监督职能及加强其独立性，独立董事制度遂得以产生和发展，全部或主要由独立董事组成的审计委员会、提名委员会、薪酬委员会等董事会下属委员会具体地履行监督职责。其中提名委员会主要负责董事的任免，薪酬委员会负责董事和高层管理人员的收入分配，而由非执行董事（或称独立董事）组成的审计委员会则负责监督和控制职能。为了加强董事会的监督和控制职能，美国法律规定公司必须要有一定数量的独立董事组成，

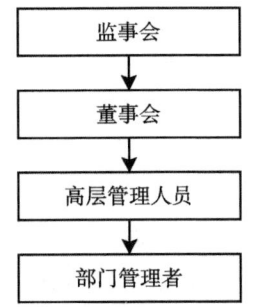

图3-6 大陆法系国家二元制治理模式：上下级型监事会监督（德国）

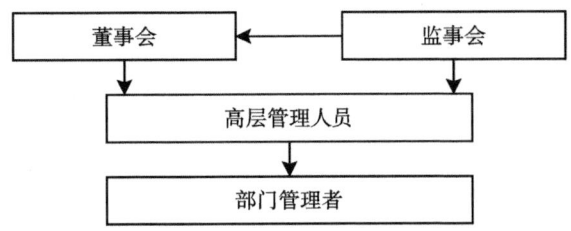

图3-7 大陆法系国家二元制治理模式：平行型监事会监督（日本）

而且要求上市公司必须设立由外部董事组成的审计委员会，执行总裁与董事会主席职务分设，行政总裁由董事会任命并对董事会负责。对非营利法人而言，专司监督之责的审计委员会可以包括董事会成员和非董事会成员，但不能包括组织雇员。审计委员会必须独立于财务委员会，尽管其成员可以允许一些交叉任职现象。为确保审计委员会的独立性，特别限制审计委员会的主席同时是财务委员会的成员，财务委员会成员在审计委员会任职的人数必须少于50%，审计委员会成员的劳务补偿不得高于其他董事会成员。审计委员会成员不得与非营利法人（Charitable Corporation）有任何关联交易行为。

而在大陆法系国家，因国情的不同，治理模式的选择与英美法系国家有明显的差异，这些国家分设行使监督权和执行权（相对于股东大会）的机构，从而形成二元制治理模式。德国、奥地利、日本和法国公司均采用该模式。二元制模式的国家沿袭成文法传统，并接受了三权分立的理念，因此在公司立法上注重权力的制约和平衡以及法律的细致、机构的对称，因此专设监事会作为公司必设的监督机关。受本国公司治理的影响，大陆法系国家社会组织的治理也呈现相应的差异性。但即使是大陆法系国家，在公司治理结构中扮演着重要角色的监事会在社会组织治理结构中并非必设的机关。例如，中国台湾《民法典》第二十七条第二十四项规定，法人得设监察人，监察法人事务之执行。监察人为数人者，除章程另有规定外，各监察人均得行使监察权。

日本《民法典》第五十八条也规定，法人可以根据章程、捐助章程或者全会的决议，设置监事一人或者数人。可见，对于监事会的设置，法律并不作强制性规定，而由章程决定。当然由于公益民间组织所承担的公共责任，各国的特别法上对某类非营利法人也会作出必须设置监事会的强制性规定。例如，日本《特定非营利活动促进法》第十五条规定，特定非营利活动促进法人应当设置理事三人以上，监事一人以上。通常公益信托由于属公益性质，其信托收益可免交或部分免交所得税因而强制性规定要设置信托监察人，以加强保护受益人利益。

为什么法律要求公司将监事会作为必备的监督机构，但并不要求非营利法人将监事会作为必设的监督机构呢？究其原因，主要出于两方面的考虑：一方面，由于各国法律对于非营利财团法人进行了比较严格的监控，通过法院、主管机关或者利益相关者对董事会活动及组织的运行进行监管，故对于监事会的设置并不强调统一。一般而言，为了保障董事会遵守法律法规按照组织使命和章程行事，对董事会进行必要的限制和监督十分必要，但这种监督权力的配置会因为各种公权力对非营利法人的介入而有所差别。在外部监管比较严密，对非营利法人的规定比较稠密的情况下，其内部监督机构所获得的权限往往相对有限，反之，在国家对非营利法人监管相对较弱的情况下，在其内部设置监事会并赋予较大的权限，以期起到社会组织有效治理之功效。另一方面，社会组织的异质性也决定了难以对其进行整齐划一的关于内部监督机构的刚性规定。

我们应该注意到伴随着全球化进程的加快，尽管各国在营利和非营利法人治理结构中内部监督机制存在显著的差异性，监督机构称谓也各不相同，有的称为监事会，有的称监察人，有的称监察役，有的称为审计员，有的称为会计监察员，但在本质和功能上并无大的差别。①

我国因法律传统上的原因，已先在立法上确立了二元制的公司机关，监事会这种模式已为人们所熟悉。如今，为解决社会组织治理方面存在的问题，应该在完善董事会治理的基础上考虑建立类似于公司治理的监事会（应至少设一名监事）以专司监督之职。我国《基金会管理条例》首次规定了监事的设置和职能，从基金会章程示范文本第三章第十六条的规定也明确基金会设监事若干名，监事任期与理事任期相同，期满可以连任，并附注如设监事三名以上可设监事会。这不能不说对于促进社会组织治理结构的完善有着重要的价值。

---

① 梅慎实.现代公司治理结构规范运作论［M］.北京：中国法制出版社，2002：723.

二、社会监事会的规范职能

由于大陆法系国家的监事会的设置存在上下级型和平行型两种表现形式，因此与此相适应，各国社会组织监事会的职能也存在一定程度的差异。

(一) 上下级型治理结构下监事会的职能

在上下级监事会模式下，监事会是监督法人业务管理活动并可以参与决策管理的机关。如在德国，监事会（Supervisory Council）与董事会（Management Board）同为治理机构，董事会是日常执行机关，负责法人基本业务政策的拟定及一般业务的执行，它必须向监事会汇报，并在重大投资、财务决策上征得监事会的同意。监事会是监督机关，有权任命董事会成员，决定董事报酬。又如，在爱沙尼亚，根据爱沙尼亚周转财团法，监事会的职能在于制订财团的事业活动计划，组织财团的管理工作以及监督财团的事业活动。具体包括以下内容：①董事会从事超出日常经济活动范围的交易行为，特别是导致下列后果的交易行为，应当取得监事会的同意。第一，参加或终止商业活动；第二，移转登记的不动产物权和动产物权或者在其上设定负担。②监事会有权审查财团的所有文件，审核会计的准确性、财产状况以及财团活动是否符合法律和章程。③有权从董事会获得有关财团活动的信息，以及要求理事会提出事业活动报告和制作资产负债表。④在董事和财团之间的纠纷或者交易中，代表财团法人。⑤其他事务。

(二) 平行型治理结构下的监事会的职能

在平行型治理结构下监事会与董事会在法律地位上是平行的，无高下之分。中国台湾地区和日本是这种类型的监事会的代表。这一类型的监事会是对法人业务管理实施监督的机关。监事以监督执行机关执行事务为职权范围，一般无对外执行法人事务职权，但在例外情况，如董事为自己或他人与法人有交涉时，由监事就此事项取得对外执行权。具体包括：①在董事、高层管理人员违法违规，监事请求其停止违法违规行为无效时，可以代表法人向法院对董事或者经理提起诉讼；②监事在监督法人业务执行情况和审核法人会计时有权代表法人向外聘请律师、会计师进行审核。

平行型监事会主要职能包括：监察法人的财产状况，行使内部监督权，监察董事的业务执行情况；发现财产状况或业务执行中有可疑事实时，向主管部门报告。日本《特定非营利活动促进法》第十八条有关监事职责的规定：①监督董事的业务执行情况；②监督特定非营利活动法人的财产状况；③进行两项活动时，发现了关于业务活动或者财产的不当行为或者违反法律、法令或者章程的重要情况的，向社员大会或者政府主管机关报告；④如果为了提交前项规定的报告，有必要召集社员大会；⑤就董事的业务执行状况以及特定的非营利法人的财产状况向理事提出建议。

从我国《基金会管理条例》及《基金会章程示范文本》看，监事依照章程规定的程序检查基金会财务和会计资料，监督理事会遵守法律和章程情况，并规定监事列席理事会会议，有权向理事会提出质询和建议并应当向登记管理机关、业务主管单位、会计主管单位反映情况。

综上所述，尽管大陆法系监事会制度的存在方式有着较大的差异，但总体看来其基本职能如下：

（1）检查组织的财务状况。社会组织的财务状况是组织经营情况的综合反映，也是利益相关者利益关系的体现，因此是监事会监督的主要内容。行使这项职权时，监事会有权对组织的财务会计报表进行查核，由自己或聘请专业人员审核公司的财务会计报告，包括资产负债表、损益表、财产情况变化表及有关的会计资料和财务安排等。

（2）对董事、经理执行公司职务时违反法律、法规或者组织章程的行为进行监督。这是监事会的又一项重要职权，主要是监督董事、高层管理人员执行法人业务的情况，检查法人的经营活动情况，在这些职务活动中，是否遵守法律、行政法规，有无违反法律、行政法规的行为，是否受到组织章程的约束，有无违背组织章程的行为。因为法律、行政法规以及组织章程都是董事、高层管理人员执行职务的行为规则，必须认真遵守，才能使其行为和所执行的组织运作纳入法制化的轨道。

（3）当董事、高层管理人员的行为损害法人的利益时，要求董事、高层管理人员予以纠正。监事会作为监督机构，有责任维护法人的利益，对董事、高层管理人员损害法人利益的行为，应当代表法人与董事、高层管理人员进行交涉，并对这些行为依法干预，要求董事、高层管理人员予以纠正。这种要求纠正的行为是监事会行使法定职权的行为。

三、社会组织监事会的基本原则

一个组织的监督制度不能脱离本组织的情况而完全理性地编造出来，它总是生动的、具体的、个别的。借鉴他国的成功经验，结合本国的历史文化环境以及组织的实际情况，非营利的监事会贯彻以下原则：第一，独立原则。独立性原则是指从制度上保证监事会完全独立于业务执行者，使监事会能站在客观、独立、公正的立场对组织决策者和执行者进行监督。监事会的独立性对监事会能否有效履行其监督职能起着决定性作用。独立性是监事会的灵魂，保持自身的独立性是监事会有效履行职权的基本前提。第二，合理原则。

监事会与其他内部机关的合理结构、监事会职权的合理配置、监督方式的合理运用是发挥监事会监督职能的重要条件。从社会组织治理结构中的职权来看,董事会与监事会分别行使组织决策职能和组织监督职能。董事会是权力执行者,监事会是权力监督者,监督董事会和高级管理层。监事会作为组织经营行为的矫正器,是组织正确经营的保障。由于董事会属于监事工作的监督对象,因而董事会和监事会是并行的,互不从属。董事会无权对监事职责范围内的工作进行干涉,也无权影响监事的产生和罢免。监事会同样不能介入董事会的职责范围。董事会与监事会治理既相互制衡又相互协同,以确保社会组织治理的有效性。第三,适度原则。监事会监督权的行使,以不放纵监督对象的违法和滥用职权又不干扰其合法活动为适度,这是组织正常运转的客观要求。第四,民主原则。监事会制度的建立和完善,从一定意义上说,是组织民主管理制度的标志。具体到监事会内部,民主原则有以下含义:①监事会成员的平等性与民主性。监事监督权的行使不应有权力大小的差别。②监事会活动程序的民主性。监事会的议事方式和表决程序应当贯彻民主原则,不能因为监事的资历、学历与其他原因在行使表决权上有差别。③监事会工作作风的民主性。监事会的职权是法定的,董事会的职权同样是法定的,监事会在行使职权时应当尊重董事和高层管理人员执行职务的合法权利。在监督检查过程中认真听取他们的说明、解释和合理的抗辩,而不应干扰和影响他们正常工作的运行。

第四章 社会组织战略规划

第一节 社会组织战略规划特征[①]

一、战略规划的概念

人们无法掌控未来,但却可以对未来发挥适度的影响力。除了安然接受或被动回应之外,人们也可以主动面对及创造改变。正如丘吉尔所言,让我们将对未来的忧虑转化成思考与计划。社会组织作为三足鼎立的组织制度体系的成员,绝不应将自己隔绝于现实环境之外。相反的,社会组织应当通过战略规划以整体而非片段的方式来规划未来。

"战略"一词最早源于中国古代军事家孙武的著作中,本意属军事术语,是指实现战争胜利目标的规划。与战略相对应的是战术,指使具体战斗获得胜利的较低层次的手段之一。孙武在他的传世之作《孙子兵法》中说道,"是故百战百胜,非善之善者也;不战而屈人之兵,善之善者也"。"不战而屈人之兵"这便是孙武提出的著名战略思想,其要义是:以强大的军事实力为后盾,通过"伐谋"、"伐交"的斗争,用全胜的计谋争胜于天下。这是一种将"伐谋"、"伐交"、"伐兵"熔炼于一炉的"全胜"战略。孙武的"上兵伐谋"的思想是最早见于文字的战略思想,这个"谋"字就是谋略、战略的意思。

在中世纪的西方,"战略"一词意思是"在战争中实行的一套克敌制胜的策略"。这个概念原指将帅本身,后来马基雅维利用这个词指代有计划地运用权力和影响力贯彻国家目标的活动。

战略规划论其学理源头,则是在 20 世纪六七十年代发展起来的权变学派,他们认为组织面对动态复杂的环境,不能闭门造车,必须知己知彼与因

[①] 萧新煌. 非营利部门组织与运作 [M]. 台北:巨流图书公司印行,2000.

时制宜，掌握环境的变化趋势，从而调整组织的策略、结构、人力、行动方式与产品、竞合关系等，甚至主动创造优势环境。战略规划便是在此脉络中所发展出来的观念与管理方法。此种视"变革"为常态的观念，对社会组织也有双重的意涵。一是环境的变迁造成服务需求、数量与意涵的改变。以社会服务为例，现时中国的需求已与20世纪大不相同，比如青少年犯罪问题的恶化，使我们必须重新审视问题的成因与如何帮助他们的具体对策；又如高龄化社会的来临，使得老人服务的需求势必大为增加；再如，新型城镇化快速发展的过程中，出现了社会阶层分化、社会的不稳定因素显著增加等问题，社会组织参与社会治理的呼声日趋强烈。二是组织本身的发展，当组织逐步扩充（或想要扩充）、业务范围扩大时，各种行政管理问题也常随之而来，同时，内部凝聚力（工作目标与意义、服务热忱与品质、团队默契、价值观、共同愿景等）和组织活力也是重要课题。面对内外环境的变动，组织若不能有效应对，便容易失去航向与动力，变得散乱与僵化，甚至出现困境或危机。战略规划不能处理危机，也不解决个别问题，却是一套全面寻求转机的方法，反省组织存在理由、分享共同愿景、统整各方建议、制定有效对策，然后分轻重缓急地予以推动执行。

　　社会组织的战略规划通常借助营利企业战略规划所发展出来的观念与工具（例如SWOT分析、波士顿矩阵以及麦克米兰矩阵等）；然而，相对于营利企业以市场与利润为中心，社会组织使命为先、非以营利为目的的特性，使得营利企业与社会组织的战略规划，在意涵与程序上至少有两个明显的差别。一是社会组织更重视使命、传承与价值，强调如何达成使命（相对于营利企业的如何扩大利润或市场，因而使命在意涵与程序中皆扮演极关键的角色）。二是社会组织面对较复杂的利益相关者：顾客或受益人、董事、员工、志愿者、社区与合作伙伴等，他们与组织都可能存在着不同的利害关系，表现在各自不同的需求与想法中（相对于营利企业的私人所有权，且只要获利高，基本上便能使企业上下皆满意），因此，组织在进行战略规划时，更需要扩大参与的程度，让不同的声音都能被听到与考虑到。

　　归纳起来，社会组织的战略规划，首先必须回答以下问题：本组织的事业是什么？本组织应该做些什么？使用什么资源去做？它还应该认真考虑：什么是顾客所需要的？在顾客眼中，什么东西最有"价值"？类似这些问题不仅对于生产企业来说是重要的，而且对那些非营利性的社会组织（例如大学、医院、行业协会、博物馆、福利院等）来说也非常重要。任何组织机构都应该认真考虑，本组织的优势是什么？这些优势是否恰好适合其特定事业的需要？光有这些优势够不够？它们是否得到了有效利用？本组织机构目前和今后几年的发展方向究竟在哪里？

二、社会组织战略规划的意涵

（一）社会组织战略规划的特征

战略作为一种全局规划，支配着组织的其他管理决策。战略的实现依赖于一系列策略的支持和为数众多的具体目标的实现。在管理过程中，战略是"纲"，其他特定决策受战略的规范和支配，凡在目的上与战略相悖的决策都将被排除在外。

战略有以下特征：

战略具有总体性。形象地说，战略是组织发展的蓝图，制约着组织管理的一切具体活动。

战略具有复杂性。战略突出了组织自身资源技术与外界机会相结合，现实的机会与潜在的冒险性相结合。

战略具有长远性。通常考虑组织未来相当长的一段时期内的总体发展问题，着眼于未来。

战略具有指导性。这是组织在一定时期内基本的发展目标以及实现这一目标的基本途径。

战略具有现实性。战略是建立在现有的主观因素和客观条件基础上的，一切以现有起点出发。

战略具有风险性。战略是对未来发展的一种规划，然而环境总是处于不确定的、变化莫测的趋势中，任何战略都伴随着风险。

战略规划作为一种规划、执行、追踪与控制组织战略的过程，它与战略的特征密切相关，基于上述认识，我们可以看到战略规划具有以下特征：

战略规划是未来导向的。战略管理为组织未来的发展设立远景，规划蓝图。从某种意义上来讲，战略管理是在一个组织的现在和未来之间架起桥梁。通过战略管理，组织管理者及组织参与者理解了组织的远景、使命、目标。

战略规划着重于较长远的、总体的谋略。战略管理通常涉及或关注组织发展的总体格局，也就是讲，战略管理关注全局或非局部，关注较长远的利益而非当前利益。

战略规划是一个组织寻求成长和发展机会以及识别威胁的过程。战略规划的基本宗旨便是利用外部机会和化解或回避外部威胁。它关注的是组织外部环境，如政治、经济、社会、文化、人口、技术、国际竞争等方面的变化对组织发展的影响。由于机会和威胁往往是在人们的控制之外，故称为外部机会与威胁。从这个意义上讲战略规划就是外部环境的管理，即识别、监视和评估外部机会与威胁。

战略规划是直觉和理性分析的结合。战略管理从决策角度可以视为进行重大决策的客观、逻辑的思想方法，因为它旨在对定性和定量的信息进行分析，以便在不确定情况下作出决策。然而，战略规划不是一种采用精密、明晰、一加一等于二的方法的纯粹科学。经验、判断和感觉、直觉对于制定良好的战略决策相当重要。

战略规划是持续性与循环性的过程。由于组织外部环境是不断变化的，组织应持续不断地关注内部与外部事变及发展趋势，以便及时地作出调整。战略规划的目标便是组织能够具有适应变化的能力，持续不断地对外在环境作出反应。

战略规划是前瞻性思考和由外而内的管理哲学。前瞻性思考，依行政学家莫根的看法，其特征为：向前看；寻找问题和机会；寻找重构问题的新方式以便将负面的东西转为潜在的正面性，开启新的发展途径；把握、营造和发展机会使其能够实现。"由外而内的管理哲学"，即摆脱自我中心，从他人或外在环境的观点来看组织问题，而非从自己组织内部去诠释外在问题。

（二）社会组织战略规划的意涵

战略规划作为关系到组织如何长期有效运作的构思与行动，其方法的核心是实行战略思考，即专注于目标的达成、选择最合适的方法。有的社会组织受惠于高层管理者卓越的战略思考与决策领导力而得以成就非凡；战略规划绝非组织高层的闭门造车，亦非可望而不可即的空中楼阁，而应是全员参与的活动，战略规划以参与性强、包容度广的组织化模式进行，更可将战略思考的优点充分渗透到组织里，整体提升员工的自主性与组织的服务能力。

（1）厘清组织使命。使命（Mission）是组织为何而存在的根本理由，通常由宗旨表达组织的使命为何。宗旨是否存在好坏之分呢？回答是肯定的。管理学大师彼得·德鲁克也认为使命应该简单明确，专注在组织真正想要做的，而且足以胜任的事情上，反映出组织独特的机会、能力、投入感。换言之，它应能使员工以及社会大众从心里油然升起一股对该组织的认同。

使命如果过于空泛，便会失去指导行动的感召力，整个组织的活动也必然难以达成整体性。因此，战略规划程序当中，最重要的步骤之一便是审视宗旨，务求组织对于其长远方向，获致非常深刻的体认与共识，作为所有规划与行动的最高指导原则。

（2）界定业务意涵。战略规划的另一项重点是使组织清楚地界定其要实现的目标和任务。任务说明组织要做什么事来服务什么人，以达成其宗旨，也就是一般所称的业务范围，其中有两点值得强调，一是任务必须紧扣使命而形成，二是任务须从顾客或受益人的立场来思考。由使命与顾客或受益人的需求出发，组织必然会看到许多值得投入的服务对象与项目，但重要的是要根据组织所处的独特位置与能力而找到关键的施力点，这就是组织的任务所在，是组织要做出成果的地方。例如某个以促进青少年身心健康、建立自信心与服务的人生观为宗旨的社会组织，或许以提供青少年倾吐并疏解身心压力的渠道为其主要任务，则根据这个任务提示，再加上对于都市青少年生活压力来源与喜好的了解，戏剧、漫画、音乐、球类活动、课业辅导、心理咨询等，便都是值得开发的方案。倘若将任务界定为协助青少年建立服务的人生观，则所设计出的方案（例如山地探访服务营队）必定大为不同（当然也可能有重叠）。

许多组织为便于拓展项目而将使命描述得非常宽泛，在组织章程中尽量将能想得到的业务全部列上去。这种做法无可厚非，但很容易使组织迷失方向，出现使命漂浮现象（Mission Drift）。组织更需要借助战略规划来厘清组织所真正珍视的任务为何。以前述例子而言，关键在于同样是从事公益慈善事业，任务提示却可能非常不同，若不予以分辨，就难以使员工了解业务的意涵究竟为何；并将难以区别不同项目方案中，哪些该做或不该做，哪些做得好或不好，够或不够的基本差异，也就不易对组织该如何调整方案内容的方向形成共识。对组织的决策、领导、人事、财务、行销等各主要管理功能而言，缺乏来自对使命与顾客或案主需求的任务提示，便意味着缺乏一个基本的评估依据，则关于改进的建议都将可能面临多头马车或基础薄弱的困境。

（3）共享组织愿景。愿景（Vision）表达组织渴望达成的理想。有吸引力的愿景不但能够把组织的现在伸向理想的未来，也让组织中每位成员更能感受到强烈的使命感，明白当下付出的价值所在。好的愿景能唤起人心，使人心甘情愿贡献己力；反之，缺乏愿景的组织则使人觉得困难重重、心力交瘁、散漫无序、不知意义何在。在愿景的鼓舞下，组织的创造力才容易被激发，愿景挑战组织与个人的想象力与活力，使人勇于想象新的可能性，从而促进愿景的实现。对于需要很多志愿者的社会组织，愿景更具有其无可比拟的力量。凭借战略规划程序中的脑力激荡与讨论，可以建立一个有挑战性，也代表了员工志向的愿景。这个愿景以及使命，便可激发组织发展所需之创造力与行动力，更进一步研拟具体的目标和行动方案。

（4）识别轻重缓急。设定优先目标（Priorities）是战略规划程序中很重要的一个枢纽。先前所讨论的使命、任务与愿景，毕竟皆着眼于长远，至于中长期的、三到五年内的目标设定，则是战略规划的焦点。组织在资源（时间、人力、财力、物力、专业能力）有限的情形下，必须权衡轻重缓急，优先做重要而紧迫的事,并避免让次要而不紧迫的事情成为干扰。因此,管理良好的社会组织必须能够做到设定优先目标与删除无效业务。组织全体成员须对哪些是重要而优先的工作目标有所共识,如此才能够以最少的资源达到最大的效果。反之,不分优先顺序而想要一次性一劳永逸地解决所有的问题,或是让无效的事务占据组织太多的时间和资源,则不但不容易发挥正面的影响力,还会因为无效率的忙乱,而使员工对组织解决问题或实现愿景的能力失去信心。解决这类困境的根本方法便是透过战略规划程序,建立标准与共识,厘清优先目标所在,并据以淘汰无关或缺乏效果的工作,将珍贵资源输入到更迫切的事项上。

(5)推动有效改革。对于忧心其组织渐走下坡而想进行改革的人(特别是高层管理者)而言,战略规划是个值得考虑采用的方法。在探讨如何改革之际,常见的一种现象便是会有许多内外部人士四处大声疾呼或热心献策,然而组织往往缺乏一个清楚的沟通架构与决策管道,来整合这纷杂的意见与构想,并深入探讨彼此纠葛的诸多问题,因此难以集思广益,形成一套区分轻重与主次,并能兼顾理想与现实、工作与人情的改革措施,更难以建立一个有效的整体团队力量以进行革新。结果不但改革阻力大,且容易造成内耗与力量互相抵消的现象,组织也难免又坠入无力感的深渊之中;组织成员在失望之余,难免会对组织改革的可能性持消极的态度。

实施战略规划程序则可以突破上述的困境(但在组织高阶领导有严重问题时例外)。策略规划的原则是先建立责任团队(战略规划委员会),广泛地汇集不同意见与相关信息,鼓励内外部人员的参与,提出并讨论各项议题,但不立刻做决定,以求达成全面性的了解。然后再制订优先目标,研讨各项对策与方案,达成共识与认可后方才付诸行动,以将阻力减至最小,将助力提升至最大,且以定期的后续评估来确保执行的成效符合预期目标。

(6)主动掌握机会。青蛙坐在一盆被慢慢加热的水里,倘若它不采取任何行动,便会被煮熟。青蛙看起来是可以跳出这盆水的,但它却没有这样做,因为变化是缓慢发生的,其结果是它被煮熟。那些拒绝承认情况正在逐渐变得严重的管理者也可能会不采取行动,而他决定采取行动时,则可能已经太晚。珍妮斯将这种行为模式称为"防御性避免"。人们也用青蛙来比喻经常对引起他们注意的事情采取过激反应的管理者。青蛙的大脑与眼睛相连,只要眼睛看到任何细小的威胁都会使它们迅速地逃逸。与青蛙不一样,管理者可以在行动之前进行思考,但他们在这一点上做得不够。"超警惕的"管理者扫视所有最显而易见的反应方式,并采用那个可以让他尽快逃离威胁的方式(像青蛙一样,战略管理者要承担两种风险:面对威胁反应过激或反应不足,具体是哪种风险,依他们对组织面临的问题作出的反应而定)。组织的上层管理人员经常受到以下因素的困扰:未经证实的汇报,预算削减,特权和职责的减少,有资格享受服务者的变化,服务密度的增加或降低,价格控制,工作场所安全要求,联合选举,罢工,形象贬损,监督机构的观点变化,司法判决,技术进步,对污染和环境的警醒,雇用少数民族职员,对平等机会的要求,诉讼,用户需求变化,领导更替以及劳动力工作能力的下降等。这些策略规划的另一项优点是能够协助组织注意环境因素,包括顾客或服务对象需求,以及政治、经济、社会、文化、技术、人口、法规、专业领域等,引导组织把握环境变化所带来的机会,也事先防备来自环境的潜在威胁。这本是管理阶层的主要职责之一,许多社会组织管理者却因工作负担或其他原因,封闭在自己的城堡或一成不变的想法与做法里,忽略了对环境变化的关注,久而久之,就很可能发生组织运作与环境发展之间的脱节,接踵而来的便是组织整体成效的停滞或大幅倒退,使命与愿景不再显得生动,人员、财务、行销、服务等各方面也会逐渐出现严重问题,纵使能勉强维持运作,但能为社会创造出来的公共利益恐怕也极为有限了。

战略规划程序要求在组织许可范围内做环境评估,使管理者必须对环境趋势保持敏锐,注意环境趋势对组织具有何种意义与影响;是机会,还是威胁;如何回应。战略规划将使组织在环境变化中得以保持优势,不但组织的使命与愿景不致退色,且能为组织源源不断地带来发展的新契机。策略规划程序主要分成三个阶段,分别是分析阶段、规划阶段、实施阶段。每个阶段都有它自己应完成的部分,并且为下一个阶段打下基础,整个程序构成一套拟定并执行组织战略规划的系统方法。

第二节 社会组织战略分析

战略分析阶段的目标是明确组织所处的内外环境,以作为规划阶段的基础,可分为环境分析和组织分析两大部分。

一、环境分析

组织和环境相互影响,并在不断变化的环境中求得生存和发展。组织要想减少环境的不利影响,必须加强对环境的管理。分析环境是对环境进行管理的第一步。相对于社会组织的一般环境,利益相关者对社会组织有着更为重要的影响，社会组织的外部分析包括一般环境分析和利益相关者分析。

（一）一般环境分析

一般环境就是指一定时间内各种组织所共同面对的总体环境。一般环境分析中最常见的是PESTN分析。所谓PESTN分析，就是指：

政治与法律环境（P）。包括政府政策的稳定性和连续性，外汇政策、税率和税法的变化，社会组织法、雇佣法、政府预算和货币改革，国家或地方政府特殊的法律规定，国家对非社会组织的态度，与业务、志愿者、服务对象相关的法律法规等。

经济环境（E）。包括宏观层次的经济政策，税收政策，国家人口数量及其增长趋势，国民收入、国民生产总值及其变化状况，以及通过这些指标反映的国民经济发展水平和发展速度；微观层次包括所在地区的收入水平、失业水平等。

社会与文化环境（S）。社会环境指家庭结构的变化、离婚率的高低、单亲家庭的增减、组织社会责任感等。文化环境即人们的价值观、风俗习惯、文化传统和行为准则，劳动者的受教育水平，对就业态度的变化，职业分布的变化等。专业服务领域的动态与发展方向。

技术环境（T）。包括通信技术、管理技术、生产技术和服务技术等。

自然环境（N）。包括组织所处的地理位置及气候条件和资源禀赋，如自然环境的保护，废物污染、水污染、空气污染，生态平衡破坏，土地沙漠化等环境资源恶化状况。

PESTN分析通常要借助各种经济、社会以及其他相关学科已有的研究成果，但在这些成果的基础上有必要对与组织有关的问题进行进一步研究。由于外部环境分析需要借助许多相关学科的知识，而每个组织的情况又有很大差别，因此PESTN分析没有通用的和一般性的方法，需要具体问题具体对待。[①]

许多环境因素往往是通过影响更为微观的层次的环境因素来影响社会组织的。这就要求组织分析其所在微观环境对外部环境因素的敏感性。对社会组织来说，就是分析外部环境中与所在行业密切相关的因素，这实际上是要求在众多的外部环境因素中识别出对本行业和本组织有意义的一组因素，从而提炼出组织外部环境的变化趋势，包括专业趋势、竞合趋势、政治趋势、经济趋势、法规趋势与科技趋势等。

（二）利益相关者分析

由于社会组织的特殊性，在影响组织的各种因素中，利益相关者构成了

---

① 张玉利.管理学（第2版）[M].天津：南开大学出版社，2004：133-134.

重要的影响。他们与社会组织有利益关系，从而能够参与或影响组织战略的制定，进而形成对社会组织的影响权力。社会组织的利益相关者包括以下几种，如图4-1所示。

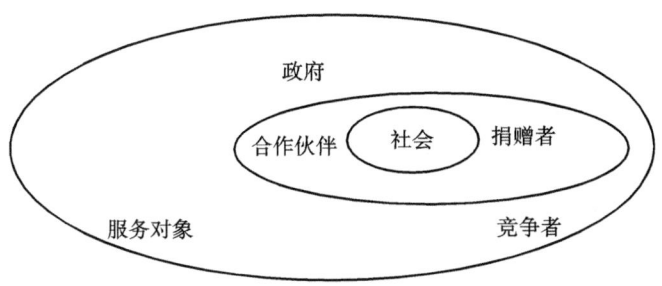

图 4-1 社会组织的利益相关者

（1）捐赠者。不管是个人、基金会、法人团体或是政府部门，它们都是组织的核心利益相关者。社会组织接受资助和慈善物品的捐赠。相应地，社会组织也应该努力使其捐赠者的期望得到实现。

（2）服务对象。服务对象是社会组织在使命的指引下的目标市场，也就是组织服务的需求者，此目标市场可能是某些特定的群体，也可能是广大的社会公众。例如，社区的小型社会组织主要的服务对象是社区居民；一些少年基金会的服务对象是贫困地区失学女童和城市部分下岗职工子女，目的是使他们重返学校。

（3）合作伙伴。社会组织面临政府资助日益减少、运行成本上升、捐助和资助减少的难题，人们对它的服务的期望却在增大。为了生存和发展，社会组织必须与它所赖以生存的环境中的其他组织建立和维系良好的合作关系。合作伙伴包括政府、营利性企业和其他社会组织。合作不仅可以实现资源、知识和能力的共享，也是利用其他组织的优点和长处来弥补自己的缺陷和不足，最后达成双方整体利益的最大化。对于社会组织而言，为建立和维系与合作伙伴的良好关系，自身的战略定位十分关键。合作伙伴关注社会组织的知名度和美誉度、社会组织的公益形象和公信力及在长期发展过程中形成的强大的社会网络。成功合作需要合作伙伴之间的相互信任、诚实可靠和良好信息沟通。

（4）竞争者。社会组织的竞争是为了实现公益最大化而在市场上相互作用、相互争夺的过程。社会组织相互争夺的不仅是收入、董事会成员、客户、合同与资助、捐款、馈赠、威望、志愿者，以及政治权力等经济或社会资源，它们也会为了形成联盟而与营利组织及政府实体竞争（Weisbrod，1996）。[①] 根据市场上社会组织与营利组织的占据情况，可以将市场分为两类：一类是完全被社会组织占据的市场；另一类是社会组织与营利组织并存的市场。对于前者，市场中仅存在社会组织；而后者，在竞争过程中，不仅存在社会组织间的竞争，还存在非社会组织与营利组织的竞争。因此，社会组织的竞争者不仅包括同类组织，还包括营利组织与政府实体。

（5）社区。社区的支持对社会组织非常重要，社会组织离开社区将很难保证目标的实现。因社会组织与社区居民、商界人士、宗教组织及相关机构建立良好的关系，有助于实现组织的目标和计划。另外，社会组织大规模参与社区服务和社区建设，能更好地满足社区居民的多种需求，改善社区服务质量，使之更便捷，更有效，更易使人接受。

（6）政府。社会组织对政府有补充作用，政府对社会组织的影响是两方面的。一方面社会组织作为一种公共组织，通常会得到一些政府所赋予的权力，而这些往往是一般营利组织无法得到的，如税收优惠等。另一方面社会组织也接受政府的评估和监督，政府是唯一具有法定权力对社会组织进行监督、管理的部门。

利益相关者的信息通常不易直接获得，但可由不同渠道间接取得。例如，报纸杂志、政府或研究机构的出版报告，网络搜寻，参加研讨会，向专家学者请教，等等，重点在于排列各利益相关者，明确各利益相关者对组织的影响和可能实施的限制，组织在何种程度上依赖于各利益相关者，各利益相关者对组织的评价和印象。

在确定了有影响力的利益相关者后，需要实施有效的利益相关者管理。根据 Johnson 和 Scholes（1993），[②] 如图 4-2 所示，权力/动态性矩阵可以为组织战略选择时成功识别并引导利益相关者。在图 4-2 中，最难处理的是处于 D 格中的利益相关者，因为他们位高权重，而且很难预测其态度。某些情况下，在制定一个不可逆转的战略之前，可以用一些新战略去试探他们的态度。虽然可以预测处于 C 格中的利益相关者的态度，他们的期望也常能得到满足，但也绝不能忽视他们。如果 A 格和 B 格中的群体在某一个问题上联合起来，他们的影响力会增大，但是他们还是相当容易处理的利益相关者。基于此，如图 4-3 所示，Johnson 和 Scholes 根据利益相关者手中的权力，以及他们对组织关注的程度和对组织生存和发展发挥影响的程度，组织采取相应的策略并

[①] 侯俊东. 非营利组织竞争的性质及条件 [J]. 天津行政学院学报，2011（4）.
[②] Johnson G. and K. Scholes, Exploring Corporate Strategy, Text and Cases [M]. Prentice Hall, 1993.

保持良好的互动关系。在考量新战略时，对处于 D 格中的发挥关键作用的利益相关者来说，战略的可接受性是应该考虑的一个重要因素。处于 C 格中的利益相关者群体也非常重要，一般来说，尽管他们相对比较消极，但一旦发生某一特定事件，他们也会突然出现，并向 D 格移动，成为非常重要的影响群体。类似地，因为处于 B 格中利益相关者的要求能够影响力量更强大的利益相关者，因此也应该对其给予足够的重视，提供信息便可以达到这一目的。总之，需要明确组织的利益相关者，对他们的态度和期望进行深入的分析，了解利益相关者的期望并满足其期望，当各利益相关者的期望发生矛盾和冲突时，坚守组织使命，保持组织行为的一贯性和一致性至关重要。

	可预测性	
权力	高	低
低	A 问题较少	B 不可预测但可管理
高	C 力量强大但可预测	D 危险最大

图 4-2　权力/动态性矩阵

资料来源：Johnson & Scholes（1993）。

	利害相关程度	
权力	低	高
低	A 最少的努力	B 提供信息
高	C 保持满意	D 主要利益相关者

图 4-3　权力/利益矩阵

资料来源：Johnson G. and K. Scholes, Exploring Corporate Strategy, Text and Cases [M]. Prentice Hall, 1993。

二、组织分析

组织分析，也称为组织诊断，是将组织视为一个动态复杂的有机系统，对组织整体各部分的目标与功能现况做系统的评估。评估的项目大致可分成：使命分析、顾客（服务对象或受益人）需求与满意度、项目评估、高层管理、财务系统、设施管理、工作士气、权责架构、人事制度与薪资福利、次级组织、关键知识或技术、资讯管理等。

（1）使命分析。这是关于组织根本立场与方向的分析，重点在于厘清组织使命的意涵，让组织宗旨变得具有真实意义与力量。通过对以下几个问题的考量可发现宗旨是否需要修改。

1）我们组织的成立缘起为何？创办人的理想为何？
2）组织的使命、存在的根本理由是什么？究竟我们想要实现什么？
3）我们组织主要的长处是什么？我们充分发挥这些长处了吗？
4）主要的弱点又是什么？无法胜任或资源不足之处为何？
5）你认为我们组织的宗旨反映使命吗？宗旨应修订吗？为什么？
6）若应修改，往哪个方向改？这有什么好处？可会碰到什么问题或困难？

通过以下问题的回答可发现组织的项目是否与组织使命直接相关，是否有力促进使命的实现。

1）组织成立之初，以谁为最主要的服务对象（顾客或受益者）？为什么是他们？
2）组织目前的最主要的顾客群（或受益人群）为何？其人数、年龄、性别、分布、需求、习惯，以及组织接触到他们的方式是什么？
3）假若你是他们其中一人，你觉得该组织对你最有价值的地方是什么？为什么？
4）以实例具体说明组织的哪些成果（业务、服务方案）使他们甚感满意。
5）目前哪些业务或方案是重要且直接与使命的达成有关？其成效如何？
6）哪些是已过时、与使命不甚相关或效益不佳的业务或方案而应予以放弃的？为什么？

通过就上述问题的讨论而产生共识，将进一步激发对组织远景的憧憬。组织愿景需要既能激动人心，同时又兼顾现实基础。为此，组织愿景可考量以下问题。

1）如果组织成功达成任务，这世界会有什么改变？受益者（顾客）有何改善？
2）试想三年后，组织在受益人或顾客服务、行销募款、领导管理、人事福利、场地设备、竞争合作、形象与名声上，各将有什么进展？
3）组织如何可以更有效能？组织的何种改变将可大大增进服务能力与品质？

（2）顾客需求与满意度分析。组织的顾客是谁？顾客的需求是否发生了改变？顾客的需求为何（包括需求的成因、内容与数量）？组织提供之服务所达到的满意度状况为何？组织给顾客、社区或公众的印象为何？行销计划与实际执行成效如何？

（3）项目评估。项目绩效（目标达成、服务品质、成本效益、对使命的贡献度等）的评估。

（4）高层管理。组织使命清晰与否、是否制定中长期战略规划、定期组织效能评估、建立标准与典范、发展人的潜能与价值、发展组织战略合作伙伴关系。

（5）财务系统。评估财务收入与运用情形、会计系统、财务报表、财务预算。

（6）设施管理。设施的完备性、设施的使用效率。

（7）工作士气。员工士气、工作负荷与压力、离职率、同事互助、上下互信。

（8）权责架构。组织章程、董事会、组织架构、职务描述、例行会议。

（9）人事制度与薪资福利。任免、升迁、考评、薪资、福利、休假、教育培训等。

（10）次级组织。分支单位、志愿者组织、委员会、支持团体等。

（11）关键知识或技术。组织之知识或技术的优势为何？（包括专业服务、行政管理、建立团队、行销或创新的知识或技术）。

（12）资讯管理。资讯科技与网络运用、资料库（人事、捐款、案主资料等）、报表与档案管理、组织透明度。

上述信息的搜集整理与综合分析绝不是一个简单的过程，需要重视组织全体人员的参与，使顾客（服务对象或受益人）、志愿者与员工（甚至包括已离职或退休者）、捐赠者（含赞助人）、董事都有机会表达他们的想法，以便获取有益的建议与批评，以及发现潜在的问题与机会；同时也应整理外围重要人士（社区人士、学者专家、竞争对手或合作对象等）对组织的整体印象与评价。此外，也需要对组织的成立缘起与发展沿革有所回顾，加深对组织使命与目标的认识。

资讯来源与搜集方法视所需资讯内容而定，大致有：参考现有文件、匿名问卷、访谈、电话访问、表格填写、小组讨论、焦点团体座谈、参与观察、策略思考等，SWOT 表（Strengths，Weaknesses，Opportunities，Threats）也是常用来搜集意见的工具。每项的综合分析须将客观的数据（例如问卷的调查结果）与主观意见（例如员工座谈的意见反映）予以汇整。分析的重点在于先将组织各个方面的现状做真实的呈现，然后再根据所呈现的状况指出哪些是功能健全的，哪些是有所缺陷的（此时以显示现况为主，尚不必作出改进建议，那是规划阶段的工作）。最后撰写出组织分析综合报告书，并包括相关附件（例如组织宗旨、愿景与价值、组织章程、简史、组织架构图、近年财务分析报表、方案评估摘要、意见调查综合、顾客满意度调查等）。

第三节 社会组织战略制定与实施[①]

一、社会组织的战略制定方法

战略分析之后需要做的事情便是将组织内外因素进行匹配,寻找内外资源的最佳结合。战略制定系统中将内外因素进行匹配的常用方法有以下几种:SWOT 矩阵、SPACE 矩阵、BCG 矩阵、IE 矩阵及大战略矩阵。由于社会组织侧重于社会效益而不是经济效益,因此并不是所有的方法都适用,比较适用于社会组织的三种常见的战略制定方法为 SWOT 矩阵、BCG 矩阵和麦克米兰矩阵。

(一) SWOT 矩阵

SWOT 矩阵,即优势—劣势—机会—威胁矩阵,是比较成熟的战略制定工具,已得到了广泛的认同。SWOT 分析是一种综合考虑组织内外部环境变量,选择经营战略的方法。在 SWOT 分析中,优势、劣势反映了组织有形资源和无形资源的绝对性和相对性评价,机会是指外部环境中对组织有利的因素,威胁描述了环境中对组织的不利因素。通过对这四方面进行匹配分析,帮助组织在外部环境分析的基础上,结合自身的资源、能力,制定适宜的战略。SWOT 的原理如图 4-4 所示。

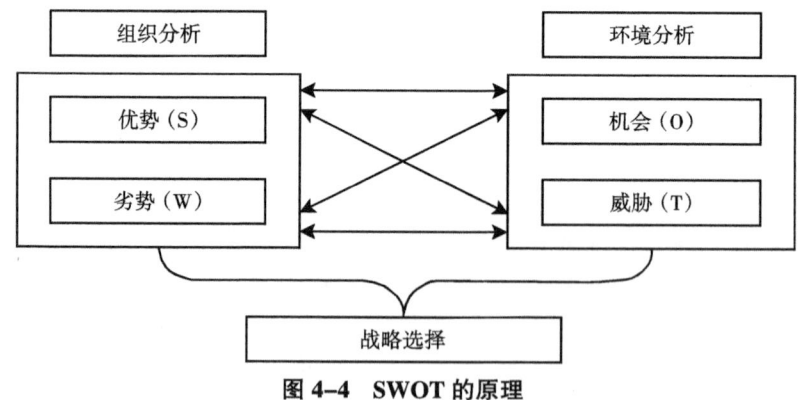

图 4-4 SWOT 的原理

[①] 李维安. 非营利组织管理学 [M]. 北京:高等教育出版社,2005.

经过上面的SWOT分析过程可得到SWOT矩阵图，如图4-5所示。

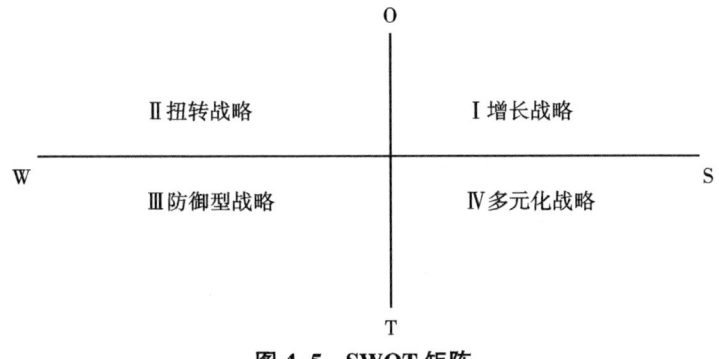

图4-5 SWOT矩阵

在整个SWOT分析过程中，优势、劣势、机会、威胁的输入信息主要来自我们在上面的外部分析、内部分析中所得到的结论。通常来讲，在进行SWOT组合的过程中，社会组织的战略设计者应该主要涵盖下列各方面的问题：[①]

优势和劣势：
（1）社会组织的业务范围是否明确？
（2）社会组织是否有适当的资金来源？
（3）受益人对社会组织服务的满意度如何？
（4）社会组织的各种活动是否与目标一致？
（5）社会组织的管理质量和人才状况如何？
（6）社会组织与政府的合作关系和游说能力如何？
（7）社会组织在公众心目中的优势是什么？社会公信度如何？
……

机会和威胁：
（1）是否为新的客户提供服务？
（2）是否开发一些延伸服务？
（3）是否与其他社会组织进行纵向和横向联合？
（4）外部环境是否发生了有利于社会组织发展的重要事件或变化？
（5）社会组织的顾客对服务的需求是否增加了？
（6）社会组织与国际机构和国外社会组织合作的可能性是增加还是减少？
……

---

① 黄浩明.社会组织战略管理［M］.北京：中国人民大学出版社，2003.

(二) BCG 矩阵

BCG 矩阵,即波士顿咨询集团矩阵 (Boston Consulting Group Matrix),是为促进有多个经营部门的组织制定战略而专门设计的决策方法。BCG 矩阵显示了组织各分部在"市场份额"和"产业增长速度"方面的差异。BCG 矩阵是多部门组织通过考察各分部相对于其他分部的相对市场份额和产业增长速度的状况而决定如何管理组织业务的组合。然而,由于社会组织的公共性所带来的组织特征,社会组织的战略管理者在运用营利组织管理的一些原则(如明确的经营目标、利润,密切关注反映财务结构的市场机制)时,必须小心谨慎。因此,保罗·C.纳德和罗伯特·W.巴可夫认为需要将 BCG 矩阵加以改造,才能应用于社会组织的战略制定,如图 4-6 所示。

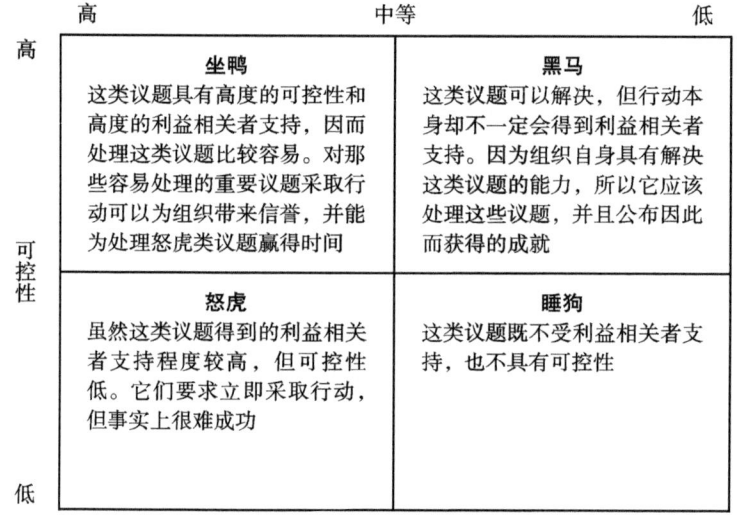

图 4-6 改进的 BCG 矩阵

资料来源:保罗·C.纳德,罗伯特·W.巴可夫.公共和第三部门组织的战略管理:领导手册 [M].北京:中国人民大学出版社,2001.

在改进后的 BCG 矩阵图中,用"利益相关者支持程度"、"可控性"分别替代了市场份额和产业增长速度。其中,"利益相关者支持程度"显示了将要受到影响的人们所持的态度。"可控性"指组织成功地解决某一议题的可能性,它依赖于技术问题、目标人群(包括目标人群的人口构成以及目标人群的可变性)。通过对这两个维度的考察,为了更贴切地描述社会组织的业务单元,分别用坐鸭 (Sitting Ducks)、黑马 (Dark Horses)、怒虎 (Angry Tigers)、睡狗 (Sleeping Dogs) 描述了矩阵图中的四个象限,分别替代了矩阵中原有的

第四章 社会组织战略规划

明星（Stars）、问号（Questionmarks）、金牛（Cash Cows）、瘦狗（Dogs）。

通过改进后的 BCG 矩阵分析，社会组织可以合理评价不同的业务单位，针对业务在矩阵中的位置选择有针对性的战略。

（三）麦克米兰矩阵（The MacMillam Matrix）

1983 年，美国哥伦比亚大学商业研究所麦克米兰教授（I. C. MacMilliam）写了一篇专门论述非营利部门竞争问题的文章。文章的题目是《社会组织的竞争战略》（*Competitive Strategies for Non-for-profit Agencies*），在这篇文章中，麦克米兰教授提出了一个矩阵（见表 4-1）。

表 4-1 麦克米兰矩阵

项目		吸引潜在的资源和加强现有方案：是		吸引潜在的资源和加强现有方案：否	
		选择范围		选择范围	
		高	低	高	低
恰好符合	优势竞争地位	1. 激烈竞争	2. 积极的成长	5. 逐步形成一流的竞争者	6. 机构的灵魂
	弱势竞争地位	3. 积极的放弃	4. 加强实力或放弃	7. 依次放弃	8. 外援或合资
不太符合		9. 积极的放弃		10. 依次放弃	

资料来源：Jane, Arsenault. Forging Nonprofit Alliance [M]. San Francisco: Jossey-Bass Publishers, 1998: 178.

麦克米兰矩阵根据 4 项标准评估目前的（或预期的）每一个方案，即符合使命、竞争地位、吸引潜在的资源和加强现有方案，以及选择范围。这 4 个标准的相互组合形成了包含 10 个方格的矩阵，主要内容解释如下。

（1）符合使命。这一标准描述方案与组织使命的关系，符合的条件包括：与组织使命一致，与其他计划协调，利用组织中的现有技术。

（2）竞争地位。该标准反映了方案可实现的竞争优势，比如提升组织的美誉度、获得充足的资金支持，或者为受益人提供更便捷的服务。

（3）吸引潜在的资源和加强现有的方案。符合的条件包括：与现有方案协调一致或能强化现有计划；吸引更多的志愿者或资金；获得政府支持。

（4）选择范围。该标准描述了方案的可替代程度，即被其他方案替代的难易程度。如果很难找到替代方案，选择范围属于"低"；反之，选择范围属于"高"。

麦克米兰矩阵将上述 4 项标准作为评估目前及潜在战略的标准。除编号 6 的"机构的灵魂"以外，矩阵中每一个单元都伴有相应的战略发展建议，包括选择、竞争、放弃、扩大计划和合作，这是麦克米兰矩阵的核心思想。"机构灵魂"的方案符合社会组织的使命，可为组织带来竞争优势，可替代程度低，但组织目前的资源难以支持该方案的实施。选择这种方案，社会组织将面临巨大的挑战，但若成功，社会组织将获得巨大的进步。

二、社会组织的常用战略

由于组织面临的内外环境千变万化，因此社会组织的战略选择是十分困难的，关键取决于自身的实际情况。这里重点介绍三种常用的战略，分别是借力发展战略、兼并战略和联盟战略。

（一）借力发展战略（Strategic Piggybacking）

借力发展战略是由R.P.尼尔森（R. P. Nielsen）创造性地应用于社会组织的战略形式。这种战略是根据社会组织自身的特点，开发合适的经营项目创造收入，为实现社会组织的使命提供充足的资金支持。借力发展战略虽然能够解决社会组织资金短缺的问题，但在实施过程中存在以下四个方面的潜在风险。

（1）新的经营活动在短期内因需要投入资金，会进一步加剧资金的短缺。

（2）新的经营活动会干扰、冲击社会组织的使命，甚至会出现"喧宾夺主"的现象。

（3）在新的经营活动收入剧增的情况下，原先提供资金的资助者可能会减少资助。

（4）新的经营活动可能会干扰社会组织的日常管理工作。[①]

针对这种情况，美国一家咨询公司的总裁认为，社会组织采用借力发展战略开展经营活动时，应注意以下几个方面。

（1）经营与组织主要服务项目有关的、并存在市场需求的产品。

（2）聘用优秀的管理人才。

（3）谋求理事会的支持。

（4）提倡创业者的精神。

（5）与营利组织合作经营，学习营利组织的经验。[②]

（二）兼并战略

资源的稀缺性使得社会组织不得不考虑实施兼并战略。通过实施兼并战略社会组织可以利用规模效应节约社会资源，同时为受益人创造更多的福利。

社会组织在选择兼并战略时需要考虑以下三个方面的因素。

（1）两个不同的组织的兼并首先要考虑它们的使命是否一致或类似。

（2）组织的管理机制。不同的社会组织有不同的管理机制，如果处理不

---

①② E.斯科路特.非营利（组织）需要经商吗?［J］.哈佛商业评论，1983（1-2）.

当，不但不会产生综合效益，反而会增加内耗，降低兼并的成功率。

（3）组织的文化，包括组织成员的信仰、价值观。

（三）联盟战略

联盟战略涉及两个以上组织的竞争与行为，不仅具有与交易和内部化地位相同的属性，而且创造的价值有别于一般的竞争优势，并且，边际报酬递增的结果完全可能出现在联盟组织的绩效中。

近年来，联盟战略经常被社会组织所采用，以增强综合实力，为客户提供更出色的服务。通过与其他组织组成联盟能够在资源共享的基础上，为双方带来共同的发展。社会组织的联盟战略，不仅包括社会组织之间的联盟，还包括社会组织与营利性组织的合作。

为确保合作战略的成功，社会组织应注意以下几个方面。

（1）避免非均衡权力对组织自主性的破坏。对于任何一种跨部门的合作，权力失衡始终是一个潜在的问题（Baur & Schmitz，2012）。① 从资源依赖论的观点来看，权力失衡就是一方被置于资源依赖者的地位。假定合作双方都有与对方不能共享的私有目标，那么合作双方追求的共享利益和共同目标可定义为集体利益和集体目标。显而易见的是，合作过程中权力失衡问题会在组织自身利益和集体利益不一致的情况下进一步凸显。合作双方如果权力失衡将构成成功合作的严重威胁，是合作风险的主要源泉，因为它将导致伙伴关系的不稳定，限制合作的潜力，较弱的一方的能力和资源难以得到充分的认可，因此也将无法有效利用其资源。如果社会组织处于依赖的一方，直接的后果就是组织自主性的破坏。必须强调的是，如果社会组织过分依赖合作企业而没有反制的力量，将使组织陷于不确定和不稳定的局面，也容易受到合作企业的压力而屈服，这不利于组织内部的整合和生存。

合作过程中之所以出现权力非均衡现象，通常是因为合作伙伴之间的利益分配不均衡以及沟通障碍所导致（Baur & Schmitz，2012）。然而，另外一个导致权力失衡的情形即是合作伙伴的一方在结构上过于强大，正如大型跨国公司与社区型社会组织之间的合作。除此以外，也可能受合作程度所影响。例如，在低层次的合作中，社会组织的权力（接受商业赞助）就可能要比在高层次的合作（维系战略伙伴关系时）中要弱，因为合作方很可能并不认为社会组织具有很大的合作价值。

鉴于上述，首先，在制定与企业合作的战略时，绝不可回避非均衡合作

---

① Baur & Schmitz. Corporations and NGOs: When Accountability Leads to Co-optation [J]. Journal of Business Ethics, 2012 (3).

问题，应该预见到这种不平衡的可能性和危害性。其次，社会组织需要不断扩大组织的资金筹措渠道以提升组织的能力。研究发现，当社会组织处在与政府有密切资源交换的网络里，若该组织有其他替代资源可以运用，则组织的自主性较不受政府的影响。社会组织多元化渠道开发资源策略同样适用于社会组织与企业的战略联盟。此外，社会组织应该通过它们值得信赖的公益品牌和嵌入式的社交网络来扩大组织的影响，以避免在合作中成为弱势的一方。

（2）畅通双向沟通渠道。鉴于沟通障碍实为非均衡合作和合作失败的重要原因，社会组织应积极畅通沟通渠道以建立常态性互动关系，增进合作共识和相互信任。诚然，无论社会组织对潜在的合作伙伴做了多么细致的研究，无论它如何成功地推销了自己，合作双方如果不能开诚布公地交流，合作仍可能失败。在战略准备期，对于社会组织与合作方的价值和对双方回报的信息沟通有助于获得利益相关者的支持。在战略形成阶段，对于合作过程中的风险和潜在风险及其风险规避的互动和沟通有助于赢得利益相关者的理解和组织良好社会形象的树立。良好的沟通能够有力说明合作战略具有良好的设计。在战略实施的阶段合作双方关于合作进展状况、合作的结果和影响的信息沟通有助于相互信任机制的建立和巩固，有助于摩擦的消除和合作关系的持续维系，还有助于决策者作出合作战略调整的合理决策。合作进展状况的信息包括：社会组织的自身形象的提高，合作伙伴的顾客忠诚度的提高，职员和顾客的满意度等。

合作战略的信息沟通由外向型（由内而外型）和内向型（由外而内型）两者构成，两者均应通畅和有效。外向型信息沟通意味着关于社会组织与合作方的相关信息由社会组织向组织的利益相关者（员工、志愿者、合作伙伴与一般公众）发送和传递，信息从社会组织由内向外的传播。内向型信息沟通则是利益相关者（包括合作伙伴）的期望与相关信息向社会组织传递和流动。

（3）合理投入。在组织间合作领域，合作成本源自三个方面：一是寻找合作伙伴的成本；二是与合作伙伴的谈判成本；三是监控和执行合作协议，维持合作关系的成本。在跨部门合作中如果合作双方能有效地消除或减少成本，将有力地推动成功合作。对于社会组织来说，筹资成本（包含合作成本）是一个敏感的问题，社会组织不断感受到来自捐赠者要求将筹资成本降低到最低水平的压力，捐赠者要求社会组织的资金支出受到严格监控，以确保组织最大限度地让受益人从他们的捐赠中受益。然而，作为合作战略过程的一个组成部分，社会组织需要配置一定资源以理解合作方的多元兴趣和利益并与潜在的合作伙伴沟通。此外，还需要配置资源以建立与相关人员和人群的沟通渠道。

所以，尽管降低管理成本代表一种良好的传统和惯例，但对打算实施合作战略的社会组织而言，降低管理成本不应作为组织的唯一目标，因为降低成本并不总是与组织卓有成效相联系，也不被社会视作组织成功的标准。显然，市场在资源配置中起决定性作用的今日中国，社会组织的合作成本需要作为一种搜集信息合理预测的投资，以发挥其效用最大化，而不应简单地将其作为管理的成本而削减。社会组织应该通过良好的信息管理，积极转变观念，把组织的战略合作行为建立在充分信息和明智选择上，只有这样，社会组织才能赢得利益相关者的信任，而这恰是成功的战略合作所必需的。

三、战略规划的实施与控制

（一）社会组织战略的实施

在战略规划制定之后，就是战略规划的实施。图 4-7 显示了战略实施阶段在整个战略管理过程中的位置，成功的战略制定并不能保证成功的战略实施。实际做一件事（战略实施）总比决定做这件事（战略制定）要困难得多。各种社会组织在战略制定的思想和方法上并不存在太大的差别。然而战略实施在不同类型、不同规模的组织间却有相当大的差别。战略实施需要做出的行动包括：增设新部门、关闭设施、聘用新职员、提供新服务、采用先进技术、改善营销等。[①]

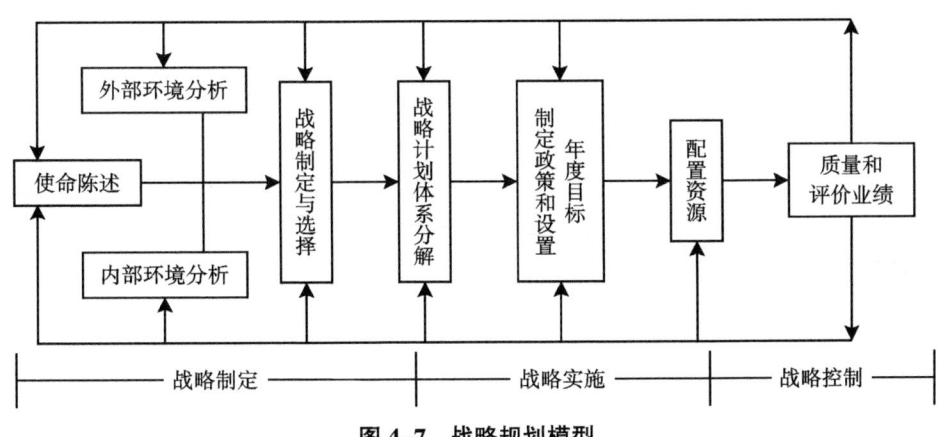

图 4-7 战略规划模型

[①] Arrow R. R.剑桥战略企划管理 [M].韩枫编译.北京：光明日报出版社，2002：208.

当社会组织决定战略选择之后，有一个从战略思想转变为战略行动的过程。这一转变过程的基本条件是社会组织管理者和全体职员理解组织的业务，感到自己是组织的一部分。通过参与战略制定，管理者和全体职员在充分理解组织战略基础上，承担起各自的责任去帮助组织取得成功。如果没有理解，战略实施的努力和运作将面临许多问题。

对于战略实施来说，最重要的包括制定政策、设置年度目标、配置资源等活动。

1. 制定政策

组织战略方向的改变不是自动发生的。实施组织战略，需要有具体政策来指导日常工作。政策指具体的准则、方法、程序、规则、形式，以支持和鼓励为实现既定目标的活动。政策是战略实施的工具，政策为奖励和惩罚员工行为的各种管理活动设立了约束与极限。政策还明确了在追求组织目标时可以做什么不可以做什么。

制定政策的作用在于以下几点。

（1）政策使职员和管理者充分理解组织期望他们做什么，进而提高了战略成功实施的可能性。

（2）政策为管理控制活动提供了基础，并可协调各小组之间的关系，还可减少管理者用于决策的时间。

（3）政策明确谁应该做什么工作，促进分工，从而能够提高效率。

（4）政策将决策权适当地委派给各个有着不同责任的层级。

有些政策可以用于整个组织（例如，"我们为职员提供实现志愿服务愿望的环境"），有些政策只能用于某些或某个部门（例如，"本部门职员每年至少要参加一次培训和提高班的学习"）。无论其范围和形式如何，政策都是一种实施战略和实现目标的工具。政策在可能的条件下都应当以书面的形式予以陈述，它是实施战略决策的手段。

2. 设置年度目标

设置年度目标就是将社会组织的各项活动进行分配，直接让组织的所有管理者都参与此项工作，是一项分散化活动。

社会组织的年度目标对于它的战略实施非常重要，原因在于以下几个。

（1）它是合理有效分配资源的基础。

（2）它是评估管理者的主要尺度。

（3）它是控制运作过程，使其朝着长远目标前进的工具。

（4）它突出了组织及各部门的工作重点。

组织应该投入相当多的时间和努力，以保证年度目标的恰当合理，支持组织的战略实施。

年度目标应具备的特征包括：可度量、协调一致、合理、有挑战性、明确、有适当的时间要求、辅以相应的奖惩规定。年度目标应当在整个组织中得到传播。在年度目标制定过程中，应避免目标制定得过于笼统，不具有实际操作性。年度目标应与职员和管理者的价值观相符，并有明确的政策支持。为了使职员和管理者明确实现目标对于成功实施战略的重要性，将奖励和惩罚同目标实现情况挂钩非常重要。明确的年度目标并不能保证战略的成功实施，但它确实增加了实现个人及组织目标的可能性。然而，过分强调目标会导致不良的行为，如编造数字等。管理者应该关注这些潜在问题。

3. 配置资源

所有社会组织至少拥有四种可以实现预期目标的资源：财力资源、设施资源、人力资源及技术资源。

财力资源。财力资源在社会组织发展过程中是非常重要的。通常应制定出筹资工作条例和内部财务管理规定，作为增加收入和减少支出的基本条件。社会组织的资金管理不仅是简单的资金流动和保管，更重要的是扩大资金来源和规模，同时提高资金的附加值。

设施资源。设施资源的充分利用，实际上是扩大设施资源的利用率和效率。社会组织可以通过合理的安排，充分利用设施资源。例如：有的社会组织办公室有富余，可以出租给其他社会组织或营利组织使用，这样一方面可增加收入，另一方面又能提高资源的使用效率。

人力资源。人力资源是四种资源中的重中之重，人力资源管理者的战略责任包括：为战略的有效实施制订人员计划；检查组织战略和人力资源之间是否匹配；制定行动方案以及不断改进相关制度；使人力资源开发与组织战略实施计划相一致。

技术资源。社会组织的技术资源通常包括三方面的内容：第一，信息技术资源，例如项目管理库、人力资源专家库、捐助机构和个人资料库等。第二，运营技术资源，例如筹资技术和方略、管理技术和策略、与营利组织和政府协调技术等。第三，组织日常工作的常规技术资源，例如计算机技术、内部无纸化管理技术等。

（二）社会组织战略的控制

社会组织战略管理系统经历了战略制定和实施阶段，战略设计者已经为组织选择了实现组织使命和目标的最佳战略。在这一过程中尽管职员和管理者作出了很大的努力，但是不一定能保证战略管理的成功。原因有以下三个方面。

第一，社会组织的内、外部环境在战略制定和实施过程中发生了重大的变化，原来的使命、战略和目标在新环境下失去了意义。

第二，组织战略的实施过程是非常复杂和长期的过程，其中任何一个方面或部门的工作没有达到预期的目标或没有按时完成，都将导致整个战略规划实施的滞后或失败。

第三，对于上述两个方面变化和误差不采取及时的纠正或应急措施，同样不能保证战略管理的成功。

因此，这就需要对组织的战略进行评价和控制，如图4-8所示。

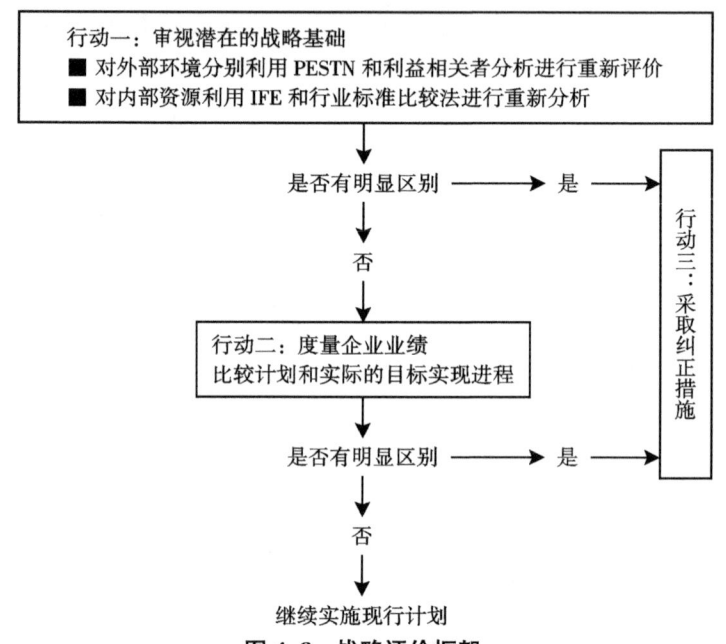

图4-8 战略评价框架

资料来源：Arrow R. R.剑桥商务管理百科全书 [M].韩枫编译.北京：光明日报出版社，2002：274.

（1）检查战略基础。建立内部、外部因素评价方案，检查组织战略的潜在基础。应该审核外部因素和内部因素变化的情况。分析内部因素变化组合方案将集中体现在对组织管理、市场份额、组织运行、开发研究以及计算机信息系统等方面的优势与劣势分析。分析外部因素组合方案包括对利益相关者、竞争者、经济环境、政治法律环境等方面的机会和威胁的分析。

有许多外部和内部因素会阻碍组织实现长期的和年度的目标。从外部看，阻碍组织实现目标的因素有利益相关者的期望、竞争者的行动、经济状况变化、法律变动、技术变动等。从内部看，有可能采取了无效的战略或战略实施活动不力，原来设置的目标也可能过于乐观。因此，组织目标不能实现不一定是管理者或职员的工作不善造成的。应使所有组织成员明白这一点以鼓励他们支持战略评价控制活动。当组织战略失效时,组织的领导者需要尽快了解这一情况。

(2)度量组织绩效。度量组织绩效包括将预期结果与实际结果进行比较,研究实际进度对计划的偏离,评价个人绩效以及在实现既定目标过程中已取得的进展。在这一过程中通常采用长期目标和年度目标。战略评价的标准应当是可度量的和易于调整的。

实现长期或年度目标的工作未能取得理想进展说明需要采取纠正措施。许多因素,诸如不合理的政策,意料之外的经济环境变化,不可靠的供应商或无效的战略均可阻碍组织目标的实现。问题既可能是源于缺乏效能(没有做好该做的事),也可能源于缺乏效率(没有做该做的事)。

确定何种目标在战略评价中最为重要是困难的。战略评价基于定量的和定性的两种标准。战略评价标准的选择取决于特定组织的规模、行业、战略和使命。

(3)采取纠正措施。作为战略评价的最后一项行动,采取纠正措施是为了组织未来通过变革使组织重新进行更有竞争力的定位。变革包括:调整组织结构,对某一个或某一些人员进行调换,修改组织任务陈述,建立或修改目标,制定新政策等。采取纠正措施不一定意味着放弃先行战略或必须制定新战略。采取纠正性行动是保证组织按既定目标前进的必要措施。战略评价可以提高组织适应环境变化的能力。

纠正性措施应当能够使组织更好地发挥内部优势,更好地利用外部机会,更好地回避、减少或缓和外部威胁以及更好地弥补内部劣势。应该为纠正措施制定明确的实施时间表和适当的风险允许度。这些措施应当既同组织的经营目标保持一致又要向社会负责。

(三)战略规划的注意事项

(1)明确界定组织使命是社会组织董事会最重要的职责。使命明确后,战略规划是使命制定过程的自然的、逻辑的延伸。战略规划必须是董事会站在战略的高度以使命为导向的超前谋划。董事会在战略准备、分析、规划及实施过程中要发挥重要作用,尤其是在主动性的分析、提议、解释和批准上。每个董事在此过程中也应有施展才华的机会:提供信息、咨询、质疑和批准,成为这一创造性过程的一部分,并因而使得整个董事会最终对组织的战略内容达成共识。假若社会组织董事会和组织高层未能意识到战略规划的重要性,他们也就无法站在战略的高度思考组织问题并有效经营整个机构。缺乏董事会和高层的推动、支持和投入,组织战略规划的尝试注定不能摆脱流产的命运。

（2）战略规划始于清晰的使命陈述。社会组织领导的第一要务是思考并定义组织的使命。如同一位船长，有两件事必须明确：一是船要开到哪里去，二是必须知道怎样做才能到达目的地。对于社会组织的领导而言，无论他（她）处于何种内外环境，界定组织愿景和使命是第一大事，规划就是第二大事。战略规划要在一个较长时期一以贯之地有效执行，依靠的是为所有成员和利益相关者所一致认同和珍视的使命。借助于它，董事会的每个成员能最终理解组织所处的内外环境，能全面了解各利益相关者对组织的期望和要求，并就董事会为组织规划的前景达成共识。

（3）不存在战略规划的最佳时机。是否存在战略规划的最佳时机？答案是否定的。当组织深陷财务、人事或高层管理等危机时，应优先化解危机。或许组织最需要战略规划的时候，的确是一个良好的时机。如高层管理换届、组织项目和服务转型、社区重大事件发生，其他社会组织决定提供与本组织项目相同或相似的服务等。董事会换届或新任执行长走马上任时，战略规划有助于延聘锐意改革的新成员。但需要注意的是转型期意味着不确定性增加，这种不确定性可能对战略规划造成阻力，也可能为组织成功做好准备。德鲁克指出，社会组织通常不缺乏好的创意，最缺的是将这些创意转化为实际成果的意愿和能力，也就是创新战略。一个成功的社会组织能及时发现机会，具有创新性的组织能系统地在组织内部和外部寻求创新机会。因此，对于社会组织而言，当取得阶段性成果时就要进行重新定位和调整，实施战略规划。

（4）战略规划一般以3~5年为周期。战略规划关注的是3~5年组织的奋斗目标，它独特且有清楚的范围，但有别于年度计划。年度行动计划是根据组织年度预算必须执行的具体行动计划。战略规划制定后需要行动计划并配备人力资源、物力资源和财力资源以执行和落实战略规划。如果制定10年战略规划，则10年的周期过长。因为，站在战略的高度思考组织未来10年的目标意义深远，但要把握组织内外环境未来10年的变化却不切实际。比尔·盖茨说过："我们总是过高估计未来1年的变化，过低估计未来10年的变化。"现实的选择是制定3~5年若干个需要组织全力以赴达到的具体的优先目标。

（5）战略规划是一个持续的动态过程。战略规划的制定需要3~9个月时间。具体经历多长时间取决于组织的规模、业务范围、组织的复杂性、时间的充裕性程度及以往战略规划的经验、核心人物的奉献、信息及投入战略规划的组织资源等。每隔1~2年应对战略规划的实施进行定期评估以确保战略规划仍然有效，如果实施战略规划的内外部条件发生了改变，则战略规划也应作出相应调整，以在新的基础上实现内外环境的匹配。由于战略规划的周期通常为5年的循环,建议前2~4年在年度预算之时,对战略规划做回顾与必要的调整,然后到第5年,开始新一轮战略规划程序,于是到战略规划执行结束时,新的5年规划又将出炉。

(6)目标必须清晰界定。清晰界定战略目标有助于将组织的目标分解为各内部单位的具体目标和员工的目标,能够使组织成员清楚地知道他们的任务和责任是达成自己已经同意的目标,从而激发他们实现目标的主观创造性和工作热情,进而他们就如何实现共享目标而有效沟通并充分发挥潜力。同时清晰的目标有助于增进组织与公众的沟通与理解,因为它是判断组织是否实现目标的显而易见的评价标准。公众因易于识别组织是否兑现承诺而信任感油然而生。清晰界定的目标应同时具有可测量性、可接受性和挑战性。目标的可测量性,首先意味着目标的可量化,定量的目标便于届时考核,目标的表达使所有相关方都有一致的理解。例如"提高募款能力"是一个模糊不清的目标,而"年度筹款收入达到8000万元"则是可测量的目标。对于社会组织而言,许多目标不能用定量的目标来表示,目标的可测量性便意味着可评估性,可判断性。例如"提高服务效能"的目标抽象,但"建立项目评估制度"却是可以评价和判断的。又如精神康复中心诊治妄想症的目标是帮助妄想症患者认识其病情。不过,总体原则是:只要有可能,就规定明确的可考核的目标。

(7)组建战略规划委员会。组织通常需要设立一个战略规划委员会或者专门的工作小组以确保战略规划工作的顺利开展。战略规划不仅需要组织员工的支持,还需要广泛和复杂的利益相关者的支持。由于有牵涉的范围过于广泛,这就要求组织必须要设立一个专人负责的团队来领导和协调所有阶段的工作。战略规划委员会也可以延聘顾问来协助工作。

(8)战略规划是行为的向导。有效的战略规划可引领组织朝正确的发展方向前进。规划引导员工和志愿者为实现目标而努力工作,将规划转化为具体的行动建议,将行动计划转化为具体的实际行动,将努力工作转化为有效的成果和成就。每个规划需要为实施过程中的必要调整提供空间。当组织内外部环境发生变化时,组织在规划实施过程中将面临新的战略选择。组织必须对内部与外部环境及发展趋势作出必要和及时的调整。

(9)战略控制至关重要。在战略实施过程中,评估控制工作对于规划成功与否是至关重要的。一个成熟的规划应包括评估每一阶段进度和用于指示每个目标顺利实现的标准。监测进展和结果报告的程序也应该是规划中的一部分。这些过程可以提供预警,从而允许参与者寻找方法解决障碍。

第五章 社会组织项目管理

第一节 项目管理的意涵与原则

一、项目管理的意涵

社会组织主要以项目为导向,每个社会组织的宗旨与服务的实现都是以项目的形式来进行的,每个项目都有其具体的目标和针对群体。可以说项目运作是社会组织运营的核心。所谓项目,就是在一定时期内为生产某一特定产品和服务所开展的活动和过程。社会组织需要强化项目管理,提升组织效能。

社会组织的活动包括日常性活动和项目性活动两个方面。一般而言,社会组织的项目活动主要集中在以下几个领域:教育、卫生保健、艺术表演、环境保护、生态和资源保护、救助贫困和促进发展中国家的经济社会发展、对弱势群体的权益保护、城乡社区服务、经济中介服务等。可见社会组织的项目以服务类项目为主,有各种不同的分类方法。按照项目资源来源的国别,可以分为国内项目和国际项目等,按照不同的领域划分,可分为扶贫项目、医疗卫生项目、环保项目和教育培训项目等。

项目管理,就是通过项目经理人和项目团队的努力,运用系统理论和方法对项目及其资源进行计划、协调、控制,旨在实现项目特定目标的管理方法体系,它能够处理跨领域的复杂问题。项目参数包括:项目的范围、质量、成本、时间和资源。换言之,项目管理,就是项目的管理者对项目涉及的全部工作进行有效的管理,也即从项目的决策到项目的启动再到项目的结束的全过程进行计划、组织、指挥、协调、控制和评价,以实现项目的目标。①

项目管理从第二次世界大战时期开始发展。战争期间，美国在研制原子弹的"曼哈顿"计划中首先采用项目管理，20世纪80年代以前，项目管理只局限于航空航天、国际建筑等特定行业，未能作为一种管理技术加以推广，学术界称之为传统项目管理。20世纪90年代以后，知识经济的到来和高新技术产业的突飞猛进，使得项目管理在世界范围内得以广泛应用，从根本上改变了中层管理者的工作效率。目前，在北美和西欧等发达地区，项目管理已经成为最主要的管理手段。我国从20世纪80年代初开始引进项目管理，主要用于建筑领域。1982年，在我国利用世界银行贷款建设的鲁布格水电站引水导流工程中，日本建筑企业成功地运用了项目管理技术。20世纪80年代中期，二滩水电站、三峡水电站、小浪底工程都采用了项目管理，取得了巨大成功。1991年，建设部提出在全行业内全面推广项目管理技术，收到了良好的效果。

项目管理不仅广泛应用于企业管理和工程建设中，也应用于社会组织之中，并且在社会组织中，其主要活动都为项目性活动。虽然社会组织开展的项目不以盈利为目的，但是这并不能说明项目管理不用考虑效率这一因素，因为项目不是一个独立或单一的任务，是由指向使命目标的一系列任务构成。在项目运作中，需要控制成本、优化资源、提高效率、完成一系列相互关联的系统性的工作任务，完成这些任务的目的是最终实现组织使命。

二、项目管理的内容与原则

美国项目管理学会制定的"项目管理知识体系"（PMBOK），把项目管理划分为九大知识领域，内容涵盖范围管理、时间管理、成本管理、人力资源管理、风险管理、质量管理、采购管理、沟通管理以及整体管理，如图5-1所示。

（1）项目范围管理。描述为了顺利完成项目，确定项目工作范围的管理过程，以确保项目包含且只包含所需要完成的工作。它包括启动、范围计划制订、范围定义、范围确认和范围变更控制五个过程。

（2）项目时间管理。描述确保按要求及时完成项目的管理过程。它包括活动定义、活动排序、活动历时估算、进度计划开发和进度控制五个过程。

---

① 清华大学王名认为项目管理是社会组织为实现其宗旨，通过项目申请的形式获取资金、人力等社会资源，优化配置所获得的资源，有效地组织、计划、控制项目的运行过程。本书所指的项目既指通过申请的方式获取的项目，也指组织根据组织的资源自主开发、设计而运行的项目。

（3）项目成本管理。描述确保项目在批准的预算范围内完成的管理过程。它包括资源规划、成本估算、成本预算和成本控制四个过程。

（4）项目人力资源管理。描述最有效的利用参与项目的人员的管理工作过程。它包括组织规划、人员招募和团队开发三个过程。

（5）项目风险管理。描述有关确认、分析和应对项目风险的管理过程。它包括风险管理计划制订、风险确认、风险定性分析、风险定量分析、风险应对计划制订和风险监控六个过程。

（6）项目质量管理。描述确保满足需求的方式完成项目的管理过程。它包

图 5-1　项目管理内容框架

资料来源：刘芳玉，杨丹泽．亚洲开发银行贷款项目采购手册 [M]．北京：中国金融出版社，1991．

括质量规划、质量保证和质量控制三个过程。

（7）项目采购管理。描述有关从执行组织之外获取物品或服务的管理过程。它包括采购计划制订、询价计划制订、询价、外购选择、合同管理和合同结束六个过程。

（8）项目沟通管理。描述确保及时、正确地产生、收集、分发、保存和利用项目信息的管理过程。它包括沟通计划制订、信息发布、绩效报告和管理结束四个过程。

（9）项目整体管理。描述如何确保项目不同的部分实现最佳协同的管理过程。它包括项目计划开发、项目执行和综合管理三个过程。

第二节 项目的设计与执行

一、项目的生命周期

项目是起源于人们大脑中的一种构思，采取概念化的形式，在有足够的资源和能力的条件下，使组织的决策者选择其作为一个项目，把它作为执行战略要素的一种方法。因而，项目从开始到结束必然经历若干阶段，这些阶段就构成了项目的生命周期。一般项目的生命周期遵循规律如图5-2所示。

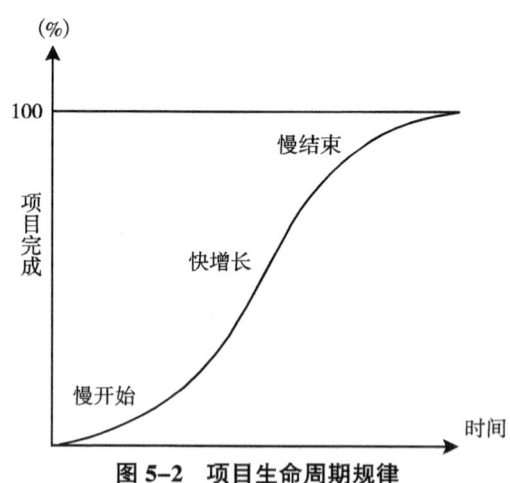

图 5-2　项目生命周期规律

资料来源：戴维·I.克利兰.项目管理——战略设计与实施，杨爱华等译［M］.北京：机械工业出版社，2002.

项目生命周期的划分对项目管理十分重要，主要体现在以下几个方面。

第一，便于项目团队的交流沟通，使团队成员对项目有更深更细的了解。在一个项目中，项目团队各成员间的沟通是否顺畅将决定项目团队能否发挥最高的生产力水平，同时决定项目管理机构能否切实地把握项目的进展和质量状况，从而有效地控制项目，使其能够按期、按预算、保质量完成的重要保障。整个项目团队对于项目每个阶段的任务，应完成的服务，以及完成情况，应该通过相应的指标考核体系，不断考察，并予以及时地校正与调整。同时每个成员的实际工作进展状况应当能够被及时、准确地收集并方便地汇总到项目管理部门，为项目管理人员控制项目的发展方向提供决策的依据。这将有效推动项目团队成员通力合作，形成合力，使整个项目有条不紊地运行，从而避免与目标产生太大偏差。

第二，明确项目管理的阶段性内容，提高管理效率。从本质上讲，一个项目就是一系列的活动。而项目管理，也可以被看作是在一定资源以及其他限制下，对这些活动的有效管理，最终目的是实现组织的使命。合理的项目生命周期的划分，使得项目管理过程中的诸多活动能够有序地展开和进行，从而避免了因活动的杂乱无章而造成的管理低效率。

项目管理是一个面向动态的过程，需要对项目的全过程进行管理。在实际的项目管理中，具体项目管理者，首先必须明确项目的生命周期划分，因为这样有利于其识别与分析项目各个阶段中的具体管理活动，以及针对不同的管理内容，应采取的管理方法。同时，项目管理是一个连续的过程，管理者必须学会处理项目不同阶段所遇到的各种问题和机遇，而种种问题和机遇的不断变化，体现的正是一种生命周期的模式。项目管理者在合理定义与划分项目周期之后，便可以根据项目生命周期共同的一般规律与特点，针对某一具体阶段制定相应的战略与策略，从而有成效地执行各项管理职能，提高管理效能。也只有项目每个阶段，每一环节的过程管理到位，才能确保整个项目管理的顺利进行，并最终保证目标的实现。这也是项目划分生命周期的根本目的所在。

第三，有利于项目管理的资源分配，降低风险、吸引资金。无论何种管理都不可回避的一个问题就是资源配置问题。在当前资源紧缺的情势下，如何合理利用有限的资源已成为管理中的一个突出问题。在项目管理过程中有许多需要平衡的矛盾。例如，资金投入、时间投入、人力投入的平衡。项目管理的基本任务之一，就是需要合理分配与平衡这些资源。所谓"好钢用在刀刃上"，只有这样，才能在这样一个资源紧缺的时代，不断造就神话。项目生命周期本身的特点告诉我们：在项目进行过程中，人员和费用等资源的投入量在初始阶段缓慢,而实施阶段达到高潮,尾声阶段快速下降,如图5-3所示。据此,我们在项目管理过程中,就应该在项目进行的不同阶段合理分配资源,将稀缺或者关键资源用于项目进行中的关键阶段和过程中。这有利于确保各类资源能够及时到位,同时减少浪费的发生,最重要的是避免因资源利用的不合理而影响整个项目进度。此外,项目阶段的划分,也有利于减少风险。项目生命周期的特点之一就是项目初期的不定性因素较多,风险也相应的很大,然后随着项目的进行,不确定性与风险性随之减少,成功率随之迅速提高。了解与把握各个阶段的风险性,对于项目管理者制定项目管理战略,并采取相应的行动以降低项目风险至关重要。

二、社会组织项目的设计与实施

根据项目生命周期可以分为若干个阶段,每个阶段都可以分为启动、计划、执行、控制和收尾五个基本管理过程。这些过程按一定顺序发生,彼此交叠。一般情况下,执行过程消耗的资源较多,持续时间较长,启动和收尾过程时间较短,消耗资源较少,如图5-3所示。为简单起见,整个过程可以浓缩为项目的设计与实施。

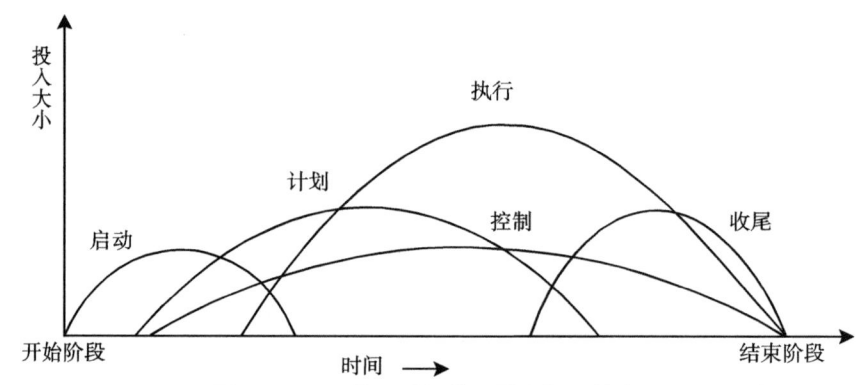

图5-3 项目管理过程的交叠和投入的大小

资源来源:项目管理组织[EB/OL].http://www.emtech.com.en/.

(一)社会组织项目设计与立项

在社会组织项目的设计和启动过程中,需要充分考量项目的积极因素和消极因素、项目定义、项目目标、项目范围、可交付成果、所需资源、成本初步估算、时间进度、资金筹集等。不同于职能式的组织结构,在项目组织结构中,项目组作为相对独立的单元,项目组的所有成员对项目组负责人负责,这种结构易于操作,能够更好控制质量、进度和成本。进行项目管理,要根据项目任务的分解,建立项目组织型结构,确定项目负责人。

1. 项目设计的注意事项

第一,在考察一个项目时要关注两个问题:一个是项目的价值取向,另一个是项目的示范作用。项目本身就含有价值取向,所以项目设计和实施也含有了一定程度的价值取向,如强调公平的机会和平等参与原则,认为公众不论贫富状况和性别差异,都享有社会发展的权利,并且享有公平的机会和平等的权利。主张通过项目达成社会发展的宗旨,提高目标群体的自助行为和自力更生的能力,赋权受助方。项目的示范作用,项目发展单位希望通过项目的成功实施对周边地区产生良好的示范作用,一方面受助人生活的改善和改变能带来受助人家庭、社区的改变,进而提升社会福祉,另一方面援助方和项目实施单位的知名度和项目效果的外延也由此而进一步扩大。

第二,社会组织的项目小,一般在100万元以下,以单个项目在50万元以下居多。现在,社会组织在我国飞速发展,规模不等,有些项目的资金极少,规模极小,这些项目麻雀虽小,五脏俱全。项目设计所包含的发展观念,项目中各项成分搭配都有其深刻的内涵。这些小型项目带给社会的效益和启示并不亚于许多大型项目,这一点正是社会组织项目最具特色的一个方面。

第三,社会组织利益相关者多元且需求复杂。与营利企业比较,社会组织面临更多元的利益相关者,各利益相关者对组织及其项目的期望并不总是一致,有可能相互冲突。要保证项目的成功,需要良好的利益相关者管理,协调和保持组织与各利益相关者的良好关系。

2. 项目立项的原则

第一,项目须与使命相符合。组织项目设计必须慎重考虑项目与使命的相关性,并保证使命的权威性。组织的项目和活动是实现组织使命的桥梁,必须最终有助于组织使命的达成。与组织使命不符的项目必然伤害组织的公益形象,造成公益资源的浪费,因此社会组织需要抵制住资金、机遇等的"诱惑",舍弃与使命无关之项目。

第二,项目须同时反映外部机会与内在能力。结合项目实际情况设计项目,并充分利用本组织、外来因素、当地以及社会上的各种资源,包括物质和人力资源,只有根据项目本身,项目单位和目标群体的实际情况和特点,才能设计出成功的项目,更好地解决所存在的问题。在做项目立项工作时,最好不要参考其他项目文件,如果参考其他项目文件,一方面会误导项目人员的设计思路,很容易导致脱离实际情况,另一方面也会无形之中限制设计人员的主观能动性和创造能力。因此这种行为不可取,正确的做法应该是根据项目本身,因地制宜,量体裁衣,制定出有自身特点的项目设计。

第三，效益原则，即投入小产出大，少花钱多办事原则。非营利项目大都面向基层目标群体，要展开的活动和收益面很多，但是项目的投入额却很小，因此，要求项目管理人员坚持效益原则。

第四，参与原则，即目标群体应直接参与项目的设计和实施过程，社会组织最具特色的一种工作方式就是参与式项目管理。参与式项目管理的优点是项目能够真实地反映要解决问题的实际情况和需求，通过积极主动地参与项目的实施，锻炼了受益人的相关能力，有利于完成项目的最终目标：自力更生、自我发展的实现。通过项目和服务的运行，不仅使受益人得到发展，还应使项目的所有参与者包括志愿者都能得到成长和锻炼的机会。

在充分考虑以上四大原则之后，最终确定项目之前，应当将被选项目按照实际要求排出优先顺序，选择需要优先实施的项目。另外在进行项目立项工作时不能只看到表面现象，制定简单的项目措施，对症下药也是一项很重要的工作，对项目周围环境做分析，对其目前存在的困难和问题进行全面了解，制定出项目措施，有效实现项目目标。

（二）社会组织项目的执行

社会组织都有不同的项目管理方法和程序，是为了加强项目资金和活动的管理，利用有限的资源最大限度地实现既定项目目标。项目管理程序、日常计划和评估工作力求要做到简单、高效且操作性强，以便于了解项目实际进展情况，及时发现问题、解决问题，确保项目顺利实施。项目执行也叫项目的实施管理工作，包括如何制订项目计划，如何将计划落到各项具体活动中，通过评估来检查项目的实施情况，使项目管理具有连续性。可以说，项目的执行过程是项目管理中最为实质的过程，也是项目得以实现的过程。

（1）制订项目计划。其步骤有两个，分别是启动项目和制订项目实施计划。

首先，项目一经批准就进入了启动的关键阶段，在实施项目之前要明确下面一系列的问题：选定此项目的目的是什么？项目预期目标是什么？项目受益者是谁？如何实施项目？由谁负责？时间多久？投入有哪些人力、财力和设备资源？影响项目成败的外部因素有哪些？通过对这些问题的了解，明确今后项目实施的工作方向。

其次，项目启动之后，要制订项目实施工作计划，这是为了根据项目目标把项目设想和战略变为具体明确的行动，以及确定各项活动的投入和有关工作的职责。项目实施工作计划一般包括：制订项目实施工作计划和制订年度工作计划。具体内容如下：根据批文和预算来制订项目实施计划，先了解项目的目标、投入、各项活动的产出，排出各项活动的优先顺序。项目进行一段时间，管理人员要检查原定的项目目标和现实目标计划展开的各项活动，依据项目实施区域的现实情况制订项目实施计划,明确开展各项工作的责任人。

在一般情况下,项目实施工作由简单的、急需的、困难较少的、短期可以完成的项目活动开始,这样做的原因是便于操作与实施。项目管理部门批准各项活动和经费使用的依据是年度工作计划。在制订年度工作计划时,要参照批文和各项活动预算。在项目年度计划中应明确年度的工作内容、方法、时间、地点、参加人员和预期效果,以及各项活动所需资金等。计划是年度各项活动和投入的依据。

(2)项目管理与控制。其基本内容有项目报告、项目监测、内部评估以及财务管理。项目一经批准就开始实施,接下来就是管理的问题,决定项目成败的关键因素是管理,其作用是有效地实施项目以达到预期效果。因此,项目实施机构的组织和管理能力非常重要,项目实施机构要编制项目报告,报告包括项目活动进展报告和财务报表。进一步的工作是要把项目文件中的目标和工作计划中的产出指标和实际产出情况进行对比,并做出定量分析,对项目进展情况做文字性概述,列出各项投入与支出情况,将项目实施过程中的问题进行分析,然后提出建议和对策。项目报告包括项目活动进展报告和财务报表。项目进展报告的主要内容是:报告各项活动进展情况;简介项目管理机构和人员;指出项目现存的主要问题;项目实施的效果和项目既定目标的实现情况;项目下一步的工作安排等。项目监测也是项目管理中很重要的一个环节,不断地对项目实施进行跟踪及时掌握项目目标的实际情况,发现问题并解决问题。监测项目的财务执行也很必要,要经常对项目进行内部评估,计划和评估是一个连续不间断的工作;计划、实施、评估是一个完整的过程,也是一个循环往复的过程,在项目管理环节中占极为重要的地位,对项目财务管理要求也是必需的,要建立独立的账户,有条件的话各确定一名出纳和会计,建立项目财务管理制度,对于项目的收入支出必须单独记账。根据项目进度情况分批拨付资金,各项活动的支出按批准预算执行,除特殊情况外,不能超支,要按时提交财务报表。项目审计的目的是通过审计明确资金是否用于实处,是否按批准预算执行。审计着重要求三个方面:第一,要建立规范的财务管理制度;第二,财务核算要规范;第三,项目款要严格按预算使用,无挪用现象。审计分为三种类型:财务报表审计、符合性审计、绩效审计。①

---

① 黄浩明.国际民间组织合作实务和管理[M].北京:对外经济贸易大学出版社,2000.

三、项目成功运行的条件

（一）营造紧扣组织使命的项目文化

文化能够改变人的思维，而人的思维将影响决策。文化为项目管理的顺利进行提供良好的氛围，激发工作士气，有利于项目目标的推进；反之项目的进展会遇到冲突和阻力。在社会组织中，项目价值观如何？推崇什么？反对什么？组织看待项目的观点如何？无不反映在丰富的项目文化中。我国相当一部分社会组织正在由计划经济条件下事业单位行政体制逐渐转变为市场经济条件下的新型管理体制，一些涉及各部门和员工个人利益的管理措施必将遇到各种问题和困难，包括对实施项目管理的不理解和消极对待的现象。这就需要决策层和管理层的支持来推动变革，加强宣传和培训，营造出有利于实施项目管理的组织文化。组织使命是一个社会组织的最高行动纲领，项目文化的形成，必须紧扣使命。营造项目文化，包括根据组织使命建立共同愿望、培养员工团队精神、形成组织高度的凝聚力与民主氛围、鼓励学习型组织和个人。

（二）建立有高效的项目管理机构

目前，我国的社会组织基本上采取的是传统的"金字塔"形的职能型组织结构，管理主要是依靠上级对下级的控制、指挥而进行的纵向式管理，跨部门的横向联系受到较大的限制。而项目管理则是基于高度整合的团队、以横向式管理为主的管理。因此，应该按照项目的性质和规模，制定有效的项目章程并对职责进行有效划分，形成一个既能履行所在部门的工作职责，又能履行项目职责的团队。该团队在项目经理的领导下，负责项目的计划、执行、控制以及与服务对象和管理层的沟通。这种矩阵式项目组织结构，避免了职能型组织结构的管理混乱、职责不清和资源利用率低的弊病，极大地提高员工的责任感和工作效率。在社会组织中，大部分矩阵式项目组织结构是秘书长面对全部的职能部门，临时指派的项目经理直接归秘书长领导，由项目经理从各个职能部门抽调人员组成项目小组。这种结构虽然具有权力集中、易集中资源的优点，但等级森严、信息不畅的缺点也很明显。现代社会组织的项目管理往往采取网络式的管理结构，秘书长下面仍然是各个职能部门，但其中新增一个项目部，项目部下面再分设项目经理，项目经理不再直接面对秘书长，项目经理和各个职能部门之间更多的是一种横向的合作关系。这种结构有利于保障项目经理的权责统一，使单个的项目管理机构更为独立，自主权更大。

(三)形成良好的人力资源管理体系

在项目组织实施的过程中,项目经理是一个至关重要的角色。优秀的项目经理源于科学的选拔和培训。其中科学的项目管理人才选拔是重要前提,合理的培养、培训是必要条件,二者缺一不可。项目经理通常在资深的员工中挑选,也可从组织外部公开招聘,要求他们在项目相关的领域内具有丰富的工作经验。项目经理需要具有良好的领导能力、人员开发能力、沟通能力、处理矛盾冲突的能力、丰富的项目运作经验,很高的个人魅力并愿意完全承担对项目的责任。在培训方面,首先应通过内部培训的方式,结合 IPMP 或 PMP 考证普及项目管理知识;然后通过负责不同类型的项目,不断积累实践经验,最后通过外派培训等方式,学习外单位,包括境外同行业组织的项目管理经验。此外,应规划好项目经理的职业生涯,如项目经理的定位与地位,如何使项目经理责权利对等,以增强项目经理的归属感,提高人力资源的稳定性。良好的绩效评价体系能够调动起组织成员为实现项目目标努力工作和提高工作成绩的积极性。评价系统应包括对项目经理、项目团队和项目组成员的考核,具体指标依项目自身特点而定。

(四)项目管理规范化

项目管理的规范化对于提高社会组织项目管理的成效有着重要意义,其原因是社会组织的领导层更换比较频繁,人员流动性大。一套简单而高效的规范化项目管理流程,有利于项目管理的可持续性。有了流程,就告诉我们做项目每一步应如何做,根据流程应该输出哪些可交付成果。为了确保输出的一致性和规范性,使项目组成员提高工作效率,还需要建立一套符合项目特点的、可操作性强的项目管理模板。此外,应该建立项目管理规范手册,明确哪些事可以做,哪些事不能做,哪些风险如何规避等。

(五)制定项目成功标准,注重项目运行效能

社会组织开展项目虽然不以盈利为目的,但这并不表示项目管理不必顾及成本、效率与效果。社会组织项目管理也需要控制成本,优化资源,提高效率。项目成功标准的制定,有助于项目卓有成效,激励项目团队士气。

第三节 项目评估

一、项目评估的意涵与项目评估的理由

(一) 项目评估的意涵

项目评估是运用社会研究方法对项目所做的研究和评价。鉴于社会组织是使命驱动型组织，组织的项目就是实现使命增进服务对象福祉的桥梁，托马斯·霍兰德（2008）认为，"项目评估"是指通过一定的方法和步骤描述社会组织所实施的项目对他们服务对象的影响。[1] 持续不断的公众对透明度和责任心的呼吁使社会组织必须进行更公开和严格的自我评估，否则，组织外部也会对组织及组织的项目展开评估。管理大师彼得·德鲁克在 *New Realities* 中指出，财务账目的盈亏不能反映社会组织项目是否成功。社会组织的使命是组织一切项目的出发点。因此，衡量社会组织项目是否成功，需要考虑项目是否满足了服务对象的需求，在项目的过程中组织自身和组织成员是否得到了成长。Theodore, H. Poister（2005）以一般工作逻辑模型为出发点，提出了社会组织项目绩效评价的指标：工作量指标、产出成果指标、生产力指标、效率指标、资源获得指标、效果指标、服务质量指标、成本—效益指标和客户满意度指标。可见，社会组织项目评估是对社会组织实施的项目的效益、效果以及对服务对象所产生的短期和长期的影响的评价。

(二) 项目评估的理由

（1）对利益相关者负责。社会组织项目目标是为了解决社会公共问题，其资金主要来源是政府、企业、其他社会组织（基金会等）、社会公众。此外，社会组织还享受了税费减免和其他政策优惠待遇。因此，获得者有义务向利益相关者和公众问责交代资金使用、项目执行情况，项目的结果和影响等；而要向利益相关群体交代相关信息的基础就是项目评估。没有科学、公正的项目评估，问责机制将流于形式。

（2）提升社会组织的社会公信力。项目评估，可使社会组织的项目资金使用情况、项目执行情况以及项目的结果和影响等信息对外披露从而接受公众

---

[1] Palfrey C., Thomas P. Politics and Policy Evaluation [J]. Public Policy and Administration, 2007, 14 (4): 58–70.

监督，扩大社会组织的知名度和美誉度，这将有利于提升社会组织的社会公信力。

（3）有利于社会组织的能力提升。项目评估不仅有利于项目目标的实现，而且还可以帮助社会组织明确项目的优势，发现在项目运作管理过程中存在的问题，总结其中的经验教训，帮助组织作出明智决策，从而有利于社会组织的能力提升。

（4）有助于社会组织筹集资金。项目评估有助于项目的良好绩效和利益相关者的信任和满意度。因为社会组织的服务是通过项目而输送，因而社会组织的项目是组织良好声誉的源泉，具有强大的筹资效应。项目评估提供的数据为组织竞争有限的慈善资源和政府购买合同提供了有力的支撑，不仅有助于维系现有资金渠道，而且有助于开辟新的资金渠道，吸引潜在利益相关者的支持。

（5）有助于知识积累。项目评估所获取的数据有助于社会工作和项目运行的相关知识积累，必将推动社会组织和社会工作的研究，形成社会工作的理论。与此同时，诸多社会组织的项目开展往往是基于一定的社会工作理论，项目评估实质上是对社会组织理论的检验。

（6）帮助利益相关者明智决策。社会组织的项目涵盖了各种各样的旨在帮助他人的活动，在许多项目目标中蕴含了努力改善人们的生活或改变他们的态度。项目评估正是通过选择恰当标准，然后收集信息来查看这些活动是否达到标准。因而项目评估不仅有助于社会组织领导者和管理者监控组织项目绩效和运营状况，帮助其就项目取舍、项目调整等事项作出明智决策，还有助于政府政策制定者制定相关领域的公共政策，与此同时，也有助于出资方、合作伙伴、服务对象、公众就是否要支持该组织或接受该组织的服务作出明智选择。

时至今日，美国等西方发达国家社会组织发展及其项目评估已经进入成熟期。相比而言，我国社会组织项目评估方面的研究尚不深入，大部分是从宏观层面说明应该通过完善的流程和规范的制度来推进项目评估，而从微观层面将其评估进行指标量化的研究成果则较少。在邓国胜所著的《社会组织评估》一书中，论述了社会组织项目评估的框架和指标、评估的现状及问题、评估的制度建设与评估指标体系。在他所著的另一本书《公益项目评估——以"幸福工程"为案例》中，对"幸福工程"的各个试点的项目实施情况进行了评估，评估的维度主要包括项目效率的评估、项目效果的评估、项目社会影响的评估、项目持续性的评估、项目环境影响的评估。对这些案例的评估方式主要以定性描述方式为主，没有形成统一的项目绩效评估指标体系，因此，这不利于各个项目点之间的横向比较以及项目点不同历史时期的纵向比较。与评估研究的低水平相适应，中国社会组织的项目评估实践也处于起步阶段。

二、社会组织项目评估体系基本框架

社会组织的项目评估就是选取合适的指标和方法对项目的绩效与影响进行比较和分析。社会组织的公益项目评估是一个复杂的系统。从评估系统的参与者考虑，包括政府的民政主管部门、第三方评估机构、外聘专家小组、服务对象等；从评价的过程考虑，包括评价对象的选择、评价过程的管理、评价指标的确定、评价方法的选择等多个评价步骤。如何让复杂的过程变得条理清晰，首先需要建立评估的基本框架，建立评价的各个环节和主体。

如图 5-4 所示，社会组织项目评估模型框架包括评估指标体系和评估方法两个子模块。评估指标体系是对评估对象的组织要素和各影响因素的统一衡量尺度；评估方法是用什么方法完成评估工作，评估得出什么结论。其中，评估指标体系部分包括指标设计原则、指标选取、指标权重的设计三个方面，这也是评估指标体系构建的过程；评估方法主要利用模糊综合评价法进行项目评估。

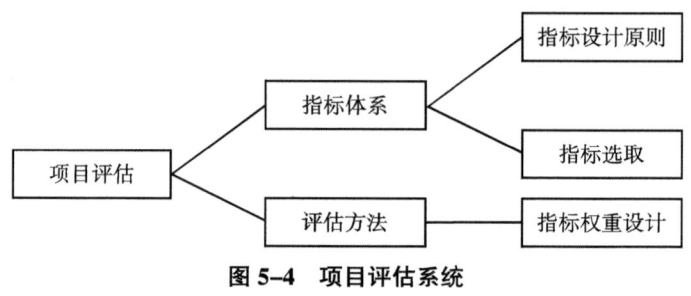

图 5-4　项目评估系统

（一）社会组织的项目评估指标体系设计原则

关于评估体系的设计，因各社会组织及项目的差异性，并不存在放之四海而皆准的指标体系。一个合理有效的评估体系必须从多个维度来加以综合衡量，仅由单一的评价指标构建的评估体系是不可能产生理想的结果的。但是，多个维度构建的评估体系可能导致评估结果降低稳定性，出现不一致甚至是相反的情形。在具体项目绩效评估的过程中判断力可能会受到影响而导致评估结果不准确，而且评估过程中存在的偏见性问题无法避免。随着项目评估的推广，社会公众普遍认可评估对项目本身的积极作用，但是对评估所存在的弊端却认识不足，如评估的公平性、评估标准、主观偏差等，如何选择评估指标一直是一个难以抉择的问题。营利组织的项目评估可以用生产总值、利润率、销售收入、市场占有率等线性方法来评估，个体指标的衡量标准容易量化区分。而社会组织项目的评估指标则更多地采用非量化指标，如社会、教育、文化、经济等诸多方面的指标，社会组织的属性决定了评估体系必须是一个有机的系统，是偏重于多种定性指标的综合体。正由于此，在选取评估指标时，偏重于定性指标评估的倾向会造成各指标之间的逻辑关系不明显，容易给后续评估工作带来一些难题。因此，在社会组织项目评估体系的构建过程中必须体现系统化的思想，在设计社会组织评价指标体系时，要考虑到各指标诸因素之间的关联性、内外因素之间的互动性、作用的相互抵消性。

项目评估指标体系的构建应遵循科学、客观、公正的原则，综合考量各利益相关者对项目的期望和目标。因此，设计项目评估指标体系应遵循以下基本原则。

1. 全面性与精简性相结合的原则

全面性原则是指所建立的评估指标体系能全面反映项目所带来的各方面的效益和变化，以及对服务对象和社会发展的影响进行评估。在确定指标时，应当确保定量因素与定性因素并重，不仅要考虑评估对象的层次性，还应考虑评估内容的多样性，一方面要反映产出结果的直接效益，另一方面更要反映产出结果的间接效益，尽可能全面地从不同维度反映被评估项目的绩效特征全貌。然而，评估指标的增多也相应增加了数据收集和整理的难度，数据采集成本过高不符合经济效益原则，故在考虑指标全面性的同时不能忽略指标体系的精简性。在选择评估指标时，尽可能删减掉重复的指标，力求精简，对于评价意义比较相近的指标我们要选择一个主要的指标来进行评价，同时我们在设计指标时要考虑到指标收集的成本和难易程度，用尽可能容易的方法和尽可能低的成本来收集尽可能多的指标信息。

2. 目的性与系统性相结合的原则

任何评估指标体系的设计都是为一定的目的和需求服务的。在确定每一个单项指标时需要考虑该项指标在整个指标体系中的地位和作用，明确该指标的评估主体和评估对象之间的联系和属性。充分考虑整体评估与局部评估相结合，以构建完整、科学的系统为出发点来设置评估体系和选取个体指标，注重理顺个体指标在整体评估体系中的逻辑关系，合理设置指标权重，以实现评估体系整体均衡、重点突出的最优化结果。

3. 可操作性与灵活性相结合的原则

可操作性要求评估指标体系的设计应充分考虑到各种客观条件的局限，评估指标的创建应注重实用性和可操作性。可操作原则的内涵包括所有评估指标均可量化，能够提供详细的评估数据；评估指标是可以被实实在在测量和观察的，并且可再现；评估指标可以按照周期进行复查，验证特定期限内的改善情况；评估指标应当具备较好的结构效度。灵活性原则是指我们在设计指标时要充分考虑到不同组织及项目的现实情况，根据所处的环境和面临的问题进行具体的分析和调整。

4. 定性与定量相结合的原则

定性指标分析与定量指标分析能够相结合，是由定性分析和定量分析的统一性和互补性决定的。两者的统一性，深刻反映了定性分析与定量分析两者之间存在不可分割的联系，这种不可分割的联系取决于它们各自反映了同一事物的不同侧面。质和量两者相互联系，互为条件，是评估指标的基本属性。两者的互补性，主要反映这两种方法的不同和区别，来源于它们各自具有的优点和缺陷，从而使两者在统一性的基础上，能够相互取长补短，发挥出最佳的评估分析作用。定性与定量相结合原则在项目评估指标体系中的应用体现为指标的选取应根据实际情况，综合定量和定性两方面来选取恰当的指标。对于定性指标我们给予其清晰的概念和明确的标准，使其能反映出问题的本质，分析方法上运用模糊数学综合法将定量与定性指标值结合起来。

5. 通用可比性原则

通用可比性指的是不同时期以及不同对象间的比较，即纵向比较和横向比较。纵向比较，即同一对象这个时期与另一个时期做对比。评估指标体系要有通用可比性，条件是指标体系和各个指标、各种参数的内涵和外延保持稳定，用以计算各指标相对值的各个参照值（标准值）不变。横向比较，即不同对象之间的比较，找出共同点，按共同点设计评估指标体系。对于各种情况，采取调整权重的方法，综合评估各对象状况再加以比较。对于性质相同的部分或个体，往往较容易取得可比较的指标。通过纵向和横向两个方面的比较，体现出不同项目间具备通用性和可比性。

（二）社会组织项目评估指标选取

综合考虑现有研究成果，运用利益相关者理论，并结合社会组织项目的特点，选取指标如下。

1. 效率评价指标的选取

与商业竞争环境中的营利企业项目不同，社会组织项目受益者并非组织资金的来源，组织的运营也不过分依赖对各方面资源的挖掘，其运营质量一方面主要取决于社会组织能否有效地利用和分配现有资源，另一方面取决于社会组织的资源获取和动员能力。当然，应该看到良好的项目运营和项目绩效能为社会组织赢得良好的声誉而具有不容忽视的筹集资源的积极效应，因此，组织项目的资源动员能力部分地表征组织项目的产出。科学的评估体系对项目的运营将起到正面引导和过程监督的作用,能帮助社会组织更有效地利用现有资源,服务受众群体。因此,运用具体的评估指标体系对项目进行管理是不可或缺的。西方学者从20世纪初期开始研究社会组织项目财务绩效评估的有效性问题,但是如何解决这一问题目前尚未达成共识,主要原因在于组织项目评价指标的多元性。相较于商业项目,社会组织的项目评估更倾向于收获更多的社会效益和机构能力的成长,因此难以单纯用一般财务指标量化衡量,缺乏普遍接受的合理标准,是社会组织项目评估遇到的最大困难。社会组织项目资金如何有效地利用使其发挥最大功效,产出最大社会效益,是项目财务绩效评估的重要内容。因此,从项目资金的来源和去向这两个方面设置选取评估指标,同时运用比率分析法来达到离散数据的统一化。具体指标包括:项目的单位成本或成本效益如何;平均每个员工的产出;为服务对象提供服务的平均成本;总收入增长率;项目支出占总支出之比;行政费用占上年度总收入之比。

2. 客户绩效指标的选取

在社会组织运营的项目中,客户即利益相关者的满意程度是组织绩效评估十分重要的衡量标准,不论是从主观方面还是从客观方面评估,"以客户为中心"的绩效评估标准都应当是优先考虑的。组织能否采取有效的方式来吸引客户,组织提供的产品或服务能否让客户满意,很大程度上决定了该项目在行业内是否具有长久的竞争优势,也决定了其在公众视野能否赢得较好的口碑和影响力,同时,维护好客户是项目可持续性发展和项目本身取得成功的关键因素。因此,客户维度的绩效评估是十分重要的。为此,本书选取了下面几个指标:所提供的服务是否达到专业标准;社会组织员工与志愿者是否值得信赖;是否尊重服务对象的隐私;服务对象是否有畅通的投诉渠道;服务对象满意度。

3. 项目过程绩效评估指标的选取

由于社会组织使命的抽象和模糊性,组织的产出大多数是无形的服务,而不是有形的可量化的物质产品,其质和量缺乏确定性和可度量性,[1]这不能不加剧了评估的困难。考虑到社会组织项目的特性,其项目评估指导思想注重过程导向和结果导向并重,因此,对项目评估是一个需要连续反馈及自我不断改进的过程,注重项目实施过程的反馈和考察。然而,过程评估中非量化指标的考察在具体操作中较难以把握,容易出现"考察失灵"导致评估结果失真的情况,直接影响到项目评估的质量,怎样解决过程绩效评估中出现的

---

[1] 彭国甫. 对政府绩效评估几个基本问题的反思[J]. 湘潭大学学报,2004(5).

这个瓶颈越来越引起学术界的关注。

从纵向的角度看，可以将过程绩效评估分为三个阶段：前期、中期、后期。过程绩效评估的每一阶段都有其各自不同的特征，在指标评估中所选择的考察重点也是不一样的。在过程前期，我们应当侧重社会组织在公益项目的前期准备情况，主要包括：收集项目资料的广度与深度、项目提供的产品和服务是否符合社会公众的要求、利益相关者是否理解和支持、项目运营及提供的公共服务和产品的程序是否符合法律及民德民俗、面对可能出现的风险是否做好了防范措施等。在过程中期，我们应考察项目是否具备反馈机制和容错空间，项目进行不同阶段的效果能否逐级传递，项目运行过程中社会组织的能力是否得到加强，实时提供的服务质量是否满足服务对象的实时需求，项目运行中是否采取实时监控措施以进行适时调整。在过程后期则关注项目提供的服务或产品的效率、效果和影响，项目利益相关者是否满意，项目产生的社会效益是否最大化，公众对该项目的认知是否得以深化加强，等等。从横向角度看，可以将过程绩效评估分为五个方面：①出资者、捐赠者、服务对象等利益相关者需求的处理过程即按照捐赠者的意愿，结合服务对象的需求，决定产出哪种产品和提供哪些服务的过程。②提供产品或服务的过程。即在充分了解利益相关者需求的基础上，结合组织自身能力和组织使命，明确组织提供什么性质的产品和服务的过程。③筹集基金，接受政府、企业、基金会及公众捐赠的过程，这个过程重点考察筹资的过程是否公开、规范、透明，受赠经费如何使用及项目运营支出占比的幅度变化等。④项目参与各方的运作是否协调、参与人员的相互配合是否默契。我们可以通过调查项目实施的协作程度、参与人员的合作程度、提供服务的能力、应急情况的应变能力等多方面来考察组织内部运作管理是否科学、规范。⑤项目参与人员综合素质和能力是否得到了提升，以及对参与项目的满意度。包括参与人员的数量变化、参与人员满意程度的变化和团结程度变化的情况等。

项目过程绩效评估的难度和复杂程度都很高，过程评估中具有不确定性的因素容易导致评估结果失真，影响到结果的公信力。评估方法的选择、评估标准的判断、评估程序的科学性、信息获取来源的真实性及获取范围的覆盖程度以及调查对象的选择等因素都有可能使最后的评估结果偏离客观现实。针对这些情况，基于简单方便的原则，我们选取的指标包括：项目资金使用的规范性和透明度；项目流程的顺畅与简化；项目目标的实现程度；组织各部门的协同程度；参与项目的员工满意度；志愿者的增长率。

4. 项目的社会影响评价指标的选取

社会组织的项目以使命的达成为依归，项目对组织使命的贡献度最终体现在项目实施的结果和影响上。研究发现，大多数组织内部评估和组织外部评估都是为了测量组织项目的结果和影响。从项目的直接产出来看，包括服务对象知识的增长、贫困女孩入学率提高、新增道路的里程、新增就业人数、研究的高产出、社区健康水平提升等一切与组织使命相关的成就。项目结果所产生的社会影响包括对服务对象及社会（社区）的社会和经济生活产生的长远影响。以服务对象为贫困妇女为例，其知识和能力的增强，不仅有益于个人的职业生涯和生活品质的提升，还有益于家庭、子女的生活际遇乃至社区发展。诚然，社会组织项目涵盖面宽，因而其社会影响也涉及社会、经济、文化生活的方方面面，包括项目对教育、医疗卫生的影响，对就业问题的影响，对公平公正问题的影响，对性别与发展问题的影响，对民族关系的影响，对生态环境问题的影响，等等。①

社会组织项目所提供的服务多是无形的、非物质的或难以界定的，并随时间的变化处在不断更新变化的状态。有些项目的结果或社会影响需要经过很长时间才可能慢慢显现出来，因此，在这种情况下，可能需要等若干年后再测量结果。社会影响评估的难度大，因为其影响往往还包括许多非项目的影响因素。针对这种特殊的服务，学界和业界大多将对项目的社会影响的评估操作变为对项目服务品质、项目声望、项目的成长性与可持续性的测量。综合学界和业界的做法，主要选取以下指标，如表5-1所示。

表5-1 社会组织项目评估指标

指标	评价标准	说明
项目回应性	社会需求广泛性	项目契合社会需求，在当地有一定比例的人群遇到相同的问题
	社会需求的迫切性	项目介入的社会问题具有明显的紧迫性，但尚未得到有效解决
项目声望	项目与组织的使命相一致性	
	项目与组织资源和能力的匹配性	
	利益相关者对项目的认同度和美誉度	
项目的成长性	项目覆盖范围扩大、服务人数增加、服务的品质和可达性、项目的筹资效应、组织及员工专业知识积累和能力提升	
可持续性	项目具备可长期执行，具备可复制性和推广性	

社会组织项目成就离不开组织内部人员的学习与成长，项目运营过程中对组织参与人综合素质的提高发挥着积极的促进作用。研究表明利益相关者的满意度与提供服务的质量和提供服务人员的素质有很大的关系，因此，要想

---

① 邓国胜.公益项目评价——以"幸福工程"为案例[M].北京：社会科学文献出版社，2003.

圆满实现项目目标，就必须通过不断提升项目参与人的综合素质来促进组织自身能力建设的提升。高质量的项目实施需要社会组织培养出高综合素质的员工，为员工提供一个不断变化和进步的工作氛围，以此激发员工的学习和工作的积极性，推动组织专业知识积累和核心竞争力的形成。这是控制项目运营成本、提高服务质量、实现组织使命、扩大社会影响的重要驱动因素。因此，组织成长维度的评价指标包括：外部资源整合能力；可操作化为组织与政府、营利企业及其他社会组织的合作能力；员工教育培训机会；员工满意度；员工目标与组织目标的协调性。

根据以上分析，我们从项目效率、客户绩效、过程绩效、社会影响与组织成长等五个维度建立政府对社会组织项目评价指标体系，如表5-2所示。

表5-2 社会组织项目评价指标体系

	二级指标	三级指标
项目评估指标体系	项目效率 B_1	项目的单位成本 C_1
		平均每个员工的产出 C_2
		为服务对象提供服务的平均成本 C_3
		总收入增长率 C_4
		项目支出占总支出之比 C_4
		行政费用占上年度总收入之比 C_5
	客户绩效 B_2	所提供的服务是否达到专业标准 C_6
		社会组织员工与志愿者是否值得信赖 C_7
		是否尊重服务对象的隐私 C_8
		服务对象是否有畅通的投诉渠道 C_9
		服务对象满意度 C_{10}
	过程绩效 B_3	项目资金使用的规范性和透明度 C_{11}
		项目流程的顺畅与简化 C_{12}
		项目目标的实现程度 C_{13}
		组织各部门的协同程度 C_{14}
		参与项目的员工满意度 C_{15}
		志愿者的增长率 C_{16}
	社会影响 B_4	社会需求广泛性 C_{17}
		社会需求的迫切性 C_{18}
		项目与使命相一致性 C_{19}
		项目与组织资源和能力的匹配性 C_{20}
		利益相关者对项目的认同度和美誉度 C_{21}
		项目的成长 C_{22}
	组织成长 B_5	项目具备可长期执行，具备可复制性和推广性 C_{23}
		外部资源整合能力 C_{24}
		员工教育培训机会 C_{25}
		员工满意度 C_{26}
		员工目标与组织目标的协调性 C_{27}

（三）社会组织的项目评估指标权重确定

1. 层次分析法

层次分析法作为一种决策方法，使决策者的经验判断量化，具有实用性、系统性和简洁性等特点，是主观赋值方法中比较成熟的一种方法。由于社会组织项目评估指标结构复杂，而且在缺乏必要数据的情况下，层次分析法更为实用，具体如下。

（1）确定各指标构造层次。如前所述，社会组织公益项目评估分为三个层次：目标层、准则层和指标层，如图5-5所示。

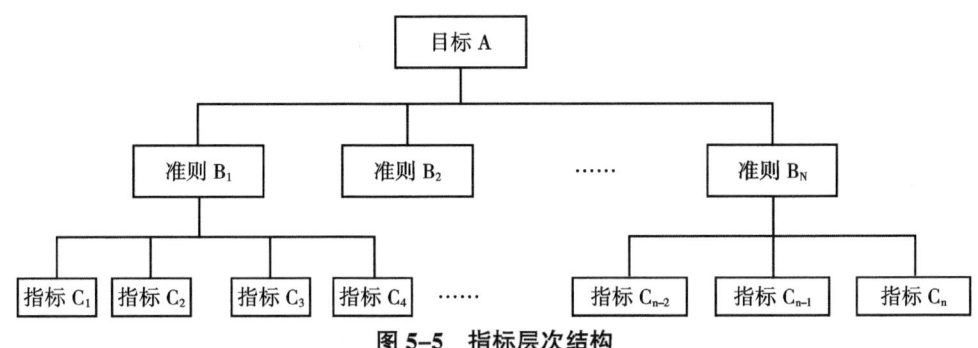

图5-5 指标层次结构

（2）构造判断矩阵。判断矩阵是指对于上一层次的某个指标而言，其下的分指标之间相对重要性比较。例如，B_i 为准则层，指标 C_1，C_2，C_3，C_4 之间的判断矩阵为 $C = (C_{ij})_{4 \times 4}$。

B_1	C_1	C_2	C_3	C_4
C_1	C_{11}	C_{12}	C_{13}	C_{14}
C_2	C_{21}	C_{22}	C_{23}	C_{24}
C_3	C_{31}	C_{32}	C_{33}	C_{34}
C_4	C_{41}	C_{42}	C_{43}	C_{44}

其中，C_{ij} 表示因素 C_i 和因素 C_j 相对于其上层准则层 B_i 的重要程度。表5-3表示 C_{ij} 的赋值定义。若两指标的重要程度介于两种描述之间，则可用2，4，6，8等偶数表示。

表5-3 判断矩阵的标注及含义

C_{ij} 的赋值	重要性等级
1	i，j 两元素同样重要
3	i 元素比 j 元素稍微重要

续表

C_{ij} 的赋值	重要性等级
5	i 元素比 j 元素明显重要
7	i 元素比 j 元素强烈重要
9	i 元素比 j 元素极端重要
1/3	i 元素比 j 元素稍微不重要
1/5	i 元素比 j 元素明显不重要
1/7	i 元素比 j 元素强烈不重要
1/9	i 元素比 j 元素极端不重要

(3) 计算指标权重。通过计算出判断矩阵的最大特征值所对应的单位特征向量，求算出各单位向量的分量，即为各评价指标的权重。步骤如下。

1) 计算判断矩阵中每一行元素的乘积：

$$M_i = \prod_{j=1}^{n} u_{ij} \tag{5.1}$$

2) 计算乘积 M_i 的 n 次方根：

$$\varpi_i = \sqrt[n]{m_i} \tag{5.2}$$

3) 将向量 $\varpi_i = (\varpi_1, \varpi_2, \cdots, \varpi_n)^T$ 做正规化处理，即：

$$w_i = \frac{\varpi_i}{\sum_{j=1}^{n} \varpi_j} \tag{5.3}$$

则 $\varpi_i = (\varpi_1, \varpi_2, \cdots, \varpi_n)^T$ 就是权向量。

4) 计算矩阵 P 的最大值 λ_{max}，计算公式：

$$\lambda_{max} = \sum_{i=1}^{n} \frac{(pw)_i}{nw_i} = \frac{1}{n} \sum_{i=1}^{n} \frac{(pw)_i}{w_i} \tag{5.4}$$

其中 $(pw)_i$ 表示 pw 的第 i 个元素，即：

$$pw = \begin{vmatrix} pw_1 \\ pw_2 \\ \vdots \\ pw_n \end{vmatrix} = \begin{vmatrix} u_{11} & u_{12} & \cdots & u_{1n} \\ u_{21} & u_{22} & \cdots & u_{2n} \\ \vdots \\ u_{n1} & u_{n2} & \cdots & u_{nn} \end{vmatrix} \tag{5.5}$$

5) 判断矩阵一致性检验。若 $n \leq \lambda_{max}$，则应满足一致性条件：

$CI = (\lambda_{max} - n)/(n - 1)$，其中 CI 为一致性指标，n 为判断矩阵的阶数。

6) 计算检验数 CR，公式如下：

$$CR = \frac{CI}{RI} \tag{5.6}$$

其中，RI 为平均随机一致性指标值，对于阶数大于 3 的判断矩阵，一般认为当 CR < 0.1 时，此判断矩阵的一致性就符合要求，否则需要对判断矩阵进行修改，如表 5-4 所示为 RI 修正值。

表 5-4　修正值 RI

标度	1	2	3	4	5
RI	0.00	0.00	0.58	0.90	1.12
标度	6	7	8	9	
RI	1.24	1.32	1.41	1.45	

通过检验，就可以确定 W 是否可以作为指标权重。

2. 其他评估方法简介

（1）项目前后对照法。这种方法比较项目实施前及项目结束后项目参与者的相关数据。在项目开始前，项目的目标就是明确的和慎重的，相关数据经由测量获取，相同的测量会在项目结束时再做一遍，测量的差异将被作为项目结果的证据。

显然，这是一个用来评估项目的相对廉价的方法，比较适合于小型组织的项目评估。它的缺陷在于未能将一些不确定因素加以考量。项目前后的变化可能由于其他与项目无关的因素影响而造成。这些因素可能会在这个项目运行开始或运行过程中发生。这些因素包括从个人到社会的改变，或者关乎政治事件。另外，赞同参与评估的人们可能对被评估的项目更感兴趣，所以他们的评估不能不带有一点主观性。因此运用这种前后比较的方法进行项目评估时，必须满足以下条件：①应当仅仅被用于当时间和资源都有限的情况下；②当项目是短期并且有明确的范围时；③当项目实施的环境条件相对稳定时。

（2）时间趋势比较法。这种方法比较用于在项目完成后收集的数据和项目开始前多次收集的数据的比较。它试图确定参与者在这个项目进行前处于稳定状况还是改变已经发生，这种已经发生的变化或许会因为单一指标的评估而被忽略。举个例子，孩子们在一个标准的阅读教育项目中通常会使他们的技能得到提升。因此，一个创新的新方法不应该仅仅通过在项目运行学生前后技能的差异来评估，因为他们的知识和技能会得到一些提升，即使他们之前并不参与项目的学习。因此，这种技能变化的比率需要在项目开始前就用多种不同的评估方法来测定。只有这个比率增长明显更快，那么这个项目才可以称得上对孩子们产生了积极的影响。

如果客观上存在一种潜在的向上或者向下的趋势可以影响到观察的结果，那么时间趋势比较法不失为一种有效的项目评估方法。与项目前后对照法相比，时间趋势比较法成本高，需要投入更多的人力、时间和资源，因为早在项目开始前就已经投入时间和资源用于多重方法的评估。这种评估方法仍然存在缺陷，一些不确定因素也会影响参与者的经历。此外，几种不同的评估标准在项目实施前可能并不稳定，因此可能降低评价结果的可靠性。

（3）参与项目人群和未参与项目人群的比较。这种方法强调不相干因素影响可能混淆一个貌似合乎常理的结论，通过参与项目人群和未参与项目人群的比较可以解决不相干因素的干扰。它要求辨别和接近那些与参与项目者高度相似的人们。相同的评估工具被用以测量他们的水平。如果非参与者们在测量中改变了20点而参与者改变了30点，则说明即使有外部环境因素的影响，这个项目的积极效应也是显著的。例如，参加一个常规的阅读项目的学生和中途转而参与特别项目中的学生进行比较。两组学生的阅读技能被相互比较。如果在特别项目组的学生的分数显著高于在常规组学生的话，那么，特别项目将会被认为是导致这种差异的原因。

这种方法比之前两种方法成本更高，需要花费大量的人力和资源，因采用多重比较，可信度更高。当然，如果孩子们选择特别项目比留在常规项目的孩子以更快或者更慢的速率提高其阅读技能，则这种比较可能无效。如果选择是自愿的，那么无论任何因素激励他们去参与这种学习，都使得他们不同于那些没有参与的人。可见，即使伴随着最大的努力，依然有未知的差异存在。

（4）受控实验法。这是一种最有力的用来评估社会组织项目的方法，但其相当复杂和成本高昂。通过随机选择的方式创立了实验组和对照组，受控实验法解决了关于那些没有参与项目和参与了的人们之间的相似性和差异的问题。随机选择是为了确保这两组参与者之间没有相关差异。其中实验组参与了这个项目，而对照组没有，在项目开始与结束时两组人均参加了测试。抽样的随机性大大降低了数据被外来因素干扰的可能性，这一点也支持了大部分的差异是由于项目本身造成的这一结论。

这是一个十分严谨并且花费巨大的评估方法，随机抽样以及结果分析均需要额外的技术支持。进一步而言，随机取样也需要条件，许多组织坚决抵制这种武断的分类，然而，用这样的方式得到的结果却十分有说服力，并且为证明一个项目是否真正有益提供了一个十分可信的数据支持。当然，为了保证公平公正，评估后，对照组的成员应该可以同样享受这项服务。

不同的评估方法适宜在各种不同的系统环境下进行。关键在于以各种各样的方法去减轻外部因素的干扰并与此同时进一步证明项目与其影响的相关性。对于一个计划去进行此类评估的社会组织显然需要选择其支付能力范围内最严谨的调查手段，最简单的"前后调查法"显然是耗费最少的方法，然而问题在于这样的调查方法受外界因素干扰是十分巨大的。

深度评估对于一个正在进行的项目而言几乎是不可能的，通常我们也是在一个项目开始之后开始对它的评估，在这时已经不可能去精确地采集所需特征数据。与此同时一个追溯性的调查也往往是十分不准确的，除非在过去已经建立了完备的参与者档案以备后用。

（5）数据收集法。数据采集方法除查阅档集与已有记录资料外，基本方法包括入户访问、拦截访问、邮寄问卷调查、留置问卷调查、电话调查、网络调查、深度访问法、座谈法等。

1）入户访问。入户访问是指采用随机抽样方式抽取一定数量的家庭或单位，访问员到抽取出来的家庭或单位中进行访问，直接与被访者接触，然后依照问卷和调查提纲进行面对面的直接提问，并记录下对方的答案的调查方式。

2）拦截访问。拦截访问是目前十分流行的一种询问调研法，该方法的特点是调查者在某一特定的人群相对集中的公共场所现场拦截被调查者进行的访谈。

3）邮寄问卷调查。邮寄问卷调查是调查者将设计好的问卷通过邮寄的方式送达被调查者手中，请他们按要求和规定时间填写问卷并寄回调查者，以此来获取信息的一种方法。

4）留置问卷调查。留置问卷调查是指调研人员将调查问卷送到被调查者的手中，征得同意后对填写事项做出说明并与被调查者约定交返问卷的时间，调研人员约定时间再次登门收取问卷，并向被调查者致谢的整个收集信息的过程。

5）电话调查。电话调查抽样的基本原理跟其他调查方法一样，但在操作上有其独立性。具体包括以下步骤：抽取样本户，选择受访者，选择替代样本。

6）网络调查。网络调查，也叫网上调查，是指在互联网上针对调查问题进行调查设计，收集资料及分析咨询等活动。

7）深度访问法。深度访问法类似于记者采访，是一种无结构访问，指事先不拟定问卷、访问提纲或访问的标准程序，由访者与受访者就某些问题自由交谈，从交谈中获取信息，用以揭示对某一问题的潜在动机、态度和情感的资料采集方法，它最适合用于探索性调查。

8）座谈法。座谈法也叫重点小组或焦点访谈法，就是采用小型座谈会的形式，挑选一组具有代表性的消费者或客户，在一个装有单面镜或录音录像设备的房间，在主持人的组织下，就某个专题进行讨论，从而获得对有关问题的深入了解。

随着科技的发展，技术的进步，数据采集方法也与以往有所不同，多样化的采集方法、遍布全国的采集网络和抽样系统、高标准的质量控制体系，已成为调查公司为客户提供的有价值的、准确的、及时的商业消费者信息和渠道信息。除采用传统的各种调查方法（survey）外，还创造性地应用观察法和试验法手段收集数据，实现调查法难以实现的研究目的，更准确地获得有关消费者行为和心理的信息，针对高科技等复杂产品，将现代不同调研技术有机结合在一起，挖掘消费者的显性和隐性需求。

9）观察法。是由调查者直接或利用仪器来观察，记录被访者的行为、活动、反应、感受或现场事物，获取资料的方法。

10）实验法。是指在既定条件下，通过实验对比，对市场现象中某些变量之间的因果关系及其发展变化过程加以观察分析的一种调查方法。

第六章 社会组织人力资源管理

第一节 人性假设与社会组织人力资源发展

孔茨、麦格雷戈以及西斯克都认为:"每一种管理行动都是以一组有关工作性质和人类本性的含蓄设想为基础的。"[1]纵观人力资源管理思想的发展,不难发现,人性假设是人力资源管理的理论基础,即人力资源管理理论的建构和方法的设计,都是以对人性的一定看法为基础的。人力资源管理思想与整个管理学理论是同步发展的,不同的人性假设在实践中体现为不同的管理观念和行为。在西方管理史上,先后形成了"经济人"、"社会人"、"自我实现人"、"复杂人"、"文化人"等人性假设,相应地管理学理论的发展也经历了科学管理理论、人际关系管理理论、行为科学管理理论、系统权变管理理论和管理文化理论等阶段。在不同阶段的人性假设体现了人力资源管理应该遵循的价值,反映了人力资源管理思想的发展。

一、"经济人"假设

"经济人"假设起源于18世纪英国的学者亚当·斯密。他一生撰写了两部著作,即《道德情操论》和《国民财富的性质和原因的研究》,尽管一个是谈道德问题,一个是谈经济问题,但其共同的前提都是肯定人性是自利的。他认为自利的动机是人类与生俱来的本性,人们怀着自利的动机从事各种经济活动。麦格雷戈将这种对人性的假设称为X理论。其基本观点是:人的一切行为都是为了最大限度地满足自己的利益,工作的动机是为了获得经济报酬。该假设进而认为,在工作中多数人懒散,总是设法逃避工作;且多数人没有雄心大志,不愿承担任何责任,心甘情愿地受他人指导;组织中个人的目标

---

[1] 麦格雷戈.企业的人性面[M].麦格劳-希尔图书公司,1960.

与组织目的相矛盾；他们工作只是为了满足经济上的基本需要。总之，人是自我利益驱动者，不可能也不会自觉地为达到组织目标而努力。因此，在"经济人"假设指导下，组织管理与人事管理选择了以下管理价值理念：组织要促使员工为组织服务，必须使用强制性的管理措施，即制定严格的工作规范，加强各种纪律和管制，用权力和控制体系引导员工；使用"萝卜加大棒"的人事政策，使用工资、资金等金钱刺激提高员工士气，对消极怠工者给予严厉惩罚。X 理论指导下建立的管理方式强调的是单一的控制，基本不考虑人的感情需要。

二、"社会人"假设

"社会人"假设起源于霍桑实验。霍桑实验持续了 5 年，于 20 世纪 30 年代得出结论：生产率高低主要取决于集体的工作和协作程度（即士气），而集体的工作和协作程度又取决于四个因素：主管对工作群体的重视、非强制性的提高生产率的方法、员工参与管理以及人际关系的和谐程度。梅奥把这种重视社会心理需求，重视同事间的交往、和谐的人际关系，而轻视物质需要与经济利益的人称为"社会人"。雪恩将"社会人"的特征概括为：个人的工作动机主要是社会需要，而同事间的交往可以满足个人社交的需求；工业合理化的结果使工作本身变得毫无意义，因而必须从社会交往中寻求其意义；个人最希望管理人员能满足自己的社会需要。基于这种人性假设的管理模式是：管理人员不应只注意工作任务，而应注意满足员工的社会要求；管理的职能不应只限于制订计划、组织工序、检验产品等，而应了解情况、沟通信息、协调关系；主张发集体奖，不主张发个人奖；坚持实行参与式管理，注重劳资双方的沟通。这种管理理念开始从"控制人"转向重视"员工参与管理"，认识到管理必须重视对员工的尊重，鼓励员工间的相互合作，才能达到工作高效。在管理措施上提倡制定共同的目标和价值观，注重提供信息沟通的渠道。在这种管理模式下，员工有自豪感、归属感和集体感，他们彼此愉悦，心情舒畅。可见，这一理论强调了激励的重要性，在人力资源管理中强调尊重员工的价值，开发他们的合作精神。这是对"经济人"假设管理方式的改进。

三、"自我实现人"假设

人是"自我实现人"（也称自动人）是人本主义心理学家马斯洛于 1953 年提出的。马斯洛认为，自我实现的需要是人最基本的需要，所谓自我实现即指人体内有一种最大限度地实现自身各种潜能的趋向，人只有将潜力充分挖掘出来,将才华充分表现出来,才能获得最大的满足。该理论假设,人是积极主动的、自我指导的。这种假设极大地丰富了人力资源管理理论,马斯洛认为管理既不是控制人完成任务,也不是调节人际关系,而是寻求什么工作对什么人最具有挑战性,让工人在工作中充分发挥自己的潜能,充分施展自己的才华,从而获得最大的满足,最终迈向自我实现。

麦格雷戈的Y理论将"自我实现人"的特征概括为:人并非天生厌恶工作,是否愿意工作主要取决于控制条件;控制条件有内外两种,员工更愿意选择在内部的自我管理下完成任务;工人最大的工作报酬不是外部的,而是内部的,是通过实现组织目标而获得个人的自我满足、自我实现的需要;人广泛存在着高度的想象力和创造性,蕴含着巨大的潜能。这种对人性的假设使人力资源管理理念发生了转变。在这种人性假设的前提下,管理的模式为:管理的着重点是重视人的价值和尊严;管理者的任务是寻求、设计和创造一个工人能深造学习、施展才能、形成自尊、自立,发挥创造性等有内在奖励的生产条件和工作环境;奖励制度重视职工内部的激励,外在奖励降到次要位置;管理制度上通过建立参与决策制度、提案制度、劳资会议制度、制订发展计划、选择具有挑战性工作等满足工人自我实现的需要。在该管理模式下,工人有较大的满足感,不竭的创造力,充分的价值感和成就感。与"经济人"假设强调管制、采取控制和惩罚手段相反,"自我实现人"假设确定了员工在组织中的主体地位,发展了以人为本的管理模式。这一人性假设及其所包含的人力资源管理的价值观念,对于现代社会组织的人力资源管理的价值选择具有十分重要的意义。因此,它的有关人性的假设与社会组织的宗旨十分契合。

四、"复杂人"假设

"复杂人"假设是20世纪70年代初雪恩等人提出来的。他们认为,上述三种理论虽各具合理性,但却不能说明人性的全部。人与人之间存在较大的个别差异,就总体而言,在不同单位或同一单位不同部门工作的人,会产生不同的需要;就同一部门的不同个体而言,随着年龄、时间、知识、地位以及人际关系等因素的改变,人的需要、潜力也会发生明显的变化。即使在同一时间里人的各种需要和动机也会发生相互作用,形成复杂的动机模式,随着工作环境的改变,动机模式也会发生变化,单一的理论模式无法说明复杂的心理现象。这种理论的主要含义是:人的需要是多种多样的,并随发展条件而变化;人在同一时间里有各种需要和动机,它们相互作用并结合为统一的整体,从而构成复杂的动机模式;动机模式随工作与生活条件的变化而变化；由于需要不同，工人对同一管理模式会产生不同的反应。基于这种假设的管理模式为：依据工作性质不同，采用固定的或变化的组织形式；依据组织情况不同，采用应变的、有弹性的领导方式；依据工人能力、动机、性格的不同，因人、因事、因地制宜地采用灵活多样的管理和激励方式。这种管理模式将管理的重点放在"管理功能"与"工作环境"的关系上，该管理模式灵活，但不易操作，需要管理者有较高的创造性和艺术性。在这种管理模式下，每个职工都得到了满足，他们的自主性和创造性都得到了充分的发展。在"复杂人"假设的基础上，超 Y 理论诞生。它要求管理人员必须根据不同的人，灵活地采取不同的管理措施。管理方式应是随机而制定的，这就是现代管理中的"权变"思想。

五、"文化人"假设

进入 21 世纪，信息革命、全球化、知识经济全面而深刻地影响着世界和人类自身，随着对人类自身本质认识的深化，人力资源管理理念在更新，人力资源管理模式也在变化。"文化人"假设起源于 20 世纪中叶德国哲学家卡西尔，他早已天才地预料到科学知识对人类社会的巨大贡献。20 世纪 90 年代，知识经济的崛起不仅印证了卡西尔的真知灼见，而且使世界进入了以知识为基础的经济时代。

知识经济的时代呼唤知识的管理，而知识的管理又需要管理的知识。现代管理学家德鲁克曾详细分析了知识对现代社会的影响，他认为以知识的运用为标志现代社会可以划分为三个阶段：第一阶段知识被应用于产品（如瓦特的蒸汽机）；第二阶段知识被应用于劳动（如泰勒提高生产率的研究）；第三阶段知识被应用于知识自身，这就是管理革命。经济社会和人力资源管理发展的变化要求我们突破原有的思维模式，自有组织的社会形成以来，人类不断发展着的管理实践和管理智慧专门化，从而形成新的适应社会背景的人力资源管理知识体系。

在这种"人是文化人"的人性假设前提下，新的人力资源管理理念主要包括创新管理、系统管理、和谐管理。人力资源管理模式为：加强人力资本投资，通过培训和教育等手段，提高工人的素质，使之能为组织创造更多的价值；科学地进行工人职业生涯规划、绩效考核，实施有效的激励，使工人不仅能干，而且积极肯干；培养工人的团队精神，加强工人间的协作，提高工人的参与度、满意度，减少劳动争议，以有利于组织的技术创新、组织竞争力的增强；将人力资源战略与组织的总体经营战略相结合，为组织的高层决策提供建议，促进组织整体战略的实施。这些蕴含着丰富的文化人管理智慧内涵的管理思想正在逐步深刻而全面地影响着包括我国在内的世界人力资源管理的操作实践,它将使人的价值进一步提升,人的潜能和创造性充分发挥,使个人发展与组织目标紧紧联系,最终实现组织和工人之间协调地生存与发展的人类终极目标。

结合人性的假设,现代人力资源管理,包括社会组织的人力资源须确立以下管理价值。

(1) 人力资源管理的所有努力都是致力于将同一组织中所有人的知识与技能凝聚为一。

(2) 管理的对象是人。管理的任务是让人们能够共同做出成绩,发挥他们的长处,规避他们的短处。这就是组织的全部任务,也是人力资源管理成为决定性的关键要素的原因。我们的生计有赖于管理。我们对社会作出贡献的能力也有赖于所在组织的管理,就像这些组织有赖于我们的技能、奉献和努力。

(3) 每一个组织都必须信奉共同的目标和共同价值观。没有这种承诺,也就没有组织,有的只是一群乌合之众。组织必须有简单、清晰并能让所有成员保持一致的目标。组织的使命必须足够清晰和足够高远,从而为所有成员树立共同的愿景。体现这一使命的组织目标值必须清晰、公开并且经常得到重申。人力资源管理的头等大事就是要把这些目标、价值观和目标值考虑清楚并且明确下来,然后身先示范。

(4) 人力资源管理还必须让组织及其成员在客观需要和机会发生变化时能够不断地成长和发展。每一个组织都是一个学习和教学机构。培训和开发必须融入它的每一个层级,而且培训和开发必须永不停息。

(5) 每一个组织都是由掌握着不同技能和知识,并且从事多种不同工作的人组成的,因此必须建立在沟通和个人责任的基础之上。所有的成员都必须考虑清楚自己要实现什么目标,并要确保同事们了解和理解这个目标。所有成员都必须考虑清楚自己要对别人付出什么,并要确保对方理解这一点。反过来,所有成员还必须考虑清楚自己要从别人那里得到什么,并要确保对方了解自己的期望。

第二节　社会组织专职人员与志愿者的二元结构

一、社会组织人力资源的特殊性

社会组织是不以盈利为目的，主要开展各种志愿性的公益或互益活动的非政府的社会组织。服务对象（Clients）、财力与物力资源（Resources）、参与者（Participants）共同构成社会组织的三大基本要素。社会组织管理的要旨在于结合参与者，财力资源与物力资源，经由一些有组织的活动，创造某些有价值的服务，以服务社会中某一特定群体或全社会。这里的参与者包括专职人员与志愿者，他们均属于社会组织的人力资源。

社会组织人力资源指在一段时期内在社会组织中工作的、具有特定的智力和体力劳动能力的所有成员的总和。它主要包括两大类：①受雇的专职人员，负责推动和执行社会组织中的各项活动；②无薪水的志愿人员，一般称为"志愿者"（Volunteer），依照组织的需要及个人的才能和意愿不同而负责不同的工作。就无薪水而言（交通费等不算正式薪水），董事会成员也是某种"志愿者"，他们愿意投入时间和心力在这个没有正式薪水的管理岗位上。以美国为例，2014年在美国公益慈善组织受聘的专职人员达1000万人，而志愿人员就达9000多万人，从而形成了促进社会发展的庞大人力资源。志愿者是社会组织人力资源的重要组成部分，专职人员与志愿者的二元结构是社会组织人力资源构成的最重要的特征。基于专职人员与志愿者的二元结构，社会组织的管理者应该根据二者的特点对他们进行管理。

二、专职人员与志愿者的二元结构

志愿者与受雇的专职人员之间的区别表现在以下几方面。

（1）工作动机不同。人们参与志愿者工作的动机是什么？一般认为，来自组织内部和外部的双重回报吸引了志愿者。来自内部的回报主要包括由完成任务而得到的满足感、自我发展和社会交际机会等；外部回报是指组织对志愿者出色工作成绩的赞赏，志愿者职责范围的扩大。此外，还有社会对志愿者能力和资历的认可以及实质性的物质奖励。与专职人员不同，志愿者拥有相当的自主权决定自己是否进入组织，规定工作量和工作时间，以及是否留在组织继续工作。任何重视自身竞争实力和发展能力的社会组织都应该在文化和物质两个方面增强对志愿者的吸引和激励。

Schram 曾探讨志愿工作理论，在其七项志愿服务理论中，尤其以"利他主义"、"需要满足理论"、"社会化理论"这三项理论最足以说明志愿者的动机。因为"利他主义"是一种助人为乐的胸怀；"需要满足理论"则是个人在基本需要满足后，对个人成就感、自我实现的需求；而"社会化理论"尤其指在人与人互动频繁的今天，个人行为可能受到周遭亲朋好友的影响、启示，从而加入志愿者的行列。

（2）待遇不同。志愿者提供的志愿服务是无酬劳的，仅可以申请交通费、餐费或参加研讨费与训练的费用。而组织为专职人员设计工作，规定工作标准和工作时间，并付给报酬。

志愿人员是不为报酬贡献个人的时间和精力来参与社会服务的，他们没有收入或者收入低于他们的付出，但是，不能否认志愿者的活动的经济价值。实际上，志愿者管理机构能够计算志愿者的价值，因为志愿者组织规定了志愿者的工作职责和工作范围，在这个工作职责和工作范围内，志愿者所贡献的每个小时可以与同类机构员工相同工作的报酬的市场价值做估计（但这不应包括员工的有关福利及服务经常开支的成本）。假如志愿者不能拥有相等的专业技能，那么志愿者的价值及贡献也只能按当地一般劳动力市场工作的工资标准作计算。但是，我们必须对此有一个正确的认识，开展志愿者活动和运用志愿者的目的并不是降低运行成本。正确的理解是，在有限资源的前提下，通过志愿者投身于更多的社会活动，更大程度上调动、开发和利用社会资源。

（3）对组织的认同程度。组织认同指组织与员工在心理上与组织建立起紧密的联系，从而使员工的工作行为和工作态度与组织目标相一致。这里包含员工对组织的认同和组织对员工的认同两个方面。

组织认同是志愿者管理的核心。我们知道，社会组织众多的志愿者和组织之间并没有明确的雇佣关系，也就没有明显的薪资关系和职权指挥的权利义务关系。一方面，当志愿者"认同"该社会组织时，他们会长期参与许多组织活动，并且具有很高的向心力和归属感，然而当他们不"认同"该社会组织时，他们也常常会在不需要正式提出请求和批准的状况下，迅速、自由地离开该社会组织。由此可见，志愿人员对组织的认同感非常重要。

员工对组织的认同主要表现如下。

1）认同组织的目标或使命。员工具有较长时期的成员资格，并打算继续留在组织内部。

2）信任领导者，相信自己的工作是对组织有价值的贡献。

3）为成为组织的一员而自豪，以组织的目标为基准定位自己的职业生涯。

4）关心组织的荣誉，为维护和提升组织的荣誉而工作。

（4）在组织内的职业生涯阶梯的"连续性"与"断裂性"。就组织内部的职业生涯阶梯而言，专职人员通常会由于工作的绩效表现，而使得职位、薪水和权责等逐渐升高。志愿者可能会有工作的转换，比如由执行工作转为管理工作，但这种变化主要是出于工作的需要，不与组织内部职业变化联系在一起。

志愿者是用来提高专职人员工作效率的，而不是去取代后者占据职位。组织中的专职人员应该把志愿者视为合作伙伴，而非竞争对手。为了协调两者之间的关系，需要组织提供职员发展项目，并开展专职人员与志愿者相互合作的培训，使志愿者和受薪人员明确自己的职权范围和责任，以避免互相干涉。

第三节　社会组织人力资源管理过程

一般而言，基本的人力资源管理过程包括：人力资源规划（Human Resource Planning）、工作分析（Job Analysis）、招聘与选用（Recruiting and Selection）、培训与开发（Training and Development）、绩效评价（Performance Appraisal）、薪酬与福利管理（Compensation and Benefits Management）等。

随着中国改革开放的深入和全球化进程的加快，组织外部的服务型社会理念不断增强，组织形式日趋扁平、精益、灵活与多样化，社会服务环境对员工适应力与应变力的需求不断提高。由此引起人力资源的不确定性增加，充足但结构性短缺的人力资源供给困难；吸引、激励、留住人才的必要性和可能性相互矛盾；对员工行使的控制力减弱，很难寻找到符合组织竞争和发展需要的恰当管理方式。因此，基于组织整体考虑的社会组织人力资源规划，上升到前所未有的战略高度并日益受到重视。

人力资源规划（HRP），也称人力资源计划，是指组织根据战略发展目标与任务要求，科学地预测、分析自身在变化的环境中的人力资源的供给和需求情况，制定必要的政策与措施，以确保组织在需要的时间和需要的岗位上获得各种需要的合格员工的过程。

人力资源规划涉及一个组织的人力资源管理实践与它的整体战略需要之间的联系，这种联系需要通过战略规划过程识别出来。因此，人力资源规划与战略人力资源管理总是紧密联系在一起的。

战略人力资源管理（SHRM）通过对人力资源的有计划的管理来实现组织战略目标的过程，是组织竞争战略的一个有机组成部分。它是通过各层管理人员和人力资源职能管理人员的共同管理行为实现的，如图6-1所示。

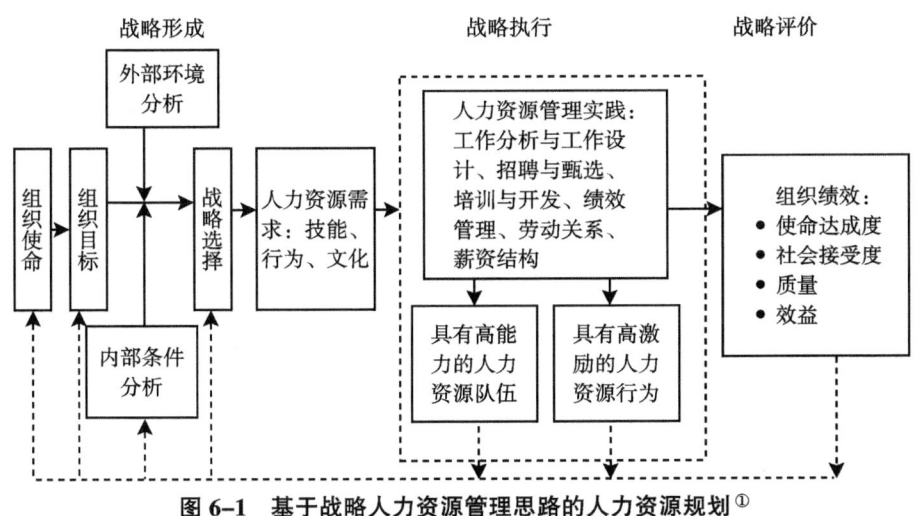

图6-1 基于战略人力资源管理思路的人力资源规划[①]

人力资源规划是组织发展战略的重要组成部分，也是组织各项人力资源管理工作的依据。由于组织的一切活动都是靠人来完成的，人力资源决策是组织终极控制措施，因此人力资源规划及其有效执行决定着组织的效能。

一、招募与选用

（一）工作分析

（1）工作分析的界定。社会组织的任务与使命类别繁多，例如行政支援、环境保护、社区服务、灾难救助、宗教服务、行动障碍者服务、法律咨询、国际交流等。社会组织在招聘人员之前，首先应根据其使命、结构和人事政策明确哪些任务最好由志愿者来进行，并开发特定的志愿人员工作职位和职位指导，志愿者工作的建立应该能够与专职人员的需要相协调。招募人员始于工作分析和工作设计。工作分析，也称职务分析，是指一种收集信息的系统过程，这些信息能够判断和确定组织成员顺利开展工作所必需的知识、技

---

① P. Boxall, J.Purcell. Strategy and Human Resource Management [M]. Basingstoke, Hants, U.K.: Palgrave MacMillan, 2003.

能和其他能力。组织通过工作分析,在掌握丰富数据的基础上对职位设计、职员的招聘和选用、报酬和福利制度、培训和发展项目等方面做出决策。工作分析一般包括两个方面:第一,确定工作的具体特征,如工作内容、任务、职责、环境等;第二,工作岗位对任职人员的具体要求,如技能、学历、经验、体能等。两者结果的文本表现形式就是工作说明书和职务说明书。

(2)工作分析的步骤与方法。主要步骤包括:①确定工作分析信息的用途;②搜集与工作有关的背景信息,如组织图、工作流程图等;③选择有代表性的工作进行分析;④搜集工作分析的信息;⑤同承担工作的人共同审查所搜集到的工作信息;⑥编写工作说明书和工作规范。

工作分析常用的方法包括问卷调查法、资料分析法、面谈法、观察法、参与法和实验法等。

(二)工作设计

工作设计指为了有效达到组织目标与满足个人需要而进行的关于工作内容、工作职能和工作关系的设计。工作设计兼顾了组织和个人两方面的需要。

工作设计的思路和方法如下。

(1)工作专业化。工作专业化是指把工作划分成一个个单一化、程序化、专业化的操作步骤,通过对职员进行培训和激励以提高生产率。

(2)工作扩大化。工作扩大化实质是增加员工应掌握的技术种类和扩大操作工作的数量,目的在于消除专业化带来的消极影响,提高员工的满意度。

(3)工作轮换。工作轮换是指让员工先后承担不同的工作,定期从一个岗位转到另一个岗位。这样做使员工有更强的适应能力,保持对工作的新鲜感,对组织全局有更全面的把握。

(4)工作丰富化。工作丰富化是指在工作中赋予员工更多的责任、自主权和控制权,以满足员工的心理需求,达到激励的目的。

(三)招聘和选用

组织的人员招聘的一般目标包括:①达到招聘效率,降低雇佣成本;②吸引高度合格的候选人——"把选择团队成员当成一个长期投资决策";③通过现实工作预览(Realistic Job Previews,RJP)帮助确保那些被雇用的人留在公司;④保证人力资源的形成过程合法并有社会性。

组织首先要确定空缺的职位是从组织内部补充还是从外部获取,即招聘的来源选择。

(1)内部招聘。需要填补职位中的空缺时,组织首先考虑是否可以让内部的员工来任职。可以通过组织内部的沟通系统公布招聘信息,或由内部成员将自己熟悉的人推荐给招聘部门和人力资源管理部门。内部招聘的优点是能够节省招聘费用，提高员工对组织的忠诚度；缺点是使员工避免了外界竞争，减少了组织获得新鲜思想的渠道。

（2）外部招聘。组织通常都从相关的劳动力市场中寻找合格的申请者。组织常常通过举办招聘会、刊登招聘广告、委托就业代理机构、网上招聘的方式进行招聘活动。外部招聘能够弥补内部招聘的不足。

在对求职者进行挑选时，所运用的挑选方法主要包括申请表格、履历资料清单、背景调查、雇用面试、雇用测验、评价中心等。

二、员工的培训和开发

变革早已成为组织必须面对的情况，为了生存和发展，组织成员必须学会如何去应付变革。针对员工的培训和职业发展工作能够帮助组织最大限度地发挥其人力资源的能力，提高工作效率和灵活性，使之转化为巨大的生产力。专职人员培训是社会组织人力资源管理的关键，志愿者也需要在专职人员的帮助下接受组织的培训。无论专职人员还是志愿者，突出组织使命和服务理念培育是培训工作中的重要内容。

（一）员工培训与开发的基本内容

（1）培训需求分析。培训需求分析即组织分析、任务分析和人员分析。任何培训的实施都必须依据企业的目标，必须与组织的战略相互协调，必须与企业的生存、发展和竞争等方面的组织需求相联系，培训计划是组织计划的一部分，培训需求分析是培训计划的前提。

（2）培训方案设计。培训方案设计即运用社会学习理论、期望理论等原理，考虑到注意力、练习、反馈、强化、激励等具体因素，来设计培训与开发的内容与程序。

（3）培训过程实施。培训方法的选择是培训实施中的重要内容。常用的培训方法主要有在职培训、工作指导培训、讲授、案例研究、角色扮演、商业游戏、仿真模拟等。

（4）培训效果评价。培训效果是指企业和受训者从培训当中获得的收益，而培训评估是收集培训成果以衡量培训是否有效的过程。通常的培训评价效标包括四个层次，即：①反应效标——受训者满意程度；②学习效标——受训者在知识、技能、态度、行为方式方面的收获；③行为效标——受训者在工作中行为的改进；④结果效标——受训者获得的工作业绩。

（二）培训方法

（1）讲课。即由专家根据组织的实际情况重点讲课，主要目的是提高管理人员的基本素质，让他们开阔眼界，接受新的知识和信息，提高认识水平，增加对

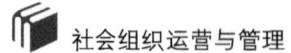

各种问题的认识能力，为提高工作能力和解决问题的能力打下良好的基础。

（2）有计划地提级。通过培训使受训的管理人员明确自己的发展道路，了解他们现在的状况和前进的方向。

（3）职务轮换。其根本目的是拓宽管理人员的视野和知识面。通过岗位轮换，使受训者能够掌握本组织各部门的职能和管理知识。职务轮换可以采取非管理工作、考察、平级调任、担任中层"副职"、各种不同管理职位上的不定期轮换等形式。从理论上讲，职务轮换是一种非常好的方法，但实施起来不太容易。因为，一个组织里是不太可能有较多的同样的工作部门，工作轮换后，首先面临的问题是员工能否熟悉该部门的业务。另外，在有的轮换中，轮换者没有直接管理权，他们只是观察、协助，并不承担真正的管理责任。尽管有不少问题，但是职务轮换仍不失为一种有益的培训方法。

（4）设立"副职"。在上一级岗位设立的一个虚的"副职"，让受训人员在有经验的上级领导的指导下去开展工作，可以使刚提拔的管理人员有机会体验这个岗位。这是非常有效的提拔使用新干部前的岗位培训。

（5）临时提升。有时出现了职务空缺，例如上一级管理人员突然生病、出差、开会、休长假等，这时候可以采用临时提升的办法，让下一级管理者担任这个职务。这也是一种培训，而且对下级管理者来说还是一个机会。如果代理的是主要位置，还要制定政策和决策，充分履行职责，这种实践经验更为宝贵。

（6）各种领导小组、委员会等。管理者如果有机会参加组织的各种领导小组、委员会等，也是一个极好的锻炼、培训机会。因为介入了这些小组、委员会，实际上给受训者提供了与更有经验的人员、其他部门的管理者接触的机会，使其了解组织整体的情况。更重要的是，由于他们参与了这个组织在某方面的实际操作，他们能以更加投入的精神去做好本职工作。

（7）短期学习班。短期学习班是一种根据当时组织的实际情况而安排的速成学习班。一般来说短期学习班有较强的目的性。要根据组织的总目标，制定出培训班的主题，紧紧围绕组织的目标而进行各方面的专业、管理以及其他知识的学习和研究，同时在学习班上还可以了解到许多外面的信息。

（8）研讨会、报告会。研讨会和报告会一般是为了解决组织出现的某个问题，或者为了探讨组织向哪个方向发展、如何发展等而进行的一种培训方式。这种方式的好处是：目的明确，层次高，时间短，能深入研究某个专题，效果明显。尤其是研讨会，可以使参与者有机会与其他人员交流经验和看法等。

三、绩效评价与薪酬

绩效评价是指考评主体对照工作目标或绩效标准，采用科学的考评方法，评定员工的工作任务完成情况、员工的工作职责履行程度和员工的发展情况，并且将评定结果反馈给员工的过程。

绩效评价是组织人力资源管理的重要环节。一方面，绩效评价为管理层做出有关员工升迁、培训、发展、报酬等决策提供了重要信息；另一方面，评价为员工提供信息和反馈，员工能够及时知道自己工作的优缺点，有机会在严重错误发生之前就修正行为。

绩效评价会受到一些因素的影响。绩效评价是由观察和判断两个步骤组成的，而这两者都会受到偏见的影响。其他有关影响绩效评价的因素包括：评价人、被评价人，以及评价人与被评价人之间的相互作用。组织通过改进和完善绩效评价技术以及对人员进行培训等方法，可以减少评价偏见。

（一）绩效评价的方法

绩效评价的方法按评价的对象分为以下几个。

（1）特性评价。这种方法关注的是员工的哪些特性能够满足组织发展的需要。评价人员将会得到一份特征列表，如领导力、进取心、合作精神、创新意识等。然后评价人员以员工的特性为对象，为员工的特性打分。特性评价方法的关键在于绩效标准必须明确，能够有效说明员工特性的含义，能够保持与组织目标的一致性。

（2）行为评价法。评估人员先界定出有效的工作行为，然后评价员工这些行为的表现程度。这种方法的不便之处在于执行费时费力，不适用比较复杂的工作。

（3）目标管理法。评估人员和员工共同确定目标，并确定员工应当如何完成目标的行动计划。这种方法强调了员工参与、员工的自我控制，在很大程度上能够得到员工的认同，有利于评估工作的顺利进行。目标管理法效率的关键在于评估人员和员工确定目标和计划的能力以及管理层对员工工作的支持。

（二）增进绩效评价有效性的原则

（1）绩效管理应该在一个正面、具有启发性的、成熟的气氛下实施。切记不应把评价焦点放在评价结果上，而是在评价过程中让员工与督导人员有机会建立彼此的联系。绩效评价应该强调并鼓励团队合作，不应该只单单衡量个人的成就。

（2）不应将绩效评价视为一年一次，或一年两次的活动而已。根据肯·布兰查（Ken Blanchard）的说法，绩效评价制度应该具备三个部分，并且同时持续地在全年度中进行。这三个相互连接、环环相扣的部分是绩效计划、日常指导（协助员工顺利工作）、绩效评价。布兰查谴责所谓的"管理的海鸥学校",指的是那种只是偶尔出场的经理人,他们光会制造一种噪声,然后在飞走前把垃圾倒在员工身上。布兰查认为行得通的绩效评价,必须始于员工与管理者对于目标的认同。一开始通过会议,管理者与员工共同讨论,找出员工想要达成的目标,也找出双方能确知的评量方法,以便员工表现优良时,可以被认知。

绩效意味着结果。但布兰查却强烈反对强迫性的数字绩效,他指出还有一些其他的指标需要被建立,员工与管理人员或许也应考虑以下指标:品质(包含品质将如何被衡量,以及被准衡量等)、量、时间、改变的量。[①]

一旦双方就什么是卓越表现达成共识,就应该将年度目标以书面的方式公布,以确认双方对想要达成的目标都会全力以赴。然后,管理者与员工在年度当中,还要经由正式及非正式的方式经常碰面检讨。

(3)让目标显而易见。在许多组织中,目标写下来后,便被搁置一旁,直到绩效考核的时候才会再被拿出来。为了确保绩效评价的成效性,目标必须用以管理行为,而非只是例行公事。或许把目标贴在员工的记事本上,阶段性地列在月历上,或写在小卡片上,都能产生帮助。

(4)明晰责任。经理人有责任做到以下几点。

1)指导及鼓励部属。

2)挑战部属,让他们不只符合目标,也要能冒点险。

3)给予正面回馈,以激励部属。

4)给予精确及有助益的回馈来提醒部属的缺点。

员工也有自己对于绩效管理应尽的责任。

1)设定真实、可行的目标,但可不能只挑容易的下手。

2)明白自己最重要的活动是达成自己已经同意的目标。

3)做诚实的自我评量。

4)有问题要向上司反映。

5)倾听回馈,且身体力行。

(5)绩效评价要求公平。通常绩效评价期间总是令人担忧,很多时候绩效评价带来矛盾冲突,公平原则就显得极为关键。因此,社会组织管理者必须要从一开始就把公平原则设计在绩效评价计划中。管理者与员工从设定目标之初就要先考虑:当彼此意见不同时、对于团队的成就看法有分歧时,对于如何处理这些状况要有共同的认知。如果事先考虑如何尽早处理这些不和谐

---

① Ken Blanchard, speaking at the first Future Leaders conference, sponsored by the American Society of Association Executives (ASAE), 1988 (1).

的因素，管理者就能从容应对可能发生的冲突和问题。此外，事先仔细地计划绩效评价的实施过程，也可以减少对产生冲突的疑虑。由于繁重的日常工作，很容易就忽略细心地计划绩效评价的重要性。

由于绩效评价结果可能对员工的薪酬和工作变动产生重要影响，因而在评价过程中应该注意符合相关法律程序。具体要求包括：以工作分析为基础确定绩效评价标准，不存在歧视性后果并具有必要的证据；具有正规的等级评价手段，评价者与被评价者相识并有工作接触，参与评价的负责人受过有关训练；具有防止不公平评价的再审查程序；具有帮助绩效结果较差员工进行改进的咨询建议等。

四、薪资和福利管理

具有竞争力的薪资和福利制度是组织吸引员工，留住并激励他们不断前进的重要因素。在薪资和福利方面，专职人员与志愿者具有性质上的区别。以下内容主要指的是专职人员的薪资与福利管理。

（一）薪资管理

薪资管理包括薪资水平和薪资结构两方面。薪资水平的决定因素有宏观经济发展水平、劳动力市场上供求状况、物价水平、员工对公平性的预期和感知、组织的支付能力和政府的政策干涉等。薪资结构指组织薪资水平一定的情况下，员工的薪资水平主要由员工所从事的工作岗位的价值、个人能力和对企业的贡献决定。

人们对自己取得薪资都有一定的评价，他们都希望获得公平的报酬。员工们也利用对公平性的感知评价组织的薪资制度。

（1）外部公平性。外部公平性指与外部其他组织类似工作的报酬相比，员工认为他在组织所获得的劳动报酬是公平合理的。

（2）内部公平性。这种标准要求组织确定不同的工作所应得的薪资时，应能反映不同工作的内在价值，即能够体现按劳付酬的原则。

（3）员工的公平性。同一组织内部的员工之间应体现同工同酬的原则，没有基于种族、民族、性别、年龄以及其他非经济因素的报酬歧视。

（4）团队公平。维护团队之间公平的措施是建立科学和严格的集体绩效评价体系，按照内部公平的原则进行成员间的报酬分配。

（二）福利制度

员工的福利是指工资收入之外，组织向员工或其家属提供的货币、实物或服务等。福利被称为员工的福利性报酬或隐含收入，福利制度也是组织人力资源管理和薪资管理的组成部分。员工福利是一个复杂的系统，按照福利项目是否具有法律强制性来划分,可以分为国家立法强制实施的法定福利和组织自主实施的非法定福利。通常的福利项目包括健康保险计划、年金计划、住房计划、教育培训计划、带薪假期等。

(三) 离职（终止工作）

"离职处理"的发生有因契约终止（合约到期）、身份失去（例如理、监事身份）、自动离开、被动离开（违反规则影响绩效）等情况。

在社会组织内,大多数气氛都要是温暖、接纳、共聚理想的；无论任何人的离开都会对组织发生或多或少的影响,然而离职一事是不可避免的,因此须坚守三大原则：公平、诚实、合理——每位离开组织的员工都是公平的、被诚实对待的,过程是合法的,不因人的不同而有差异。

通常员工因另谋高就而离职时是被祝贺的,但是碰到一个不适应的员工时,是否会主动进行离职面谈,以诚实而合理的方式请他们离开组织？调查发现,许多社会组织的管理者不善于处理这样的员工离职事件,这是缺乏离职处理技巧所造成的结果。诚然,社会组织执行长面临着组织竞争力与同情心的矛盾。但如果离职处理之事情一直犹豫不决,对个人和整个组织都会造成很大的伤害和损失。总之,人力资源管理的用人要务是："不要雇人去做办不到的事,让他们做办得到的事",其次是"如何根据员工的所长去调派工作",重点是要把注意力集中在别人的长处上,然后再立下严格的要求,并不厌其烦地评估绩效,而不是请他离职就可以结束的,一旦需要离职,也要明快、利索。

第四节 志愿者招募与管理

一、志愿者与志愿服务

(一) 志愿者定义

对于志愿者这一特定人群,有多种定义,试列举如下。

（1）志愿者是指自愿贡献个人时间及精力,在不计物质报酬的前提下,为推动人类发展、社会进步和社会福利事业而提供服务的人员。志愿者愿意服务他人,也可允许其同时有着其他动机,然后透过参与服务,感受付出的心灵愉悦,提升志愿者服务社会的热诚。

（2）志愿者是指在不为物质报酬的情况下,基于道义、信念、良知、同情心和责任,为改进社会而提供服务,贡献个人的时间及精力的人和人群。志愿服务泛指利用自己的时间、自己的技能、自己的资源、自己的善心为邻居、社区、社会提供非营利、非职业化援助的行为。——科菲·安南[①]

（3）"志愿者"（volunteers）是一个没有国界的名称，指的是在不为任何物质报酬的情况下，为改进社会而提供服务、贡献个人的时间及精神的人。就是指不受私人利益的驱使、不受法律强制，是基于某种道义、信念、良知、同情心和责任感，而从事社会公益事业的人或人群。志愿服务是指任何人自愿贡献个人时间和精力，在不为物质报酬的前提下，为推动人类发展、社会进步和社会福利事业而提供服务的活动。

综上所述，无论何种定义，志愿者都必须具有以下三个基本属性：第一，志愿者提供服务是无偿的，即不为任何物质报酬（但志愿者所获得的心理满足和社会认可不属于这一范围）；第二，所从事的事业必须是能够为促进社会的发展服务的领域，必须是对他人、对社区、对社会有广泛积极意义的；第三，志愿者可以由具备一定专业素养的人员担任，但就总体来说，志愿者应该是从事非职业化援助行为的人群。

（二）志愿服务

《联合国志愿者宣言》中指出：志愿服务是个体为了增进邻人、社区、社会的福祉而进行的非营利、不支酬、非职业化的行为。志愿服务的表现方式有很多，从传统的邻里互助到今天的解除痛苦，解决冲突与消灭贫穷而进行的努力等都属于志愿服务。丁元竹指出：志愿服务是指任何人自愿贡献个人时间和精力，在不为物质报酬的前提下，为推动人类发展、社会进步和社会福利事业而提供的服务。在不同的国家和地区，组织和民众对于志愿服务的理解可能会有所差异，但对于志愿服务的基本特征和核心要素的理解上都是一致的，即志愿服务具有自愿性、利他性、无偿性、公益性的基本特点。

志愿服务是公众参与社会生活的一种重要方式，是一项帮助他人、服务社会、促进文明进步的事业。现代志愿服务项目的内容是多种多样的，涉及多个不同领域，如社区服务、城市建设、社会治安、扶贫助困、环境保护、抢险救灾和海外服务等，如图6-2所示。

（三）志愿者动机

人们参与志愿服务的动机是复杂的，除了帮助他人、改善社会外，也会有一些自身的需要，比如寻求生命的意义、获得团体归属感、提升自我价值，等等，他们构成志愿服务的潜在动机。由于志愿服务通常会得到较高的社会赞许，因此会吸引一些本身自我价值感不高的人参加。如果志愿者对参与志

---

① http://www.zaixian-fanyi.com/fan_yi_6821384.

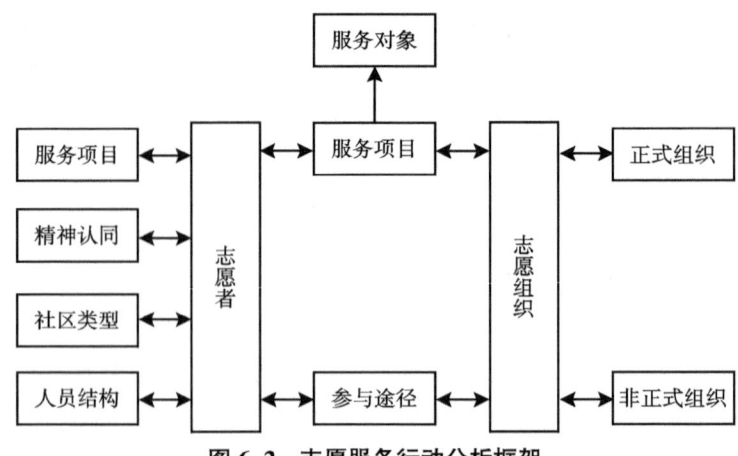

图 6-2 志愿服务行动分析框架

愿服务的动机,特别是潜在动机不清楚,当志愿服务的挑战和困难显现出来时,他们就会感到害怕和失望。一旦他们发现,在短暂的自我满足后还需要付出很多,他们就很容易退出志愿服务。虽然从事志愿者工作的动机是多种多样的,但归纳起来主要有以下两种类型。

(1) 积极型。这种类型的志愿者往往是本着服务他人、奉献自我的精神志愿为社会组织工作,他们将自己视为组织中的一员,工作中有忘我的奉献精神和良好的敬业精神,并怀着为社会组织增添光彩的满腔热情,全力以赴。志愿者这种为他人排忧解难奉献爱心的充满人情味的工作态度不仅为社会组织提供了高质量的服务,而且也是自身素质和自我价值的一种体现。这种类型的人往往不带或较少带有功利性动机,每一次志愿行为的顺利完成,一般都能产生一定的成就感,他们对这种成就的满足和奉献后的愉悦感会促使他们再次成为志愿者,并随着满足感和成就感的强化而成为经常性的志愿者。

(2) 消极型。这种类型的志愿者的志愿服务往往是在一定的外在或内在压力的驱使下完成,这些压力通常来自于团队、上级及社会舆论等,有时是在一定程度上的利益补偿诱惑情况下(如获得本人或家人将来得到其他志愿者服务的补偿),从而表面上主动而内在被动地参加志愿活动。这些志愿者往往带有一定的功利性,把一次志愿行为当作一种任务,或是实现其他目的的手段,工作时往往没有责任感,敷衍了事,一旦任务完成或目的达到,志愿行为即终止。在没有另外压力和利益的驱使情况下,很难再次产生志愿行为。

二、志愿者管理的特殊性

长期以来,社会组织一直忽视对志愿者的管理。对志愿者缺乏有效的激励和良好的管理，往往直接导致志愿者流动率过高，服务品质和效率降低。通常，社会组织每年新招募的志愿者人数不少，可同时也有很多志愿者逐渐退出了组织，这不能不说是人力资源的浪费。当然，作为特殊的人力资源，志愿者不能简单套用营利企业的人力资源管理，也需要有别于社会组织专职人员的管理。志愿者管理的特殊性主要体现在以下几方面。

（一）素质要求的特殊性

由于社会组织以非营利为目的，除一部分互益型组织外，社会组织追求公共利益，提供公共服务。因而对志愿者的基本素质具有特殊的要求，即其政治觉悟和道德品质要高于人力资源的平均水平。社会组织的领导、运营、管理等诸多活动都蕴含着很高的自愿参与成分，成员之间要求具有很强的团队合作精神，成员个人要有很高的道德自律以及服务社会的使命感和责任感。因此，如何使志愿者保持高度的使命感是社会组织志愿者管理的一大难题。德鲁克指出，以往观念上的一个误区是认为志愿者是不受薪的，所以不能对他们提出太高的要求，这一观念必须更新，正因为他们是不受薪的，志愿者将从服务社会、服务他人的成就感中获得最大的满足。对于社会组织而言，每个志愿者都是组织宝贵的人力资源，是最有尊严平等的受薪员工的同僚。志愿者参与的过程也是自身成长和社会价值实现的过程，只有这样，志愿者才能保持持久的工作热情和创造力。

（二）培训的特殊性

由于对志愿者基本素质的要求不同于政府部门及营利企业对员工的要求，在其招募、使用与管理中也必然有所区别。从培训的角度来看，培训内容除了一般意义上的技能培训与岗位培训，还需要特别强调使命感培训、责任感培训、道德感培训。值得一提的是，志愿者的素质培养并非仅仅通过课程培训，更需要借由日常工作的潜移默化与组织一贯坚持的管理风格进行影响教育，志愿者的培训需要与积极向上的组织文化融为一体。

使命感培训——向他们描绘组织使命远景。组织要让成员了解组织工作计划的全貌以及看到他们自己努力的成果，成员越了解组织目标，组织的领导者越要弄清楚自己在讲什么，不要把事实和意见混淆，不断提供他们与工作有关的组织重大资讯。若充分公告，则成员不必浪费时间、精力去注意小道消息，也能专心投入工作。

责任感培训——授予组织成员相应的权力。授予不仅仅是封官任命，领导者在向组织成员布置工作时，也要授予他们权力，否则就不算授予，所以，要帮被授权者清理心理障碍，让他们觉得自己是在"独挑大梁"，肩负着一项完整的职责。组织在授权时要遵循两项要求：一是让所有的相关人士知道被授权者的权责；二是一旦授权之后，就不再干涉。

道德感培训——中国有句古话："先做人，后做事。"比较一致的观点认为，无论是营利组织还是社会组织，首先应该是培养人的学校，其次才谈得上组织的使命。因为社会组织的志愿性，那些有优良职业道德的人才堪称一流的志愿者（或成员）。社会组织必须树立起这样的管理观念：只要员工有为公众服务的吃苦耐劳精神，即便离开了，也应该是一个对社会有用的人。所以，组织在管理过程中，应以组织一贯坚持的道德准则来培训自己的员工。组织内部一旦形成这种价值观，组织的成员会努力为组织争取荣誉。

（三）激励方式的特殊性

与受薪员工相比，社会组织的志愿者与组织之间缺乏责任相关性，以及利益的直接相关性。因此在对成员尤其是对志愿者的约束和激励中，目标激励、人本管理、柔性管理与组织文化建设显得格外重要。一方面，要通过以组织使命为核心的组织文化建设，厘清组织目标以吸引和留住志愿者，以组织行为带动和约束志愿者行为，呼唤起志愿者的责任感和使命感，并用组织和社会的认同使其感受到自身价值。另一方面，要贯彻人本管理理念，践行柔性管理。领导层和高级管理层应借由愿景、使命、目标、准则去激发其内在的积极性，而不是热衷于制度、结构和模式。

三、志愿者管理的要素与过程

（一）志愿者管理的规划与开发

志愿组织的目的和目标的规划和开发为构建志愿者计划奠定了坚实的基础。它还介绍了志愿者管理的实用工具，有效地指导志愿者实现组织的使命。规划是决定组织在后一段时间内追求哪些目标和怎样做才能实现这些目标的过程。使用该组织的使命声明，志愿者管理者可以开始判断、制定并实施志愿者的有效管理的策略。志愿者管理者必须研究几个关键领域，并确定行动的具体课程。这些关键领域可以通过询问下列"W"的问题得到解决。

志愿者：
- What

志愿者的职责是什么？（工作描述）。

需要什么类型的志愿者？（短期、长期、实习生、办公室工作）。

- When

我们什么时候需要志愿者？（长期性的、一次性的、白天、晚上、特殊事件）。

- Why

为什么组织要招募志愿者？

● Where

哪里需要志愿者？（学校、无家可归者的避难所、疗养院、医院）。

● Who

哪种类型的志愿者会胜任该项任务？（性别、种族、年龄、所需要的技能、个性）。

志愿者管理者：

● What

志愿者管理者的职责是什么？

● Who

谁将会成为志愿者管理者？

谁将会管理志愿者管理者？

● Where

志愿者管理者会在哪里工作？（现场、异地）

● When

志愿者管理者的工作时间？（白天、晚上）

● Why

为什么需要志愿者管理者？

其他"W"问题（在规划和开放中应包括政策和程序）：

面试和筛选的程序是什么？什么行为会被认为是不恰当的？终止志愿者行为的正当理由是什么？有关保密的政策是什么？什么是志愿服务，以及志愿者如何保护自己的利益？组织的道德价值是什么？志愿者会接受什么样的培训？谁负责评估志愿项目成效？

规划和发展的另一个任务是要了解志愿者的需求、愿望和动机。这会给志愿者管理者在管理志愿者和招聘志愿者时带来巨大的好处。动机驱使我们实现愿望。但是，动机只会在有激励因素时才会发生作用。一个研究人格与社会心理学的杂志指出人类前四名的心理需求是自主性、竞争力、相关性和自尊（Elliot，Kim，Kasser and Sheldon；2001）。了解动机并把这些理念实施在管理过程中，这会使得志愿者和志愿者项目从中获益。

（二）志愿者招募与选拔

对于志愿组织而言，志愿者招募是寻找满足组织需要的志愿人员的过程，招募志愿者组建自己的团队是实现组织使命的重要保证。成功的志愿组织往往非常重视志愿者的招募工作。

有效的招募需要运用一定的策略，包括招募区域的选择、志愿者人力供应状况的考量、招募范围内人们的意愿及组织可以投入的资源等，解决这些问题对于志愿者招募成功与否影响重大。要招募志愿者，组织就要先了解志愿者的潜在追求。由于志愿者的动机通常是多元且混合的，而志愿者复杂的动机会限制他们可以做的及将会做的，管理者如果无法配合志愿者复杂的动机，而只安排他们完成组织需要的任务，则将很难招募到新的志愿者，而且维持原有志愿者也很不容易。对于志愿者人力资源的管理而言，甄选志愿者是志愿者管理成功的第一步，应选择一个最适合的人（Best Qualified），而不是选择一个完全符合资格的（Fully Qualified）。前者是对那些符合条件者再进一步排序，从中选出最符合职位需求与组织需求的人。

在社会组织志愿者的招募与甄选中，最关键的三个环节就是发布招募信息、招募方法和甄选的方式。

（1）发布招募信息。在确定了招募计划即招募志愿者的数量和质量后，就要发布招募的信息。这些信息包括招募志愿者的数量、招募与甄选志愿者的标准、志愿者的工作职责，等等。同时，还可以开展各种志愿者服务宣传活动，让人们了解志愿服务的内容，激发人们的志愿热情。应注意的是：信息发布的范围是由招募志愿者的范围来决定。发布的信息面越广，接受信息的人就越多，应聘者也就越多，这样可能招募到合适人选的概率就越大；在条件允许的情况下，招募信息应尽早向人们发布，这样有利于缩短招募的进程，也有利于更多的人获得信息；招募对象应该处在社会的某个层次上，要根据岗位的要求和特点，向特定的人员发布信息。

（2）招募方法。即招募的渠道。社会组织招募志愿者多采用的方法是通过政府机构组织动员、向各大院校招募、通过其他社团招募或向社会公开招募，即通过人才交流中心、职业介绍所、劳动力就业服务中心等就业媒体，报纸、杂志、电视广告等新闻媒体，或通过互联网招募等。我国的社会组织开展大型项目时采用的招募方式主要是通过政府机构组织动员和向各大院校招募。

（3）甄选方式。由于在项目中志愿者招募的数量大，要求也各不相同。因此，社会组织在甄选志愿者时要采取灵活多样的方式。应确定甄选的标准、甄选的流程，如：初试、复试；考核的方法，如：笔试、口试、面试、问卷测试、电话测试等。

招募之后，有时新人会因多种原因选择离开组织，所以，志愿者管理者可以采取多种活动，来让新志愿者完整地认识工作内容、工作场所与社区的环境。如：介绍给组织内相关的人认识，帮新进者树立良好的第一印象；说明工作内容与范围，给予正确的工作指导；协助建立自信心，在志愿者开始工作之前，要先了解哪些工作适合他们，然后再安排适当的工作；协助了解组织的文化,学习什么该做和什么不该做;安排资深志愿者传承给新进志愿者,但要谨慎选择人选,不要带来不良示范;等等。另外,工作环境的介绍尤其重要,使志愿者能在最短的时间内熟悉环境,然后自在、安全地提供各项服务。刚加入者或多或少都有陌生感,因此,塑造一个容易被接受的工作环境,是留住志愿者的重要步骤之一。

(三)志愿者培训

志愿者在正式上岗之前,应该要对志愿服务的相关知识、岗位情况等有所了解,这些知识能够帮助志愿者更好地完成服务任务。因此,对志愿者的培训是志愿者团队建设的重要环节。

训练是经验得以扩展的主要形式,通过训练可以激发志愿者潜能,使他们具备执行任务所必备的技巧与知识,从而提升服务能力,促进服务动机与士气,发挥服务效果。更重要的是,训练可以标准化志愿者的行为,使志愿者看起来或采取的行动更相似,特别是在无法采用直接督导时,训练更加有效。经过良好的训练之后,志愿者可以更自由或更主动地发挥功能。因此,经过良好训练的志愿者需要的现场督导较少。但不幸的是在财政减缩的时代,训练有时被看成奢侈品,常常是第一个被减少或缩减的活动。

需要注意的是,训练与员工发展是有分别的。训练是一种社会活动的标准化过程,重点是可以现学现卖的知识与技巧。至于员工的发展则更具未来取向,主要是为了提高志愿者输送工作服务的能力。

(1)确定培训的方法。社会组织应首先对接受培训的志愿者进行分析,针对不同的志愿者,采取不同的培训方法,才能使培训达到应有的效果。应考虑如下一些问题:如参加培训的志愿者受教育程度如何?志愿者的期望是什么?在接受培训时,他们所关注的问题是什么?受训者的知识水平、态度和相互关系如何?志愿者是否做好了接受技术指导的准备?接受培训是出于自愿,还是听从上级要求?通常,社会组织对志愿者的培训采取以下一些方法:①讲座。以讲座形式为志愿者传授认知性材料和口头指导。②研讨。志愿者以小组的形式就某个特定的培训主题进行讨论。③经验练习。模仿实际的工作,培训志愿者在以后实际工作处理可能遇到的问题的能力。④角色扮演。让志愿者参与到与真实情况一样的场景中去。⑤案例研究。志愿者根据提供的案例材料,确定问题,并提出解决方案。⑥视听技术。利用录音、录像及互联网等视频技术对志愿者进行培训。

(2)确定培训的内容。志愿者培训内容可归纳为两个范畴:基础理论、技巧训练。每项培训活动须平衡两者的比重,避免培训活动流于表面化。基础理论内容主要包括志愿服务工作概念和社会组织的服务宗旨、发展历程、取得的成果等。技巧训练主要包括：①志愿服务技巧，即人际沟通技巧、自我认识及活动程序设计技巧。②特别技巧培训，包括急救训练、小组合作技巧。③管理技巧培训，主要有服务策划课程、领袖才能训练、资源管理等。

（3）开展培训。正式的培训是在志愿者正确定位的基础上进行的，培训将使志愿者为承担特殊的责任做准备。在志愿者培训里，一般要涉及两个领域：①志愿者工作的描述，为什么要做志愿者和为什么要完成设定的工作，什么东西不能做，在特定环境下必须做的事情等。②角色和责任，与什么人一起工作，责任定位，他人的角色定位。

对于志愿者的培训，不论使用什么方法，如正式培训、指导、咨询等，最重要的是没有千篇一律的培训方式，培训内容和培训方式因地、因人、因机构而不同，但培训本身是必需的。

（四）志愿者激励

加强对志愿者的激励是培育志愿精神的重要途径，是构建社会主义和谐社会，建设社会主义精神文明的需要。

激励就是激发人的动机、使人产生一种内在的动力，朝所期望的目标前进的心理活动和行为过程，激励行为对于培养志愿精神有着十分重要的指导作用。第一，通过激励可以端正青年志愿者的服务动机，帮助他们树立正确的价值观和责任感，使服务意识内化为长期而自觉的行为。第二，通过激励可以提高志愿者的综合素质，使其掌握牢固的专业技能，在各自擅长的领域更好地为社会大众服务。第三，通过有效的激励可以解决志愿者流动频繁、人才流失的问题，让他们更加愿意留在志愿组织里，为志愿服务事业发挥才能和贡献力量。

组织主要提供福利和奖励两种激励措施，福利与绩效之间的关系并不明显，所以福利的激励效果并不显著，甚至对于组织而言，福利意味经营成本的增加。奖励措施对志愿者来说，代表了组织对志愿者的重视程度，并且对志愿者进行适时的奖励可以提高工作士气与满意程度，除了年度表扬大会、聚餐之外，茶话会、真诚的感谢、征求志愿者的意见，倾听、信任志愿者，生日时寄张贺卡，体谅志愿者的时间安排，提供较佳的工作设备、响亮的头衔等都是奖励的形式与方法，要适当地采用。

不同的志愿者有不同的动机，唯有针对不同的志愿者采用不同的激励方法，才可能满足其不同的需求。给予志愿者荣誉感与尊重，将会改变他们对工作的态度。拍拍肩，一个微笑或给予更多责任等非财物报酬，则会传达出管理者的信赖。假如他们已经受过训练，可以让他们自己管理自己，不要时时监督他们，将会提高志愿者的满足感。除了外在的实质的奖励之外，也要强调来自于工作本身的内在报酬,如更多的责任、更有趣的工作、个人成长的机会、参与决策、更多的自由裁量权、多样化的活动等,而其内容则有赖于管理者加以精心设计。

奖励的运用要注意的是过度的物质性奖励会使奖励的意义大于工作的意义,消除了个人的内在动机,使个人丧失实际行动的动力,甚至因为竞争奖励而伤害了志愿者彼此之间的感情。因此,奖励时别忘了重在强调志愿者内在的助人动机,及志愿服务的体验对个人的帮助。奖励或激励措施都只是手段,追求人性自助、互助的精神才是目的所在,绝对不要把手段当成目的。

我国加强志愿者激励机制,首先,应强化对志愿者的培训。由于志愿者普遍缺乏有关志愿服务的专业知识,纵有满腔热情,也无法进行有效的志愿服务。开展一系列组织价值观和服务技能的培训,可以实现志愿者自身素质的提高和社会组织效能促进的双赢。组织可以将志愿者按照爱好、特点或知识结构分为若干成员小组,进行有针对性的不定期的职业培训,在有志愿活动时,就依据活动的需要来分配志愿者。具体的培训内容应包括沟通能力和志愿服务能力,以提高服务质量,充分发挥志愿者服务的教育目的。

其次,建立社会组织的共同愿景。社会组织在从事活动的时候务必要强调组织宗旨的崇高价值和组织的使命感,建立起组织成员的共同愿景。所谓共同愿景,是指"这个组织中所有成员发自内心的意愿。这种意愿不是一种抽象的东西,而是具体的、能够激发所有成员为组织的这一愿景而奉献的任务、事业或使命,它能够创造巨大的凝聚力"。要注重志愿组织的文化建设,倡导团队精神。组织文化建设一方面要发挥青年志愿者的主动性和社会教育的作用,加强团队精神培养;另一方面还要加强青年志愿者自身的情绪管理能力和协作能力的培养,把思想教育、德育教育融于组织文化,使其各个方面的能力得到共同发展。

最后,构建志愿者组织的长效工作机制。构建志愿者组织的长效工作机制是解决青年志愿者队伍不稳定、行动不持久、动机功利化等诟病的根本途径。要通过制度设计和规范管理,一方面强化对青年志愿者持续服务的激励,另一方面鼓励更多的青年加入志愿者队伍中来。实践证明,社会组织能够取得的成功在很大程度上归功于良好的管理,越来越多大型活动的开展要求组织者具备良好的专业技能和丰富的经验。要锻炼培养优秀的青年志愿者骨干,吸收他们参与志愿者组织的管理,从而保持志愿者队伍的流动性和梯队性。

(五)志愿者的督导与评估

对志愿者的督导与评估正如激励一样,都必须贯穿于社会组织志愿者管理的始终。在志愿服务项目过程中,由于工作任务的繁多、工作时间的加长、工作中的突发事件，志愿者们的工作热情难免会有所降低，有时甚至会有不良行为，这样不仅不利于志愿工作的开展，更损坏了志愿者自身的形象。志愿者虽然提供的是无偿服务，但是为了提高工作效率，同时也为了志愿者自身的改善，对志愿者的工作进行督导和评估是十分必要的。督导是志愿者管理中不可缺少的一部分。通过监督志愿服务项目、志愿者的工作执行情况和完成情况，来指导和协助志愿者处理他们面对的问题，以保证志愿服务的顺利进行。在志愿服务过程中，由于各方面的原因，志愿者可能出现消极的工作态度甚至退出。对志愿者进行督导，目的在于随时监督志愿者的工作状态，对志愿者的工作进行及时的指导纠正，并根据实际情况对不同岗位的志愿者进行有效的调配。

督导的方法有如下几种：①个人面谈。了解志愿者的个人需求，对志愿者出现的个人状况进行辅导，提出中肯的建议及批评。②小组督导。可由各个部门的负责人对该部门的志愿者进行督导，定下小组的工作计划，并适时检查计划的完成情况。③集体讨论。与志愿者客观地分析工作中的成果并寻求改进的办法，通过相互讨论和支持建立志愿者之间的情感纽带和凝聚力。④现场督导。除对志愿者进行观察外，还可以同志愿服务对象接触，掌握志愿者的工作情况，有助于给予志愿者更有效的回馈。

在项目开展过程中及项目完成之后，需要对志愿者的服务作出客观的评估。严格地说，评估是督导过程中的一部分，是督导的继续，它对保持志愿者的积极性非常关键，其重要性也是不容忽视的。对志愿者的评估就是指收集、分析、评价和传递有关志愿者在其岗位上的工作行为表现和工作结果方面的信息情况的过程。简单地说，就是对志愿者在项目过程中对社会组织的贡献作出评价的过程。

评估方式有如下几种：

（1）非正式评估与正式评估。非正式评估是指经常性、不间断地对志愿者的行为提供反馈，包括：赞扬志愿者的行为并鼓励其保持；对志愿者行为的偏差提出建议，询问"进展如何"；抽出时间认真询问；访问志愿服务对象，并把意见反馈给志愿者；与志愿者一起研讨解决问题的思路等。非正式评估基本上是一个激励过程，具有私人特征，需要花费时间，但对志愿者的影响很大。

正式评估是指在项目结束后，对志愿者的工作进行正式鉴定，对志愿者的优缺点进行记录和评价。如召开工作总结大会，对志愿者的工作表现进行奖励和惩罚。

（2）定量评估与定性评估。定量评估是指运用数量指标来进行评估。社会组织可以设计一些意见表或问卷让服务对象和志愿者填写，根据收集的多项数据进行分析。涉及的指标例如志愿者的工作服务时间、迟到的次数、技能的多少、服务态度、言行是否礼貌、形象是否端正等。这种方法用直观的数据来表述评估的结果，看起来一目了然。但往往为了量化，可能使本来比较复杂的事物简单化、模糊化了，有的意见被量化以后可能被误解和曲解。

定性评估是从另外一个角度来进行评估。它主要是以与志愿者的深入访谈作出的个案记录为基本资料，然后通过一个理论推导演绎的分析框架，对资料进行编码整理，要求一条条地原汁原味地反映志愿者的思想和意见，然后在此基础上作出调查结论。访谈的内容如：你认为自己有何改善；你和其他志愿者与正式员工是否相处融洽；你在志愿服务时遇到了什么难题，是怎么解决的等。定性方法可以避免上述定量方法的缺点，可以挖掘出一些蕴藏很深的思想，使评估的结论更全面、更深刻。但它的主观性很强，需时较长，资料也难于归纳。再加上项目中志愿者人数较多，不可能对每个人都进行访谈。

（六）志愿者管理的制度环境

管理志愿者绝不是凭经验或诉诸情感就可以成功的，而是要制定一套管理办法，通过制度化的安排来实现。虽然很多社工人员在专业社会化的过程中，对"管理"没有好感，甚至认为管理违反了社会工作的专业价值与理论，而宁愿以人际取向的方式与志愿者互动。但从社会心理学观点来看，对加入的团体所付出的辛劳越多，越喜欢加入该团体。由此可以推论，管理者需要建立一套明确而具体的制度，要求志愿者遵守，这并不总会引起抗拒，反而可能会使志愿者更趋于对组织的认同。

所谓制度化，是指社会行动和社会关系的规则化，包括交往规范、价值标准、角色的固化、实体化等，它是社会行动和社会关系处于比较稳定和可持续发展的状态。作为社会生活方式的选择，制度化既包括制度规范对社会行动的制约（显性制度化），也包括人们对各种制度和规则的理解、认同与遵守（隐性制度化）。推动志愿行动的制度化发展，就是要把志愿行动作为一种社会生活内容来推动和强化，使志愿者组织和志愿者的行为能够得到有效规范，也使志愿行动能够作为一种具有崇高道德品性的行为方式被全社会共同理解、接受和认同。

我国缺乏保障志愿者权益的志愿服务立法。可可西里志愿者遇难事件给志愿者权益保障上了强有力的一课，志愿者权益持续得不到保障，将不能免除志愿者参与的后顾之忧，长此以往，将严重挫伤志愿者参与的积极性，为避免志愿者在参与志愿活动的过程中出现意外，志愿活动组织应该购买意外伤害保险，或者采取其他基本权益保障措施。

首先，加强志愿者组织和志愿者的注册管理。建立和完善志愿者组织和志愿者的注册管理是推动志愿行动制度化发展的重要举措。对志愿者组织实行登记许可，建立在科学分类和分层基础上的志愿者组织准入制度，是志愿者参加志愿行动、提供志愿服务的合法性前提。针对满足特定条件（即限定的活动领域、限定的资金规模、限定的会员人数、限定的活动地域等）的志愿者组织，要根据相关法规进行受理、分类、登记并予以认可，使之成为特定的志愿者组织法人并获得相应的法律保障以及享有相应的政策待遇，也接受监管机关较为严格的监管和社会监督。在志愿者组织登记许可制度之上，实行更加严格的公益法人认定制度，对于认定成为公益法人的志愿者组织，一方面给予财政和税收等方面最大限度的优惠待遇，另一方面进行更为严格和规范的行政监管及社会监督。由此构建的分级分类的志愿者组织注册管理制度，既有利于拓宽志愿者组织的准入范围，以零门槛的设定解决志愿者组织合法性的问题，也有利于突出政府的政策导向，为公益性志愿者组织的发展创造更好的制度环境。为了规范对志愿者组织的制度化管理，还应在现行民间组织管理局的基础上成立独立的志愿者组织监管委员会，将目前由业务主管单位行使、分散在相关部委和单位行使的对志愿者组织的各项主要的行政职能统一到志愿者组织监管委员会中来，由其统一行使对志愿者组织的备案、登记和监管的职能。同时，对那些具有很强专业要求的志愿者组织（如康复助残志愿者组织等），应当由相应的业务部门或政府授权的中介组织进行资格认证和必要的业务指导。至于志愿者的注册，可以参照《民政部关于在全国城市推行社区志愿者注册制度的通知》（民函〔2007〕319号），在街道层面或社区层面成立社区志愿者组织的地方，可以依托社区志愿者组织开展注册工作；尚未成立社区志愿者组织的，可由街道办事处和社区居委会负责注册工作。负责注册的组织应向志愿者颁发"中国社区志愿者证书"并标明注册号码，全国通用、终生使用。同时，应以区（市、县）为单位建立一个全国互联互通的志愿者注册管理系统，让志愿者参与志愿行动的情况可以在网上随时检索。

其次，加强志愿者组织的规范化管理。良好的外部制度可以为志愿者组织提供一个宽松的生长发展的环境，有利于志愿者组织充分发挥自身潜力，开展志愿行动，发展志愿服务事业。完善的内部管理制度有利于维系、整合志愿者组织各部门、志愿者组织与志愿者、志愿者组织与社会等各个要素之间的关系，有利于志愿者组织的保障和稳定发展。完善的内外部制度建设，有利于志愿者组织充分发挥组织功能，为成员提供一种规范、平等参与社会生活的方式，提高组织效率，提高了组织及其成员的合法性。只有加强志愿者组织的规范化管理，志愿者组织才能为自身的发展谋取到更多的人力、物力、财力等资源，才能不断地提升自身的开展志愿行动和提供志愿服务的能力。

截至 2012 年底,全国依法登记的社会组织 49.2 万个加上尚未登记的草根社会组织和在华活动的境外社会组织估计约 300 万个。目前全国各地都成立了许多志愿者组织,志愿服务活动日益深入人心,品牌化影响也越来越大,到处都能够看到志愿者服务奉献的身影。但是,由于相关制度及法律的不健全,全国 70%的市县没有专门的社会组织登记管理机构和专职工作人员,对志愿者组织无力监管或监管不到位情况较为普遍,志愿者组织和志愿者在开展志愿行动过程中发生摩擦和法律纠纷的情况也时有发生。近年来,有个别人或个别企业假冒志愿服务名义从事商业宣传或盈利经营活动,还出现过冒充志愿者进行强买强卖,甚至偷盗拐骗的违法行为,严重损害了志愿者组织和志愿者的声誉。其中,"郭美美网络事件"就是一个典型案例,它使红十字会的公信力受到了严重影响。正如新任中国红十字会党组书记、常务副会长赵白鸽所言:郭美美事件三天毁掉红十字会一百年。① 这一事件对加强志愿者组织的规范化管理是有深刻启示的。

最后,加强志愿行动的立法和相关制度建设。立法是支持志愿行动和保障志愿者、志愿者组织权益的基石,也是最根本的制度安排。对志愿服务立法有助于公众对志愿服务基本原则和理念的认知,有助于解决志愿服务过程中出现的重大问题,有助于维护志愿服务各方的合法权益,有助于志愿服务活动的规范运作和志愿服务事业的健康发展。加强对志愿服务的立法,把志愿行动纳入法制化管理的轨道,是志愿行动步入公众视野、实现其作用并逐渐成熟的重要标志。1999 年广东省人大率先通过了《广东省青年志愿服务条例》,成为中国第一个关于志愿者的地方性法规。近几年,山东、宁波、福建、黑龙江、北京等省市也出台了相关的地方性法规。但从总体上看,目前中国志愿服务的立法仍然处于区域性立法尝试、全国性立法呼吁的阶段,严重滞后于志愿行动和志愿服务蓬勃发展的需要。现有的一些制度规定也存在不少局限,如《基金会管理办法》、《公益事业捐赠法》、《社会团体登记管理条例》、《民办非企业单位登记管理暂行条例》等,其中不少规定都相对笼统,缺乏可操作性,不能起到保护和激发企业、个人捐赠的积极性的作用。所以,目前中国志愿服务组织的资金来源主要是政府,企业捐赠和个人捐赠并没有形成规模。为此,如何通过制度设计来形成"财政拨款+基金资助+社会赞助"的资金筹措机制,多种渠道解决志愿服务经费不足,是当前推动志愿行动制度化发展需要认真研究并重点解决的突出问题。

---

① 赵白鸽.郭美美事件三天毁掉红会一百年 [EB/OL]. http://news.sina.com.cn/c/sd/2011-11-15/003423465318.shtml.

第七章 社会组织的财务运行

关于经济事件的核算与报告最早记录在古老岩洞的石墙上，而后逐渐演进，到目前已经发展到运用复杂财务记录并编制精深财务报告的地步。在这期间，会计方法除某些改变具有激变性质外，大部分变化则是演进性的。直到 20 世纪晚期人们才非常关注非营利领域组织会计核算和报告以及财务的运行。赫兹琳杰强调，社会组织必须确保财务健康和运行良好，因为它事关组织的成败以及公众的信任。随着我国政治经济体制改革向纵深发展，可以预见社会组织将获得井喷式发展。为推动社会组织的可持续发展，良好的财务运行和管理便成了亟待解决的问题。

第一节 社会组织财务运作概述

一、从财务视角看社会组织的特性

（1）可以从捐赠者那里获得相当数量的资金，这些提供者并不期望从其所提供的资金中获得大致成比例的补偿或经济利益。顾客不是主要的资金来源。社会组织产品和服务的受益者可能并不付费或以低于服务成本的价格付费。

（2）组织提供产品与劳务并不在于取得利润或利润等价物。如图 7-1 所示，与企业的单一系统不同，社会组织具有并行不悖的资源动员开发系统和服务提供系统。社会组织的资金主要来自政府资助、企业、基金会或个人捐赠、境外资助，而人力资源需要与企业在同一人才市场上竞争，其所获资源的数量并不直接依赖于它所提供的产品和服务。社会组织一方面要投入大量的人力、财力等组织资源从事募款，动员与开发资源，另一方面，必须使组织资源合理有效地服务于公益使命，提供公益产品和服务。

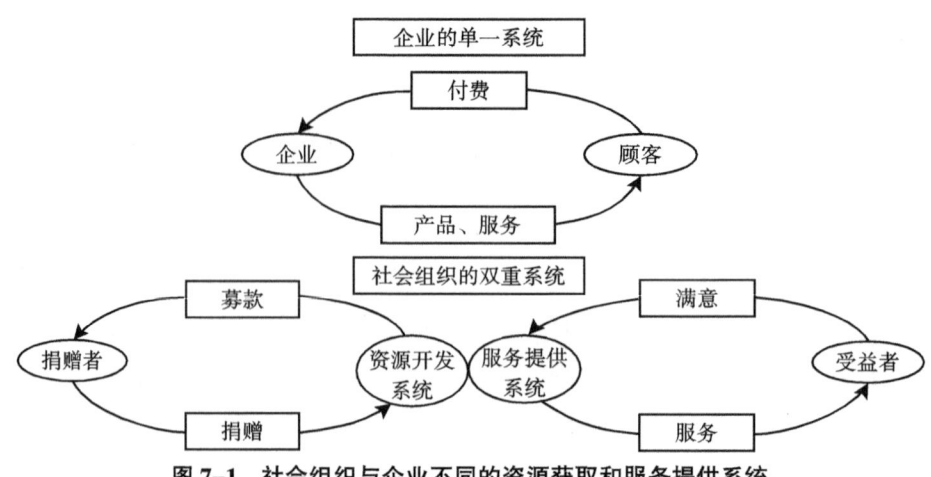

图 7-1 社会组织与企业不同的资源获取和服务提供系统

（3）利润不得分配。社会组织在向其会员或社会公众提供产品或服务的同时，并不排除会获取相应的收入或收取合理的费用，组织运营需要盈利，不过，社会组织取得的利润（通常称之为净收入）必须用于完成组织的使命，绝对禁止在组织的存续期间以及解散时向任何人进行分配，这是将社会组织和企业区分开来最重要的特征。该特征决定了社会组织的商业活动与企业的商业活动的本质差别。

（4）产权的公益性。与企业所有权结构不同，社会组织的捐赠人在转出资产时自动放弃了所有权，因而并不享有组织的产权，不期望取得任何经济上的利益，对组织的剩余财产没有要求权，甚至可能既不享有组织提供的产品或服务，也不参与组织的运营决策。所以，与政府的国有产权和企业的私有产权相比，社会组织的产权是介于国有产权和私有产权之间的准公共产权。

二、社会组织财务管理的目标

组织的财务管理目标取决于组织本身的目标。众所周知，作为营利组织的企业，其出发点和归宿都是盈利最大化。企业的目标可以概括为生存、发展与获利。企业只有生存才可能获利，只有发展才能求得生存，只有获利才有生存的价值。因此，企业财务管理的目标也就与获利紧密相连，追求利润最大化。社会组织的财务管理目标同样取决于社会组织本身的目标。西姆和斯格尔（Shim and Siegel）（2000）基于社会组织的非营利性以及与营利组织的比较明确指出（见表7-1），社会组织财务管理的目标就是实现组织的稳定与发展，进而实现组织的行为目标和社会责任。社会组织财务管理体现了其目标的差异性。

表 7-1　营利机构的目标和非营利机构的目标对比

营利机构的目标	非营利机构的目标
1. 持有最多的股份 2. 利益极大化 3. 最大边际效益 4. 行为目标 5. 社会责任	1. 稳定 2. 使命责任 3. 行为目标 4. 社会责任

资料来源：Shim & Siegel, Financial Management.

诚然，从社会组织自身而言，社会组织的产生是为了更好地提供社会服务，社会组织的整体目标就是实现组织的社会使命，其财务管理的目标不是简单地追求利润最大化，而是通过财务管理相关的约束和控制，使其单位内部建立和完善符合管理要求的财务管理结构，依法、科学地规范社会组织的财务收支行为，督促社会组织建立行之有效的财务风险控制系统，强化风险管理，为组织的利益相关者提供准确、及时、完整的信息，增强组织内外沟通的有效性，确保组织履行职能过程中各项业务活动的健康运行；通过财务控制堵塞漏洞，防止并及时发现和纠正各种欺诈、舞弊行为，保护组织资产的安全完整，实现保值增值，维系组织的持续运行。

三、社会组织会计核算的特点

我国社会组织一直按《事业单位会计准则》和《事业单位会计制度》的要求运行。尽管近年来社会组织在我国取得长足发展，但长期缺乏一套针对社会组织的财务会计制度。由于事业单位会计准则和会计制度主要规范国有事业单位的会计行为，无法反映所有社会组织财务活动的特点和会计核算与财务报告的要求，无法向利益相关者提供全面、完整、真实的财务会计信息，因此为适应社会组织的发展，《民间非营利组织会计制度》在 2004 年 8 月 18 日由财政部颁布，2005 年 1 月 1 日开始执行。

该制度说明了社会组织会计核算一些主要特点。

（一）关于会计目标

鉴于民间社会组织的资金来源主要是社会各界的捐赠、会员交纳的会费、接受服务对象（如学生、病人等）交纳的服务费等，该制度将满足捐赠人、会员、服务对象、债权人、监管部门等会计信息使用者的决策需要作为社会组织的会计目标，设计其会计报表体系和财务会计报告应予披露的信息。

(二) 关于会计核算基础

该制度引入了权责发生制原则,[①] 从而要求民间社会组织计提固定资产折旧,进行成本核算等,有助于民间社会组织加强资产负债管理和成本管理,提高运营绩效,有效弥补收付实现制[②]会计的不足。

(三) 关于会计计量基础

该制度在坚持以历史成本为计量基础的同时,对于一些特殊的交易事项,如捐赠、政府补助等,引入了公允价值等其他计量基础。这主要是由民间社会组织的业务特征所决定的,其许多资产的取得并没有实际成本,比如捐赠资产、政府补助资产等都是无偿取得的,如果严格按照实际成本原则将难以进行确认和计量,从而难以实现真实、完整反映的目的。

(四) 关于收入的确认

考虑到社会组织收入来源的特殊性,该制度将民间社会组织的收入区分为交换交易形成的收入和非交换交易形成的收入,分别界定其确认标准。对于按照等价交换原则所进行的交易,按照交换交易收入的确认原则进行确认和计量,对于按照非等价交换原则进行的交易,如政府补助、捐赠等,按照非交换交易收入的确认原则进行确认和计量。

(五) 关于费用的分类

由于该制度规定民间社会组织的会计核算基础为权责发生制,而且业务活动表的主要功能是用以评价民间社会组织的经营绩效,所以,该制度要求在对费用的会计核算中应当严格区分业务活动成本和期间费用,其中,期间费用包括管理费用、筹资费用和其他费用。

(六) 关于财务会计报告的内容及其组成

该制度根据民间社会组织的业务特点及其会计信息使用者的需求,要求民间社会组织的财务会计报告至少应当包括资产负债表、业务活动表、现金流量表三张基本报表以及会计报表附注等内容。

[①] 权责发生制,也称应计制或应收应付制,是以收入的权利和费用的义务为标准来确认本期收入和费用的方法,凡是当期已经实现的收入和已经发生或应当负担的费用,不论货币资金是否收付,都应当作为当期的收入和费用。凡是不属于当期的收入和费用,即使款项已在当期收付,也不应当确认为当期的收入和费用。

[②] 也称为现金制,或现收现付制,是以现金收到或付出为标准,来记录收入的实现和费用的发生。按照收付实现制,现金收支行为在其发生的期间全部记作收入和费用,而不考虑与现金收支行为相连的经济业务实质上是否发生。凡在本期实际以现款付出的费用,不论其应在本期收入中获得补偿均应作为本期应计费用处理;凡在本期实际收到的现款收入,不论其是否属于本期均应作为本期应计的收入处理;反之,凡本期还没有以现款收到的收入和没有用现款支付的费用,即使它归属于本期,也不作为本期的收入和费用处理。

四、社会组织会计的基本要素

(一) 资产

社会组织的资产,是指过去的交易或者事项形成并由组织拥有或者控制的资源,该资源预期会给社会组织带来经济利益或者服务潜力。按照资产的流动性可将社会组织的资产分为固定资产和流动性资产。具体而言包括流动资产、长期投资、固定资产、无形资产和受托代理资产等。许多社会组织还拥有特殊的资产,包括拥有大量的艺术品和历史文物。比如基金会接受捐赠的字画和其他艺术品,博物馆收藏的艺术品,以及其他具有文化或者历史价值并作长期或者永久保存的典藏等,也称文物文化资产。根据是否存在捐赠者附加条件以及限制条件的形式和性质,可以将社会组织的资产分为限定性资产和非限定性资产两类进行核算和列报,其中,限定性净资产是指其使用存在时间或(和)用途受到限制的净资产,除此之外的其他净资产即为非限定性净资产。限定性资产包括永久限定性资产和临时限定性资产。

(二) 负债

社会组织的负债与企业相同,是指由过去的交易或事项形成的现时义务,履行该义务预期会导致经济利益流出组织。通常,按负债的流动性不同,分为流动负债和非流动负债两类。流动负债类由短期借款、应付账款、预收账款、应付职工薪酬、应交税费、预提费用等项目组成。非流动负债类由长期借款和应付债券组成。

(三) 净资产

由于社会组织不以盈利为目的,而且社会组织财务资源的提供者并不享有企业剩余资产的要求权,也没有对捐赠人的利润分配,也不需要设置所有者权益要素,社会组织的结余或赤字反映为净资产或基金余额,即资产总额减去负债总额后的余额,来源基本上都是组织取得的各项收入减去发生的各项费用后的余额,这就决定了社会组织净资产的分类和列报与企业有明显不同。社会组织的净资产按照其使用是否受到限制进行分类,限定的条件包括时间限定和用途限定。因而,净资产应分为三类:永久限定性净资产、临时限定性净资产和非限定性净资产。

(四) 收入

社会组织的收入,是指在日常业务活动中形成并导致净资产增加的经济利益或服务潜力的总流入。社会组织的收入主要来源于自创收入、社会捐助与政府拨款。具体可以分为营业收入、接受捐赠收入、会费收入、投资收益等。

(1) 营业收入。社会组织的营业收入(也称交易收入)与企业的收入相同，是指组织按照等价互惠交易的原则，向其他组织或个人提供服务或销售商品所取得的收入。以美国为例，其社会组织每年支出将近万亿元，其资金大约20%来自私人捐赠，30%来自政府购买，50%来自服务收费。所以通过服务收费来保持社会组织的资金良性运行是非常重要的选择。

（2）捐赠收入。捐赠收入是社会组织收入的主要来源。与交易收入不同，接受捐赠收入具有以下五个特征：①无偿性，不存在未来不确定的事项，从而导致社会组织需要归还接受捐赠的资产或确认对捐赠人的负债；②有条件，捐赠人一般对社会组织如何使用捐赠资产提出限定条件；③非互惠性，接受捐赠不会导致等价的补偿；④自愿性，捐赠人自愿向组织提供捐赠；⑤非权益性投资，捐赠人不会以所有者的身份在组织里参与管理或享有其他权益。

（3）会费收入。会费收入，是指会员向组织交纳的各种会费，是会员制社会组织收入的主要来源。

（4）投资收益。社会组织的投资业务，既包括持有金融资产和权益性投资期间的股利和利息收入，也包括处置金融资产或权益性投资过程中实现的收益。

（5）政府资助。政府资助是社会组织重要收入来源。政府主要以财政拨款和购买服务的方式支持社会组织的发展。萨拉蒙教授主持的 CNP 项目数据显示：在 22 个国家的慈善组织来源中，政府公共部门的投入占了 40%。其中，美国慈善组织资金的 30%来自政府，日本是 45%，德国是 64%，法国是 58%，英国是 47%，以色列是 64%，澳大利亚是 31%，爱尔兰和比利时则高达 77%。

（五）费用

在权责发生制的核算基础下，社会组织应当设置费用要素。费用是指在日常业务活动中发生的、导致净资产减少的经济利益或者服务潜力的总流出。费用按照其功能分为营业成本、项目成本和期间费用（包括管理费用和筹资费用）。主要包括以下几项。

（1）营业成本是指社会组织通过提供产品或服务取得营业收入过程中所发生的成本，与当期的营业收入相配比，比如互益性社会组织对其会员提供的产品或服务的成本，博物馆对外出售纪念品的成本都属于营业成本。

（2）项目成本也称业务活动成本，是指社会组织为了实现其目标，开展各种项目活动所直接发生的各项费用，比如慈善组织在举办各种慈善活动中所发生的各项支出。项目成本是社会组织发生的主要费用形式，与营业成本不同的是，项目成本并没有收入与之相配比，因为公益性社会组织往往对受益人提供无偿的产品或服务。

（3）管理费用是指社会组织发生的不与产品或服务项目活动或筹资活动直接相关的管理其业务活动而发生的费用，它属于社会组织支持性活动所形成的成本，包括理事会费、预算和财务部门的费用、审计费用、管理人员的薪酬、交通费、办公费用等。

（4）筹资费用是指社会组织为了筹集业务活动所需资金所发生的各项费用，包括邮寄费、广告费、印刷费、场地费等。比如，慈善组织举办一些特别筹款活动（包括晚会、球赛、义卖等）来筹集所需资金。

第二节 社会组织资金运行中存在的主要问题

一、社会组织资金运行中的主要问题

（一）预算管理落后

2014~2015年，通过对湖南、浙江、广东、青海等省的实证调研发现，高达86%的社会组织对预算管理重视程度不高，许多有政府财政拨款的社会组织为了获取更多财政拨款，一味扩大支出预算，有些社会组织甚至没有编制预算。另外在实施预算管理的社会组织中，也存在不少问题。第一，预算表仅靠财务部门根据以往资料编制，其他部门参与度很低；第二，预算表的编制是一种形式，编制后各财务活动并未严格按照预算表内容执行，使预算管理不能发挥其应有的作用；第三，我国社会组织大部分实行的预算编制方法是基数加增长的模式，即每年预算支出分配采用的都是在上一年基础上增减的办法。这种模式的最大不足是承认了以往的资金供给范围和支出结构，不利于资金供给范围的科学界定和支出结构的调整。[①]

（二）资金缺乏

资金缺乏是当前我国社会组织所面临的一个普遍现象，有相当一部分社会组织处于资金不足境况，有时甚至无法开展正常活动，使得不少组织处于名存实亡"休眠状态"。调查显示，高达61%的社会组织资金短缺，80%的资金结构合理性差。收入渠道单一化，官办型社会组织70%的收入来源于政府的财政拨款，许多草根型社会组织则过分依赖于合作企业。

---

① 郑国安.国外社会组织的经营战略及相关财务管理 [M].北京：机械工业出版社，2001.

(三) 支出规模小且结构不合理

调查显示，每年支出总额在30万元以下的社会组织在我国社会组织中的比例达到80%，有些草根组织的支出额甚至不足5000元。在总支出中，实际用于组织服务的开展或项目支出，不到总支出的一半。开展项目与活动是组织存在的价值与理由，然而，目前我国大多数社会组织支出中人员的工资、奖金、补贴及其他管理费用所占比例过高，大大降低了社会组织的公信力。社会组织支出结构不合理还体现在组织很少提留应急基金，以备应急需要。调查发现，大量的社会组织把绝大部分支出用于当前的项目而忽视战略规划和组织能力的建设。

(四) 缺少高素质财务管理人员

调查发现大量社会组织是为了接受社会闲置资源，扶贫助困，为政府分忧解难而设立，也有不少社会组织是为了解决政府人员编制问题而设立的，这样就造成社会组织在财务人员构成上，高学历、高素质人员所占比例相对偏低。财务人员素质普遍偏低，缺乏全局意识、长远意识、创新意识和终身学习的意识和习惯，再加上财务人员少，处理事务多，财务人员满负荷地工作，等等，结果只能使其被动地处理日常事务，导致社会组织财务管理效能低下相对普遍。

(五) 财务信息不透明

虽然社会组织会定期向主管单位报送财务报表，且每年向登记机关报送年检报告。但部分大型社会组织每年业务量大，公开每一笔收入和支出需要付出大量的精力和金钱，而当前社会组织人员配置又不足，再加上监督机制的缺乏，这样就造成了捐赠人仍很难充分地了解他们所捐助的资金是否能被谨慎地按捐赠意愿适时使用。社会组织财务信息的不透明，引起社会组织公信度下降，这严重打击了社会公众捐赠的积极性，进而影响到社会组织的健康持续发展。目前，我国社会组织提供的财务报告普遍比较随意，可靠性、相关性和可理解性较差。

二、个案分析

下面以C基金会为例，对社会组织资金运行中存在的问题进行案例分析。①

(一) C基金会基本情况

C基金会是由中国侨胞联合发起，经国家民政部批准成立的全国性公募基金会，基金会的宗旨是发扬侨胞热心公益事业的优良传统，支持华侨事业和

---

① 陈业勤. 非营利组织资金良性运行研究 [D]. 中南大学硕士学位论文，2012.

侨界关心的经济、文化、科技、教育、卫生、福利等各项公益事业的发展,竭诚为社会服务,为海内外广大侨胞服务。

C基金会的业务范围如下。

(1)遵照捐赠人的意愿设立专项基金,资助侨界关心的各项公益事业的发展。

(2)资助弘扬中华文化和华侨历史研究活动,促进海内外文化艺术等方面的交流,合作开发有关项目。

(3)奖励为弘扬中华优秀传统文化,祖国的经济建设和科技、教育、卫生事业的发展,以及发展华侨事业作出突出贡献的华侨、华人、归侨、侨眷。

(4)用于符合基金会宗旨的公共宣传和其他有助于侨务事业发展的项目。

C基金会治理架构如下。

基金会内设理事会、监事会、秘书处和工作部门,如图7-2所示。理事会由业务主管单位的分管领导和侨界作出杰出贡献的人员组成,是最高决策机构。秘书处是基金会的执行机构,内设办公室、宣传部、财务部、专项基金部、联络部、爱心工程项目部及临时机构中国侨联援建北川中学指挥部。基金会在编人员共10名。

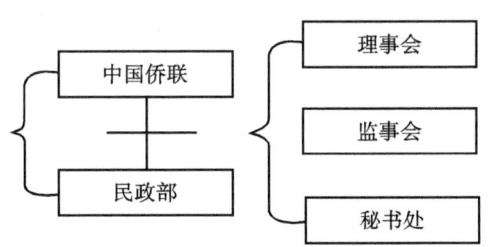

图7-2 C基金会的治理架构

(二)C基金会的历史回顾

C基金会经历多次更名,前身为中国华侨文化福利基金会。由中国侨联在20世纪80年代发起成立。

1985年12月28日经国务院侨办复文同意成立,1986年经报国家体改委备案认可后开始筹备工作,1988年6月25日经中国人民银行(1988)295号文批复同意成立,1992年8月3日经民政部正式颁发社团法人登记证书,系全国性基金会,拥有独立基金会法人,主管部门为中国侨联。理事长、法定代表人为LS。

1996年2月成立第二届理事会,理事长、法定代表人变更为当时中国侨联副主席HTF,秘书长ZXG。

1997年8月,秘书长变更为原中国侨联经济工作部副部长ZXY,其同时任副理事长。在第二届理事会领导下,基金会开始进行清理整顿,重新清理资产,改正借贷行为。截至1997年底,基金会资产总额达到421万元,达到全国性基金会的有关规定。1998年10月5日,民政部正式批复同意更名为中国华侨经济文化基金会。在1999年底至2000年初,按国家对社团、基金会清理整顿复查要求,再次对基金会进行整顿。按民政部范本修改了章程,建立完善有关制度,进行重新登记,办理法人代表变更等手续,获取新颁发的社会团体法人登记证书(社证字第4145号)和由国家质量技术监督局颁发的中华人民共和国组织机构代码证,代码为50001129-1,机构类型为社团法人。业务范围由"接受捐赠,专项资助"扩展为"募集资金,专项资助,国际合作",大大增加了基金会的业务范围。

1999年12月27日,第三届理事会成立。理事长变更为中国侨联主席LZS,法定代表人变更为当时中国侨联副主席GLG。ZXY为秘书长。2005年8月3日,基金会完成法人登记换证工作,登记证号为基证字第0060号。

2010年12月20日,第五届理事会第一次会议,QW当选为理事长,刘奇任秘书长。2011年3月31日,为进一步扩大服务范围,经民政部批准,再次更名为C基金会。

(三)C基金会资金运行情况

基金会的资金来源中除了成立之初获中国侨联1860万元的注册资金资助外,其他资金来源按基金会章程中规定有:组织募捐的收入;自然人、法人或其他组织自愿捐赠;基金本金利息收入;在核准的业务范围内开展活动或服务收入;投资收入、其他合法收入。透过表7-2与表7-3可了解C基金会的资金运行情况。

表7-2 资产负债表 201×年12月31日

单位:元

资产	行次	年初数	期末数	负债和净资产	行次	年初数	期末数
流动资产:				流动负债:			
货币资金	1	84888168.41	102777179.48	短期借款	61		
短期投资	2			应付款项	62	79514.40	80299.44
应收款项	3		34200.00	应付工资	63		
预付账款	4			应交税金	65		
存货	8			预收账款	66		
待摊费用	9			预提费用	71		
一年内到期的长期债权投资	15			预计负债	72		

续表

资产	行次	年初数	期末数	负债和净资产	行次	年初数	期末数
其他流动资产	18			一年内到期的长期负债	74		
流动资产合计	20	84888168.41	102811379.48	其他流动负债	78		
				流动负债合计	80	79514.40	80299.44
长期投资:							
长期股权投资	21			长期负债:			
长期债权投资	24	14456000.00	14000000.00	长期借款	81		
长期投资合计	30	14456000.00	14000000.00	长期应付款	84		
				其他长期负债	88		
固定资产:				长期负债合计	90		
固定资产原价	31	164183.00	413624.00				
减:累计折旧	32	91857.64	113464.24	受托代理负债:			
固定资产净值	33	72325.36	300159.76	受托代理负债	91		
在建工程	34						
文物文化资产	35			负债合计	100	79514.40	80299.44
固定资产清理	38						
固定资产合计	40	72325.36	300159.76				
无形资产:							
无形资产	41			净资产:			
				非限定性净资产	101	957752.97	4743072.30
受托代理资产:				限定性净资产	105	98379226.20	112288167.50
受托代理资产	51			净资产合计	110	99336979.17	117031239.80
资产总计	60	99416493.77	117111539.24	负债和净资产总计	120	99416493.57	117111539.24

表 7-3 业务活动表

单位：元

项目	行次	上年数			本年累计数		
		非限定性	限定性	合计	非限定性	限定性	合计
一、收入							
其中:捐赠收入	1		67161797.04	67161797.04		112613242.49	112613242.49
会费收入	2						
提供服务收入	3						
商品销售收入	4						
政府补助收入	5						
投资收益	6	198007.52	516000.00	714007.52	146277.09	472500.00	618777.09
其他收入	9	286979.72		286979.72	3918422.25		3918422.25
收入合计	11	484987.24	67677797.04	68162784.28	4064699.34	113085742.49	113085742.49

续表

项目	行次	上年数			本年累计数		
		非限定性	限定性	合计	非限定性	限定性	合计
二、费用							
（一）业务活动成本	12		19515030.91	19515030.91		68446535.47	68446535.47
其中1：侨爱心工程	13		18041075.91	18041075.91		18551751.88	18551751.88
其中2：救灾	14		1100000.00	1100000.00		1761857.00	1761857.00
其中3：北川中学	15					44850000.00	44850000.00
其中4：专项基金	16		373955.00	373955.00		2982926.59	2982926.59
（二）管理费用	21	195155.24		195155.24	279380.01		279380.01
（三）筹资费用	24		2549097.37	2549097.37		30672265.72	30672265.72
（四）其他费用	28	-4463.00	191962.40	187499.40		58000.00	58000.00
费用合计	35	190692.24	22256090.68	22446782.92	279380.01	99176801.19	99456181.20
三、限定性净资产转为非限定性净资产	40						
四、净资产变动额（若为净资产减少额，以"-"号填列）	45	294295.00	45421706.36	45716001.36	3785319.33	13908941.30	17694260.63

（四）C基金会资金运行中存在问题

（1）缺乏预算意识。C基金会与其他大多数公募基金会一样，自成立以来，预算管理方面就比较薄弱。从认识程度来看，基金会的管理人员没有充分意识到预算管理的重要性；从预算管理机构来看，没有形成规范的从上到下的包括预算管理委员会、预算编制办公室、预算责任中心的机构；从编制方法来看，基金会没有形成一个规范的预算编制指南，且编制方法也是较为落后的定期编制方法。

（2）忽视对于资金短缺问题的有效解决。C基金会只重视增加收入额，忽略了对收入来源的控制和规划。基金会目前面临的最大问题是资金问题，所以它们对资金的渴望也是最强烈的，在这样的形势下，很多基金会对于资金就会只重结果不重途径，也就是只关注取得资金的多少，而不考虑资金的来源与渠道。

（3）决策与管理方法上缺少风险意识。由于基金会不以盈利为目的的社会公益性特点，民间社会组织未能充分考虑资金的使用效率、投资成本、保值增值以及现金流量等因素，造成在重大投资项目上，财务管理缺乏科学有效的决策与成本效益分析，使得一旦投资失利则损失惨重的现象广泛存在。从以上财务报表来看，基金会近几年筹资金额均在千万元以上，光从表面来看，这是一笔庞大的数据，但仔细研究会发现基金会的筹资存在一定风险。C基金会的资金筹措其实是得益于主管单位是中国侨联的背景，一旦基金会改革，少了中国侨联这个靠山，捐赠收入将极有可能大大减少。

（4）财务管理欠规范。2009年底基金会资产总额为11711.15万元，投资结构为银行存款10277.72万元，国债投资1445.6万元。很明显，投资结构略显单一，而且在银行业全面降息的环境下，将资金绝大部分投入银行存款中，不仅收益率低，影响实际购买力，而且这是对资源某种程度的浪费。造成此现象出现的很大一部分原因是基金会人员较少，尤其是专业理财人员的缺乏。查看基金会近年业务活动表，我们不难看出，其支出结构符合《基金会管理条例》中对公募基金会公益事业支出不得低于上一年总收入的70%的规定，以及基金会工作人员工资福利和行政办公支出不得超过当年总支出的10%的要求，工资福利和行政办公支出比例偏低。但由于C基金会具有很强的官方背景，其利用官方资源筹资和开展业务活动，导致许多隐性成本未能体现在财务报表上。

第三节 社会组织资金管理体系

为了使组织资金良性运行，健全资金管理体系是其必要的前提条件，社会组织资金管理体系包括预算管理、财务核算体系、财务风险识别防范体系、财务分析的指标体系，[①] 如图7-3所示。

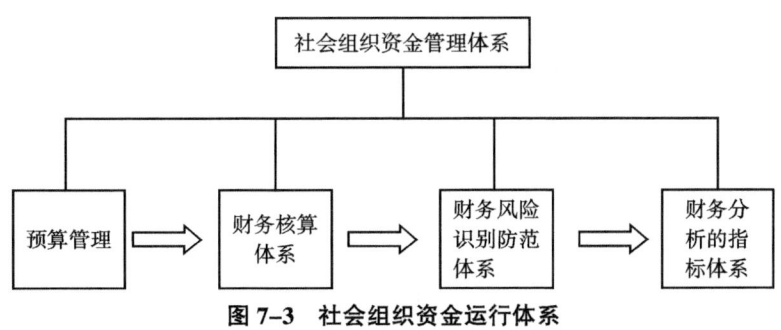

图7-3 社会组织资金运行体系

---

① 张建国.可持续发展战略下的社会组织财务管理[J].北方经济，2005（5）：63.

一、预算管理

(一) 制作预算的目的

（1）可作为拟定计划的工具。
（2）内部控制。
（3）沟通。

预算是一个社会组织在未来一定预算期内，为完成既定目标对所计划使用的资源进行的正式估算，以及为获得这些资源所建议的方法。它向利益相关者传达了该组织计划追求什么样的活动，并且该组织期望怎样向这些活动提供资金的有关信息。因此，旧计划的预算可作为新计划预算的参考，同时也可以从预算编列的项目中了解费用是否过度膨胀，并沟通是否增加或减少预算项目或决定计划是否该执行，从而达到机构内部控制和沟通的目的。

(二) 预算过程

预算应该是一系列活动的循环，如图7-4所示。整个过程应该包括预算准备、预算制定、预算审查、预算执行、预算评价和预测。以美国为例，社会组织预算制定有严格的程序，主要包括预算的准备、审阅、修订和最终采纳以及预算的执行和结果评价。在美国，一些重大预算项目还举行听证会，以征得利益相关者的广泛支持。预算准备在预算过程中属于规划阶段，预算规划必须体现组织的战略规划，通常需要参考前一年度的规模来设定。预算制定应该由组织最具影响力的人（如董事会成员和高层管理者）来制定。预算编制的具体工作则应交给有专业知识及经验的人来做。预算的审核需要扩大参与，但最后核定权则交给组织的决策机构董（理）事会。一旦预算获得批准，组织必须举办预算说明会，让组织成员和志愿者了解预算涵盖的内容，未来一年组织的目标、部门目标以及组织活动。预算评价就是审查预算执行及其对组织运行所造成影响的程度，考察组织是否依照原定规划运作。因此，预算评价需要回答的几个问题是：①预算计划是否符合现实？是否需要重新调整？②预算规划中的任何部分是否出现亏损？有何措施能补救吗？③是否会出现未编列于预算的支出项目？有的话，如何处理？有其他方法可筹集到资金吗？所列出的项目是必要的吗？如果延迟处理会有何影响？借由预算评价，社会组织可一并审视未来，例如判断今年的收入是否保持原有水平，捐款是否有所增加，等等。

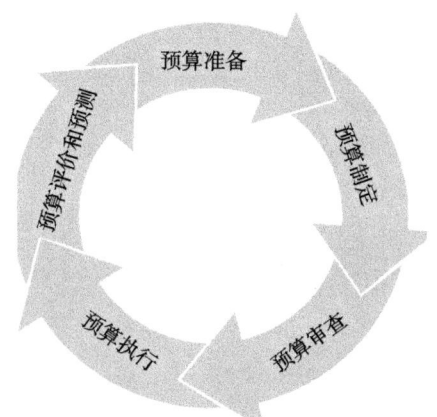

图 7-4 预算过程

（三）预算方法

（1）传统的、递增的预算法："线项目预算"和"递增预算法"。线项目预算即是将机构的支出以流水账的形式呈现，例如将薪资、交通、水电、房租、设备……科目依项目列出，此种预算只有概括性的开支而没有指明服务方案的各项开支金额。递增预算法系以上年度实际支出作为基础，增加一笔因应通货膨胀、员工薪酬调整及新计划所需的金额，作为下年度的预算计划。基本上，传统的预算法并没有将机构的使命和目标群加以考量，只是用来测量开支项目之数额，而不关注服务方案的成果或服务需要（梁伟康，1990年）。

（2）项目预算法。此方案主要是将开支和资源根据"项目范畴"加以分类，即将资源依比例分配于不同的项目。最重要的是预算过程将计划和评估紧密联结，而且可借由项目所产生的"绩效"评鉴方案是否有效，并检视是否达成机构的使命与目标。总之，项目预算法主要由目标达成、活动之可行和费用开支三者决定排列服务方案的优先顺序（梁伟康，1990年）。

（3）现金预算。可以帮助机构避免"跳票"的尴尬，同时可以灵活运用现金，掌握投资策略，增加收益。例如预测机构每个月的经营，结余的收入即可把握时间在银行定存，增加利息收入。

（4）零基预算。每个预算必须归零，若有增减预算，必须由方案负责主管说明保证。

（5）权变预算。可随时预算，属于弹性较大的预算种类，适用于财务状况不稳定的机构。

（6）执行预算。较短期运行的预算（1~3年的预算）。

（7）资本预算。较长期运行的预算（3年以上的预算）。

（四）预算计划顺序

如图 7-5 所示，预算必须包含直接成本和间接成本，同时也要透过对外在环境的评估——例如了解经济大环境是否景气，或是否有金融风暴等——以及了解内在资源的分配，发展出机构的预算计划，预算计划经过讨论修正，力求其具体可行后，方可落实方案的执行。

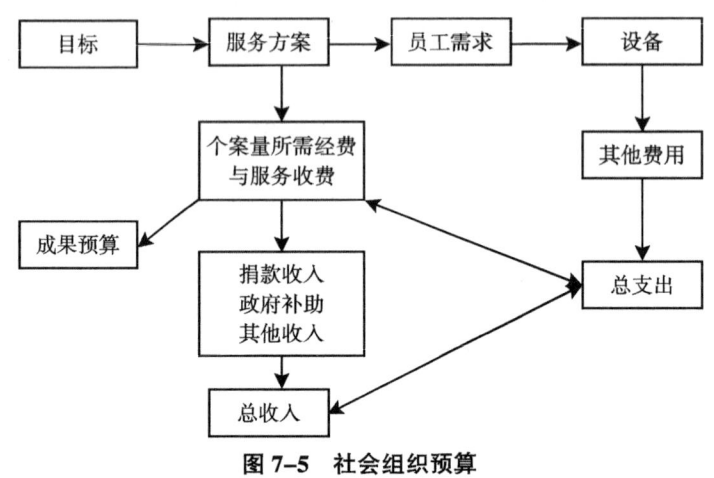

图 7-5　社会组织预算

二、会计核算体系

社会组织财务核算工作需要适应组织的发展，需要科学有效地管理事业部门，需要及时地服务决策提高组织的竞争能力。核算主要是指对会计主体已经发生或已经完成的经济活动进行的事后核算，也就是会计工作中记账、算账、报账的总称。其基本内容是，以货币为主要量度，对社会组织的生产经营活动或预算执行的过程与结果进行连续的、系统的记录，定期编制会计报表，形成一系列财务、成本、成本指标，据以考核经营目标或计划的完成情况，为经营决策的制定和国民经济计划的综合平衡提供可靠的信息和资料。其基本方法主要有设置账户和账簿、复式记录、填制和审核凭证、登记账簿、成本计算、财产清查和编制会计报表等。①

三、财务风险识别防范体系

社会组织财务风险管理是社会组织资金管理系统的重要组成部分，也是保证社会组织的可持续发展的重要方面。其主要内容是识别社会组织运行中所

---

① 张军.健全现代财务管理体制与社会组织的发展［J］.学会，2005（4）：12.

面临的各类风险，了解风险的性质和特点，并进行适当的控制和防范，将损失降至最低程度，以保证资金运行财务目标的实现。本书将社会组织主要财务风险分为筹资风险、投资风险和支出风险三个部分。

(一) 筹资风险的识别

社会组织的筹资风险按其筹资渠道可以分为自创收入筹资风险、社会捐助筹资风险和政府拨款筹资风险三类。

1. 自创收入筹资风险

自创收入筹资风险是指社会组织在某会计年度由于自身经营管理不善等原因而造成的不能通过提供产品或劳务而向消费者直接收取收入的风险。

此种风险产生的根本原因在于我国社会组织长期以来依赖政府拨款和民间捐助，从而表现为组织的自创收入的比重低，各个会计期间里流入不均衡，无法为社会组织的生存和发展提供有力的支撑等。

2. 社会捐助筹资风险

社会捐助筹资风险是指社会组织在某会计年度由于自身经营管理不善等原因而造成的社会捐助出现较大波动的风险。此种风险产生的根本原因在于制度环境不佳导致的民间捐助自身的不稳定性。而直接原因在于我国社会组织社会公信度不高。在我国，一些社会组织通过各种渠道筹款，结果企业提供的资金只占5.63%，公众捐助的资金只占2.18%。社会公信度不高，给社会组织的筹款带来了很大的障碍，同时也很难动员志愿者为组织效力。社会捐助筹资风险也就表现为组织的社会捐助收入波动大，各个会计期间资金流入稳定性差，从而给社会组织的生存和发展带来了风险。

3. 政府拨款筹资风险

政府拨款筹资风险是指社会组织在某会计年度由于体制改革等原因而造成的不能通过政府拨款获得收入的风险。此种风险产生的原因是政府社会职能改革和社会组织管理的改革。随着政府改革的深入，政府迫于财政压力和社会转型的需要逐步减少了对社会组织的经费投入。政府拨款筹资风险也就表现为：一方面随着我国社会组织从政府领域向公共领域转型，社会对社会组织的服务需求在不断增加；另一方面政府的财政补贴在减少，不能满足社会组织生存和发展的需要。

(二) 投资风险的识别

投资风险就是投入资金的实际使用效果偏离预期结果的可能性。与企业相类似，社会组织的投资风险也可以分为实体资产投资风险和金融资产投资风险。

1. 实体资产投资风险

实体资产投资风险主要是因社会组织自身经营管理或外部经济环境等原因所导致的经营风险。比如，社会组织的投资项目不能按期为社会公众提供相应的产品或服务，无法取得收益；或者虽提供相应的产品或服务但是没有达到预期的良好效果或者效率低下，反而引起了社会公众的不满。

2. 金融资产投资风险

金融资产投资风险是金融资产投资收益的不确定性。

（三）支出风险的识别

资金支出领域的风险就是公益资金支出结构异化导致组织社会公信力下降的可能性。比如，行政支出大大高出公益支出，使公益资金变成了专为社会组织生存而使用的资金，其公益性开始丧失。根据不完全统计，近半数社会工作组织或社区服务组织在行政管理上花费过大，只将收入中不足50%的部分用于项目服务的提供。如果组织目标再异化为个人目标，那么公益资金被冠以各种费用名义列支出去的危险性将会大大增加。

四、财务分析的指标体系

近年来，随着社会组织内部管理的加强及社会对社会组织质量要求的提高，社会组织必须重视财务分析工作。社会组织财务分析是指财务人员以会计核算和报表资料及其他相关资料为依据，采用一系列专门的分析技术和方法，对组织过去或现在有关筹资活动、投资活动、财务状况和财务收支效益情况等进行分析与评价，为社会组织的业务主管单位、登记管理机关、捐赠人及潜在捐赠人了解组织过去、评价组织现在、预测组织未来提供准确的信息，查明社会组织预算未完成的主客观原因，根据原因的分析研究对预算进行调整，从而保证组织有计划地运行。社会组织财务分析指标体系首先要回答以下四个问题：①一个组织的目标是否与它的财力资源相一致？②组织的行为是否符合代际公平的标准？③可供支出的资金是否与实际支出的资金相匹配？④组织的发展是否具有可持续性？①

为有效回答上述问题，根据构造指标体系的原则，将社会组织财务分析指标分为三个层次：目标层、类指标层和指标变量层。

1）目标层。对社会组织财务分析工作的目的主要是通过对财务报表的分析、研究来衡量社会组织财务发展的可持续能力，并根据结果提供反馈消息，发现问题、查明原因、适时调整，因此，社会组织财务分析体系的目标层即

---

① [美] 里贾那·E. 赫兹琳杰. 社会组织管理 [M]. 北京：中国人民大学出版社，2000.

为社会组织财务发展的可持续发展能力。

2）类指标层。类指标层把目标分解为类指标，按功能集中反映组织财务系统的状态。主要包括组织的总体规模能力、偿债能力、公益能力、筹资能力、投资能力、收入结构、发展能力。

3）指标变量层。仅靠类指标层仍无法衡量社会组织财务发展的可持续性能力，因此，需将类指标层细分为具体的指标变量。指标变量的选取要能最终反映出结果的客观性和有效性。根据以上讨论，现构建社会组织财务分析指标体系。它包括：1个目标层，即社会组织财务发展的可持续能力；7个类指标，分别是总体规模能力、偿债能力、公益能力、筹资能力、投资能力、收入结构及发展能力。

1. 总体规模能力指标

总体规模能力指的是社会组织的总体资金水平，有年度总收入、年公益支出额、净资产这三个指标。年度总收入可以衡量一个社会组织获得资源的总体实力水平。本年度用于公益事业的支出总额反映社会组织公益活动的总体规模水平。净资产合计，社会组织的净资产是指资产减去负债后的余额，体现社会组织去除负债后的资产规模水平，可真实反映组织的基金总额。

2. 偿债能力指标

偿债能力是指社会组织偿付各种到期债务的能力。社会组织如不具备较高的偿债能力，其应对突发事件的能力就很弱，发生财务风险警情的可能性就大。属于偿债能力的评价指标主要有现实支付比率、潜在支付比率、流动比率、资产负债比率。

（1）现实支付比率反映社会组织年末货币资金余额与全年各类支出月平均额的比值，用来预测社会组织短期正常的支付能力，以"可供周转月数或天数"来加以衡量。该指标值越大，表明现实支付能力越强。一般而言，社会组织一般应具备至少可供3个月（90天）周转的货币资金。另一个简单的方法是用业务活动表中的总费用，减去折旧和坏账准备（这类费用不需要使用现金），然后除以12个月或365天，得出每月/每天用来支付费用的现金额；接着再用这个结果去除流动资产中的现金与短期投资之和。从流动性角度来看，指标值并非越大越好，过大的比率可能意味着组织未能有效地运用组织资源去实现组织的使命。

（2）潜在支付比率是组织短期可变现资产（货币资金+债券投资+应收及暂付款+其他应收项目−其他应付项目）与月平均支出之比。潜在支付比率反映了社会组织货币资金与所有短期可变现资产扣除短期应支付款项后满足正常运行管理所需的周转月份数。潜在支付比率指标值越大，体现社会组织潜在的支付能力越强。反之，支付能力越弱。该指标警戒线需要根据社会组织实际情况确定。指标值过低时，应引起注意。

（3）流动比率是流动资产与流动负债之比。流动比率反映社会组织的目标是否具有相应水平的资金基础。该比率的通用预警值在 2 左右，用于社会组织评价中，可根据组织所处行业的特点来确定警戒线。但如果该指标的测算值过高，说明社会组织流动资产占用过多，不利于运行管理效率的提高。

（4）资产负债率是负债与总资产之比，资产负债率反映社会组织总资产中存在多少是借款筹集的，体现了社会组织资产对债权人的长期偿还保障能力。从社会组织运行现状来看，资产负债率过高或过低均不好，举债比率过低，不利于社会组织的大规模发展，举债比率过高，财务风险增大，组织可供使用的资金与实际使用的资金不相匹配，面临偿债支付的现金需求压力增大。

3. 公益能力评价指标

（1）公益事业支出占总支出比。公益事业支出占总支出比能反映机构执行公益事业的效率，该指标为正比例，越高说明机构产生的社会效益越大。

（2）公益事业支出占上年总收入的比例。公益支出比例是衡量一个社会组织参与公益事业程度的重要标志。

（3）工作人员工资福利和行政办公支出占总支出的比例。社会组织管理费用占总支出的比例代表社会组织基金财产的使用效率，也在一定程度上说明社会组织机构的工作能力和工作效率。

4. 筹资能力指标

筹资能力指的是每年募集捐款收入所需的费用，反映了筹资的效率，这是一个负指标，越低表示筹资效率越高。

5. 投资能力指标

投资能力指的是每年的对外投资能获取多高的投资收益，该指标为正指标，越高表示社会组织基金保值增值效果越好。

6. 收入结构指标

收入结构指标主要是根据财务报表计算各类收入占总收入的比重。

（1）捐赠收入占总收入的比例。通过这一指标分析社会组织收入总额中有多少来自捐赠，每年的收入在多大程度上依赖捐赠。

（2）政府补助收入占总收入的比例。设计这一指标的目的是测量社会组织与政府关系的密切程度，分析社会组织在多大程度上依赖政府的补助或者某单一捐赠者。

（3）投资收益占总收入的比例。通过这一指标衡量出社会组织的收入在多大程度上依赖于资金的保值增值。

（4）其他收入占总收入的比例。其他收入是指除主要业务活动收入以外的其他收入，在社会组织中主要是指利息收入和对专项基金收取的管理费用。在目前社会组织保守的投资情况下，再加上社会组织的人员工资和办公费用只能从捐款的利息支出，这一指标能反映社会组织对员工的支付能力及引进人才的能力。

7. 发展能力指标评价

发展能力衡量机构的发展潜力，指的是本年的总收入、资产相对上年度的变动情况。发展能力指标均为正指标，越高越好。

（1）总收入增长率。即各类收入包括捐赠收入、政府补助收入、投资收益、其他收入的总和较上年度的增长情况。

（2）资产增长率。指资产总额和上年度相比的增长情况。

（3）现金储备率。该指标反映机构的现金支付能力，现金的储备既要能及时满足支出，又不能过多，造成机会成本增加，效益减少。

（4）限定性净资产增长率。如果资产或者资产所产生的经济利益的使用受到资产提供者或者国家有关法律行政法规所设置的时间限制或用途限制，则由此形成的净资产为限定性净资产。限定性净资产增长率能说明捐赠收入的积累情况。

（5）非限定性净资产增长率。除限定性净资产外的净资产为非限定性净资产，该指标可以反映在没有捐赠收入的条件下，社会组织本身的运营能力。

第八章 社会组织营销与筹资

社会组织的管理者很早就开始使用会计制度、人力资源管理、战略规划等在营利组织中广泛使用的管理和控制方法,营销是最后一个被社会组织所采纳的职能。随着营销理论的发展,社会组织的营销日益受到学界和业界的重视。营销问题是几乎每一个社会组织都要面对的问题。将商业精神(包括营销理念)引入社会组织领域,是21世纪社会组织良性运行和发展的一个基本趋势。

社会组织营销是一项综合工程。作为组织职能,营销是这样一种过程:它识别顾客的需要和偏好,确定组织所能提供最佳服务的目标市场,并且设计适当的产品、服务和项目以满足这些市场的需求。同时社会组织不仅要考虑组织本身的因素,而且要考虑组织与环境的关系与互动,这些营销活动涉及组织的目标与宗旨,以及它们与组织的拥护群(潜在拥护群)的需求与欲望是否相符。

营销在社会组织与其市场环境之间起到桥梁作用。根据美国学者夏皮罗(Shapiro)的研究,[1] 社会组织的营销有三大作用:一是筹集到更多的可供运营的资源;二是向社会提供资助人和受益人都满意的产品和服务;三是建立长期的捐赠群体。拿破仑说过,发动战争需要具备三个条件:第一个是资金,第二个是资金,第三个还是资金。对于战争而言,这可能是对的;但对于社会组织而言则并非如此,德鲁克认为社会组织需要四个条件:计划、营销、人才和资金。

社会组织的营销意味着:组织如何将服务提供给服务对象?如何服务社区?如何推广服务?如何筹集提供服务所必需的资金?社会组织具有非营利性、非政府性、志愿性、公益性等特征,因此,其营销活动也具有和一般的商业组织不同的特点。与之相适应,社会组织的客户定位也不同于营利性组织,它更侧重利益相关者。

---

[1] http://www.cssn.cn/st/st_styj/201401/t20140113_942585.shtml.

第一节　社会组织营销的概念界定

一、社会组织营销的引入

20世纪60年代以前，市场营销往往被社会组织所忽视。一些社会组织认为自己是不可或缺的（特别是那些所提供的服务与人们的切身利益密切相关的社会组织，如医院、大学、慈善机构等），因此营销被普遍忽视。另外，有些社会组织认为营销会使预算紧张，过多地实施营销会干扰人们的生活。例如，在这一时期，社会组织的募捐活动，基本上是等待别人主动地上门捐赠，或者是简单地组织一些人员来筹集捐赠，基本上不考虑捐赠者的需求，也没有专门的营销规划。

20世纪70年代后期，在发达国家的社会组织发展进程中，一部分社会组织（如大学、医院、慈善机构）开始认识到实现其宗旨和目标需要应用营销理论，遂开始尝试营销活动。例如，在美国，迫于市场竞争和成本的双重压力，医疗、教育和艺术领域的社会组织通过直接的邮寄宣传来筹集资金，通过公告和广告等形式刺激更多的社会群体接受社会组织的服务。社会组织意欲在营销导向的指引下，增强人们的认同意识，从而增加政府、企业和公众对社会组织发展的支持。在此期间，有相当一部分社会组织开始运用营销的理论和方法，用于唤醒人们的公益意识，以增加政治与社会对本组织的支持，提高本组织的知名度和美誉度，打造社会组织的品牌。起初，社会组织极少将此类活动称为营销。部分社会组织虽然认识到营销的重要性，却非常不愿意将其活动冠以营销之名，因为那时"营销"还有比较明显的负面色彩。

社会组织营销在20世纪70年代的启动颇为缓慢，然而进入80年代和90年代之后，其发展却很迅猛。全球许多区域性组织和国际组织，例如，世界银行、联合国开发计划署等机构都通过营销策略来拯救世界范围内需要救助的妇女、儿童、各种身体及智力残疾患者、失业者，倡导环境保护，维护世界和地区和平，致力于全球可持续发展。许多组织也设立了专门的营销机构和聘请了专门的营销高级管理人员。营销全面渗入了社会组织的日常工作，特别是在医疗保健、教育、艺术、社会服务、图书馆、慈善团体和公共服务等方面越来越显示出其重要性。随着营销在社会组织中的应用，许多社会组织已经不再像以往那样等待人们主动上门捐赠，而是按照一整套成熟的募捐策略行动。社会组织通过分析潜在捐赠者的需求,对募捐市场进行细分,并将目标集中在那些最有可能的潜在捐赠者身上,再针对不同的募捐市场制定不同的募捐规划,来提高组织的捐赠绩效。

目前,世界社会组织营销的时代已经到来。营销理念已经成为社会组织成功的主要要素和基本因素。营销专家菲利普·科特勒曾在其《营销管理》① 一书中指出,"营销引起了各种社会组织,如大学、医院、教会和艺术团体等的浓厚兴趣"。社会组织认为它们所做的每一件事,特别是它们重要的宗旨,都受到其他人(即营销目标市场)行为的影响。不论是倡导环境保护,还是保护多元文化、弱势群体,不论是政府扶助,还是志愿者奉献,都涉及营销。

社会组织营销的教学也趋于成熟。首先,社会组织营销的教材齐全,既有论述社会组织营销一般理论的,也有讨论某一领域营销的,如保健、教育、社会服务等。其次,诞生了许多专业杂志,在涉及图书馆科学、艺术史、职业病治疗以及医院管理等的各种刊物上均有市场营销方面的论文发表。最后,调查显示,社会组织营销的课程受到了医院管理、行政管理、艺术管理、图书馆管理、法律等专业学生的欢迎,甚至各大名校的 MBA 专业的学生也十分喜爱该课程。

二、社会组织营销的概念

社会组织营销的概念源自营利性企业的市场营销。1960 年,美国营销协会给市场营销下的定义是"引导产品和服务从生产者向顾客流动的商业活动"。商业企业的重要功能是创造顾客,吸引或者说服顾客购买其产品。这时营销导向或者顾客导向的理念刚刚出现不久,主导的理念是推销,强调引导,使用推和拉两种力量引导产品和服务的流动。营销应用于社会组织的思想主要诞生于 1969~1973 年科特勒(Kotler)、利维(Levy)、萨尔特曼(Zaltman)以及夏皮罗(Shapiro)等撰写的一系列文章及著作。科特勒和利维认为,"营销是一种非常普遍的社会活动,它不仅仅只是销售牙膏、肥皂和钢铁",他们尝试验证传统商业领域的营销原理是否可以转换为服务、人和思想的营销,②认为凡是促进"价值交换"的管理过程即可称为营销。

20 世纪 80 年代营销导向的理念已经确定,并占据主导,这种理念的根本性转变需要重新对定义进行调整,不过这种根本性转变并不是一蹴而就。4P 营销理论的提出者杰罗姆·麦卡锡(E.Jerome Mccarthy)在 1960 年谈道:

---

① 菲利普·科特勒. 营销管理(第 9 版)[M]. 上海:上海人民出版社,1999.
② http://kuailiyu.cyzone.cn/article/8601.html.

社会组织运营与管理

"营销的基本任务并非是熟练地向消费者提供适当的产品与服务，而是熟练地开展能够符合消费者利益满足消费者需要的活动。"这时已经有营销导向的理念了，即从顾客需求出发，生产能够满足顾客需求的产品，但还没有完全将消费者需要放在最重要的位置。他给营销的定义是：营销是引导产品和服务从生产者到消费者或用户的传递与流通，以极大地满足消费者和实现企业目标的企业功能或活动。Rados（1981）对营销作出这样的定义：营销是利用说服性沟通的技巧，例如发布广告及人员直接销售，来改变消费者的观念和行为。借由产品设计及服务，透过营销渠道，来满足消费者的需要。Drucker（1990）进一步提出：营销的目的就是要使推销成为多余。营销的目的是要充分认识和了解顾客，促使产品或服务能契合顾客的需求，并自行推广它自己，强调销售和广告只是营销的一小部分活动，而核心是满足顾客需求。

1999年，在跨越千年之际，每个学科的学者都在反思过去展望未来，营销学者也不例外。经过了50年的发展，营销学科似乎到了分崩离析的境地，而实践中产生的主要问题是营销的价值如何衡量。新出现的营销经理人急需或者他们的上级主管急需一种像财务报表一样的数字列表可以精确地衡量营销的产出。与此同时，顾客忠诚与顾客满意以及关系营销以保持现有顾客成了市场饱和下的新竞争策略。网络及便捷的企业与顾客互动手段使得顾客可以参与到企业的生产过程，顾客既是消费者，也能成为生产者，顾客的双重身份使得营销的交换概念必须更替。在这种情况下，价值是一个更为合适的词汇，菲利普·科特勒再次扮演了思想引领者的角色，Kotler（1999）将营销的定义调整为：营销是一种社会性和管理性的过程，个人与群体可经由过程，透过彼此创造、提供及自由交换有价值的产品与服务，以满足其需要与欲望。在他的影响和倡导下，2004年营销的定义被极大地改写：营销是采用顾客和利益相关者都可获利的方式，为顾客创造、沟通和传递价值，并管理顾客关系的组织功能和一系列过程。从提供产品与服务，到识别目标顾客，满足目标顾客的需要，这两种经营理念都将消费者视为外生因素，而与消费者共同创造价值的经营理念则将消费者看作内生因素。这一理念在互联网普及的背景下被越来越多的创新型组织所采用。顾客的作用至关重要，不仅是因为他们的需要决定了市场，顾客也能参与价值的创造，从这种意义上说，营销过程就是企业同顾客相互合作的活动过程。

由于2004年的定义过分强调营销的作用，美国营销协会做了如下改进：营销是创造、沟通、传递、交换对顾客、客户合作伙伴和整个社会具有价值的提供物的一系列活动、组织、制度和过程。① 基于上述，社会组织营销（Non-Profit Organization Marketing）即是社会组织基于目标市场的需要和利益，创造、沟通、传递、交换对顾客（受益人）、捐赠者、合作伙伴、社区乃至整个社会超值的产品和服务的活动和过程。社会组织营销的最终目标在于方便顾客和提高社会福利。社会组织营销观念抛弃了传统营销思维只注重产品和销售的观念，更加注重"人"也就是顾客的欲望、需求的满足，更加关爱顾客，重视长远的社会利益，注重解决社会问题。

基于社会组织的特性，吴冠之提出了社会组织社会行为营销的概念，即营销者仅仅为了他人的利益而付出努力，社会行为营销鼓励公众支持某项事业，从事有益于社会的活动，目的在于改变公众的行为。② 我们以为社会组织营销（Non-Profit Organization Marketing）即是社会组织应确定目标市场的偏好、需要和利益，然后向顾客提供超值的产品和服务，以方便顾客和提高社会福利，也就是更多地考虑长远的社会利益。社会组织营销观念抛弃了传统营销思维只注重产品和销售的观念，更加注重"人"也就是消费者的愿望、需求的满足，更加关爱顾客，重视长远的社会利益，注重解决社会问题。"以人为本"，就是社会组织营销真正的核心理念。由于社会组织的特殊性，其顾客不限于受益人，还包括捐赠者在内的其他利益相关者。社会组织的利益相关者既是服务的受益者，也是服务的参与者。社会组织营销的过程既是产品和服务的交换过程，也是一个共同参与实现价值递增的过程。

第二节　社会组织营销的客户定位

一、社会组织营销的基本特点

（一）综合参与性

作为社会组织，要树立营销导向，组织内部的每个人就都要"想顾客所想"，并且尽其所能地帮助营造并让渡优质的顾客价值。

全员营销理念的树立，要求从组织最顶层的执行长（秘书长），到一般工作人员，每个人都必须关注营销并身体力行。例如，愿意倾听消费者，如学

---

① http://article.yeeyan.org/view/82576/39842.
② 吴冠之. 非营利组织及其社会行为营销[J]. 首都财贸, 1998.

生、观众、病人、家庭、机构、捐赠者、合作伙伴等对组织的意见和建议，主动探索消费者的愿望与需求，识别组织应该提供的价值，创造由市场力量驱动的营销创新等。

在社会组织中不应形成一个错误的观念，认为组织已经有专门的营销部门，其他人就不需要考虑营销问题了。应该是所有的工作人员都熟悉组织营销，都必须经常思考营销问题，思考客户需要组织提供什么服务或项目。

（二）目标多元化

与企业不同，社会组织营销的目标不是追求利润最大化，它的目标是多元化的，[①] 力图实现社会效益和公众效益最大化。社会组织通常追求多重目标，除了要谋求组织自身的利益之外（包括尽可能地增加收入、使组织发展壮大），更多的是服务于目标群体（受益者），其最终目标与任务是造福于整个社会。例如，一所大学要以未来学生、现有学生、学生家长、教职员工、当地企业、当地政府、社区等为目标，来开展其营销活动。与营利性组织营销的差异之处在于，社会组织营销更多的是吸引资源（如捐赠），而不是仅仅获得收入。换言之，对于捐赠者的营销至关重要。

需要注意的是，捐赠者（特别是主要捐赠人）的要求通常也会影响社会组织的目标。对于社会组织的营销人员来说，要想实现所有的目标是很困难的，因此，必须善于站在战略的高度，对多重目标按照重要程度进行排序，选择较为重要的目标，以便有效地配置组织资源。

（三）顾客接受的延时性

首先，在一些社会组织的营销活动中，消费者常常被要求在行为或习惯上做巨大改变。营利组织绝不会强迫消费者一定要接受他们所厌恶的产品，然而社会组织由于社会使命使然，常常积极推动社会变迁和社会进步。例如，鼓励胆怯者献血或劝说那些"男子汉"系好安全带，教育吸毒者远离毒品等。其次，消费者的获利不明显。普通商品的消费者在购买后便会马上体会到其价值，而社会组织提供的产品或服务，为消费者带来的价值与满足相对来讲是一个比较漫长的过程，起不到立竿见影的效果。例如高血压是个没有明显症状的健康问题，即使采取恰当的治疗方法也不会为患者立刻带来明显效果。

（四）营销社会化

社会组织的营销是一项复杂的社会化系统工程。其营销不仅要考虑组织自身的因素，还要考虑组织与外部社会环境的关系与互动。20世纪70年代，一些学者如杰拉尔德·蔡尔曼和菲利普·科特勒等人提出了社会营销的概念。社

[①] 陈晓春，张彪.社会组织营销的特征与原则[J].湖湘论坛，2004（1）：84-85.

会营销强调社会效益最大化。社会组织的营销注重客户的长远利益和长期社会福利，因此，在其营销活动和计划中含有较多的社会营销成分，有的社会组织还设置了社会营销经理（Manager of Social Marketing）。另外，通过志愿者等的社会参与，可以降低社会组织的营销成本，提高组织营销的效率。

（五）注重形象与利益相关者管理

这个特点与上一特点有一定的关联。由于社会组织的营销具有社会化的特性，因此，在实施过程中，组织形象的塑造和公关手段的运用十分重要。组织形象是人们所具有的信念、观点及印象的一组集合。它主要包括理念形象、行为形象和视觉形象。组织形象是一个无形因素，它反映了组织外部对该组织的服务质量及其他方面的看法和总体评价。组织形象直接影响外界如何看待组织。它会影响到目标顾客群体。不佳的形象对社会组织不利；如果组织不在乎组织形象，客户也会不在乎组织。而一旦树立了良好的组织形象并建立起独特的品牌，将有助于社会组织推销其服务和进行广告宣传（容易形成口碑效应），也有助于提升社会组织的信誉，有人称之为"形象竞争力"。组织形象的塑造说到底就是提升社会组织在利益相关者所构成的环境中的良好声誉，建立和维系与各利益相关者的持续良好互动关系。利益相关者管理是要通过有计划的、持续的努力，建立并维持组织与利益相关者之间良好的相互理解和沟通，它们在社会组织的营销中居于突出地位。

（六）营销行为的伦理性

社会组织在进行营销活动时，要以人为本，要求员工不仅应当具有深厚的专业知识、高超的技能，而且还要求他们应当具有高度的社会责任感和崇高的个人道德观。例如医务人员要发扬救死扶伤、人道主义精神及对医疗事业无私奉献的价值观、高尚的医德等。医疗营销与服务道德要强调的是社会效益，医院要服务于全社会，使社会效益与经济效益实现有机统一。良好的声望与信用有助于社会组织吸引顾客、捐赠者、潜在的志愿者和其他部门的支持者。例如，名牌大学与知名医疗机构比其他二三流的大学和医疗机构所拥有的学生与患者要多，其中的主要原因在于越来越多的学生及家长、患者及患者的家属不仅对名牌大学、知名医疗机构的教育与医疗感兴趣，而且他们在选择学校与医院时更多的是考虑名牌大学与知名医疗机构的声望和伦理水平。因此，社会组织在进行营销策划、制定营销战略、改善组织形象、提高服务质量时，必须充分考虑到社会组织营销管理活动所具有的伦理性这一重要特征。

二、社会组织的客户定位

(一) 客户导向与客户定位

在将营销引入社会组织的过程中,最重要的就是引入"客户导向",即组织应当关注客户(组织的拥护群和潜在拥护群)的需要,倾听他们的声音,视公众或具体的细分市场为客户,改善社会组织与客户的关系,提高服务水平,关注公共产品或准公共产品的提供,克服官僚主义的弊端,加强组织与客户的交流和沟通。

每一个企业都应该以客户为中心,相应地,社会组织也要深入了解客户,有效地进行客户分类,及时发现他们的意图,以真正地满足他们的需求。不同细分市场的需求是不一样的。例如,知识分子家庭的子女在选择大学时可能更注重学术水平,而商人家庭的子女在选择大学时可能更注重课程的实用性。无论如何,客户的满意程度是评价社会组织的基本标准。

与营利性组织一样,客户定位十分重要。例如,一个名牌大学在招生时,它的营销宣传不会针对所有考生,而只是针对每个地区成绩最好的10%左右的尖子考生。而对于一个一般的地方性院校,把招生精力放在高考状元身上则是不明智的,因为无论它采取何种优惠措施(如高额奖学金),成功地吸引到高考状元的可能性都非常小。

事实上,所有社会组织都拥有各种不同层次的"客户"(如学生、观众、客户、病人、家庭、机构、赞助人等),并且在供应者和最终客户之间存在诸多的要求层面。特别需要指出的是,除了传统意义上的客户之外,资金提供者或捐助人也是一种特殊类型的客户,它们对于社会组织活动的开展具有极为重要的意义。[①] 因此,与企业不同,社会组织同时存在资金提供者和服务对象两大客户群,服务对象涉及社会组织资源配置问题,资金提供者则涉及资源吸引问题。近年来,不少社会组织加强了与营利性组织的合作,开始从企业中寻求帮助,而企业也能通过参与社会组织的活动(企业不仅可以提供捐款,而且可以提供工作场地、设备,甚至共同开展市场营销活动)提升其公众形象。另外,对于社会组织来说,由于盈利不是动机,也不是目的,因此,"满足客户要求"要求社会组织更多地关注公共产品或准公共产品的提供,以及提高产品提供效率。

社会组织面临的基本问题之一,是组织应对捐助人负责还是对服务对象负

---

① Benson P., Shapiro. Marketing for Nonprofit Organizations [J]. Harvard Business Review, 1973 (9–10): 123–132.

责，他们之间的利益并不总是一致的。这就导致了客户主导型与公众主导型两大类社会组织并存。所谓客户主导型，是指客户在社会组织的发展中发挥着主导作用，它的重要性要超过其他利益相关者。公众主导型则是公众在社会组织发展中起主导作用。从实际运作中看，客户主导型的社会组织通常可以实现经费的自给自足，它们通过销售自己的产品与服务，从客户那里获得主要的资金来源，如医院和大学（特别是民办教育机构）等。而公众主导型的社会组织的收入主要来源于社会捐赠或政府拨款。这类社会组织通常向社会无偿提供服务，不收取费用，如慈善机构、环境保护组织等。与上述分类相适应，这两类社会组织的营销也有所区别。通常，客户主导型组织的营销更类似于传统营利性组织的营销。而公众主导型组织则更侧重于社会营销，其目标是为了改变目标群体的行为，造福于整个社会，具有很强的公益性。

社会组织的客户定位与市场细分包括以下几个方面。

首先，社会组织要进行准确的客户定位，应进行适当的市场细分。通过将组织的客户群体划分为不同的部分，社会组织就能更好地确定自己的核心客户。一般而言，此过程的第一个环节是市场细分（通常在此环节之前，社会组织应先进行一次或若干次营销调研，广泛收集目标群体的相关数据），把市场细分为若干个同质性的不同群体（常见的细分标准有年龄、地理、心理、行为等），并对各个细分市场进行描述。而后，社会组织要在对各个细分市场进行评估的基础上，选择对社会组织发展最有利的目标市场，并估计目标市场的规模。最后是市场定位和客户定位。市场定位和客户定位要区别于竞争对手。客户定位的差异化十分重要，因为社会组织之间也存在竞争。例如，我国的一些图书馆已经开始实施特色化定位，出现了民俗馆、影视文献图书馆、残疾人图书馆等特色图书馆。

其次，社会组织要确定客户的基本特征，包括客户的人员特征（特别是当客户是一家企业时）和需求特征等。客户特征主要涉及六个W，即谁购买（who）、购买什么（what）、何时购买（when）、何地购买（where）、购买原因（why）、购买方式（way）。例如，中国青少年发展基金会对捐款人进行了一次抽样问卷调查，获取了募捐市场的一些基本特征信息，如捐款人主要来自大中城市的中等收入阶层，主体是文化程度高的社会群体，主要信息来源是报纸杂志等。此外，社会组织还应当考虑人口因素、社会因素、文化因素、科技因素等的影响。

最后，社会组织要注重客户分类和重要程度排序。长期以来存在各种各样不同的客户分类方法，划分的标准有社会阶层、职业、收入和受教育程度等。值得强调的是社会组织在进行客户定位和市场细分的过程中，需要综合考量组织自身所能提供的服务的特性。

(二) 市场调研与市场细分

1. 市场调研分类

社会组织的营销决策者只有收集掌握全面和可靠的信息，准确地估计市场目前和未来发展变化的方向、趋势和程度，才能发现合适的市场机会、市场威胁和预见营销中可能产生的问题，才能使非营利机构能更好地生存和发展。所以市场调研是非营利机构进行市场预测、正确制订市场营销战略和计划的前提。根据调研目的的不同，市场调研可分为以下四类。

（1）探索性调研（Exploratory Research）。探索性调研通常是在对市场状态不清楚的情况下，为探索事件发生的原因或为解决某一问题而做的调研。根据探索性调研，社会组织管理者可以得到方法、洞察力和预感，作为进一步调研的基础。

（2）描述性调研（Descriptive Research）。描述性调研的目的在于翔实准确地描述市场环境中的某个问题，可直接为社会组织的营销决策提供依据，但这要求调研的数据有较高的准确性。

（3）预测性调研（Predictive Research）。主要是对潜在市场的预测，论证开发的新产品或服务是否能够顺利进入市场。

（4）因果性调研（Caused Research）。提示市场经营过程中自变量和因果变量之间的关系。

2. 收集资料的方法

在当今信息爆炸时代，情报资料非常多，很多社会组织感到无从下手，因此，研究如何调查收集与营销有关的情报资料，对社会组织决策服务至关重要。根据资料的来源不同，市场情报资料可分为两大类：第一手资料和第二手资料。第一手资料又称原始资料，是调查人员通过现场实地调查所收集的资料。其收集方法有访谈法、观察法、实验法三种。第二手资料是为某种目的而收集并经过整理的资料。第二手资料的来源如下。

（1）内部资料。包括社会组织内部各有关部门的记录、统计表、报告、财务决算、用户来函等。完备精确的内部资料，能提供相当正确的情报和信息。

（2）政府机关、金融机构公布的统计资料，如统计公报、统计资料汇编、统计年鉴等。这是很有价值的情报资料。

（3）公开出版的期刊、文献、报纸、杂志、书籍、研究报告等。

（4）市场研究机构、咨询机构、广告公司所公布的资料。社会组织可向这些机构购买资料，或提供咨询、委托调查。

（5）行业协会公布的行业资料，社会组织的服务产品目录、样本及公开的宣传资料。这些都是掌握其他社会组织动向的重要情报资料。

（6）政府公开发布的有关政策、法规、条例规定以及规划、计划等。

（7）推销员提供的情报资料。推销员经常在顾客和市场中活动，直接接触市场，他们提供的资料是十分有用的情报。

（8）信息网络或情报网、捐助者、顾客提供的情报资料。

第一手资料的收集方法主要包括观察法、访谈法和试验法。

（1）观察法。观察法是调查人员直接到调查现场进行观察的一种调查收集资料的方法，也可安装照相机、摄像机、录音机等进行收录和拍摄。这种方法不直接向被调查者提出问题，而是从旁观察记录所发生的事实及被调查者的购买习惯和行为。

观察法的优点：可以比较客观地收集资料，直接记录调查的事实和被调查者在现场的行为，调查结果更接近实际。缺点是：观察不到内在因素，只能报告事实的发生，不能说明其原因，比访谈法花钱多，调查时间长；要求观察人员有比较高的业务水平，以免使观察法的利用受到限制。为弥补观察法不能说明被调查者购买的动机等内在因素的缺点，可在应用观察法的同时，结合采用访谈法进一步了解情况。

（2）访谈法。访谈法是以询问的方式作为收集资料的手段，将所要调查的事项，以当面或电话或书面的方式向被调查者提出询问，以获得所需要的资料。它是市场调查方法中最常用的一种。

（3）实验法。实验法是从影响调查问题的许多因素中选出一个或两个因素，将它们置于一定条件下进行小规模的实验，然后对实验结果作出分析，研究是否值得大规模推广。实验法的优点是：方法科学，可获得正确的原始资料，作为预测销售的重要依据。缺点是：不易选择与社会经济因素相类似的实验市场，且干扰因素多，影响实验结果；实验时间较长，成本较高。

上述三种市场调查方法各有优缺点，使用时可根据调查问题的性质、要求的深度、费用的多少、时间的长短和实施的能力等进行选择。三种方法可单独使用，也可结合使用。

3. 调研工具

问卷是市场调查的一种重要工具，形式是用以记载和反映调查内容和调查项目的表式。询问表的功能是：能正确反映调查目的，问题具体，重点突出，能使被调查者乐意合作，协助达到调查目的；能正确记录和反映被调查者回答的事实，提供正确的情报；统一的询问表还便于资料的统计和整理。

询问表的设计是市场调查的重要一环。询问表设计得好坏对调查结果影响很大。设计一份完美的询问表，调查人员不能闭门造车，应事先做一些访问，拟定一个初稿，经过事前调查试验，再修改成正式问卷。

4. 抽样调查计划

所谓抽样调查是从调查对象的全体（也称总体）中按照一定的方法抽取若干个体（也称样本）进行调查，根据样本的调查结果来推断总体的结果。由于抽样调查只需从调查总体中抽取一部分有代表性的若干个体进行调查，所需的调研成本较少，调查资料可以用统计方法进行计算，得到与全面调查甚为相近的结果，所以在市场调查中被广泛采用。

抽样方法大体上可分为两大类：一是随机抽样，二是非随机抽样。

（1）随机抽样。它是按随机原则抽取样本，完全排除人们主观的有意识的选择，在总体中每一个体的被抽取的机会是均等的。常用的抽样方法有：①简单随机抽样法。是从母体中随机抽取若干个体为样本，抽样者不做任何有目的的选择，而用纯粹偶然的方法抽取样本。它是随机抽样法中最简便的方法。随机抽取的方法有抽签法和乱数表法。②等距抽样（又称系统抽样）法。当抽取样本容量很大时，利用抽签法或乱数表法一个个地抽取还是很费时间，故采用等距抽样法。它是从总体中每隔若干个个体选取一个样本，故称等距抽样。③分层随机抽样法。当总体中的调查单位特性有明显差异时，可采用分层随机抽样法。分层随机抽样是先将调查的总体根据调查目的按其特性分层（或组），然后在每一层（或组）中随机抽取部分个体为样本。④分群随机抽样法。又称整群随机抽样法，采用简单随机抽样法往往抽出的样本比较分散，在各地区都有，因而调查费用较高。若集中调查 n 个区域，则困难便可减少。另外，有时要取得整个总体的名单也很不容易，因此市场调查人员常常采用分群随机抽样法。

以上几种抽样方法的优点是可以统计检验，抽样误差小，精确度高。但随机抽样需要较高的抽样技术，调研人员也要有较丰富的经验，且样本数目的确定是关键。样本量越大越接近总体平均值，抽样误差就越小。抽样误差的大小，取决于抽样单位数的多少和总体特性变异的大小，总体中个体之间的差异程度小，样本量也就可以少些；反之，样本量就大。如果采取了可信的抽样程序，对一个总体只要抽出少于1%的样本，就常常能提供良好的可靠性。

（2）非随机抽样。它是按照调查目的和要求，根据一定标准来选择抽取样本，也就是对总体中的每一个体不给予被选择抽取的平等机会。常用的抽样方法有：①任何抽样法又称便利抽样法。其样本的选择完全根据调查人员的方便来决定。例如在街道上随意访问来往的行人。这种方法的一个基本假定是认为总体中每一个体的特性都是相同的，任意选出的样本与总体的特性并无差别。任意抽样法的优点是使用方便，也较经济。在市场调查中，任意抽样法常用于预备调查和试查。②判断抽样法。是根据专家的判断或调查者的主观判断来决定选取的样本的方法。使用这种方法，样本的选定者必须对总体的特征有相当了解，选样时应极力避免挑选"极端型"，而应选择"多数型"或"平均型"的样本为调查对象，以便通过典型样本的研究观察了解母体的情况。判断抽样法是调查人员根据调查需要主观判断选定样本，故能适合特殊需要，调查的回收率也较高，但易出现主观判断的偏差。此法一般适用于样本数目不多的情况。③配额抽样法。它同分层随机抽样法相似，是按规定的控制特性进行分层，然后给每一调查人员按规定的控制特性分配一定的样本数目进行调查。④配额分派即按已经确定的各类样本，分派给调查人员。调查人员根据规定的控制特性，如在收入500万元以下，员工100人以下的非营利机构中自由选择20个样本单位进行调查。这种方法的优点是调查费用比随机抽样少，抽样手续简单，没有总体名单也可进行。缺点是从政府部门得来的资料有过时的可能，控制特性较多，计算也累，且各栏资料是否齐备也有问题。

5. 联系方法

（1）个人访问法是调查者面对面地向被调查者询问有关问题，被调查者的回答可当场记录。调查方式可采用走出去、请进来或召开座谈会的形式，进行一次或多次调查。调查者可根据事先拟定的询问法（问卷）或调查提纲提问，也可采用自由交谈的方式进行。

（2）电话调查法是由调查人员根据抽样设计要求，用电话向调查对象询问收集资料的一种方法。其优点是资料收集最快，成本最低；可按拟定的统一问卷询问，便于资料统一处理。缺点是调查对象只限于有电话的用户，调查总体不够完整；不能询问较为复杂的问题，时间不能太长，不易深入交谈和取得被调查者的合作。

（3）邮寄调查又称信函调查、通讯调查。就是将设计好的询问调查表、信函、订货单、征订单等通过邮政寄给被调查者，请对方填好后寄回。这种方法的优点是：调查区域广，凡邮政所达地区均可列入调查范围；被调查者可有充分的时间来回答；调查成本较低；调查资料较真实。缺点是询问表、征订单等回收率较低，收回时间较长；被调查者可能误解询问表中某些事项的含义而填写不正确。

以上三种方法中，究竟采用什么方法好，主要应根据调查问题的性质和要求，决定采用一种或两种、三种结合使用。

(三）市场细分的标准与依据

1. 市场细分的标准

市场细分应符合以下标准：①互相排斥，即细分后的市场彼此区分。②毫无遗漏，即每一目标群体都能包括在各细分市场中。③可以衡量。细分市场的大小、需求、满意度等均可衡量。④可接近性。细分市场是可接近的，服务具有可到达性。⑤规模适当。细分市场规模足够大并值得开发。

2. 市场细分的依据

（1）人口因素。运用人口因素细分市场，就是根据人口统计变量如国籍、民族、人数、年龄、性别、职业、教育程度、宗教、收入、家庭人数等因素将市场进行细分。市场细分主要是分析顾客的需求。不同国籍或民族的、不同年龄和性别的、不同职业和收入的消费者，其需求和爱好是大不相同的。故人口统计变量与消费者对商品的需求爱好和消费行为有密切关系，而且人口统计变量资料比较容易获得和进行衡量。为此人口因素是市场细分中常用以区分消费者群体的标准。

（2）心理因素。包括社会阶层、生活方式、性格、使用动机等。同样性别、年龄，同收入的消费者，由于其所处的社会阶层、生活方式或性格不同，往往表现出不同的心理特性，对同一产品会有不同的需求和使用动机。心理因素对消费者的爱好、使用动机、接受行为有很大影响。社会组织以心理因素进一步深入分析消费者的需求和爱好，更有利于发现新的市场机会和目标市场。

（3）使用行为因素即根据顾客的偏好来进行市场细分。它包括追求利益、品牌商标忠诚度（品牌偏好）、使用者地位、使用频率等。

（4）地理因素。地理细分是根据其所居住或工作的地点并与其相关的其他变量来划分顾客。这适合于那些顾客需要随所在不同地区而变化的情况，或者某地方和某地区倾向喜好服务贡献的特别类型。例如，客户可能聘用本地或地区的法律类社会组织做他们日常的法律工作，而复杂的诉讼或公司的法律事务可能聘用城市的法律类社会组织。因此，地区法律类社会组织常常专注于标准工作，并且不企图与具有更高专业能力的、大的城市法律类社会组织提供的服务竞争。地理分析也是相对简单的细分市场的办法，它常被服务类社会组织当作首先考虑的细分变量之一。

第三节 社会组织营销中的 4P

一、4P 营销理论的提出

4P 营销理论（The Marketing Theory of 4Ps）产生于 20 世纪 60 年代的美国，是随着营销组合理论的提出而出现的。

杰罗姆·麦卡锡（E.Jerome McCarthy）于 1960 年在其《基础营销》（*Basic Marketing*）一书中第一次将企业的营销要素归结为四个基本策略的组合，即著名的"4Ps"理论：产品（Product）、价格（Price）、渠道（Place）、推广（Promotion），由于这四个词的英文字头都是 P，再加上策略（Strategy），所以称为"4Ps"。

1967 年，菲利普·科特勒在其畅销书《营销管理：分析、规划与控制》第一版中进一步确认了以 4Ps 为核心的营销组合方法，即：产品（Product）。注重开发的功能，要求产品有独特的卖点，把产品的功能诉求放在第一位。价格（Price）。根据不同的市场定位，制定不同的价格策略，产品的定价依据是企业的品牌战略，注重品牌的含金量。渠道（Place）。企业并不直接面对消费者，而是注重经销商的培育和销售网络的建立，企业与消费者的联系是通过分销商来进行的。促销（Promotion）。企业注重销售行为的改变来刺激消费者，以短期的行为（如让利、买一送一、营销现场气氛等）促成消费的增长，吸引其他品牌的消费者或导致提前消费来促进销售的增长。

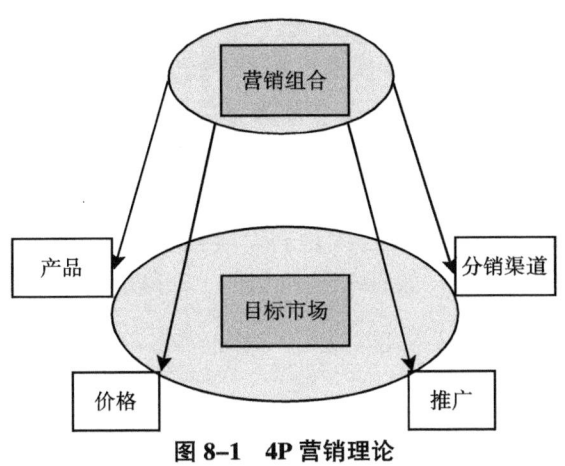

图 8–1　4P 营销理论

二、4P 理论在社会组织营销中的应用

(一) 产品

任何组织或机构都要为自己的目标群体提供产品。产品不仅是指有形物品，而且还包括了无形的服务。社会组织提供的产品大多是服务。社会组织的产品质量体现在服务中，提供的服务质量如何要以公众的标准来进行衡量。社会组织要向目标群体充分展示产品的核心利益，增强公众的信心，通过使目标群体满意来维系其忠诚度。这就要求社会组织在调查分析的基础上开发并创造出公众所接受的产品，通过由指导到引导的过程来满足公众的需求。社会组织产品分类如图 8-2 所示。

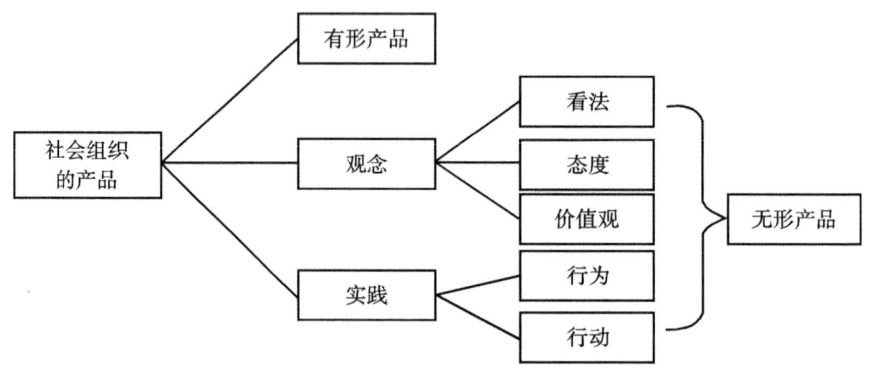

图 8-2 社会组织产品分类

社会组织的有形产品和营利组织的有形产品差别不大，其核心产品借以表现的形式，在市场上通常表现为产品质量水平、外观特色、式样、品牌名称和包装等。但这种有形产品往往并不是主要产品，只是实现某个社会行为的工具。例如戒烟糖是为戒烟运动服务的。

无形产品主要表现为观念和实践。社会观念包括看法、态度和价值观。看法是对某个事物的感性认识，比如"吸烟有害健康"。态度是对事物的积极或消极评价，比如"资助贫困孩子读书能为下一代带来平等的受教育机会，增强中国未来的竞争力"。价值观是有关什么是正确的和什么是错误的总体观念，例如反邪教组织所要宣扬的就是科学宇宙观和科学人生观等价值观念。社会实践可以是单个行为，如种一次牛痘，也可以是一种新的行为方式，如戒毒、保护环境等。

1. 社会组织服务特征

社会组织服务具有以下特征。

（1）无形性。服务在很大程度上是抽象的和无形的。

（2）不一致性。有形产品通常具有固定的质量标准，社会组织的服务不同于有形产品，服务具有较大的差异性，不存在统一的衡量品质的标准。

（3）不可分割性。典型服务的产生和消费是在同时完成的，顾客参与到过程中。

（4）依赖于目标受众的参与。大多数服务都强调服务者与被服务者之间的双向互动，目标受众的参与程度将直接影响到服务的成效，如心理咨询，如果咨询者不能主动配合心理咨询师的疏导和治疗，咨询通常都不会收到好的效果。

2. 社会组织产品的层次分类

（1）核心产品。它是社会组织提供的基本服务或产品。例如医院对于病人提供的诊断、治疗。

（2）期望产品。期望产品是指购买产品所期望获得的利益的总和，它与核心产品一起构成需要满足的起码条件。当患者住院治疗时，他除了希望获得满意的治疗效果外，还期望得到一系列附加良好服务，包括医生、护士良好的态度，医疗设施，医院的清洁卫生，质量好的食物。

医疗服务是医院的产品，而医生则直接决定着产品质量。因此，一些医院根据医生的需要改进医疗设施，为医生提供最新的诊断和治疗设备，同时还配有宽敞的诊疗室和办公室。先进的设备、良好的环境、医术高超的医生构成医院服务最重要的组成部分。

（3）增值产品。它是指组织所提供的超过顾客期望和习惯的服务，通俗地讲就是社会组织所开发的特色服务，这使得社会组织所提供的服务与同部门其他非营利机构产生差别，从而吸引更多顾客，提供更优质、满意的服务，获得更大的社会效益和经济效益。从竞争角度分析，产品差异化是一种重要的营销策略。例如，在产品的功能、服务、质量等方面作出特色，塑造产品品牌，形成自己独特的产品形象。因此，在以产品或服务满足客户需求的过程中，还需要考虑产品或服务的延伸利益。

3. 社会组织产品品牌策略

对于品牌，美国市场营销协会（AMA）所作的定义是：品牌是一个名称、术语、标记、符号或图案设计或是它们的不同组合，用以识别某个或某群销售者的产品或服务，使之与竞争对手的产品或服务相区别。社会组织要生存发展，必须重视品牌管理。

（1）品牌名称决策。品牌管理最重要的就是品牌名称决策。组织决定是所有的品牌使用一个或几个品牌，还是不同产品使用不同品牌，就是品牌名称决策。目前基本上有四种品牌名称决策模式。

1) 个别品牌名称。组织决定每个产品使用不同的品牌。为每种产品寻求不同的市场定位，有利于增加收入和对抗竞争对手，还可以分散风险，使组织的整个声誉不致因某种产品表现不佳而受到影响。例如，中国青少年基金会救助失学儿童使用"希望工程"，救助失学女童使用"春蕾计划"，资助青年创业使用"彩虹工程"。

2) 共同的家族品牌名称。组织的所有产品都使用同一品牌。对那些享有良好声誉的著名组织，全部产品采用同一品牌可以充分利用其名牌效应，使新产品以较低成本进入市场，保证所有产品畅销。例如，哈佛大学提供的所有服务都冠以"哈佛"的名字。

3) 不同的家族品牌名称。这种策略是为了区分不同大类的产品，一个大类产品下的产品使用共同的家族品牌名称，以便在不同产品大类领域中树立各自的品牌形象。例如，我国上海交大将校内各项服务冠以"交大"名称，而对校办产业（英语培训、管理培训）冠以"昂立"之名。

4) 个别品牌与企业名称并用。不同类别产品分别采取不同品牌名称，且在品牌名称之前加上企业名称。此种策略多适用于新产品开发，既可使新产品享受企业声誉，又可使新产品显示各自特色。例如，宋庆龄基金会"爱心捐助"和宋庆龄基金会"儿童读物拓展"等。

(2) 品牌效果测试。测试品牌效果的方法很多，一般而言测试标准有四个维度：品牌知名度、品牌忠诚度、品牌联想度、品牌认知度。

1) 品牌知名度。品牌知名度是最基本的，它分为四个等级：第一提及知名度、未提及知名度、提及知名度和无知名度。第一提及知名度是在没有任何提示下，消费者想到某一类产品类别就立刻会想起的品牌；未提及知名度是在没有任何提示下，消费者想到某一类产品类别就会想起但不是第一个想起的品牌；提及知名度就是经过提示后，消费者表示知道该品牌；无知名度就是经过提示后，消费者仍毫无反应。

2) 品牌忠诚度。一般而言，消费者的品牌忠诚度从低到高可划分为：无品牌忠诚度、习惯消费者、满意消费者、情感消费者和承诺消费者。可依据品牌拥有的消费者的类型判断品牌忠诚度。无品牌忠诚度是消费者对品牌的认识没有任何差异，会经常地更换品牌；习惯消费者属于无意识的品牌忠诚者，他们的品牌倾向若有若无，会在惯性状态下重复购买某一品牌；满意消费者对品牌相当满意，而已经产生了品牌转换成本；承诺消费者不仅对品牌产生了感情，更以拥有品牌而骄傲。

3) 品牌联想度。品牌联想是消费者在想起某一品牌时所勾起的所有印象、意义、联想的总和。当联想组合成一个完整、综合、有意义的品牌印象时就是品牌形象。

4）品牌认知度。品牌认知度是指消费者对某种品牌在品质上的整体印象。它不仅包括产品本身的品质，还包括产品服务的品质，比如"希望工程"是贫困失学儿童的福音。社会组织的品牌认知度可以通过产品的功能和结构、适用性、可信度、耐用度、外观、包装、价格、销售服务等方面来测试。

（二）价格

社会组织产品价格对营销具有以下作用。

1. 决定产品获得的难易程度和定位作用

产品的定价会影响顾客获得该产品的能力。通常情况下，价格越高，越难获得；价格越低，越易获得。对一般顾客而言，价格可以充当产品质量的象征和代言人。当顾客难以判定产品质量时，往往用价格作为衡量标准。他们认为高价的产品质量或声誉也高，低价的产品质量较差。而对于免费的产品，顾客可能不太在意。很多免费产品如"法律援助"并没有产生最大需求，因为它们也暗示产品是"低档次"的。再如，南美洲一个城市建了一家现代化医院，为贫穷市民提供免费医疗服务，出乎意料的结果是病人甚少，大多数穷人仍去收费的医院就诊。

2. 减少市场需求作用

当社会对产品的需求过大或不可取时，价格的另一个作用就是减少市场需求。尤其当社会组织营销者想通过价格来抑制某一产品的使用时，价格就可以起到减少市场需求的作用。例如，提高烟和酒的价格就可在一定程度上减少这方面的需求。当然，要减少市场需求还可以通过降低产品质量、减少或取消促销活动，将产品分送地点设在不易到达的地方等方法，但提高价格往往是最有效的措施。例如，马来西亚的法律把接受或持有毒品这种行为的"价格"提高到一旦被抓获便会丧失性命的高度，而且对本国人和外国人均不手软。当然在某些情况下，减少市场需求也许显得冷酷甚至不道德。假设婴儿腹泻的流行导致对口服再生水产品的需求过大以致无法满足，如果政府部门提高它的价格限制消费者获得该产品，就会被视为不道德。

服务收费是社会组织获得资金的极其重要来源。在一些国家，来自会费、收费活动和商业经营的收入超过了所有其他来源的收入，构成了社会组织总收入的最大部分，例如，在美国，服务收费已经成为社会组织的主导性资金来源。因此，合理的服务定价也成为社会组织必须面对的重要问题。但必须要注意的是，由于社会组织的非营利性，其定价机制并非是利润导向的，而是侧重于满足消费者的利益需求。

如果服务是免费提供的，价格则并不重要。但即使是这样，社会组织也有必要了解另一种"价格"——服务的成本。另外，社会组织还要考虑顾客、捐助者或志愿者支持组织的"价格"是什么（例如，顾客行为或态度的改变带来的心理的不适和诸多的不便、志愿者投入的时间与精力等）。价格是由多种因素决定的，包括服务开发和让渡的成本、客户的支付能力、竞争对手的定价以及相关产品定位等。

在定价过程中，可能要经历如下几个阶段：首先，社会组织必须要确定自己产品或服务的成本，包括直接成本和间接成本。其次，根据自己的资金来源，自身能够承担多少成本（如果能承担全部成本，则免费提供）。再次，估计有多少客户，他们的支付能力如何。如果支付能力较低，社会组织可能要进一步寻求赞助支持。最后，竞争者的定价是多少（注意：竞争者一方面竞争服务对象，另一方面会竞争相关资源，如基金会的资助）。

相当一部分社会组织在定价时，主要考虑的是成本回收问题（有的只是部分回收成本问题，例如，国家已经提供了部分补贴）。它们采取的是成本导向的定价策略，而不是需求导向的定价策略。虽然它们可以制定较高的价格以增加组织收入，但出于社会公平的目的，它们通常会放弃高价策略。例如，图书馆的服务收费往往很低，因为充分考虑了穷人的需要。

（三）渠道

营销渠道就是产品从制造商手中传至消费者手中所经过的各中间商连接起来的通道，可视为一个相互协调的网络，通过这些网络对产品形式、所有权、时间与地点的整合而为使用者或消费者创造价值。对于社会组织而言，渠道就是指组织所提供的产品或服务如何以最便捷的方式提供给目标群体。营销渠道把产品或服务从生产者转移到消费者所必须完成的工作加以组织，其目的在于消除产品或服务与消费者之间的距离。社会组织的营销渠道主要职能有如下几种：①调研，即收集、分析和传递有关消费者需求、行情、竞争者及其他市场营销环境信息；②寻求，指解决买者与卖者双寻过程中的矛盾，寻找潜在消费者，为不同细分市场客户提供便利的营销服务；③分类，协调制造商产品（服务）种类与消费者需要之间的矛盾，按消费者的要求整理供应品，如按产品相关性分类组合，改变产品或服务的类型，分级等；④促销，传递与供应商品相关的各类信息，与顾客充分沟通并吸引顾客；⑤洽谈，供销双方达成产品价格和其他条件的协议，实现所有权或持有权的转移；⑥物流，组织供应品的运输和储存，保证正常供货；财务，融资、收付货款，将信用延至消费者，即为补偿渠道工作的成本费用而对资金的取得与支用；⑦风险，承担与从事渠道工作有关的全部风险。上述功能构成营销渠道的功能集。这些功能必须被执行，焦点是由谁来执行。社会组织可以全部承担这些功能，也可以将其中一部分，甚至全部功能转给中间商。问题在于完成这些职能的效率和效益。例如，当社会组织执行全部或大部分渠道功能，其分销成本增加；而将其中一些功能转给专业化经营的中间商能更加有效并节约成本。

社会营销渠道的目标为：第一，提高交易效率，降低交易成本。尽管很多社会组织都渴望通过以直接面对顾客的方式来控制渠道，但采取这种直接的方式，要同时与众多居住相当分散、需求千差万别的消费者打交道，无论是时间、人力还是成本，对一般的社会组织来讲，都是不可思议的事情。但如果有分销商、代理商、辅助商和其他中介机构参与的话，社会组织可能只需要同几个辅助商、代理商进行沟通对接，就能间接地将产品或服务分配到广阔的市场区域。当然，前提是中间商的选择必须适当。第二，使消费者能够看得到实际获得的利益。社会组织要满足顾客的利益，不仅是经济上的利益，也有非经济方面的利益，包含的内容更加丰富些。根据C.H.罗维罗克（C.H. Lovelock）与C.B.韦伯吉（C.B.Weinberg）的观点，利益由五种要素构成。即：①感观利益。即外观、感觉、声音、气味、味觉等方面引出的东西。②心理利益。例如像宗教服务使人得到精神慰藉一样，由产品引发了顾客心理状态所产生的积极变化。③场所利益。由于场所具有便利性、舒适性，使产品展览、贩卖能取得很好的效果，这种地理位置的优越性也能产生利益。例如，不同地理位置的剧场，消费者所获得的利益不一样。④时间利益。即由于时间因素的影响，对产品的购入与消费方式产生决定性、积极性作用的东西。例如店铺、售票站的工作时间合理安排，能够给顾客带来便利和愉悦。⑤金钱利益。即产品与服务具有金钱价值，例如，像教育这样的特定服务，在消费之后，能够直接带来人们收入的增加。最大限度地接近消费者，应是渠道建设的重要目标。为此，社会组织应使顾客能够更加方便地接受组织所提供的产品和服务，并确保服务的高品质。第三，协同合作。渠道的协同作用表现在很多方面，例如，可以确定合理的产品库存量，服务饱和量等；再如，分摊营销广告成本，合用信息系统和物流基础设施，共同采购、配送、内部融资等。营销渠道的建立和维系是组织长期运营的结果。渠道一旦建成，可以给予组织丰厚的回报。

（四）推广

1. *广告推广*

推广是一项长期性和超前性的工作，在广告推广中，应具体做好两方面工作：一是在广告形象代言人的选择上，社会组织的活动具有公益性的目的，比如义务献血、抗震救灾、救助失学儿童、志愿者招募活动等，形象代言人自身具备的特质应该与活动本身所要传达的宗旨和目标和谐一致，具有品质上的可信度；二是在媒体的选择上，媒体形式包括广播媒体、印刷媒体、电子媒体和展示媒体等，广告宣传可选择的媒体种类较多，具体应以目标群体特征、产品特性、信息类型、成本预算及宣传影响力为选择依据，如表8-1所示。

表8-1 各媒体形式优缺点比较

媒体形式	优点	缺点
报纸	读者广泛、稳定、覆盖面宽；传递及时，可长期保存、反复研究；收费低，改稿容易	寿命短，因为报纸很少重印；内容多，容易分散注意力；清晰度低，美感少
杂志	灵活性高；寿命长，能重复出现；宣传对象明确，效率高；转读率高，可保存	时间长，杂志广告隐于书中，不易被发现；影响较小
广播	不受交通限制，传播信息快；灵活性高；范围宽广；费用低	电波转瞬即逝，不易保存；只有声音不见形象，不能给消费者以深刻印象
电视	可利用各种艺术手法，给消费者强烈的感染力；较高的灵活性；范围广；不受时空限制，及时迅速	费用高；受外界干扰多，使广告的针对性下降；有时播放不当，容易引起消费者反感
户外广告	展示时间长；表现手法灵活；不受竞争对手干扰；费用低	很难有特别的创新；可选地方受限制；难修改，时效性差
网络	速度快；制作成本低；跨越时间、空间限制；动态及时；反馈的可测性高；与消费者的互动性强	技术含量要求高；受众有限；主动权掌握在顾客手中，不具有强制收视的效果

2. 人员推销

人员推销是最古老的促销方式，但时至今日，仍是最重要的促销方式之一。许多国家广告业的经营额虽扶摇直上，但总量仍不抵人员推销的开支大。由于人员推销天然具有的优点，对于社会组织实现市场营销战略至关重要。

（1）人员推销的优点。

1）人员推销是面对面的双向信息沟通，因此有很大的灵活性。一方面，推销人员将有关产品特性、用途、使用方法、价格等方面的信息传递给潜在的目标顾客；另一方面，又将顾客对产品性能、规格、质量、价格、交货时间等的要求及时反馈给非营利机构。推销人员可根据每位潜在客户购买动机、要求和问题的不同，随时调整自己的策略和方法，有针对性地进行推销，充分地说服顾客，使客户的要求得到最好的满足。

2）人员推销的选择性强。推销员大多是一次访问一位潜在客户，完全可以根据目标顾客的特点选择每位被访者，并在访问前对其做一番研究，拟订具体的推销方案，而广告对目标顾客的选择性就差得多。所以，尽管广告的覆盖面远较人员推销大得多，但成功的概率却比后者小得多，因为广告的受众中有相当部分的人根本不可能购买该产品。

3）人员推销具有完整性。推销人员的任务不仅是访问客户、传递信息，说服顾客购买，协助安排资金融通，准时交货，甚至承担安装、调试、技术指导、维修服务的任务，特别是一些结构复杂的产品，人员推销的效果更优。此外，推销员大多还承担为社会组织收集市场信息的任务。

4）人员推销具有公关作用。好的推销员善于与客户建立起超出单纯买卖关系的友谊和信任，为社会组织赢得一批忠实的客户，实际上起到了公关的作用。

不过，人员推销并非处处适用，它的最大问题在于访问客户的数量受到时间和费用的限制，因此主要用于买主数量有限，分布区域集中或购买批量大的情况，以降低费用，提高效率。而在买者众多，且分布范围广的消费者市场上，显然不可能大量采用人员推销。

（2）推销人员的任务可归纳为以下五个方面的内容。

1）寻找潜在顾客，确定访问对象，培养新客户。

2）向目标顾客传递有关非营利机构和产品的信息。

3）推销服务产品，包括接近顾客，回答顾客的问题，解除顾客疑虑，促成顾客购买。

4）提供服务，推销员有责任为顾客提供各种服务，包括咨询服务、技术帮助、安排交货事宜等。

5）收集信息，主要是为非营利机构进行市场调研和情报收集工作。

社会组织对人员推销的管理，主要体现在两方面：一是确定营销队伍的组织结构；二是对推销员的招聘、训练、督促与报酬。

3. 公共关系推广

公共关系推广是社会组织在社会公众之间，为塑造社会组织的良好形象，赢得公众的支持与合作，运用大众传播工具和传播技能，在组织与公众之间开展双向信息沟通、树立形象、协调促进等活动的一门管理功能和营销艺术。社会组织应当设立公关部门，负责维系与政府、企业、媒体和公众的关系。政府向慈善组织提供资金和税收优惠等物质支持，与企业的合作可以降低社会组织的营销成本，媒体是提升社会组织知名度、推广理念及吸引资源的快捷方式与手段，公众的支持和参与是社会组织有效运行的保障。公共关系营销的特征有三个方面：一是高度的可信性，所传达的信息具有可靠性、准确性和可信性；二是消除防卫，即在沟通的过程中要改变受众对于推销人员和广告的回避态度，拉近彼此之间的距离；三是戏剧化，即公共关系要像广告一样，能使组织和产品更富有表现力。社会组织应该运用公共关系营销策略有效传播信息、协调公众关系、树立组织和产品形象，能够更好地处理与政府、企业、媒体和公众的关系以实现组织愿景。

社会组织在推广过程中，在宣传产品与服务的同时，还要将自己的理想、

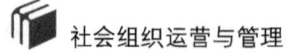 社会组织运营与管理

信念、价值观念、道德行为准则传递给消费者，使消费者能够理解、信任、监督、支持、参与社会组织的经营管理工作。因此，社会组织需要与顾客进行交流沟通，与他们进行持续的对话，与他们建立安全可靠、长期持久的伙伴关系。

从服务营销的角度看，社会组织的推广工作需要注意以下几点。

（1）致力于开发和维护良好的、持久的顾客关系。在顾客需要的时候，员工以顾客期待的方式提供服务。

（2）员工在同顾客接触过程中，当顾客的需求、价值、期望和愿望发生改变时必须作出快速反应。

（3）与顾客接触的员工在提供服务时，必须担负控制质量的责任。

（4）与顾客接触的员工在提供服务时，要将服务营销的理念贯彻在服务过程中，要尽可能地推广服务。

三、影响社会组织营销的趋势

（一）网络营销成为营销发展的趋势

网络营销是20世纪末出现的市场营销新领域，是营销实践与现代信息通信技术、计算机网络技术相结合的产物，是组织以电子信息技术为基础、以计算机网络为媒介和手段而进行的各种营销活动的总称。相对于传统营销，网络营销具有国际化、信息化和无纸化等优势，成为各国营销发展的趋势。

同传统的有形市场相比，虚拟市场有许多优势：在撮合买卖上有更高的效率，从而可以大幅降低交易成本；虚拟市场商品种类更加丰富，所以虚拟市场更加繁荣；虚拟市场内消费者购物更加方便；对容易配送的商品，如数字产品和某些服务，买卖双方可以突破距离限制进行直接的网上交易。这些优势造成了虚拟市场的高速成长。网络营销依托于这个阵地，有着良好的发展前景。

互联网上有着无尽的信息资源，其中相当一部分是免费的。利用数据挖掘技术，企业可以迅速找到有价值的商业信息，从中发现新的市场机会。除此之外，企业还可以利用网上丰富的人力资源和计算机资源从而确立自己的竞争优势。另外，互联网作为一种新型媒体，利用它可以实现同用户的快速高效沟通，即专家所谓的非线性沟通和多对多沟通。更加重要的一点是，互联网的交易费用大大降低，这在远距离沟通时显得非常突出。借助互联网的诸多优势，网络营销将实现营销方式的革新。

（二）产品细分越来越难

19世纪，组织追求的目标是标准化、规模化生产以及节约成本。企业界

认为，消费者的需求都是一样的，没有本质的区别，一个企业只要拥有足够多的生产线，生产成本足够低，企业就能一举占领市场。到了20世纪50年代末期，市场形势急转直下，消费者的需求呈现出多样性，大一统的产品越来越没有市场了。以美国为例，解甲归田的士兵和家人在享受了十几年的安逸生活之后，不再被物资的稀缺所困扰。尤其是战后出生的一代人开始步入新消费时代，这一代人的消费观念更注重个性和差异化。这种消费趋势最初出现在日用消费品领域，消费者的消费出现了差异化倾向，最终波及其他行业。于是市场细分理论应运而生。所谓的市场细分，是指一个整体市场上顾客需求的差异性，以影响顾客需求和欲望的某些因素为依据，将一个整体市场划分为几个消费者群体，而每一个需求特点相似的消费者即构成一个细分市场，各个不同的细分市场的消费者之间有着明显的需求差别，企业试图以差异化的产品满足消费者差异化的需求。企业还通过产品、服务、人事和形象方面的差异化，在让顾客感知额外价值的同时获得产品溢价；将差异化与市场细分有效地结合起来。从全球市场来看，很多企业刚开始进入市场时，都在运用市场细分和定位理论，它们先进行市场细分，然后再进行定位，以此切下一块市场蛋糕，据为己有。但细分的结果是一元对多元，以无限细分对目标人群进行分割，其结果是让蛋糕越来越小，也就是说产品细分越来越困难。在从前美容门诊的医院推行减肥服务可算是颇具特色，但现在医院如果没有一系列的减肥和美容门诊的话，就可能出现客源危机。

来自营利部门的竞争愈益激烈。对于以盈利为目的的企业家来说，教育医疗等领域实际上都是可以公平竞争的领域。有些营利机构反而可以用合理的价格提供商品和服务。不少社会组织发现，把某些服务外包出去不但有经济效益，同时也能兼顾专业要求。此外，在医疗保健的领域中，以大吃小的情况也相当普遍。

（三）价格不一定是唯一的决定因素

由于社会上拥有财富的人越来越多（例如20世纪80年代的"雅痞"），人们也开始提出各种问题，要求得到更多，同时也愿意为他们认为值得的服务掏腰包。想想看，为什么某些提供特殊菜单，或为有钱病人提供包厢病房的医院生意如此兴隆？

观察家同时也注意到，有钱人也会看情况花钱。住郊区的上层中产阶级人士会在周五晚上花五十美元泡法国小酒馆，第二天早上照样会拿着折扣券，在附近的超级市场购买早餐玉米片。

（四）消费者更重视服务品质

市场竞争加剧，表示消费者的选择也更多。消费者购买商品或服务时，越来越不愿意被动地接受或选择，而会进一步要求企业提供更好的服务。

相关个案：美国诺斯丹（Nordstrom）百货公司有许多靠提升服务品质而成功的故事。例如他们的训练课程扩大到兼差以及临时雇员，以便为顾客提供更有品质的服务；在消费者身上进行投资，而不只是在产品上（不像其他竞争对手的做法，把衣服都锁起来）；他们为客人提供换货服务，甚至从别家店买的同样可以换货！

服务不只是各种竞争优势的一环，它本身就是唯一而且最核心的竞争优势。社会组织也不例外，愿意接受组织提供服务、参加协会、购买产品的人们都是社会组织的客户，他们应该有选择的权利。作为营销管理者需要思考以下几个问题。

（1）组织上下是否一致认为，应该把接受服务的人摆在第一位？
（2）与组织的决策层是否容易沟通？
（3）组织成员会带儿子、女儿或家人来使用组织的设施吗？
（4）当你有需要并且也有钱消费的时候，你自己会使用组织提供的服务，还是会到别处去购买呢？
（5）你是否问过你的客户，他们对组织提供的服务有什么感觉，并照着他们的建议做呢？

（五）时间是一种商品

一个人要做的事情多时间却不够。一般人多半把大部分的时间花在工作上，其他时间享受生活。人们工作是为了付钱购买那些没时间自己做的劳务。社会组织的管理者必须知道，时间是一个有价商品。他们所管理的组织必须调整开放时间，包括晚上与周末；在接近人们上班的地方，甚至就在工作场所里提供服务；未来甚至可以透过电话线与电脑提供某些服务。

（六）社会文化愈趋多元

21世纪最明显的特征是全球化，即各国各民族各地区在多层次、多领域的相互联系和影响。与全球化相伴随的则是多元化，各种生活方式、文化、价值观的交融日益凸显。生活方式的多元联系让人们的生活日益丰富，外来文化与本土文化的交织拓展了文化的边界；不同价值观的交融则碰撞出思想的火花。多元化时代的一个明显特征是包容性，中式西式的生活方式相互接受，茶文化的中庸与咖啡文化的理性共存，不同思想的交流衍生出新的思想。在多元化时代，如果你的组织未能将多元文化加以考量，显然就有跟不上潮流的危险。

第四节 社会组织筹资

一、社会组织与筹款

资金是流淌在社会组织生命中的血液,任何社会组织的生存都有赖于组织的成功筹资。随着社会组织的发展,学界和业界对募款活动予以越来越多的关注和重视。国内关于募款的研究越来越多,但对于募款的基础理论、影响募款成功的因素以及募款伦理等的研究却明显不足。

当前社会组织发展所面临的一个重要问题是资金缺乏。资金的缺乏使得社会组织没有应有的财力实现为公益服务的社会使命,一些社会组织甚至由于资金太少而难以为继。合理有效地筹集资金是社会组织发展的当务之急。面对资金困境,越来越多的社会组织开始探求募款的基础原理是什么,如何制定适宜的募款策略,如何有效提升募款绩效,如何与其他社会组织保持既合作联盟又良性竞争的关系,如何在公平正义与募款成效之间取得平衡,这些都是社会组织需要解决的问题。

近年来,有关募款的研究成果较多,但对于募款基本上是界定为常识,很少对其作出明确的定义。募款的英文为 Fundraise 或 Fundraising,汉语中对应为"筹资"、"筹款"、"募款"、"募捐"、"劝募"等。对于社会组织而言,筹款指社会组织基于组织目标和使命,对政府、企业、基金会、公众等发动筹集资金、物质或劳务等资源的行动和过程。

二、社会交换理论——社会组织筹款的理论基础

Kotler(1995)认为,要解释为什么有人愿意花费时间、精力和金钱进行非营利的活动,最有用的理论便是社会交换理论。交换是提供某物而向他人换取所需物品的行为。而要使交换行为发生,必须满足下列五种情况。

(1)至少应有双方当事人。
(2)每一方都有对方珍视的物品(产品、服务等)。
(3)每一方都有沟通和传输的能力。
(4)每一方都有接受或拒绝对方所提供的物品的自由。
(5)每一方都认为与对方交换是适当的且符合所需的。

就社会组织而言,通常希望公众以具有价值的交换物来交换组织所提供的

利益或福祉。这意味着公众需要付出成本或作出某种牺牲，才能获得其行为所带来的利益或好处。一般而言，这类牺牲包括以下几方面。

（1）经济成本，例如捐款（或物品）给慈善事业，或购买产品或提供服务等。

（2）放弃原有的观念、价值和思想，例如，养儿防老，重男轻女，妇女是弱者等。

（3）改变原有的行为模式，例如开车系安全带，开车不喝酒，公共场所不吸烟，低碳生活等。

（4）投入时间、体力、脑力或承受身体上的不适等，如无偿献血给医院，担任志愿者，戒烟戒毒带来的身体和心理上的不适。

公众作出上述牺牲的同时，可从社会组织中取得经济、社会的以及心理情感等方式上的回报。无论如何，交换双方相信只要一方提供有利的交换，就能引起对方行为上的改变。因为每种活动都有成本，某人采取的行为是因为他意识到该行动的利益除以成本所得比率大于其他选择。这与科尔曼（Coleman）的理性人假设如出一辙，科尔曼认为，尽管不是说所有人类行动都是有目的的行动，所有有目的的行动都是最大限度地获取收益，对于行动者而言，不同的行动有不同的效益，而行动者行动的原则可以表述为最大限度地获取收益，行动者依据这一原则在不同的行动或事务间进行有目的的选择。理性和效益并不局限于狭窄的经济含义。在现实生活中，人们的行动不仅是追求经济效益，而且还包括社会、文化、情感、政治等方面的目的。

就募款活动而言，捐赠过程是关于潜在捐款人和捐款人存在一种需求及渴望的情境，换句话说，是动机及外在影响因素交互形成的需求。这种情境同时还包括了服务对象，不管是个人或组织，他们的需要可以从捐赠中得到部分满足。这便是存在于受赠者与捐赠者之间的交换关系。

对于捐赠者和受赠者的交换过程，鲍丁（Boulding K. E.）阐释为发生在A对B之单方面的交换过程，而B无须任何经济利益的回报。Boulding认为A与B之间存在着某种整合关系（Integrative Relationship），可能是地位、身份、社群、法律、忠诚或慈悲等。透过捐赠，有些捐款人期待能够得到受益人尊敬的地位，公开表扬或者是很难用言语表达的心理回报。在美国，20世纪末，当慈善组织刚刚问世时，它们就与上流社会挂在一起。今天，社会组织仍然控制在都市精英手中，参与社会组织活动往往被看作是社会地位的象征。例如，将自己的名字与知名社会组织联系在一起是件很荣耀的事。社会组织的捐款聚会往往名流云集，能在这种场合抛头露面无疑是件很出风头的事。用家族的名义命名一所学校或医院更可光宗耀祖。在平等思想占主流的瑞典，私人慈善事业之所以受到冷落，正是因为那里的人们对它隐含的社会地位不平等感到厌恶。在很多国家，如印度、肯尼亚、日本，参与非营利活动还可能带来另一种无形收益，即政治影响力。学校和医院的创办者往往会赢得当地居民的感恩戴德，从而加强他们的政治影响力和竞争力。在这些国家，人们通常用政治野心来解释社会组织创始人的动机。

另一位社会学家将"社会交换"予以概念化，认为人类最伟大的行动是将他们的资源给予其他人类，同时并指出影响交换过程的几种变量。

（1）受赠者在事前无法确切详述可以提供的回报或恩惠，而捐赠者在给予之后，也无法判断他可能得到的回报。亦即社会交换是非契约式的、开放的及自愿的，交换后的回报并没有固定范畴或内容。

（2）期限并不确定，所谓的回报可能在未来某一不确定的时间点才会实现。

（3）交换过程必须有两个或两个以上的主体，他们是具有信任的社会资本的特征。图8-3表现了捐赠者与受赠人之间的社会交换关系模式。

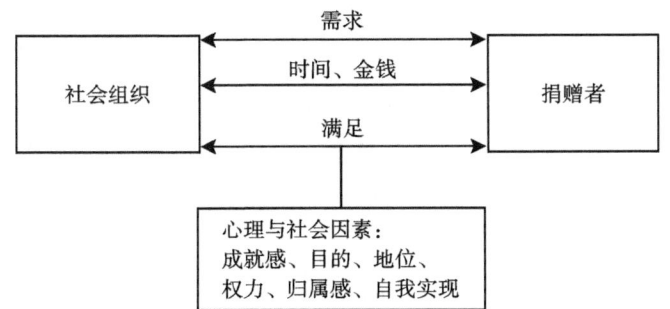

图8-3 受赠者与捐赠者交换关系模式

捐赠者与受赠者社会关系的发生有许多形式，包括参与组织、认同社群及对人类同情心的感受等。例如，当他们对青少年的犯罪有同情心，并认为他们有责任时，他们便可能愿意捐款，给予犯罪的青少年重新做人的机会。研究发现，人们捐赠的10大理由如下。

（1）有人向我寻求帮助，我相信他们，并给予了帮助。

（2）我认为拥有较多资源的人应该帮助那些拥有资源少的人。

（3）我从帮助别人的过程中获得了个人的满足感。

（4）因为我的宗教信仰或是承诺。

（5）在帮助别人的过程中我觉得我受益了。

（6）维持一个家庭的传统。

（7）给别人树立良好的典范。

(8)帮助我的社区。
(9)在心爱的人的心里留下记忆。
(10)捐赠是免税的。

社会组织作为受赠者,力图将服务对象的需要和服务所需的资金,让潜在捐赠者知晓后,而提出募捐的请求。募款的方法多种多样,从媒体的传播到面对面的募款。如果潜在捐款人对于社会组织的募款方法满意的话,那组织得到资金的机会便大大提高。为了维持这种捐赠、受赠的良好关系,受赠者可以运用某些形式让捐赠人满意,例如最简单的感谢信或者是较复杂的以捐款人姓名为某一建筑物命名等。

给捐款人的回报,本质上并不是可以用物质衡量的必需品或服务,往往是捐款人本身内在动机以及心理上的满足。因此提高捐款人成就感、地位、归属感等方面的满足程度,可以说是捐款人所获得最重要的报偿。当然,也有其他社会组织交换给捐款人有形的、实用的或者是经济上的报偿,例如书籍、表扬、服务或费用上的折扣等。在美国,组织若从事与组织目标不相关的事业,属于"非相关事务所得",则不适用免税法令,上述的实质交换方式,可能让一些适用免税法令的组织被撤销资格。

我们相信捐款人及受赠者之间的社会交换关系,是建立在捐款人信任受赠组织实现使命或目标的承诺,而受赠组织也预期捐款人承诺愿意持续关切该组织的使命或业务活动,更愿意持续捐款或承诺贡献心力,因此,多元的兴趣与信托便构成了所谓的"社会交换理论"。

康莱德(D.L.Conrad)进一步将经由社会组织满足捐赠者的需求,完成社会赋予的使命的社会交换理论概念化为"项链理论"(见图8-4)。他从公共关系"双向对称模式"来分析捐赠者与社会需求,认为捐赠募款行为是一种手段,是为了达成目的的手段。社会组织是项链中间的坠子,项链左端是捐赠者的需求,项链右端是社会层面的需求,捐赠募款行为是环扣,成功地扣紧了项链的左端和右端,完成整个社会赋予之任务。

三、募款市场

社会组织募款策略的讨论通常是:我们必须分析本身在市场中之地位,把心力集中在兴趣与我们一致的捐款者上,并且对各捐款市场设计出不同的募款计划,以满足他们的需要。基于此,以下将分别分析四大捐款市场。

(一)社会大众

就美国而言,个人的捐款可以说是所有慈善捐款活动的主要来源,近乎是捐款的83%(Kotler and Scheff),组织若能充分了解人们捐款的原因对于组织

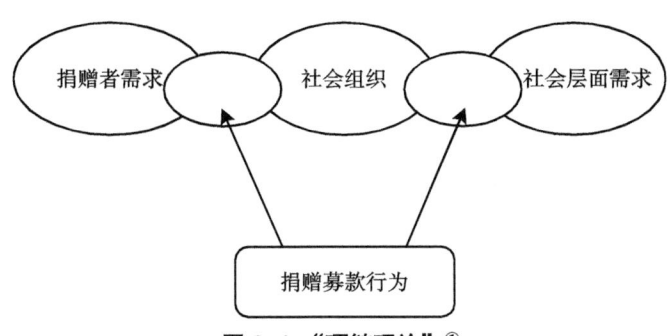

图 8-4 "项链理论"[1]

募款策略的运用是相当重要的。

捐款人捐款的动机,可以归纳为如表 8-2 所示(Mixer,1993),[2] 主要包括了捐款人内在动机及外在影响力两个方面。内在动机又可分为:个人的或"我的"因素、社会的"我们的"因素及负面的或"他们的"因素;外在影响力又区分为报酬、刺激及情境因素。任何一个社会组织或劝募者进行劝募时,都应该回到这些因素来加以考虑。

表 8-2 捐款人捐款的动机

内在动机	外在影响力
个人的或"我的"因素 • 自我承诺或自我尊重 • 成就感 • 认知上的兴趣 • 成长 • 减少内疚 • 生活意义及目标 • 个人利益 • 神圣使命	报酬 • 认知上的报酬 • 个人的实质报酬 • 社会的期待
社会的或"我们的"因素 • 地位的需求 • 联盟力量的驱使 • 团体力量的驱使 • 相互依赖关系 • 利他主义 • 家庭及子孙的影响 • 权力(政治、社会等)	刺激 • 人类基本需求的刺激 • 个人需求的刺激 • 愿景 • 企图心(政治或社会面) • 避税或税制优惠刺激

---

① 汤尧.学校经营策略[M].台湾:五南图书出版股份有限公司,2001:135-138.
② Mixer, Joseph R. Principles of Professional Fundraising: Usesul Fondations for Successful Practice. San Francisco [M]. California: Jossey-Bass Publishers, 1993.

续表

内在动机	外在影响力
负面的或"他们的"因素 • 安抚挫折的期待 • 减低不安全或危险 • 减低害怕及焦虑的心理	特定情境 • 个人本身参与组织 • 参与计划及决策 • 同伴压力 • 家庭参与压力 • 传统文化 • 传统习惯 • 个人角色定位的压力 • 高收入

资料来源：修正自 Mixer，1993.

相对于许多研究已经找出人们为何捐款的原因，但毋庸讳言，在许多情境下，社会组织仍然可能面临募不到钱的窘境，因此 Mixer 的研究将社会大众不捐款的原因大致分为四种问题或方面（Mixer，1993）：个人物质与情境、沟通、劝募反应及组织形象，并整理如表 8-3 所示。

表 8-3 社会大众不捐款的原因

个人物质与情境	沟通	劝募反应	组织形象
• 个人的喜好问题 • 优先顺序的考量 • 对募款主题没兴趣 • 不关自己的事 • 生性吝啬	• 缺乏足够的资讯 • 不清楚组织使命 • 不认识组织 • 其他人不支持 • 不知组织需求为何 • 服务记录不良 • 个案不真实 • 看不到服务结果	• 劝募太频繁 • 错误的劝募方式 • 对爱心骗子的疑虑 • 太多劝募邮件	• 对资金贫乏组织的刻板印象 • 对募款行动的质疑 • 行动成本太高 • 机构太有钱 • 组织声誉不佳 • 服务收费太高 • 服务重复 • 政府涉入太深 • 服务的税负
理念问题	沟通形式	劝募者	管理上的问题
• 信仰相反 • 不认同使命 • 不认同政策 • 不认同动机 • 不认同方案 • 不认同工作伦理	• 不良的沟通 • 太庸俗 • 需求不明确 • 成本太高	• 不喜欢劝募者 • 对劝募者没有义务	• 组织滥用捐款 • 不良的政策 • 过高的募款成本 • 管理不良
财务问题		服务对象	
• 没钱捐款 • 经济条件太差 • 税率上的考量		• 个人没有接触 • 缺乏认知 • 服务对象不知感激 • 没有捐款的习惯	

续表

个人物质与情境	沟通	劝募反应	组织形象
情境		时机	
• 生活复杂 • 与其他组织发生竞争 • 大环境变迁 • 不在生活范围内		• 已经捐过 • 太晚要求 • 没有人要求 • 劝募时机不适当	

资料来源：修正自 Mixer，1993：29-30.

（二）政府

由于社会组织对于公共服务的不可替代的地位，政府是社会组织的支持者和强大后盾。政府对于社会组织的功能包括以下几点。

（1）财务功能。透过奖励、契约、税赋等给予社会组织财务资助，是政府与社会组织最密切的关系。

（2）督导功能。政府以一种较为超然的第三者立场，对于社会组织业务进行监督，通常为法律规章的规范。

（3）保护功能。因应现代社会变化，社会组织有时会发生营运困难以及损害捐款人权益的问题，此时政府应适时介入担负保护的功能。

（4）咨询功能。社会组织乃民间自主力量，为促进社会公益的表现，政府自然应透过咨询与辅导，积极扶助社会组织的正常运作与发展。

就我国而言，除了税收优惠外，政府支持和培育社会组织的方式主要有三种：补贴、政府购买及凭单制等。

（1）补贴（subsidies）。补贴是政府向生产者（或消费者）拨付资金或其他利益，以鼓励某种特定产品或服务的生产或消费。当企业的活动产生正外部性时，受影响的人可能没有为此付费，"庇古津贴"（Pigovian Allowance）的解决方案是，对边际私人收益小于边际社会收益的部门实行奖励和津贴。作为纠正市场失灵的一种方式，补贴的功能是促进和激励社会服务的有效供给。在社会领域，补贴是政府对社会组织的一般性支持。与税收优惠相比，补贴的作用更加直接。这一政策工具适用于为公共政策和社会发展作出贡献的社会组织，为它们提供资金以维持机构正常运转。补贴可以分为对机构的补贴和对项目的补贴。机构补贴是用于机构的运营经费，例如员工工资、场地租金、办公经费等。机构补贴通常针对三种类型的社会组织：第一，对当地产业及行业发展具有重要意义的社会组织。第二，提供公益服务的公益慈善组织和社区社会组织。第三，参与社会福利服务的社会组织。对于没有实现或无法实现财政可持续的组织，尤其是公益慈善类组织，补贴是维持组织生存与发展的重要支柱。基于社会组织的非营利性，补贴不遵循"合理报酬原则",而是遵循"盈亏平衡原则"。社会组织不能由此实现一定的回报率,只是能够达到盈亏平衡。

(2) 政府购买 (Government Purchase)。政府购买是"政府购买社会组织服务"的简称,是指政府通过市场运作和合同契约方式,将公共服务事项或政府自身事项交给社会组织完成,根据契约完成情况和评估结果,向社会组织支付资金。"福利多元主义"理论认为,政府不是福利事业的唯一提供者,社会组织、私营企业、家庭与社区等主体都可以提供社会福利,并强调各主体之间的相互配合和功能互补。政府购买的功能在于:政府将公共服务委托给社会组织承接,这有利于通过竞争提高公共服务的质量,促进更广泛的公共参与。与直接拨款相比,合同承包可以提高公共资源的使用效率,对承接方的资金使用加以严格限制,避免资金浪费或转移。当目标群体未能得到满意服务时,政府可以更换服务承接方,而不会形成垄断。这一政策工具可以通过多种方式进行,例如公开招标、邀请招标、竞争性谈判、单一来源采购、询价等。政府购买可以使用在养老服务、社会工作、社区服务、就业等服务领域。

(3) 凭单制 (Vouchers)。凭单制是政府对社会组织的一种间接支持方式,直接目的是给予居民补贴。从古典自由主义视角来看,凭单制有利于为公民提供更多的选择;从经济学视角来看,凭单制可以使公共服务提供更加有效率;从公共财政视角来看,凭单制可以减轻政府的财政负担。凭单制的使用反映了公共服务提供的市场化倾向,它是发展需求驱动服务的一种工具。凭单制这种政策工具的使用方式是:政府为居民发放现金抵用券,抵用券可以在限定的机构消费,之后政府向服务提供者给予补偿。抵用券的接受者可以是所有公民或有特殊需求的群体,服务提供者是社会组织以及各类企业。这一政策工具的适用范围比较广泛,例如教育、社会福利、老年和儿童等领域。凭单制的作用在于:第一,通过服务接受者,间接向社会组织给予支持。在这种机制下,市场是发展和提供服务的主体,而不是由政府指定某个社会组织承接。居民可以自由选择服务的提供者,这就可以加强居民的角色,给予他们更多的权利。第二,凭单制可以促进社会组织之间的竞争,鼓励更多社会组织参与提供社会服务。政府对社会组织进行资质审查,通过许可、准入制度等措施对服务提供者施加控制,以寻找到合格的社会组织。政府应建立服务提供的质量标准,避免欺诈行为的发生。政府通过确定或限制提供服务的费用,对整个机制进行一定程度的控制。

(三) 企业

企业赞助公益事业，是企业以提供资金、实务或劳务等方式主办，参与或协助教育、艺文、体育、保健、环保及社会关怀等的活动。至于企业赞助的动机，我们可以从两个方面来看：社会责任及企业自利。美国福特基金会便从"社会责任"与"企业自利"两个方面提供了一套社会组织判断企业赞助的价值模式，如图 8-5 所示，当企业对社会责任的认知越强，社会组织募款或合作的机会才会增加，相反的，若判断结果是企业自利取向较强时，则组织可能在募款过程中遭遇的问题较多。

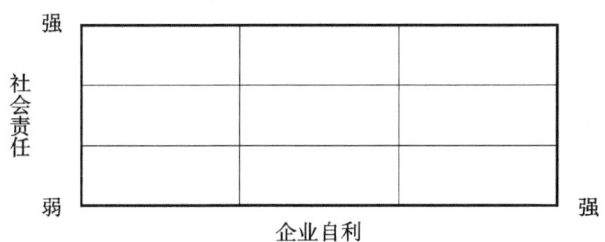

图 8-5　企业赞助之基本价值取向[①]

从"社会责任"来看，亦即所谓利他动机，企业的社会责任随着时代环境的发展，已到了不得不担起伦理性与自发性的社会责任角色的时候；当然，整个社会环境朝向要求企业担负起经济之外的社会责任时，企业本身也会受此价值引导，而内化成企业价值的一部分。但是，企业赞助公益事业的背后，仍不免引起对最终目的在于企业追求利润的动机之质疑，因此，企业通常是将参与公益事业作为一种投资，只有与企业整体目标符合时，企业才可能赞助；或者将企业之赞助公益事业看作是与其他组织或公众换取所需资源的一种手段而已，无论如何，这就是"企业自利"角度的看法。

然而，企业赞助的利己考量并不见得在于增加立即性的销售成绩，企业赞助公益事业，获得长期提升企业之声誉与形象，这是较为实际的期待。因此，所谓的"长期自我利益说"，亦即我们无法否认企业当然要追求利润，但是，在一个充满社会问题、教育荒废的社会里，企业是无法充分实现其利益要求的；只有在一个健全的、充满活力的社会里，企业才能完全获得利益。因此企业从事的各种社会公益事业，最后势必会为企业带来利益，对于企业来说，这种利益才是"有远见的自我利益"，而且也是企业社会公益的本质。

---

① Murray, Victor V. Improving Corporate Donations: New Strategies for Grantmakers and Graneseekers. San Francisco [M]. California: Jossey-Bass Publishers, 1991.

(四) 基金会

基金会成立的目的便是捐款给值得捐款的对象。许多基金会都有其特定的成立目的,不管是文化艺术、慈善救济、医疗保健或生态环保,都只资助那些符合其策略性捐款政策的团体。美国基金会的形态大致可分为下列四种。

(1) 家庭式基金会。主要是由富裕的人士所创立,以资助极少数其创办人感兴趣的活动为目的。

(2) 一般基金会。主要成立的目的是支持广泛的活动,而且通常是由专业人员来经营管理。

(3) 企业基金会。是由企业所设立的,它的资金是由该企业总收入的5%拨款而来;企业基金会的捐款政策,通常会与该企业的目的目标与兴趣方向一致。

(4) 社区基金会。是将许多私人捐款的财物集合在一起共同管理的组织,其受赠来源包括个人、私人企业、基金会和其他的社会组织。

在我国,2004年国务院颁布的《基金会管理条例》中将基金会定义为:基金会是指利用自然人、法人或者其他组织捐赠的财产,以从事公益事业为目的,按照本条例的规定成立的非营利性法人。① 根据资金来源方式不同将基金会分为公募基金会与非公募基金会。公募基金会主要靠面向社会公众开展的公开募捐活动获得资金以从事公益事业。而非公募基金会不得面向公众募捐。因为公募基金会主要通过吸纳社会公众分散的捐赠资源形成公益财产,因此也称为公众基金会。

对于公募基金会的分类,按照募集资金的地域范围分为全国性公募基金会和地方性公募基金会;另外,按对资金的使用分,公募基金会又分为运作型基金会和资助型基金会。一手筹钱一手运作项目的基金会,被称为运作型基金会;而筹完钱后并非自己直接运作项目,而是资助基层组织或草根组织去运作项目,这种则被称为资助型基金会。此外在一些国家还存在另一种形式的基金会,它们既有资助的项目又有自己运作的项目,属于混合型。② 目前我国的公募基金会多为运作型基金会。

四、募款的发展历程与方法

(一) 募款的发展历程

人们经常将募款视为是请求 (Asking) 捐献金钱,事实上,请求仅是募款

---

① 朱卫国.《基金会管理条例》评析 [M].//社会组织信息中心.社会组织探索(第1卷).北京:华夏出版社,2004.
② 王名,徐宇珊.基金会论纲 [J].中国非营利评论,2008 (1).

活动的步骤之一。募款的发展历程主要包括三个实质的阶段。

1. 教化与寻找阶段

Edles 曾说:"捐款并不是与生俱来便有的观念,而是需要加以学习。筹资者借由改变人们的观念,来教导人们提供捐助,以持续地提升他们对慈善的看法。"这种培养教化的过程,主要是为了让潜在捐款人对组织产生兴趣,让他们意识到组织是多么需要他的捐款。让潜在捐款人知晓组织的途径很多,如个人参与或接触,组织发行刊物、小册子,新闻事件,电视报道,广播,网际网路及直接邮件等。社会组织应善用这些沟通渠道,让潜在捐款人感受到社会的需求,但是应注意避免流于情绪的感性诉求,而是增加理性捐款的教化诉求。

组织筹资者应该寻找出新的有潜力的捐款人,汇集并分析其相关特质的资讯,这些资讯应包括财务资源、收入情况、捐款兴趣、价值观、信仰习惯等。组织越能掌握与评估潜在捐款人的特质与兴趣,则开口请求捐款的机会便会大大提高。

2. 请求阶段

在提出捐款要求之前,组织必须拟订完善之募款计划,包含募款目标的设定、募款方法的运用等;另外,因为在捐款之前,捐款人可能对组织产生很多疑虑,此时,募款人员应该积极提供过去的服务成果、名人背书、书面承诺等,使捐款人消除疑虑,与组织保持密切良好的关系,如此一来,组织在提出捐款要求时,捐款人捐款的意愿才会大大提高。

3. 社会交换过程完成

借由消除捐款人的疑虑、提出捐款人关切的事物或相关法律咨询,捐款人愿意承诺捐赠出他们的金钱或者是劳务时,便是募款行动的结束。而社会交换过程完成的最后一个阶段,是在结束募款行动之后,马上对捐款人表达感激之意,感谢的形式可以是电话或当面口头上的感激,或是较正式之表扬方式:感谢函、奖品、感谢状、在刊物上表扬捐款人,甚至以建筑物命名等。然而这些表扬形式必须和捐赠的数量与特质合理搭配;否则这些表扬的可信度将降低,影响日后捐款者的捐款意愿。

相对的,捐款人参与社会组织的历程,如图 8-6 所示。对于社会组织而言,一个人的"名字"通常并不具任何意义,因此称为"观望者"。当他们接收到社会组织的通讯、刊物或特定事件的讯息之后,产生些许反应感,才称为"潜在捐款人"。只有当他们愿意捐款时,便成为"捐款人";然而成为捐款人到成为组织"每年固定捐款人"是有一段差距的,当捐款人持续认同组织并不断赞助捐款行为发生时,才能列入组织每年固定捐款者对象;随着捐款人参与组织的程度增加或者是财务能力的提升，他们可能"增加捐款"，或者愿意应组织特别要求而作"特别贡献"，或成为组织"巨额捐款"的对象。更进一步，积极参与组织的核心或领导阶级，贡献其他专业或领导才能。当然，捐款人如果愿意，个人遗产捐赠计划则是对组织最后的贡献。

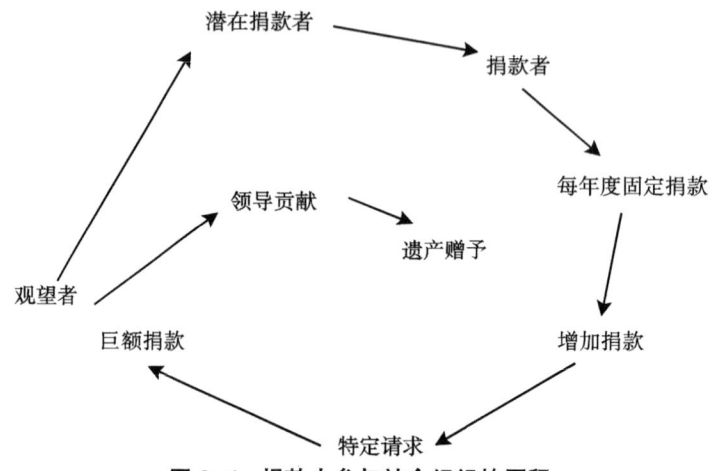

图8-6 捐款人参与社会组织的历程

资料来源：修正自 Mixer，1993：29-30.

（二）募款的方法

社会组织的捐款过程，经常以金字塔形式来表示：在金字塔的顶端是一小撮捐款大户；而金字塔的底部，则是由许多小额的捐款者所组成。如图8-7所示，它一方面呈现出捐款人参与组织的程度，从确认组织、获得充分资讯、对组织产生兴趣、积极参与至有计划性的捐赠承诺；另一方面也表现出组织可以运用的募款方法以及彼此之间的关系。

事实上，任何组织募款计划可以运用的募款方法很多，组织通常不会也不可能只使用单一募款方法取得资源，以下试就不同的募款方法加以介绍，但在此并不在于说明哪一个方法最为有效，而是着重讨论每种募款方法的独特性。

1.直接信函

直接信函主要寻求捐赠的范围：从那些没接触过的人那里得到小额捐赠，重新增加年度支持者的捐款，以及从慷慨的人那里得到大笔捐款。在众多的募款方法中，直接信函是有效的募款方式，尤其是对于小额捐赠者。因为直接信函最能发掘潜在的市场，可以选择合适的诉求方式与实效。选择信函方式时需要考虑的是：简洁的信函是否比长篇大论更胜一筹，信函附上组织简

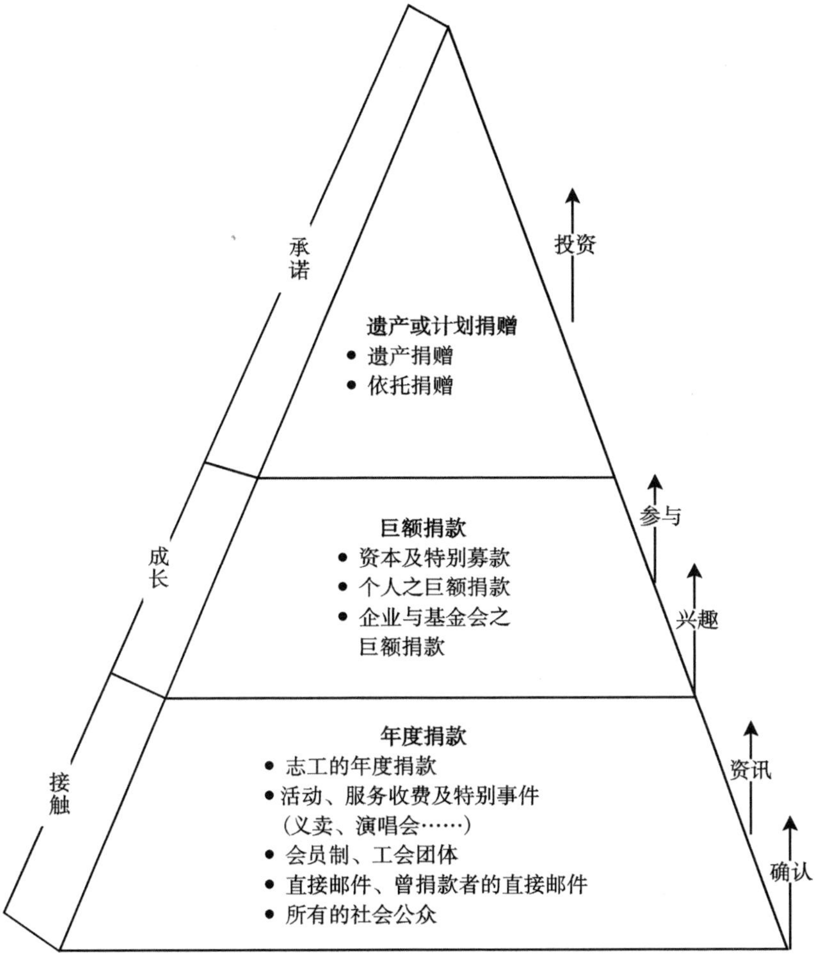

第八章 社会组织营销与筹资

```
                    ↑
                   投资
        承            
        诺   遗产或计划捐赠
            • 遗产捐赠
            • 依托捐赠
                           ↑
                          参与
        成    巨额捐款
        长    • 资本及特别募款
              • 个人之巨额捐款     ↑
              • 企业与基金会之    兴趣
                巨额捐款
                                ↑
                               资讯
              年度捐款
        接    • 志工的年度捐款
        触    • 活动、服务收费及特别事件
                (义卖、演唱会……)    ↑
              • 会员制、工会团体    确认
              • 直接邮件、曾捐款者的直接邮件
              • 所有的社会公众
```

图 8-7 募款金字塔

介的手册是否能收到锦上添花之效。信封的颜色与设计对回应率的影响如何不应忽视，捐赠市场的金科玉律是，募款方式越个性化，成功概率越高。针对不同的对象，提出不同的募款方法，表 8-4 可供参考。

表 8-4 不同的对象不同的募款方法

赞助者类别	可供参考的诉求方式
特别赞助者	一对一、面对面的会晤
主要赞助者	邀请参加相关活动
一般赞助者	寄发年报并随附个人信函
小额赞助者	寄发个人信函

·229·

2. 特定主题活动

这类活动从环城马拉松到百老汇首演无所不包，其共性在于以下两点。

（1）具有即时性，是现场活动。

（2）活动成效依赖对活动的精心设计，需要吸引人气。义卖会、演唱会、音乐会、健行会、马拉松、竞标拍卖等都是常见的特定主题活动。

首先，特定主题活动的优势在于特定活动可能促使机构成为瞩目焦点，因而选择符合机构形象的活动至关重要。假设组织从事语言治疗辅导，却赞助影片"A Fish Called Wanda"的义演，剧中有位因表达障碍而受尽冷嘲热讽的角色，显然是不智之举！或许主办沟通表达颁奖餐会，表达社区内最优异的沟通者，才是能相辅相成的恰当抉择。其次，特定活动可为开发潜在捐赠者奠立基础。对于小型组织而言，充分利用组织资源和社区网络十分重要。例如，举办以运动为主题的活动，可能引起所在社区和临近社区运动爱好者的兴趣，推动社区精英参与，这将为组织将来的资源动员和开发奠定基础。因此，特定活动的设计需要考虑如何激发捐赠者和社会公众对本组织的关注，如何开发和拓展与赞助资源的战略合作伙伴关系，而不仅限于对活动本身的关心。

3. 年度募款活动

年度募款活动是一种组织在一年内常态性、持续性、例行性的募款方法。年度募款活动通常结合各种募款方式如直接邮件、电话劝募、私人恳请、特别主题活动，或多种募款活动组合。借由年度募款活动，社会组织拓展支持群体，提升募款水平，增加支持者的捐款，推动其他形式的捐赠活动，如计划性捐赠、资本捐赠以及专项捐赠，因而年度募款活动是社会组织最基本的募款活动和募款方法。年度募款活动的重要性除了体现在争取到新捐赠者，提升募款水平外，其显著的优势还在于建立捐赠者的忠诚度，挖掘大额捐赠者，并确保组织领导人的投入——董事会、执行长协力开展活动。

筹划年度募款活动时，社会组织需要明确募款的三三制原则，即：三分之一的捐赠资金来自极少数大额捐赠者，三分之一来自一般捐赠者，三分之一来自绝大多数小额捐赠者。为了避免组织资金过度依赖于少数人，社会组织必须拓展小额捐赠者，维持和培养潜在捐赠者和捐赠者的兴趣，也许现在的小额捐赠者在未来1~2年会变成一般捐赠者乃至大额捐赠者，借由大额捐赠者的捐赠带动其他人跟进。所以，一般年度募款活动应基于捐赠者捐赠能力的调研，始自大额捐赠者的劝募。如前所述，对于募款活动而言，越个性化募款效果越好。一般而言，新捐赠者通常不会大额捐赠给他们不熟悉的组织。因此，年度募款计划的拟订应基于前期的资金捐赠，并充分考虑潜在捐赠人的捐赠兴趣与意向。募款有效性阶梯，如图8-8所示。

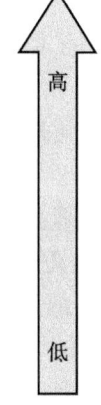

图 8-8　募款有效性阶梯

4. 电话募款

对收集到并列好名单的捐款对象，以电话方式向其募款。电话募款需要确认募款对象名单资料，以及如何在短短的三分钟电话内完成募款说明和要求捐款的请求，并获得回答。因此，电话行销募款的对话设计与电话志愿者的训练，以及有效名单的掌握，是其成功关键。建议电话前先写出电话内容草稿，仔细记下捐赠者的姓名、详细地址以及联系方式。电话募款的优势在于成本低，尤其是由志愿者实施成本更低且更为有效，因为潜在捐赠人对于和志愿者交谈通常感到较为舒适，并认为他们也是为慈善事业付出时间和参与劝募，而不是为了赚钱而打电话。

5. 私人恳请

私人恳请（Personal Solicitation）是一种涉及私人性的募款方法，系领导者、员工和志愿者与他们的潜在捐款人通过面对面的会谈，表达需求，寻求帮助机会、适时请求捐款的募款方式。对于个人募款而言，可以说私人恳请是最有效的方式。

6. 联合劝募

联合劝募意指地方组织的全国性联合，以系统化及合作方式建立，投入志愿性的基金劝募工作。经由联合劝募所募集的资金，用于提供福利机构，非营利性服务机构，健康、教育以及地方社区重建方案的资金。

7. 专案募款

这种募款方式和年度募款活动或资本劝募不同，专案募款（Project Funding）系强调在短时间内，有组织地透过各式各样来源募集特定金额之方案或计划。专案的目的可能为了购买特定的设备、整修设备或平衡新计划不足之成本。

8. 资本募款

资本募款（Capital Campaigns）主要是针对特定目标，并限定于一定期限内募集一定金额为目标的募款活动，是一种密集而大型的募款活动，募得的款额多用于支持兴建大楼、充实设备等。

9. 巨额募款

在传统上，巨额募款（Major Gifts）主要发生在资本劝募活动时，大额捐款（Large Gifts）已经逐渐成为募款成果及财务报表中的重要部分。在过去主要是大型机构适用，但是近年来亦越来越重要。不同于过去等待潜在大额捐赠者，现在社会组织的职工与志愿者持续透过计划书与潜在巨额捐赠者接触，了解他们的兴趣并增加他们对组织的参与程度，等到时机成熟时，他们自然愿意捐赠。

但是这种方式有其缺点，即由于长期维持与大额捐赠者的关系，增加了社会组织募款人员的成本，尤其是执行长或组织少数高层管理者付出的心力与时间；社会组织的各种策划计划，可能为了等待大额捐赠者的捐款而延迟或耽误。

10. 计划性赠予

计划性赠予（Planned Giving）意指捐款人承诺在一段时间后捐赠，是一种认赠协议，从承诺捐赠给社会组织到实际赠予相隔时间长短不一，社会组织只在特定事件发生时才能得到赠予，例如捐赠人死亡的保险金或遗产及大型信托基金到期等；其中遗产赠予是最常见及最简单的计划性赠予的形式，这种在生前安排死后资产的转移，需要经过组织员工训练、法律机制配合、完善投资政策及公开透明的规划与准备。计划性赠予或遗产赠予规划是社会组织维持收入稳定的有效方法之一，尤其是当组织成员有一定比例的老年人口时。

总之，良好的募款方法应该考量组织声望与特色和捐款人的关系、募款人员与志愿者的素质以及竞争状况，最重要的是为募款活动注入重要性、紧迫性、相关性，如果活动的目标与社会关切的议题、个人的兴趣、忠诚度息息相关的话，募款策略或活动的实施才能得到极大的注意力与社会反响。

第九章　社会组织效能评估

自党的十八大和第十二届全国人大会议以来，新一轮创新社会组织登记和管理体制改革全面启动，政社分开、政府购买社会组织服务、鼓励竞争，中国社会组织面临着重大的发展机遇，但与此同时，也面临着能否向社会表明有能力承担历史使命，能否向社会展示强大的公信力和服务效能的巨大考验。如何评估社会组织效能，推动中国社会组织健康发展便成为亟待研究的课题。

第一节　社会组织效能的理论模型

效能（Effectiveness），从字义上可理解为"绩效（Performance）和功能"，即事物所蕴藏的内在能力及其外在体现。[①] 综合国内外学者关于效能的论述，依稀可见其基本含义：首先，效能是主体自身内在的能力和功能，就社会组织而言，就是社会组织在动荡与瞬息万变的组织环境中所具有的确保组织可持续发展实现组织使命的各种能力的合力。[②] 其次，效能有别于常用的"效率"、"效益"，效能应该反映组织的"数量与质量、价值与作用"。[③] 最后，本书以为，社会组织效能是组织实现组织使命过程中所作所为及其结果和影响的综合体现，因而对于组织自身而言是可说明和交代的，对于利益相关者而言是可感知和测评的。

社会组织效能研究，源于20世纪60年代；组织和企业效能研究，始于20世纪90年代。公众对社会组织的信任减弱，国家财政支持逐渐紧缩，社会组织感受到了前所未有的解决社会问题的责任以及证明组织成功的压力。如果说社团革命是20世纪最伟大创新的话，那么21世纪迎来了效能革命的时代，社会组织需要努力寻求运用各种方式通过组织活动的可视性结果和影响

---

①②③ 王重鸣，洪自强. 差错管理气氛和组织效能关系研究［J］. 浙江大学学报（人文社会科学版），2000（5）：115–118.

来证明组织的成效和活力。[1] 学术界也因此掀起了效能研究的新一轮高潮。

尽管效能研究已有半个多世纪的积累，但就效能的诠释和评价标准远未形成共识，概括起来主要形成了以下四种主要理论模型并由此形成不同的评价标准。

一、目标导向模型

该模型认为组织效能最普遍的意义在于组织使命的实现程度或目标的完成情况。[2] 因而衡量组织效能需要按照组织能否完成其预定的进度，达到起初所设定的目标。对于一个社会组织而言，使命处于组织的核心位置，反映了组织存在的理由、奋斗的目标和梦想，代表了组织的责任、公共性与信念（belief），引导着组织的行为，隐含着组织存在的价值。[3] 美国著名的管理大师彼得·德鲁克教授指出："使命如此独特，以至于成为影响一个组织经营成败的唯一原因，即经营使命是反映组织能否全面地考虑发展和平衡的问题。"[4] 然而，使命又是抽象的，需要将其转化为符合社会需要，贴近群众需求的可评价的目标。可见，目标导向模型将组织视作追求特定目标的理性系统，社会组织追求的特定目标便是组织的特定使命，这一使命可以化为组织的项目和服务、服务对象的数量、服务的类型和品质以及服务的效率、效果和影响等。

目标导向模型是研究效能的传统和经典模型，但因其固有的缺陷性不断遭到学界的批评。[5] 该模型的缺陷在于以下几方面：首先，科学、合理的目标需要人和组织完全的理性和充分的信息，但这在现实生活中根本不存在或者很难达到。其次，该模型的优点在于其评估标准的客观性和公平性，但组织中不同成员的目标差异性和多元性使得组织效能的评估难免存在偏颇并使其客观性大打折扣。组织目标可能反映的是组织中部分成员（如组织中的优势人群，通常是组织中的高层领导者和管理者）的偏好和价值。最后，由于社会组织使命的抽象和模糊性，组织的产出大多数是无形的服务，而不是有形的可量化的物质产品，其质和量缺乏确定性和可度量性，这更加剧了评估的困难，也难以将重要的非正式目标纳入组织目标体系和评估体系。

---

[1] http://www.xzbu.com/4/view-5679487.htm.
[2] Campbell J. P. On the Nature of Organizational Effectiveness [M]. In P. S. Goodman J. M. Pennings, Associates (Eds.), New Perspectives on Organizationaleffectiveness. San Francisco: Jossey-Bass, 1977: 13-55.
[3] http://blog.sina.com.cn/s/blog_553706b2010005vx.html.
[4] Peter F.Drucker. 非盈利机构的经营之道 [M]. 余佩珊译. 台湾：远流出版公司，1999.
[5] Herman R. D., Renz D. O. Doing Things Right and Effectiveness in Local Nonprofit Organization: A Panel Study [J]. Public Administration Review, 2004, 64 (6): 694-704.

二、开放系统模型

该模型在目标导向模型的基础上发展而成。① 该模型认为，组织无论规模大小及内部和外部环境对组织的要求，都是一个非常复杂且动态的系统。② 所以，组织为了生存发展，必须关注到组织内部活动是否可以协调一致，是否公平合理有效地分配其资源，以及是否以最经济和合理的方式使用它的资源，组织结构是否合理，组织运行是否流畅。③ 也就是说，资源的取得是完成组织目标的前提条件。开放系统理论强调组织是与外界环境有物质、能量和信息交换的系统，必须与环境保持良好的互动以求得生存和发展。在这种规范下，组织的成功取决于能否从其所处的工作环境和一般环境中获取到足够的资源。所以，衡量组织从环境中获取稀缺资源的能力，被认为是衡量组织效能的重要标准。通常情况下，这一模型使用财务变量作为表征组织动员资源能力高低的晴雨表。组织是否能够筹集或创造足够的收入以支撑组织的可持续健康发展，对这一问题的回答能够反映组织效能的高低。

开放系统模型并不忽视对组织目标的界定，但把评价的重心置于组织的输入—转换—输出系统的平衡与可持续性。它内含了四大前提假设：一是系统边界可以识别；二是组织输入和产出存在着清晰的联系；三是稀缺资源的可获得性和可利用性；四是组织管理能够对环境实施控制。然而，现实状况是现代社会组织边界因组织间的相互渗透变得越来越模糊，而且，社会组织自身独有的特性使组织的投入与产出间难以形成必然的绝对清晰的联系。单纯的财务指标不足以说明组织的效能高低。

三、利益相关者满意模型

前两种模型把重点都聚焦在组织上，把组织看成达成特定目标的工具，或者将组织看作一个完整统一的系统，而利益相关者满意模型作为目标导向和开放系统模型的修正和发展，把评价重点转向利益相关者的满意度。这一模型认为组织运行于一个由目标相异且可能相互冲突的多元利益相关者（如创始人、捐赠者、受益人、政府、志愿者、理事会、员工等）构成的复杂动态

---

① http://www.xzbu.com/4/view-5679487.htm.
② Bertalanffy L. von. General System Theory: Foundations, Development, Applications [M]. New York: George Brazi//er. 1976: 22-66.
③ Martz W. A. Evaluating Organizational Effectiveness [D]. Dissertation for the Degree of Doctor of Philosophy, Western Michigan University, 2008: 89-97.

的环境中。① 组织各利益相关者在组织多重目标体系中对核心目标的选择上观点不尽相同,而且就同一目标的评估上也观点各异。但共同之处在于他们根据各自的偏好对组织效能的评价是组织存在合法性组织资源以及组织可持续发展的源泉,均对组织的生存和发展产生影响。因而,各利益相关者的满意程度或者他们广义的主观感受,可以作为衡量组织效能的重要标准。② 组织效能高低取决于组织是否成功实施利益相关者管理,及时识别乃至准确预测各利益相关者的需求并作出快捷响应。运用利益相关者满意度判断组织效能的难点与局限在于各利益相关者从各自的期望和视角出发,运用不同的标准评价组织的效能,有时,这些标准甚至相互矛盾和冲突,所以要形成统一的普遍适用的评价标准是不现实的。另外,各利益相关者的评估偏好和标准并非一成不变,它们会随着时间的迁移而改变,而充满挑战且变化不定的动态环境更加快了各利益相关者改变需求和期望以及用以评估组织效能标准的步伐。

四、社会建构模型

基于对多元利益相关者满意度模型的改进,社会建构模型应运而生。③ 社会建构论坚信,"现实世界是我们共同创造的,而不是我们发现的"。④ 从社会建构论视角来看,社会组织效能不过是人们的知识、信念和行动的产物。换句话说,不过是组织的各利益相关者基于一定的考虑建构起来的,是个人和团体偏好与价值判断的结果。社会建构模型作为利益相关者满意模型的变形,与后者将各利益相关者关于效能的定义及评价标准视作相对稳定并可以预期不同,它将组织效能置于不断变化的动态环境中,在这一过程中,各利益相关者对组织效能评估的权威性存在差异,或者说一些利益相关者对组织具有更多的影响。由于各利益相关者互动和协商的过程是不断变化的动态过程,组织效能也不可能静止固化,而是一个不断被建构的过程。同时可以预期,持续的互动能够使各利益相关者达成关于组织效能的共识。⑤ 该模型因更切合时代需求和社会组织现实,而得到较为广泛的认同。

---

① Connolly T., Conlon E. J., Deutsch S. J. Organizational Effectiveness: A Multiple-constituency Approach [J]. Academy of Management Review, 1980, 5 (2): 211-217.
② Zammuto R. F.. Assessing Organizational Effectiveness: Systems Change, Adaptation and Strategy [M]. Albany: State University of New York Press, 1982: 109-139.
③ http://www.xzbu.com/4/view-5679487.htm.
④ Scott W. R. Institutions and Organizations [M]. Thousand Oaks, Calif.: Sage, 1995: 50-52.
⑤ Balser D., McClusky J. Managing Stakeholder Relationships and Nonprofit Organization Effectiveness [J]. Nonprofit Management & Leadership, 2005, 15 (3): 295-316.

第二节　社会组织效能评估的多元标准

国内对社会组织效能评估的研究和实践起步较晚，主要源于政府或企业效能评估的理论和实践，散见于对社会组织非营利性、绩效、能力与项目评估中。对现有主要的评估工具的梳理有助于寻求贴切中国社会组织的效能评估，推动中国社会组织的效能建设，激发中国社会组织的活力。

一、流程评价

此方法从投入—过程—产出评估组织效能，力图寻求社会组织的投入（员工、志愿者和资金来源等）和产出（项目活动、服务对象等）之间的关系。它强调健全而有效率的内部安排与管理的重要性。它以有效地利用资源以及和谐流畅的内部运作作为衡量组织效能的方法。在具有高效能的组织中，系统整合，各部门间通力合作，员工满意度较高，各生产流程环环相扣以确保高生产力等。常见的 CORPS 模式应归属于该类型的评价。其基本分析过程为：结合人力资源（P）和财力资源（R），通过一些特定的有组织的活动（O），创造出某些有价值的服务（S）来，以此用来服务社会中的某一些人（C）。张玉周（2009）的三维综合评价模型也可归入此类。① 它以绩效内涵和结构的认识为基点，遵循绩效内涵与结构—运行机制及绩效生成路径—评价维度—关键行为（过程）和结果—评价指标体系的路径，构建评价模型。该模型以行为（过程）绩效和结果绩效为基本评价维度，以环境改变为修正维度，构造了一个社会组织绩效三维评价体系。此方法的缺点在于许多内部过程无法量化，往往带有很强的主观性。

二、APC 评估

邓国胜（2001）基于对"3E"（Economy）、效率（Efficiency）与效果（Effectiveness）和"3D"理论（诊断（Diagnosis）、设计（Design）与发展（Development）及顾客满意度等评估的局限性分析，提出了 APC 理论，即对社会组织问责（Accountability）、绩效（Performance）和组织能力（Capacity）进行三位一体评估，构建了一个较为系统的四模块的评估框架：非营利性评估、

---

① 张玉周. 非营利组织绩效三维评价体系研究 [M]. 北京：中国人民大学出版社，2008：42-83.

使命与战略规划评估、项目评估和组织能力评估。他的工作是探索性的，具有一定的启发意义。[1]

三、基于平衡计分卡（BSC）的评估

胡杨成等学者推崇 Kaplan 和 Norton（1992）平衡计分卡并试图运用于社会组织的评估。[2]他们界定组织的使命、愿景和战略，进而转换成具体的目标和量度，以平衡的观点，从财务、客户、内部流程、学习与成长四个方面进行组织绩效评价，虽然财务绩效列为首位，但诉求的是组织短期和长期目标之间的平衡、财务和非财务之间的平衡、客观和主观之间的平衡、外界和内部绩效层面的平衡等状态，形成一套全方位的绩效评估系统。然而，平衡计分卡最初的焦点和应用是为了改善营利组织的管理，追求的是盈利最大化和股东利益回报的最大化，采用平衡计分卡作为构建社会组织效能评估指标体系的理论框架需要考虑社会组织的特点及其复杂的环境。

四、利益相关者满意度的评估

如前所述，从利益相关者满意度来评估社会组织效能已成为国外学界和业界一种不可逆转的趋势。从利益相关者角度来看，首先是顾客（Clients）满意度，如了解顾客的需求，并能迅速准确地回应服务对象的需要；充分具备提供服务所需的知识与技能；热心满足顾客的要求；服务态度谦虚、有礼；能够倾听顾客的不同意见；社会组织及其工作人员（包括志愿者）值得信赖；尊重顾客的隐私；被服务对象有畅通的投诉渠道，等等。值得一提的是，利益相关者满意不限于服务对象的满意，还有出资者、捐赠者、资格认证方、政府、合作组织、公众（媒体）等的满意。国内学界曾流行一时的观点是顾客满意度对于社会组织的绩效评估而言并不是一个很敏感的指标，理由是服务对象对社会组织的服务期望值低，甚至没有明确的期望值，哪怕得到一点点的资助，其满意程度都偏高。其他利益相关者满意度的评估也很少进入研究者的视野，仅少量的研究在其运用的 BSC 模型中融入利益相关者满意的维度。本书认为只要不受外力干扰，利益相关者满意度应该是一个有用的指标。

---

[1] Quinn, Rohrbaugh. A Spatial Model of Effectiveness Criteria: Towards a Competing Values Approach to Organizational Analysis [J]. Management Science, 1983, 29（3）: 363–377.

[2] Kaplan R.S.and Norton D.P. The Balanced Scorecard: Measures That Drive Performance [J]. Harvard Business Review (January–Febuary), 1992: 71–79.

五、竞争价值评估

美国组织行为专家奎因（Quinn and Rouhrbaugh，1983）对现有的组织效能评估进行分类，建构了竞争价值评估工具。[①] 他将组织效能指标按照内部外部导向和控制授权两个维度进行分类，最后形成四个基本的价值模式。从内在—外在、控制—灵活两个维度，将组织效能分为目标、规则、支持、创新四种导向，从而形成理性目标、内部流程、人际关系、开放系统的效能评价。这一模型也表征了组织内在地蕴含着艰难价值的抉择。

第三节　社会组织效能评估的设计

综合学界研究成果，结合社会组织自身的特征和发展规律，本书认为组织效能的评估标准是多元的，是社会组织利益相关者基于组织使命对组织运行、项目和服务传输、功能实现及整体形象的复杂的社会建构。

一、评估设计的考量

（一）从评估的关注点考量

如前所述，主要存在结果导向的评估和过程导向的评估两种。结果导向的评估简单易行，容易操作。但由于社会组织的产出大多数是无形的服务，而不是有形的可量化的物质产品，其质和量缺乏确定性，很难用具体的指标加以度量和计算。而且，某些评估指标的运用可能产生负面影响，与评估的初衷相背离。[②] 重视过程导向的评估虽然避免了结果导向评估的缺陷，但评估难度大、成本高，评估信息难以获取，而且，由于组织过程和服务流程的复杂性，过程导向的指标与组织表现之间难以形成直接明确的因果关系。强调服务过程而忽视服务的结果和影响容易造成资源的浪费，不可能从真正意义上准确定义、评估社会组织效能。因而，结果方面和过程方面兼顾的效能评估是合理的。

（二）从指标的选择上考量

社会组织效能评估多采用定性指标和定量指标结合的方式。如邓国胜的

[①] 胡杨成. 基于 BSC 的非营利组织绩效模糊综合评价 [J]. 华东理工大学学报，2005（4）：54-55.
[②] 夏炜，叶金福. 非营利组织绩效评估理论综述 [J]. 软科学，2010（4）：120-125.

APC 评估同时考虑了定性指标和定量指标的平衡。Quinn 和 Rohrbaugh（1983）的竞争价值模型，Kaplan 和 Norton（1992）的平衡计分卡以及大量的实证研究无不同时使用定性指标和定量指标。① Baruch 和 Ramalho（2006）的研究发现，约 40%的营利企业在评估组织效能时，单纯使用财务指标（定量），几乎 100%的社会组织在评估组织效能时使用非财务指标（定性），如员工满意度、服务品质和公众形象等，他们使用最普遍的定量指标是效率，即投入与产出之比。不同于追求盈利最大化的企业，社会组织提供的服务大多属于信任、同情、关怀、抚慰等精神层面，部分属于赋权、环保和社会改良等行为层面。他们不以盈利为目的，追求公共利益和大众福祉，故其使命的陈述大都具有一定程度的抽象性。其利益相关者对组织也存在多重的期望，有些期望清晰，可以量化，但有些期望却相对模糊难以量化，组织也因此转而以不同的方式表达公共利益，追求多重目标。在评估组织效能时，定量指标和定性指标的结合自然是合理的选择。

（三）从评估维度上考量

综观国内学者提出的效能评估模式，主要包括 APC（问责、绩效与能力）评估模式、三维综合评价模型、四维评价模式、SDP（六维棱柱）评估模式以及针对草根社会组织的八维绩效评价模式。② 实际上，可归纳为三维模式和四维模式及其变形，六维和八维模型均在四维模型的基础上结合利益相关者理论而提出（见表 9-1）。这些模式的设计大多是基于西方的平衡计分卡和利益相关者理论，由于平衡计分卡仅仅提供了一个概略性框架，很多学者意识到要将使命置于整个绩效评估的核心（姚宝燕，2007；韩国明，魏丽莉，2007），③ 或将顾客置于平衡计分卡各维度的首位，这一做法与邓国胜对问责的强调如出一辙。然而平衡计分卡四维模式虽经改造，但仍然不能适应社会组织的特殊性质而只能成为学者们的独角戏，无法得到广泛的认同与实践。如前所述，组织效能不过是各利益相关者基于一定的偏好和价值的一种复杂的社会建构，这种建构应充分运用已有的研究成果。基于此，本书认为社会组织效能可从资源、结构、业务流程以及项目和服务加以考量，这四个维度都应体现社会建构论的视角（见表 9-1）。

---

① Kaplan R. S. and Norton D. P. The Balanced Scorecard：Measures That Drive Performance. Harvard Business Review（January-Febuary），1992：71-79.
② 王智慧，陈刚. 我国草根非营利组织绩效评价指标体系研究——以云南省草根社会组织为例［J］. 云南行政学院学报，2011（6）：85-88.
③ 姚宝燕. 平衡计分卡在非营利组织绩效评价中的应用［J］. 财会通讯，2007（1）：78-79.

表 9–1　社会组织评估模式统计[①]

绩效评估模式	评价维度	指标		
APC（问责、绩效、能力）评估模式	非营利性	良好的治理结构、信息准确披露、财务透明 项目资金至少占全年经费支出的60%		
	使命与战略	需求评估 创新性评估 灵活性评估		
	项目	投入指标 结果指标 效果指标	产出指标 效率指标 服务质量指标	
	组织能力	共同的价值观 组织结构 信息管理系统 动员资源	管理技能 工作人员与志愿者 领导的艺术 公共关系	
四维评价模式	学习成长	员工满意度 员工得到教育培训的机会 是否重视员工提出的建议		
	财务绩效	是否有效利用组织的各种资源 是否能够获得充足的运营和活动经费 是否能够适当地控制预算成本		
	内部流程	组织对外协调能力 组织内部的工作流程是否顺畅 组织内部的管理监督是否合理		
	顾客绩效	是否能够为顾客提供及时的服务 顾客对组织提供服务的忠诚度 提供的服务是否能够满足顾客的需求		
三维综合评价模型	行为（过程）	领导作用 项目开发与实施	战略与使命资源配置 组织管理	
	结果	服务对象结果	社会结果	财务结果
	环境	环境改变的绩效评价 环境改变对社会组织绩效的影响分析 环境改变绩效评价类目安排		
SDP（六维棱柱）评估模式	财务绩效			
	顾客绩效			
	学习成长			
	内部流程			
	政府			
	竞争	同行业或同类型组织其他竞争者的战略目标、战略导向、组织结构、内部运营情况、服务质量、产品类型		

[①] 根据各学者的相关文献整理而成。

续表

绩效评估模式	评价维度	指标		
八维绩效评价模式	环境	政治环境	经济环境	文化环境
	财务			
	顾客			
	内部流程			
	创新和学习			
	政府	地方政府管理程度 政府满意度		获得参政支持程度
	竞争	与营利组织合作程度 与政府合作程度		与同类组织合作程度
	沟通	与顾客沟通程度	与政府沟通程度	与员工沟通程度

二、社会组织效能评估的内容与衡量

（一）社会组织效能评估的内容

基于上节所述，我们认为社会组织效能可从资源、结构、业务流程以及项目和服务加以考量，这四项内容构成了社会组织效能评估模型（见图9-1）。下面将分别做一论述。

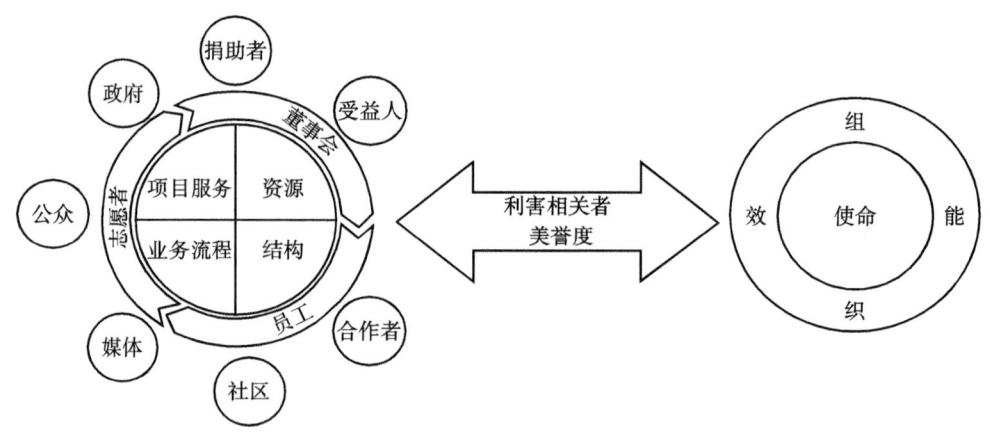

图 9-1　基于社会建构视角的社会组织效能评估模型（作者设计）

1. 资源

吉登斯把资源定义为"使事情发生的能力"。在科尔曼（James Coleman）看来，资源是能够满足人们需要的物品和非物品。以上两个定义均强调了资源对于行动者目标达成和利益实现的作用。与企业的单一系统不同，社会组织具有并行不悖的资源动员开发系统和服务提供系统。社会组织资金主要来自政府资助、企业或个人捐赠、境外资助等,而人力资源需要与企业在同一人才市场上竞争,其所获资源的数量并不直接依赖于它所提供的产品和服务,产品和服务的受益人也不为其所得到的服务而付费。社会组织一方面要投入大量的人力、财力等组织资源从事募款,动员与开发资源,另一方面必须使组织资源合理有效地服务于公益使命,提供公益产品和服务。因而相对于企业,社会组织更易受环境影响。[①] 组织从环境中获取稀缺和有价值的资源是衡量组织效能的重要标准,这与开放系统论的观点十分吻合。从社会建构论而言,组织动员和获取稀缺资源的能力恰恰反映了组织满足利益相关者期望的程度。可以设想,由于组织利益相关者的满意使组织获得持续支持,并使支持网络不断拓展和优化,反之,如果组织不能满足其利益相关者的期望,他们会中断对组织的支持,而且,这种失望和不满情绪容易相互传染,组织丧失动员资源的能力将使组织的生存和发展的希望像肥皂泡一样破灭。组织资源包括人力资源(理事、执行长、专业人员、志愿者)、物力资源、财力资源,以及无形的影响力、信息、承诺(commitment)。本书认为,组织收入是组织资源的核心体现,收入的量(多少)和质(渠道)体现组织或利益相关者支持的程度,映射组织(使命)是否符合社会需要融入社区,决定组织是否有能力延聘和留住高素质人才,这是能否改善组织管理和技术,维系组织可持续发展的强有力保障。所以本书将组织收入的增长以及收入的质和量作为评估组织效能的指标。

2. 结构

根据系统论的观点,系统的整体功能取决于系统各部分的功能和由各子系统构成的整体结构。在组织中,同样数量的人,采用不同的组织结构,形成不同的责权和协作关系,就可能产生完全不同的效能。就像人类由骨骼确定体形一样,组织由结构来确定其形状,组织结构在整个组织中起着框架的作用,有了它,组织的业务流程才能通畅,组织的目标才能实现,组织的使命才能达成。本书认为,组织结构体系包含战略决策子系统,管理支持子系统和业务运作子系统,三大子系统相互作用,相互贯通,连为一体。面临由多元利益相关者组成的复杂组织环境,组织的成功取决于组织洞察利益相关者需求,明确组织使命,实施恰当组织战略,实现组织内外环境的匹配。因此,在社会组织结构体系中,战略决策子系统处于核心位置,它是实现三大子系统良性联动运行的关键。战略决策子系统有效运行取决于董(理)事会作为整体的功能发挥以及董(理)事会与执行长(秘书长)的互动关系,故可以

---

① 刘春湘.非营利组织治理结构研究 [M].长沙:中南大学出版社,2006:127-128.

社会组织运营与管理

从这两方面考察结构层面的组织效能。一般而言，董事会的三大主要职能是：①确定使命；②战略规划；③监督控制。确定组织的使命是董事会职能的核心。以使命为指南，对组织的发展实施战略性指导，积极开展战略规划，开拓资源，并代表公众利益和公益使命对组织实施监督控制，战略规划与监督控制是核心不可或缺的两翼。①鉴于董事会系志愿者构成的机构，且以集体的方式发挥其功能，董事会需要规模恰当（一般以5~20人为宜），成员具有广泛的代表性和异质性。董事会议一年2次难以奏效，一年至少4次较为合适。控制功能发挥的适当方法在于对管理层（执行长）和组织的运行施加限制，制定行为规范和行为禁区，既给予管理层足够的空间管理组织内部事务，又明确行为底线。让管理层清楚董事会的期望，充分认识到其行为边界，了解何种行为为不当行为，以确保其行为的合法性、正当性。②从这里可以看出，执行长与董事会（长）的良好互动关系十分关键，事实上，无数研究支持了这一观点。③

鉴于此，对于社会组织结构层面的考察，可以设置如下几个问题：董事会成员规模是否恰当，是否具有异质性；每一位董事是否都倾注贡献，都能充分表达自己的意见；董事会是否制定和批准组织章程和规章制度；董事会和执行长是否共同关注组织战略规划；董事会是否就执行长的绩效和自身的绩效做定期的评估并寻求改进的措施；董事会是否有助于组织的成功；董事会和执行长的互动关系是否良好。

3. 业务流程

从投入—过程—产出来看，社会组织的业务流程体现为力图将投入（员工、志愿者和资金来源等）转化为产出（项目活动、服务对象等）的一系列活动。如前所述，在高效能的组织中，系统整合、各生产流程顺畅、环环相扣，而这完全取决于支持流程的有效性。换言之，取决于强有力的管理所产生的支持力。在对效能"黑箱"的考察中，许多学者认为组织的管理能力，即良好管理对业务流程的支持是衡量组织效能的重要指标。研究发现，社会组织管理能力的基本要素包括使命陈述、战略规划、财务审计、人力资源管理、信息沟通。假定组织使命清晰，战略方向明确，管理制度健全（如独立财务审计是组织财务制度健全的一个重要指标，人力资源管理对于组织效能至关重要，因为人力资源决定组织的效能水平，诚然，组织的一切活动都是

---

①② 刘春湘. 非营利组织治理结构研究 [M]. 长沙：中南大学出版社，2006.
③ 官有垣. 非营利组织执行长之治理——以台湾社会福利相关基金会为例 [J]. 中国第三部门研究，2011（2）.

靠人来完成的。信息披露与沟通贯穿着组织业务流程的方方面面,它既将各种管理流程融为一体,也将组织和环境紧密联系起来),可以推断,组织系统整合,各部门间通力合作、员工满意度高。

基于上述分析,关于组织业务流程方面的效能评估可以操作化为组织管理能力和管理绩效的评估。这里,管理能力可从两个方面考察:①组织使命陈述是否清晰、组织是否具有合适的战略方案、组织是否具有健全的管理制度。②员工(管理层、一线员工和志愿者)如何看待组织的使命陈述、战略规划和管理制度,是视为摆设还是视作组织文化的重要组成部分。管理绩效可从三个方面考察:①财务表现。诚然,有许多方式能够评估组织的财务健康。其中可行的方法是考量对以下问题的回答:可供使用的资金与实际使用的资金是否匹配;收入和支出是否匹配;是否具有稳定的收入增长;组织是否拥有应对紧急事件的预备金;支出的结构是否合理,是否与组织的使命一致;管理层是否认为组织拥有足够的资源以支持组织运作、创新及危机处理。②员工满意度。在人力资源管理中,员工的满意度常被视作管理效能的首选指标。而测量员工满意度的最常使用的客观指标是员工离职率。离职率较低则组织效能较高。③透明性。衡量组织的透明性可设置以下几个问题:公众是否能够以便捷的方式获得组织的基本信息、财务信息、审计信息以及项目和服务信息等;信息披露是否充分、准确、及时;是否存在畅通的投诉渠道。

4. 项目与服务

如前所述,项目和服务是组织使命的操作化和物化,如果说使命是指明前进方向的灯塔的话,那么组织的项目和服务是通向使命的桥梁,也是组织合法性的首要来源。许多研究将组织效能的评估转化为对组织项目和服务的评估。本书并不认为对组织项目和服务的评价能代替组织效能评价,但绝不否认其在社会组织整体效能中的窗口地位。社会组织项目和服务效能涉及三个方面:一是项目和服务是否有效地促进服务对象和社区的生活品质的改善,是否达到了项目的理想效果。对组织的服务对象的生活是否产生了积极影响,是否带来了他们行为、认知、技能、社会地位的积极改变。二是服务的数量和品质,服务的数量显而易见,服务的品质难以测量。我们建议比照组织服务标准或业内标杆,服务流程的顺畅性和服务的可达性、及时性、一致性以及人性化程度等也是可供参考的指标。三是服务对象与参与者的满意度、参与度以及项目服务的社会反响。

(二) 社会组织效能评估的原则与方法

1. 效能评估的原则

(1)客观性原则。效能评价要忠于评价的最终目标,要符合评价客体的实际客观规律，体现出评价客体的本质特征，依据评价标准实事求是地进行评价工作。评价的结果要做到公正、公平、客观、可靠，要反映评价客体的客观实际。评价方法的选择要根据不同的评价目的与评价指标体系进行合理的选取，评价指标体系的选择需要客观、全面地体现评价客体的实际状况并符合评价过程的需要。

（2）可比性原则。当评价客体不是单一的评价单位，而是一个评价群体的时候，评价过程需要抓住评价群体的主要共性部分，突出特色部分进行评价，不推荐对于完全不存在共性的群体进行评价，不推荐对于群体间不同个体的不同部分进行评价。当评价客体的评价体系复杂的时候，需要对其进行分类、分层处理，并对于每一类或每一层按照不同的评价标准进行评价，即在每一类或每一层的评价过程中要具有可比性。最后，评价的最终结果对于评价群体中的每个评价客体要具有可比性。

（3）导向性原则。综合评价一方面是对事物进行认知，另一方面重要的是通过对事物进行评价从而得到有用的指导性建议。从评价中发现期望值与实际值之间存在的差距以及产生这种差距的根源所在，从而修正之前的发展路线，合理地进行配置资源，促进事物向最优方向发展。

2. 效能综合评估的方法

综合文献资料，发现对于效能评估的基本方法主要有以下几种。

（1）层次分析法（Analytic Hierarehy Process，AHP）。层次分析法（AHP）是由美国运筹学家匹兹堡大学 Saaty 教授提出的，该方法借由不同的层面给予层级分解，并透过量化的判断综合评估。层次分析法的特点是在对复杂的决策问题的本质、影响因素及其内在关系等进行深入分析的基础上，利用较少的定量信息使决策的思维过程数学化，从而为多目标、多准则或无结构特性的复杂决策问题提供简便的决策方法。AHP 的优点在于通过将目标层级化，透过一系列的相对比较评估与排序，可使评估操作简单化，不必实施复杂的数学计算便可获得综合评价结果，从而降低决策的复杂性及风险性。在决策的过程中，可以将定性和定量的因素结合起来加以考量，借由专家评估的一致性，可获得重要的指标。但对于 AHP 方法也存在许多争议，由于 AHP 是基于两两比较的方法，它假设事物的比较可以基于比例标度，但事实上，并非所有的比较都有明确的参照系，如一些舒适度的模糊概念。此外，由于采用主观地赋予各属性分数的方式，不同的专家往往会赋予不同的权重，导致分析结果会有所不同。

（2）主成分分析方法（PCA）。旨在利用降维的思想，把多指标转化为少数几个综合指标，是考虑将评价指标去相关、降维、提出主要影响因素再评价的一类方法。比如原来有 30 多个变量，如果直接进行综合排名要考虑为每个变量进行综合，所以此时通过主成分分析，可以将原来的 30 多个变量浓缩成 3~5 个代替原来众多变量的新变量，即所谓的主成分。这样后续的计算就很简洁了，PCA 一度被视为综合评价方法中较为有效的一种方法，但近年来，其去相关的优点正在被人们所挑战，而且众多应用表明 PCA 进行综合评价往往不能得到理想的效果。

（3）数据包络分析（DEA）。数据包络分析是以相对效率为基础，对于评价具有投入—产出的经济学意义的评价对象有很好的效果。数据包络分析可以同时处理多重投入和多重产出项，且无须预设权数，所求得的是相对效率值而非平均值，其结果作为综合指标，可同时评估不同环境下评估客体的效率。而且 DEA 方法的投影定理可以对评价客体提出改进的意向，这一点对于辅助决策来说是非常重要的，也是其他方法所欠缺的。但这种方法存在的问题便是，它本质上也是一种数学规划的方法，对于量化指标可以有很好的评价，但对于定性的指标便无能为力了。

（4）模糊综合评价方法（FCA）。模糊综合评价方法也是一类应用很广的综合评价方法，它对于现实社会当中所存在的大量模糊概念指标的评价问题具有很好的效果。从广义上来说，专家评价、加权评分等都算作模糊综合评价方法的一类，从狭义上来讲，则模糊综合评价方法有一个相对完善的评价模型及评价过程。模糊综合评价方法的基本思想是，以模糊数学、模糊线性变换原理和最大隶属度原则为基础，考虑所需评价事物的各个评价指标因素，对其作出合理的优劣、等级评价。它利用隶属函数作为桥梁，将不确定性（非量化因素）在形式上转化为确定性（量化结果），即将模糊性加以量化，从而可以利用传统的数学方法对其进行分析及处理，本质上是应用模糊关系合成，从多个因素对评价对象隶属等级状况进行综合评价的一种方法。虽然应用广泛，但其中也不乏问题的存在，如定量的指标如何评价，隶属函数如何确定，等等。

（5）比率分析法。比率分析法利用各项比率值相互比较，如师生比、教师学历比、流动比率等。其优点在于运算简单、明确且容易理解。可借由标准差之设定，区分效能之高低。缺点在于只能分别处理单项投入与单项产出，无法处理多项投入与多项产出，只能反映局部效能，不能代表组织整体效能。

社会组织形式的多样性和业务活动的差异性，导致了在对其效能进行评价时，不适用于一个固化的指标体系和统一的评估方法。各个社会组织都有自己独特的活动内容和活动方式，有的以流水作业的形式为主，有的以项目活动的形式为主。评价时应充分考虑社会组织自身的特点，以开放性的思维构建社会组织效能评价指标体系和适宜的评估方法。对于社会组织而言，单一的方法并不可取，可以结合两种或以上的方法进行综合评估，绝不可单纯为了评估而评估，而应将评估常态化，将其作为全面改善组织运行和管理的手段，而纳入组织文化之中。

第十章 社会组织的发展趋势

第一节 中国社会组织的基本形式[①]

中华人民共和国成立以后,社会结构发生了巨大的变化,民间组织的发展也发生了几次大的演化,其中有以下三个标志性的阶段。

第一阶段,中国共产党政权建立以后至改革开放以前的社会团体建设阶段。新中国成立后,中国共产党对民间结社进行了彻底的清理和整顿,一部分政治倾向明显的被确立为政党组织,如中国民主同盟、九三学社等,成为中国共产党领导下的民主党派;另外一大批带有封建色彩的互助组织、慈善组织和宗教性、反动性组织等被取缔。继而按照1950年制定的《社会团体登记暂行办法》,建设起一批社会主义原则下的新型社会团体,其中非政治性成为中国民间组织的一个鲜明而重要的特征。经过清理整顿以后,中国的社会团体在20世纪50年代到60年代中期出现了一个较为迅速的发展时期,据统计,至1965年,全国性社会团体由解放初期的44个增长到近100个,地方性社会团体发展到6000多个。

1966年,"文化大革命"开始,在统一意识形态的绝对主导下,社会、经济等各方面发展遭到严重破坏,社会团体的规范化发展也停滞,但是在"文革"期间,各种派别的所谓"造反组织"却异常活跃,构成中国社会组织发展历程中的一个特殊现象。

第二阶段,1978~1998年,社会团体复兴与结构调整。经历"文革"的十年非制度化历程之后,20世纪80年代社会团体再次出现发展高潮。王颖等人

[①] 贾西津.第三次改革——中国非营利部门战略研究[M].北京:清华大学出版社,2005;陈宝良.中国的社与会[M].杭州:浙江人民出版社,1996;王世刚.中国社团史[M].合肥:安徽人民出版社,1994.

曾对浙江省萧山区社会团体在20世纪80年代的发展作过统计，据他们的调查，1978~1990年，该市的社会团体数量增长了近24倍，这个个案数据是整个中国20世纪80年代社会团体蓬勃兴起的一个局部反映。至1989年，全国性社团增加到1600多个，是1978年的16倍；地方性社团则增加到20万个，是1978年的33倍。1989年，国务院颁布《社会团体登记管理条例》，并对社会团体进行了清理整顿，条例的颁布对社会团体的成立设置了更加严格的限制条件和要求，使得在法律框架内的社会团体的数量增长趋于缓慢。至1998年底，全国性社团达1800多个，地方性社团达16.56万个。1989~1998年这10年间的社会团体数量增长虽不明显，但是在实际发展和分布结构上却已经发生了悄然的调整。分别依据《基金会管理办法》(1988年)和《外国商会管理暂行条例》(1989年)，一批基金会和外国商会在这一时期建立起来；在教育、卫生、科技、文化等各部门的体系之下，民办的学校、医疗机构、科技、文化场所等实体性服务机构发展起来，根据一些部门调查数据估算，在1998年《民办非企业单位登记管理暂行条例》出台以前，这些各部门下属的社会组织总量已经达80万家；20世纪90年代中期，随着市场经济体制改革的推进，市场中自下而上地内生出社会自主空间，草根性的社会组织发展呈现出一个高潮，它们许多由于受到登记管理条例的限制，并没有以"社会团体"的身份存在，而是以单位挂靠、工商登记等变通的方式出现，但从功能作用而言，它们同样构成了生长中的社会空间的一部分。

第三阶段，1998年至今，社会组织的多元化和法制化发展阶段。这一阶段社会组织的发展具有两个特点：一是制度化，1998年，国务院发布《民办非企业单位登记管理暂行条例》，开始将民办非营利的实体性机构纳入民间组织的统一登记范围。到2001年底，全国各级民政部门已经在全国范围内对各种类型的民办非企业单位进行了统一的登记确认；1998年修订了《社会团体登记管理条例》，此后至今的数年间，关于民间组织的一系列法律法规不断出台，尤其近两年来，各方面对民间组织的立法工作都大力加强了，具有代表性的成就是2004年颁布的《基金会管理条例》。二是多样化，社会团体的数量继续增加；民办非营利的实体性机构获得法律地位上的认可；各种草根民间组织迅速生长；社区自治组织发展壮大；事业单位改革以社会组织为重要演进方向之一；各种新型的社会组织不断呈现，它们的活跃体现了中国社会自主性的增长。

截至2013年底，全国共有社会组织54.7万个，比2012年增长9.6%；吸纳社会各类人员就业636.6万人，比上年增加3.8%；形成固定资产1496.6亿元；社会组织增加值为571.1亿元，比2012年增长8.7%，占第三产业增加值比重为 0.22%。

全国共有社会团体 28.9 万个,比 2012 年增长 6.6%。其中:工商服务业类 31031 个,科技研究类 17399 个,教育类 11753 个,卫生类 9953 个,社会服务类 41777 个,文化类 27115 个,体育类 17869 个,生态环境类 6636 个,法律类 3264 个,宗教类 4801 个,农业及农村发展类 58825 个,职业及从业组织类 19743 个,国际及其他涉外组织类 481 个,其他 38379 个。

全国共有基金会 3549 个,比上年增加 520 个,增长 17.2%,其中:公募基金会 1378 个,非公募基金会 2137 个,涉外基金会 8 个,境外基金会代表机构 26 个。民政部登记的基金会 216 个。全国共有民办非企业单位 25.5 万个,比 2012 年增长 13.1%。其中:科技服务类 13729 个,生态环境类 377 个,教育类 145210 个,卫生类 21234 个,社会服务类 36698 个,文化类 11694 个,体育类 10353 个,商务服务类 5625 个,宗教类 94 个,国际及其他外组织类 4 个,其他 9652 个。

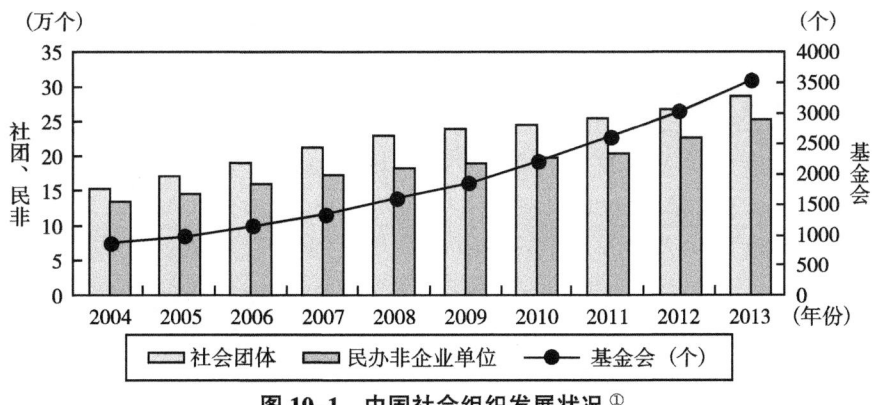

图 10-1 中国社会组织发展状况 [①]

社会组织虽带有西方文化和制度结构的色彩,但其发展是中国不断深化改革开放与确立社会主义市场经济体制的必然产物,它在功能发挥正常的情况下所具有的三大核心特征是:①民间性——公民自发组建、体制上独立于政府,既不是政府的一部分,又不受制于政府。社会组织可以接受政府资助,政府官员也可以参与其活动,但组织必须是非政府性质的。②非营利性——不以盈利为目的、利润不能用于分红。社会组织可以获得利润,但利润必须服务于组织的使命,社会组织可以进行某些相关经营性活动,但经营性活动

---

① 中国社会组织网公布数据,http://www.china 社会组织.gov.cn/yjzlk/index.html。

并非其主业，经营的目的是辅助其所从事的共同利益的事业，有利于公益使命的实现。③自治性，组织具有独立的决策和运作能力，具有制度化的治理结构与治理程序，其经营与运作不接受来自外部的领导与管理。这三大特征正是对国家、市场、公民社会三元分立结构的反映。对照国际通行的标准，[①]的确中国同时满足社会组织所有特征的组织微乎其微，但是放宽视野看待这一现象，将其放在长期而艰巨的改革开放大背景下考量，根据本书的定义，即"在政府、营利企业之外的领域中具有不同程度自治性的、不以盈利为目的的正式组织"。我们可以看到中国蓬勃发展的各式各样的社会组织形态。

一、基于法律地位的表现形式

考察社会组织的表现形式和类型，最基本的是依据其在法律体系中的地位。依据上述对社会组织的定义，可以看到中国的社会组织在法律体系中具有三种表现形式，如图10-2所示。

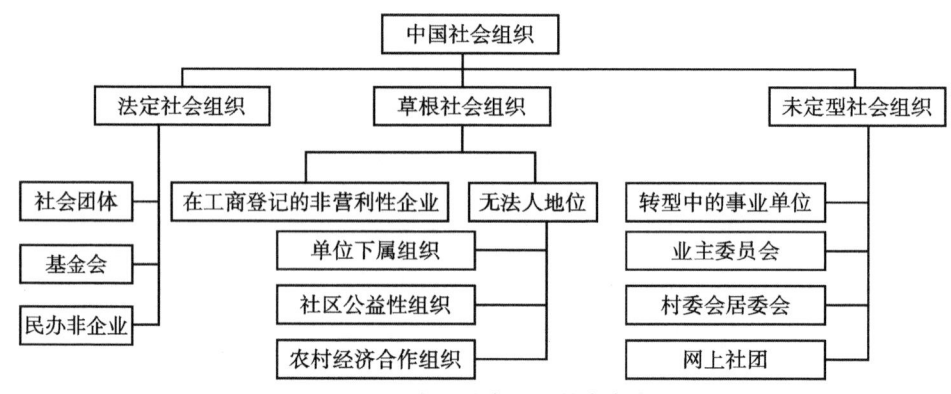

图 10-2 中国社会组织基本类型

第一类，在现行法律体系框架内，与社会组织的定义最为接近的法律实体是在各级民政部门登记注册的社会团体，我们可以将之称为"法定社会组织"。依现行法规，在民政部门注册登记的"民间组织"主要包括以下三种类型。

（1）依据《社会团体登记管理条例》（1998年）注册登记的社会团体，根据《条例》第二条规定，社会团体是指由公民或者单位自愿组成，实现会员共

[①] 国际上较为认可的是美国约翰·霍普金斯大学莱斯特·萨拉蒙（Lester Salamon）教授提出的组织性、非政府性、非营利性、自治性、志愿性五大特征。

第十章 社会组织的发展趋势

同意愿,按照其章程开展活动的非营利性社会组织。① 1989年12月30日民政部在《关于〈社会团体登记管理条例〉有关问题的通知》中,把社会团体主要分为学术性团体、行业性团体、专业性团体与联合型团体四类。但是这种划分在法律上的意义不大,因为除了基金会和外国人在中国设立的社会团体由专门规定调整外,其他社会团体在适用法律上并无不同。

(2)依《基金会管理条例》(1988年)②注册登记的基金会。基金会一词,依照国际上通行的定义:它"是一种非政府、社会组织,有其自己的基金,由受托人(Trustees)或董事(Directors)管理,以维持或协助教育、社会、慈善、宗教等公共服务目的,而且提供辅助金的公益性组织"。③ 在大陆法系中,基金会被称为财团法人,涉及范围非常广泛,有缺乏基金而需要募款的,有基金雄厚而无须募款的,也有承接政府辅助设计书以及进行多项业务的,有的只做捐助或奖助的业务等。我国的基金会被纳入社会团体法人的体系,④ 它与一般社会团体有很大差别。根据国务院1988年颁布的《基金会管理办法》第二条规定,基金会是指对国内外社会团体和其他组织以及个人自愿捐赠的资金进行管理,以资助推进科学研究、文化教育、社会福利和其他公益事业发展为宗旨的民间非营利性组织,是社会团体法人。据此,基金会的基本含义主要体现在以下两个方面:第一,基金会虽属于社会团体法人,但与一般社会团体有所不同。一般社会团体的设立人为会员,但基金会没有会员,它的设立人可以是一人,也可以是多人。基金会的设立人将财产权移转给基金会后,并不成为基金会的会员。基金会成立后为基金会捐赠财产的人也不是基金会会员。另外,一般社会团体都设有会员大会(或者会员代表大会)作为其权力机关,但基金会没有会员大会,它的权力机关是理事会。第二,基金会以社会公益为目的。它与企业不同,不以盈利为目的。它与一般社会团体也不同,一般社会团体的宗旨是为了实现会员某种非营利性的"共同意愿",比如同乡会、联谊会、俱乐部等,就是为了实现少数会员的利益,并不必须是社会公益性的。而基金会的宗旨是通过资金资助推进科学研究、文化教育、社会福利和其他公益事业的发展。在中国,基金会作为一种社会组织形式原

---

① 这条规定明确了社会团体的会员应当是中国公民或单位,但理论上讲外国人在中国结社也需要适用中国法律。目前适用于外国人在华结社的法规是国务院颁布的《外国商会管理暂行规定》,外国人在中国进行其他结社目前在法律上还是禁止的。
② 2004年6月1日起施行《基金会管理条例》,1988年9月27日国务院发布的《基金会管理办法》同时废止。
③ Margolin J. B. Foundation Fundamentals [M]. New York: The Foundation Center, 1991.
④ 很多学者批评此种归类的非科学性。

社会组织运营与管理

本是舶来品,在新中国成立前乃至新中国成立后的20多年间,基金会一直处于空白境地,人们几乎不知道基金会为何物。20世纪80年代,伴随着改革开放的大潮,基金会开始在中国兴起。

(3)依《民办非企业单位登记管理暂行条例》(1998年)注册登记的民办非企业单位。如前所述,社会团体和基金会在法人资格上均为社会团体法人资格,民办非企业单位则视不同情况分别获得法人、合伙或者个体的行为主体资格。根据国务院1998年颁布的《民办非企业单位登记管理条例》第二条规定,民办非企业单位是指企业事业单位、社会团体和其他社会力量以及公民个人利用非国有资产举办的,从事非营利性社会服务活动的社会组织。据此,民办非企业的基本含义为:第一,民办非企业单位是以公益为目的,是为社会上不特定的人提供公益性社会服务的机构。民办非企业单位从事教育、文化等方面的服务,目的是促进该项公益事业的发展,而不是赚取利润分配给出资人;第二,民办非企业单位是利用非国有资产创办的,这和事业单位有所不同。事业单位尽管也从事公益性活动,但它是利用国有资产举办的。民办非企业单位的举办者是企业事业单位、社会团体和其他社会力量以及公民个人,但以非国有资产为主。民办非企业单位的资产中也可以包括国有资产,但只是部分,不占主导、支配地位。一般而言,民办非企业单位主要是民办的实体性公共服务机构,如各种民办的医院、学校、剧团、养老院、研究所、中心、图书馆、美术馆。

"法定社会组织"是被官方认可、具有较严格的组织性和较明确法律地位的社会组织,但同时,它们也恰恰是民间性与自治性较弱的组织。这主要由于登记管理法规中对社会组织设立的门槛较高,特别是需要业务主管单位和登记管理机关双重审批、双重管理的体制,使得纯粹民间自发的组织很难进入法律规范体系,从而获得法律认可的社会组织大多数是官办组织,虽然以社会组织为组织表现形式,但在资源获取、人事配置、行为作用等各方面均与政府机构有着密切的关系。

第二类,不具有被正式认可的"社会组织"的法人地位,但是在相当程度上具有社会组织的核心特征,即非政府性、非营利性的组织,大多属于民间自发组建、因各种原因不能在民政部门获得法人资格的,可以称之为"草根社会组织"。它们有着多种表现形态,其中最普遍的两种,一种是作为某个单位的二级分支机构,不具有独立的法人资格;另一种是在工商部门登记获得企业法人资格,但开展公益性的活动,并在各种非制度性的条件下获得税务部门的税收优惠认可。除此之外,还有已登记或未登记的如社区公益性组织,农民经济协作组织,和其他游离在法律规定的组织体系之外自行活动的组织等。① 这些草根组织尽管在接受捐赠、开展活动等方面均受到法律地位的制约，有些组织的非营利性也难以度量，但其中仍然不乏非常活跃、体现真正社会组织特性的代表，在社会公益事业中扮演着积极的角色。从数量上看，虽然缺乏严格的统计资料，但据多方研究的估计，草根社会组织至少有上百万，远远超过了法定社会组织的总数。

第三类，转型中的、边缘性的及其他类型的社会组织。它们处于向社会组织的转型过程之中，或者具有社会组织的潜在特质，可以将之统称为"未定型社会组织"。包括转型中的事业单位、依据特定法律程序成立的村委会和居委会等社区自治组织、组织界限尚未划清的部门代管组织如业主委员会、在现代科技手段下出现的新型组织形式如网上社团、其他各种尚未经过注册登记开展活动的社会组织如以筹备委员会等名义开展活动的组织等。这些组织的非政府性、非营利性程度不一，形态多样，大多处在变动过程之中，需要长远观察和区分对待。其中事业单位是一个值得关注的具有中国特色的组织形态，② 它是典型的计划经济体制下的产物，带有强烈的"国家"统率"社会"的色彩，随着市场经济体制建设，它必将发生转型。

从法律地位而言，中国第三部门的特性是组织的法律地位与实际属性不完全对应。在法律上最接近于社会组织的法律实体，即在各级民政部门登记注册得到正式官方认可的民间组织，并不代表中国民间组织的全部，一些营利性的培训机构等也登记为民办非企业单位，在名义上成为民间组织；反之，从性质或功能上而言的社会组织，在法律地位上表现为多样的组织类型，以社团法人、事业法人、企业法人以及非法人的各种形式存在。这在一定程度上模糊了非营利部门的性质。

二、基于组织性质的表现形式

根据社会组织的公益性程度与公共性程度，采用国际上最常用的对社会组织的基本分类标准，中国社会组织也表现为公益性社会组织 VS 互益性社会组织，会员制社会组织 VS 非会员制社会组织几种形式。

社会组织区别于营利企业的一个显著特征是其目的的非营利性，但不同组织有各自不同的特点，如图10-3所示。

---

① 自2012年，在地方政府管理创新的基础上，开始逐步实施行业协会商会类、科技类、公益慈善类和城乡社区服务类四类社会组织，可以依法直接向民政部门申请登记，不再经由业务主管单位审查和管理。因此部分草根社会组织在民政部门登记获得合法身份但不具有法人地位。

② 很多学者将事业单位称为社会组织，杨团将其作为第四域而展开研究。

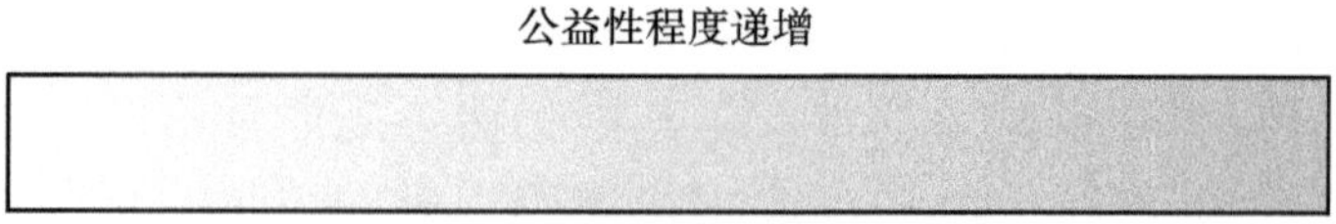

公益性程度递增

图 10-3　社会组织公益性光谱

在组织公益性光谱上，一端是营利组织以营利为终极目的，出资人享有利润分配权和剩余索取权，所得利润在董事会或管理层中分配，这类组织被排除在社会组织之外。在光谱的另一端，组织完全不从事商业性活动，组织纯粹为社会不特定多数人的利益、社会全体的利益或社会弱势群体的利益而设，组织资源来自社会捐助。在光谱两端的广阔领域，社会组织只要所获利润是为了更为广阔的公益目的，所得利润不在董事、管理人员或组织成员中分配，可以经营商业性活动。介于两端之间并靠近营利组织一端的是互益组织。因此根据组织公益性的程度，中国社会组织体现为两大类表现形式：公益性社会组织和互益性社会组织。这一分类最重要的特点是它直接与税收优惠政策的选择相联系。公益性组织的受益对象是社会上不特定多数的人，因而公益程度高，相应地在法律上应享有较高的税收优惠政策，在一些国家这种组织被称作"慈善组织"而与一般的社会组织相区别；互益性组织的服务对象是该组织的成员，是一种互助、互相受益的组织，在一定程度上类似于企业的扩展或者联合，它们的公益程度较低，从而在法律上享有有限的税收政策。

按照组织的运作机制及公共性程度则可将中国社会组织分为会员制和非会员制两大类。这种分类标准表明了组织的基本建制，有利于对组织运作管理模式的把握。一般而言，会员制组织是人们维护共同利益或追求共同兴趣的组织，大多数是互益型组织，主要目的是为其成员提供服务。如：行业和专业协会、工会、联谊组织、互助合作组织等；非会员制的组织包括基金会和实体性服务机构，是公益型组织。不过两种标准并不完全重合，会员制组织也有公益型的，基于公众参与实现公共事务，如许多环保组织。表 10-1 显示了依据组织性质和运作机制分类的社会组织。

三、基于国家、社会关系的表现形式

第三部门在国家与社会关系中的定位是一个重要的考察维度，这一点对于中国的社会组织意义尤其突出。社会组织与政府的关系，换言之也是社会组织"社会性"或者"民间性"的程度。按照这一维度，中国的社会组织表现为自上而下型（官办型）、自下而上型（草根型）、合作型（半官半民型）、外部输入型四种类型。"社会性"的判断最重要的因素是组织的形成过程和主要领导层的来源，另外经费来源也是一个基准。

表 10-1 基于组织运作的社会组织表现形式

中国社会组织	互益性组织	会员制组织	经济性团体（行业协会、商会、职业团体、工会等）	现行法规体系称"社会团体"
			社会性团体（学会、同学会、联谊会、兴趣团体等）	
			互助合作组织等	
	公益性组织	会员制公益性组织		
		非会员制组织	基金会	
			实体性社会服务机构（非营利学校、非营利医院、研究所、文化场馆、福利机构等）	现行法规体系称为"民办非企业单位"

第一种类型即自上而下的社会组织，构成官方认可的社会组织的主体。它们的主要特征是：主要社会资源，包括人、财、物、信息、管理和相应的组织资源等，主要来自受到党和政府等的相关机构权力控制的垄断领域；产生过程与政府改革相关联，在相当程度上是政府改革和政府职能社会化的产物。自上而下社会组织表现为在政府周围出现了一大批不以党政面目出现的机构，它们通常登记为独立的法人，往往行使着原由党政机构承担的职能。主要包括三种形式：一是补充形式，即在外交、农业、环保等一些政策领域，主要作为相关公共领域的补充形式发挥作用；二是协调形式，即在如冶金、纺织等一些行业管理领域，主要作为政府对相应行业进行管理的协调形式发挥作用；三是执行形式，即在如扶贫、妇女、劳工、残疾人等一些社会政策和福利领域，主要作为政府特定方针和政策的执行形式发挥作用。

自上而下的社会组织具有典型的转型时期的双重属性：一方面具有模拟政府的行政性或自上而下的官僚性，另一方面又具有逐步增强的自治性，以及基于不同利益形成的面向市场和社会不断增长的自我意识、自我利益维护、自我主张、自主决策的冲动。这样双重属性形成两种相互对立的力量：回归政府的行政化倾向和走向民间的自治化倾向。前者表现为这类组织对于自上而下的各种资源，包括编制、预算、职能、地位等，有着强烈的依赖，会在各种适当的场合努力靠近党政机关并积极谋求来自上面的庇护和特权。后者则表现为随着这类组织的成长，它们越来越感受到来自政府的干预过多及其严重的束缚，会积极谋求在资源配置上的自主权，并努力争取来自政府之外的各种有利的资源。随着政府自身的精简和改革，这类社会组织能够从政府获得的资源在不断减少，它们必须要面对社会需求，而行政管理的制约、承担的部分政府职能，使之活力不足，难以取得社会认可。同时，当与国际社会的接触增多，行政色彩和半官方的身份成为一个障碍，这些使得部分官办社会组织产生独立的愿望，政府也在开始转变观念，推动社会组织的社会化。

第二种类型是自下而上的社会组织，由于受到现有登记管理条例的限制，自下而上的社会组织中绝大多数是尚未获得民政部注册登记的社会组织身份的草根组织，当然，随着法律政策环境的改善，它们当中的一部分也在不断争取获得正式的社会组织的法律地位，这个过程正在积极进行之中，小部分组织虽然已在民政部门登记，获得法律地位，由于没有法人地位而不具备独立行为能力。自下而上社会组织的主要特征是：主要的社会资源，包括人、财、物、信息、管理和相应的组织资源等，主要来自市场、社会、海外等开放的竞争世界；其产生过程与市场经济的发展以及与之相关联的经济、社会民主化进程有关，是公民有组织地参与经济过程、社会过程乃至政治过程的产物。其主要表现形式是在党政权力不及、政策失灵或者默许的边缘地带，往往依靠精英人物发起成立一定的组织（正式的或非正式的），他们动员媒体和各种社会力量，利用来自民间的各种资源，瞄准一定的社会问题开展积极的活动。特别在以下方面是自下而上社会组织活跃的领域：①以公众参与为基础的环境保护组织，如自然之友、地球村、绿家园；②市场经济孕育的自发性行业组织；③依托城市社区的志愿者组织；④独立的思想库，如天则研究所、天恒可持续发展研究所、华夏经济社会研究所等；⑤依托大学、开展公益咨询的专家组织；⑥以大学为背景、面向社会的大学生组织；⑦农村以经济技术为主要纽带的农民自发组织；⑧民办公益服务组织，如民办学校、民办非营利医院、面向残疾人等特殊人群的福利组织等。

自下而上的社会组织具有社会转型中的多样性、自发性和随意性等特点，具体表现为：活动领域及方式的多样性，组织管理及运作的自发性，制度设计及约束的随意性。这些特征制约着这类组织的发展，使其在组织的规模、效能、社会公信度等许多方面受到限制。在政府仍然占主导的社会里，这类社会组织的处境较为艰难，大多以变通的存在方式和依靠海外资源进行活动，从可持续发展的角度，它们面临着如何加强本土社会的根基和自身组织制度建设的挑战。

第三种类型是官民合作型，也是一种在中国值得探索和思考的社会组织类型。它主要出现在市场经济发展较成熟，政府观念转变较快的地区，如江浙地区。其主要特征是出现政府与民间的良性合作模式，即政府促动、民间运作、社会主导的模式。典型的例子如浙江省温州市烟具协会，其2002年初游说欧盟，进行行业维权的行为引起国际瞩目，其实这个功能活跃、被人们认为是典型自下而上的协会，最初是由政府推动创立，并加以行政授权、强制入会的，至今协会的办公地点还与鹿城区烟具产品质量整顿办公室共处一室，

第十章 社会组织的发展趋势

两块牌子各自的挂着。但是与自上而下社会组织不同的是,这个协会中政府的积极作用在于整合企业的市场需求,而不是从政府的角度创造需求;在运作中充分交由社会组织操作,政府予以支持、满足企业要求,而不是要求企业完成政府指令。这一模式尽管还存在着需要探讨的问题,但实践表明,它的确创造了一种政府与社会良性互动的可能。在现有法律政策框架中,政府角色起到重要作用的情况下,合作型的制度安排和实现条件非常值得研究。

第四种类型是外部输入型社会组织,主要指海外在华社会组织。它们的表现形式包括:资助型基金会,如福特基金会、乐施会;项目运作组织,如国际小母牛项目;会员制组织或者国际网络,如外资企业的行业协会,国际学术网络在中国的分支等。由于登记管理体系对于海外在华非政府组织规范的欠缺,它们中的许多以办事处、项目点或者特批的形式存在。

从国家与社会关系的角度而言,可以认为"自上而下"和"自下而上"的分类标准代表了中国改革开放以来"社会"领域生成的两种主要途径,前者指政府在职能转化中直接让渡出的社会空间,后者指市场领域发育过程中孕育出社会自主空间,"合作型"社会组织则体现了二者的交融。

从"自上而下"政府主动释放一部分社会空间来考察,中国在1949年以后建立起公有制和计划经济为特征的高度中央集权的政治体制,国家对社会资源实行全面的控制和垄断,独立的社会空间极为有限,但始自20世纪70年代晚期的经济体制改革和政治体制改革打破了这种格局,国家与社会的关系得以重塑,总体上社会走向开放化、市场化、多元化。"政企分开"、"政事分开"、"政社分开"、"党政分开"等过程,其实质上反映着国家权力边界从无限到有限的界定,个人的经济活动、话语表达、自我组织、自我管理等社会空间被释放出来。当然,应该看到,任何制度创新都存在路径依赖,都不可避免地受到原有制度的制约。这使得中国社会自治领域的生长主要体现于空间的扩大,而不存在类似西方的国家与社会权力边界的明确界定。在西方,公民社会发展首先是作为与"国家"相对应的权力领域分化出来,即先有国家权力边界的界定和国家之外社会领域的独立,以后随着市场机制的成熟,经济生活相对独立出来,从而形成与国家、市场相对独立的社会领域。而在中国,却不存在清晰的国家与社会的边界,它是在经历了总体性社会国家与社会高度统一的状态之后,随着政府职能转换,而逐渐从国家领域分离出来的社会空间。国家与社会权力边界的模糊,使得"社会领域"的生长空间缺乏制度性保障,而通过各种个人的、变通的因素,在与国家不对等的互动中谋求发展,导致许多不可预期、非制度化的发展现象。正是由于这种转轨期独特的制度背景,我国的社会组织不能不带有一层朦胧的政府色彩和营利色彩。因此，在中国公民社会的演进过程中，政府从竞争性经济领域和社会领域退出实现由全能政府向有限政府的根本转换的任务还十分艰巨，而这恰好是中国社会组织治理改善的必要前提。

从"自下而上"社会组织的生长来考察，中国的改革开放始于经济改革，市场的作用较早体现出来，经济职能逐步从国家领域得到分化，国家虽然仍然是社会资源的控制者，但与改革前相比，社会也已经成为控制资源的潜在有力力量，社会占有资源多元化，社会的自主性慢慢地表现明显，市场机制的发育内生出一部分社会空间，出现了相对独立的个人与社会力量，一大批草根型社会组织的存在便是市场机制内生的社会空间的反映，从某种意义上说，市场经济造就了公民社会的主体、拓宽了空间、培养了意识形态、营造了自治机制。[①]

第二节　中国社会组织的自主治理

一、中国社会组织自治性的现实意义

按照美国学者塞拉蒙·莱斯特（Lester M. Salamon）的解释，社会组织的自治性意指社会组织要能控制自己的活动，具有不受外部控制的内部管理程序。从理论上讲，作为一种介于国家与市场之间的"第三部门"，自主治理性是社会组织的应有之义，可视为"民间性"和"自主管理"的结合。

从词源上来理解，自治性指的是组织赖以存在的前提条件；因此一个逻辑上的推论就是，对组织来说，自治性是基础性的，具有结构性的、外部性的特点，涉及组织与外部的法律、政治层面的关系，重点关注组织自治性的制度基础和物质基础。目前，很多国家的法律都给予了依法注册登记的社会组织"法人"地位，即承认社会组织作为一种独立的社会组织享有独立的财产、具有独立的人格、独立承担责任和管理组织，其实质是对社会组织独立自治权利的法律确认。自治性意味着按照自己的目标来行事，独立自主地运作以实现使命。涉及组织可否对内部实行自我管理、自我治理，其中最关键的是组织的使命、组织管理主导权问题，一种不受外界束缚的处理自己事务的能力。具体来说，社会组织的自治性主要体现在三个方面：社会组织是独

[①] 储建国. 市场经济、市民社会和民主政治 [J]. 武汉大学学报（人文社会科学版），1999 (1).

立自主的自治组织；社会组织是自下而上的民间组织；社会组织是属于竞争性的。① 对于中国社会组织的发展而言，自主治理的问题显得更加迫切与具有现实意义。自主治理不仅是社会组织得以成立的最主要的属性之一，而且对其存在、发展具有全方位的影响，涉及社会组织的目标导向、产品供给、募捐机制以及监督环境等多个方面。

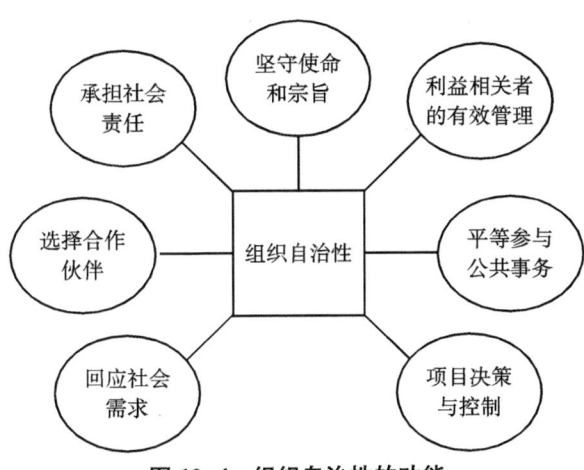

图 10-4　组织自治性的功能

（一）社会组织自治性的削弱或丧失将导致其在目标导向方面的偏离

社会组织自治能力的式微往往受到其成长的既定社会环境的影响，从而对政府产生过多地依赖或倾向于经营性的营利，社会组织的这种自治能力的不健全，会在其对公共产品的提供上十分明显地表现出来，进而导致其价值目标的偏离。在当前的中国社会中，新旧经济体制的碰撞与摩擦导致约束各种社会经济活动主体（个人、企业、家庭、政府等）行为的制度环境在一定程度上出现了真空或扭曲，从而导致这些社会经济活动主体的行为偏离了社会的价值取向。对于中国社会组织而言，如何在社会现状条件下，确保其功能的正常与有效发挥即显得至关重要。一方面，在既往的成长与发展中，中国社会组织在扶贫开发、捐资助学、实施与宣扬救死扶伤的人道主义等诸多新方面，确实发挥了政府与企业无法比拟的作用，但另一方面，今天的中国仍有不少社会组织与政府及其职能部门之间保持着千丝万缕的联系，甚至有些社会组织还在作为政府的附属机构而行使着管理社会与经济的职能，社会组织自主治理能力的弱化与市场经济的不规范性并存的状态，容易使某些社

---

① 王名.社会组织管理概论［M］.北京：中国人民大学出版社，2002：3-5.

组织向市场中营利性组织的方向靠拢，甚至会走向以盈利作为组织目标的状态，从而与"非营利性"的界定大相径庭。

（二）社会组织自主治理水平弱化的状态会严重破坏其募捐机制

社会组织自主治理水平长期积弱的状况会反过来影响募捐工作，这容易成为影响社会组织"志愿失灵"现象的重要因素。社会组织捐赠这一行为本身注定了捐款最终将以公共产品或服务的形式表现出来，在一个心理期待的层面上，捐赠者期望能够通过社会组织的良好运作顺利实现公益性的社会目的。但与社会组织自治能力的弱化对其目标的影响相关联，自主治理能力的不足将可能导致社会组织的行为游离于捐赠人的期望值之外，这将会严重削弱捐赠志愿者的积极性从而导致"志愿失灵"现象的发生。

（三）社会组织自主治理能力的不足会带来外部监督问责层面上的困难

无论是从理论还是现实的意义上来看，构建社会组织的监督问责机制都是促进社会组织健康成长不可或缺的重要条件。[①] 社会组织作为现代社会中一种提供公共产品与公益服务的重要制度安排，其对社会公共资源的滥用，不仅会损害其直接的短期目标，而且会给社会的价值观与道德信念带来严重的负面影响。不容忽视的是，由于目前中国社会组织发展处于一种比较无序的状态之中，且相当部分的社会组织具有很强的政府依赖性特征，不仅社会中的被救助者与普通公众由于其所处的地位难以了解这些社会组织的公共基金的利用情况，就是捐赠者本身在捐赠之后也往往会受到种种条件的制约，不能对社会组织的运营形成有效的监督。这使"志愿失灵"的情形加剧，同时也使中国社会组织监督问责机制的构建更加困难重重。

（四）社会组织自我治理能力的薄弱将对其整体成长造成消极影响

无论是从整体规模，还是从社会组织的运行规范性、内部机制建设与组织成长等方面来说，中国社会组织的发展还只是处于比较初级的阶段。中国虽然在一定程度上具备了社会组织快速成长的一些条件，但并没有为社会组织的生成与发展提供更多的土壤，中国社会组织在整体发展上呈现出一种不规范性与官方色彩浓厚的倾向，自主治理能力尚显薄弱。这种自主治理能力的缺乏在中国的社会组织中显现出一种泛化的状态，这种状态的存在必然会在中国社会组织自身运行的各个环节中表现出来，并将在总体上导致中国社

---

① 哈佛商学院的赫茨琳杰·E.里贾纳（Regina E. Herzlinger）教授借鉴美国证券交易管理委员会管理证券交易的成功经验，通过有力的论证，指出问题的答案在于责任制（Accountability）。她认为，社会组织缺乏商业领域中那种强制性的责任机制，因此，需要一定的规则对其加以监督，以帮助它们高效益、高效率与负责地完成社会使命。她提出一个"披露—分析—发布—惩罚"的解决社会组织诚信问题的方案，即DADS法。

组织成长环境的改善与实质性发展缓慢。

二、中国社会组织自主治理的现实缺陷

从全球的角度来看，中国社会组织的发展显得相对滞后，中国社会组织在整体上不发达，除了规模较小、社会公信度低和影响力差之外，另外一个重要的缺陷就是中国社会组织的自治能力偏弱，对政府的依赖性大。因此，国内有学者将中国社会组织的政府性作为其成长发展过程中的一个重要特征。① 中国社会组织自治上的缺陷表现在许多方面，如社会组织在进行决策、制定目标、自我管理的过程中往往并不能摆脱政府的影响，在开展活动时，有些社会组织较多地受到营利性组织的控制与影响。但在现阶段，最主要的问题仍是中国社会组织受行政机构的干预与影响过多，这在中国社会组织的建立与运行过程中有明显的表现。

（一）直接干预

中国社会组织除了由社会资金建立的之外，还有相当一部分是从政府职能部门转变而来或是由政府机构直接建立的，尽管由政府部门建立社会组织仍不失为中国当前情况下的现实选择之一，但在实际操作中的情况是，这种来源上的关联加上中国目前处于社会转型期，在政治与经济体制上存在诸多不完善的方面，以及受中国长期形成的历史文化积淀的影响，这些组织无论在观念、结构形式、职能还是管理体制、活动方式等各个方面，都与政府保持着千丝万缕的联系，在很大程度上依旧是作为政府的附属性机构发挥作用。② 因此，当前一个不容回避的现实是，中国一些社会组织在开展活动时往往离不开来自政府的直接支持，不仅社会组织的成立受到登记管理机关的严格控制，而且即使社会组织有自我治理的条件，如果离开了党政机关的支持也很难高效地实现其目标。

（二）政策限制

中国行政机构对社会组织基本上仍然采取了限制的政策。在准入限制方面，对于民间社会团体成立要求的条件比较多，不仅在《社会团体登记管理条例》中就会员人数、发起人和拟负责人资格等方面加以限制，更有登记的管理机关在行政管理中实行进一步的限制。在其他政策方面，一是采取了限制竞争的政策，诸如，如果在同一行政区域内已有业务范围相同或者相似的

---

① 王名，伶磊. 清华 NGO 研究的观点和展望 [J]. 中国行政管理，2003（3）：59.
② 在民政部于 1998 年 10 月颁布并实施的《社会团体登记管理体例》中明确规定了民政部门与业务主管部门对于社会组织的双重领导。

社会团体,没有必要成立的,登记管理机关不予批准成立,这给民间组织自身的发展带来了消极的影响;二是规定民办非企业单位不能设立分支机构,社会团体不能设立地域性分支机构。当然,根据党的十八届三中全会《决定》,行业协会商会类、科技类、公益慈善类和城乡社区服务类四类社会组织,可以依法直接向民政部门申请登记。民政部在社会组织的登记管理上取消了诸多不必要的审批,下放权限。虽然政策有所松动,然而,政策实际执行中对民间组织是否适应社会需要还要进行严格审查。

中国行政机构对社会组织的直接干预与严格限制,是当前中国社会组织自治能力薄弱的重要原因,许多组织在开展活动尤其是社会性、公益性的活动时,往往离不开政府的庇护,其目标也会受到政府意图的左右而难以良好地实现其自身目标,从长远来看,这会造成中国社会组织的畸形发展而不利于其成长。

(三)分类管理

自21世纪初,新一轮社会组织管理体制改革伴随着政府改革展开。如果说政府机构改革是政府内部权力的优化配置,那么转变职能则是理顺政府与市场、政府与社会之间的关系。把该放的权力放掉,把该管的事务管好,激发市场主体活力,把政府工作重点转到创造良好发展环境、提供优质公共服务、维护社会公平正义上来。新一轮社会组织管理改革的内容可简要概括为:一要创新登记管理体制实施直接登记,①废止原有的双重管理体制,降低门槛、简化程序、放开放活,促进社会组织发展;二要实行政社分开,推进政府向社会组织转移职能和购买服务,逐步形成政府、市场和社会的良性互动关系;三要依法加强监管,逐步完善登记管理机关、行业主管部门(业务主管单位)和相关职能部门各司其职、协调配合的管理体制。以2013年为例,根据国家"十二五"规划纲要,按照对公益慈善、社会福利、社会服务等社会组织履行登记管理和业务主管一体化职能,对跨部门、跨行业的社会组织,与有关部门协商认可后,按照履行登记管理和业务主管一体化职能的方式,民政部启动了全国性社会组织直接登记工作,19个省份开展或试行了社会组织直接登记,9个省份下放了非公募基金会登记管理权限,8个省份下放了异地商会登

---

① 党的十八届三中全会通过的《中共中央全面深化改革的若干重大问题的决定》要求:"激发社会组织活力。正确处理政府和社会关系,加快实施政社分开,推进社会组织明确权责、依法自治、发挥作用。适合由社会组织提供的公共服务和解决的事项,交由社会组织承担。支持和发展志愿服务组织。限期实现行业协会商会与行政机关真正脱钩,重点培育和优先发展行业协会商会类、科技类、公益慈善类、城乡社区服务类社会组织,成立时直接依法申请登记。加强对社会组织和在华境外非政府组织的管理,引导它们依法开展活动。"

记管理权限，4个省份开展了涉外民办非企业单位登记试点。社会组织备案制的采用，使一些在成员人数、活动场所、业务经费等达不到登记注册标准的社会组织，在开展业务活动的时候只需向相应的民政部门提交一些基本的信息和证明资料即可开始运转。对不符合登记条件的社区社会组织，实行由社区居委会初审、报街道办事处（镇政府）备案的制度。可以预见，越来越多的地方政府开始运用各种可行的形式和途径来探索和尝试新的管理模式。但总体观之，政府对社会组织管理体制的创新尚停留在地方层面，立法层次低，双重管理体制局面并未获得实质性的突破，制度化管理水平亟待提高。

三、中国社会组织自主性展望

社会组织自治水平的高低对中国社会组织自身的发展、中国的行政体制改革乃至中国公民社会的成长都具有举足轻重的意义。要解决当前中国社会组织自治能力薄弱的问题，最重要的有三个方面：一是通过进一步深化中国的行政改革，创造有利于社会组织独立发展的外部行政环境；二是完善与社会组织相关的法制建设，建立制度性保障；三是提高社会组织自我治理能力与独立意识。[①]

（一）优化行政环境

深化中国政治与经济体制改革尤其是加快行政改革的步伐，构建有利于中国社会组织独立发展的行政环境，是提升中国社会组织自主治理能力的外部体制性因素。经济体制改革的深化是社会组织独立与良性发展的强大推动力，政治体制改革则为社会组织的自治营造出更加宽松的环境。在此框架下，改革的方向有两个：一是积极扶持社会组织的独立发展与促进"公民社会"的形成，[②] 创造更加宽松的环境；二是积极建设中国社会组织的外部问责机制。政府不仅要在行政改革的过程中消除阻碍社会组织与公民社会成长的体制性因素，而且政府作为社会主流理念的倡导者，应在全社会范围内营造有利于社会组织发展的外部环境。与政府内部的行政改革类似，在这一过程中，转变观念是至关重要的，政府行政组织要实现理念的革命，不能将新兴的社团、社会组织视为异己或自身的附属物，而应该逐步赋予其应有的自治权利。中国各级政府组织对社会组织的理解要实现从理论到实践上的进一步改革，两

[①] 曹现强，侯春飞. 中国社会组织成长机制分析 [J]. 中国行政管理，2004（4）：27.
[②] 英国学者怀特·戈凳（Cordon White）认为，公民社会是国家和家庭之间的一个中介性的社团领域，这一领域被与国家相分离的组织所占据，这些组织在同国家的关系上享有自主权并由社会成员自愿结合而形成以保护或增进他们的利益或价值。

者应在合作的基础上建立起新的对话机制。① 但是，应当指出的是，构造宽松的外部行政环境并不意味着放手不管，而是有进有退。考虑到目前中国社会转型期有诸多失序的情况存在，要求中国政府机关在保证社会组织自主决策、自我治理的基础上，同时构建中国社会组织的外部问责监督机制，以保证社会组织免受其他不良因素的影响与控制，保证其公益性目标的实现。

应当指出，优化行政环境的关键是政府职能的转变。要使我国社会组织获得独立自主的地位，必须加快政府职能的转变。第一，政府应放弃对一些社会事务管理的垄断，将更多的职能转移或下放给社会组织。如政府可以逐步放开对评估、公证、仲裁等领域的直接掌控，把它们交给社会组织去运作；将规范各行业行为及管理社会的更大的权力赋予行业组织；等等。第二，政府应当厘清与社会组织的关系，主动帮助社会组织摆脱与政府部门之间的从属关系。首先应切断政府与社会组织的利益关系，打消政府在社会组织中权力寻租的热情，这样也可减少社会组织由于部门利益而对政府产生的依赖；其次政府要减少对社会组织日常事务及其内部运作上的行政干预，让社会组织实现自我管理，以切实保证其独立性。第三，政府应使各类社会组织在人、财、物上与行政机关脱钩，不让这些事物成为社会组织自主发展的掣肘。在人员上，政府不应将社会组织当作安置离退休人员的场所，也不应在任命领导者上对社会组织进行控制；在经费上，一方面要拓宽社会组织的筹资渠道，如加强民间捐赠和私人付费的比例，另一方面政府仍然要给社会组织以强大的资金支持。政府的财政支持是社会组织发展的重要支撑和保障，这一点在很多国家得到了证实，但不能以此作为牵制社会组织的理由。

（二）健全法制建设

建设有利于中国社会组织发展的法制环境，是解决中国社会组织发展中政社不分、自我治理能力薄弱问题的重要途径。华盛顿非营利法国际研究中心曾经从立法的角度提到了一些关于社会组织自治的国际经验，主要内容是各国在制定相关的法律法规时，应允许社会组织自由地成立与以合法的方式在社会中自由地活动，提高社会组织登记管理机关人员的业务水平，制定细化的条款以避免社会组织创建者与官员及从业人员的腐败行为，以及构建社会

---

① 事实上，国内理论界对一种称为政治性社会组织的社会组织关注较少。所谓政治性社会组织是指一个组织的行动目标涉及国内或国外政治性事务，但不与党派结盟，也不以组建政党或取代执政党为其宗旨。政治性社会组织是公民社会成长的标志之一，公民参与国家政治性事务也是公民社会的重要内容。

组织的责任与透明机制等。①② 从中国当前的情况来看，社会组织发展所必需的法律规章制度的缺失也是当前中国社会组织自治性趋弱的重要因素。中国现行法律制度对社会组织的规定存在很大的法律漏洞，不仅关于社会团体的基本立法属程序性的行政法规，但没有上升到国家立法的层次，从而导致了立法的权威性与约束力的不足，而且在关于社会组织的法规中行政管理的规定占据了相关法律的绝大多数，有关社会组织内部组织、财产关系等民事问题则很少规定，与社会组织比较发达的国家相比较，这是很不正常的。党的十八届三中全会明确提出要"激发社会组织活力"，"加快实施政社分开，推进社会组织明确权责、依法自治、发挥作用"。这里涉及社会组织的功能培育、责任养成、权利义务、行为规范等问题，因而需要系统和整体地进行法制建设。

（1）完善社会组织立法，实现法制层面对社会组织自主治理权的确认和有效监管。马克思指出："自由就是从事一切对别人没有害处的活动的权利，每个人进行的对别人没有害处的活动的界限是由法律规定的。正像地界是由界标确定的一样。"政府监督管理从根本上说就是法制监督。健全的法律法规，既是社会组织发展的制度环境，也是政府监管的法律凭据。我国必须尽快出台一套完善的、科学的法律体系，现有法律的修改充实已迫在眉睫。

从国外社会组织立法实践来看，尽管各国立法各有千秋，但无论是大陆法系还是英美法系，在社会组织立法上呈现了以下趋同的态势：第一，在社会组织类型上一般有非营利法人、非营利非法人社团和公益信托三种类别。由于这三类在法律地位、治理模式上存在差异，所以法律分别予以规定是值得肯定的。第二，对社会组织的税收地位予以专门规定。如美国的州法令和联邦法典中的税收条例，更是构成社会组织立法的法律基点。第三，在立法重点上，各国都将关注的重心置于非营利法人上，详细规定非营利法人的法律地位、其成立程序、内部治理结构、财产关系、解散等问题。第四，对于非营利法人，大陆法国家着眼于社团法人和财团法人的区别并分别设置了不同的法律规范，而英美法国家则没有如此分明的界定。

借鉴国外的经验，结合我国的国情可以制定一部统一的社会组织法，主要内容涉及监管体制、财产关系和内部治理结构，并据以完善相关法律体系。通过社会组织法，将从法律制度上保障宪法规定的公民结社权利，公民可以自己选择组建社会组织，从而为社会组织的合法存在提供宽松的必要的法律

---

① 因此，学者们建议引进大陆法系国家的社团法人、财团法人制度以及公益信托制度等来完善我国的相关法律，同时，政府应该看到民间组织对于实现民主政治、实现基本人权和促进社会发展的重要意义。
② 赵黎春.非营利部门与中国发展 [M].香港：香港社会科学出版社，1999：109-110.

社会组织运营与管理

空间。新法的重心应该是规范社会组织的行为,明确界定哪些行为是被禁止的,哪些行为是需要限制的,哪些行为是法律所倡导的,并提供不同违法行为的不同处罚的明确清晰的信息。社会组织是否按照章程确立的宗旨服务于社会,主要是通过行为表现出来的,行为而不是身份才是判断组织合法与非法的标准。新法的制定意味着从法律上规范社会组织的内部治理结构和监督机制,促进社会组织的健康发展和公信力,与此同时,新法关于社会组织权利义务的明晰规定也意味着对政府监管权力边界的明晰规定,限制政府监管权力的自由裁量程度,因而它将是监管者和被监管者公平的游戏规则,这也是政府有效监管的前提。

(2) 摒弃双重管理体制。在双重管理体制中,登记机关不仅行使"登记"的权力,也承担了对社会组织的管理职能。业务主管单位不仅行使"管理"的职能,也行使审批的权力。这意味着将社会组织纳入"业务主管部门"——单位的管理体制,而且在成立之前必须先找到业务主管部门。业务主管部门的同意是社会组织合法存在的前提条件之一。业务主管部门对创办者章程草案、资金情况、拟定法定代表人或单位负责人的基本情况、从业人员资格、场所设备、组织机构进行审查。在社会组织存续期间,如果失去了业务主管部门,就面临被注销的危险。这种管理体制明显带有浓厚的计划经济单位体制的色彩,在单位体制下,每一个单位按照行业性质纳入相应的管理部门,每一个单位,首先是主管部门的下属单位,然后才是法律上的实体。而社会组织从本质上说首先是民事主体,是民间自发成立的自治组织,用改革前的单位管理体制"业务主管部门—单位"套用于社会组织,使社会组织从一开始就纳入"主管部门"控制之下,并始终受到"业务主管部门"的控制,已不合时宜。首先,它阻碍了社会组织的发展,大量的社会组织,由于找不到业务主管部门而无法成立或者无法登记而成为非法组织。其次,妨碍了社会组织的民间性和独立性,造成了社会组织的依附性与垄断性,是社会组织良好治理和公信力的障碍所在,也是社会组织难以从政府以外的社会获取资源的重要原因。最后,政府也越来越难以对社会组织进行有效的监督和管理。如对社会组织登记的资金要求使许多组织不能合法地在民政部门登记,转而登记为工商企业或不登记而游离于政府监管之外。纵观世界各国政府对社会组织的态度及其法律法规体系,一个共同的趋势是:从重视"入口"管理逐步转向重视"过程"监管,在简化社会组织登记注册手续的同时,加强对它们开展活动及其组织运作的动态过程的监管、评估和控制。因此有必要摒弃双重管理体制,变"业务主管部门—单位"的管理体制为行业管理体制,对于社会组织所从事需要加强管理或有从业资格限制的领域,实行行业准入,但不是要求每个社会组织都需要有业务主管部门。行业主管部门对社会组织只是进行行业性的管理。

（3）成立社会组织监督管理委员会，改革政府监管模式。考察国外政府对社会组织的监管模式，大体上不外乎两种，即综合统筹管理模式和目的事业管理模式。综合统筹管理模式是指不论组织形式，也不论宗旨及活动范围，由一个或几个统一的部门来管理的社会组织管理模式。从目前看，世界上大部分国家采取此种模式。在这种模式下，社会组织的法人登记、备案和年度报告、审计事务、行为监督可能由一个政府部门来进行，或者可能由几个政府部门进行，但是这些部门都面向所有的社会组织。至于是一个部门还是几个部门，是中央统一管理还是地方分别管理，不同国家有不同的做法。以美国为例，如前所述，社团的税收管理是由联邦税务部门统一管理的，而且有严格的条件。社会组织主体资格的取得和年度报告、审计，以及监督则由各州自行规定，是实行许可制还是准则制，各州并不相同。一般来讲州的首席检察官署（The State Attorney General's Office）是社会组织的登记和监督机构。新加坡的社会组织监管是由内务部的社会组织注册官员来管理的。英国的慈善组织则由慈善委员会来统一管理，慈善委员会是一个综合性质的机构，具有一定程度的立法、管理和司法权，制定非营利事业的政策法规管理慈善机构，对慈善机构的违法行为进行处罚。加拿大的社会组织管理则由政府几个部门分别进行，社会组织的法人登记和注销、年度活动的报告由商业部来管理，协调政府与社会组织的关系，给社会组织拨付活动经费由内务部门来管理，税务由税务局来管理。

统一综合管理在总体上把社会组织与营利组织同等对待，认为它们都是公民自主活动的产物，只是宗旨和活动方式有所不同而已，因而没有必要设置独立的管理机构。只是社会组织从事非营利活动，享受免税待遇，需要特别的监督与审计。这些国家对于非法人社会组织采取的是放任立场，非法人社会组织可以合法活动，但是它们不能够公开募集资金和享受税收优惠。社会组织的类型多样，数量众多，国家一个或几个部门很难进行有效的控制，因而这种管理形式与自由的逻辑和行为的进路是合拍的。对于控制社会组织的非法活动，规范而严格的会计和审计制度及透明、多元的监督制度在一定的程度上起到了事半功倍的效果。政府监管的同时社会组织的自律也是非营利事业健康发展的重要保证。在这些国家中存在民间的对社会组织进行评估和评价的机构，对该国的社会组织或某一类社会组织进行评价，引导公众的慈善捐助。以美国为例，纽约的名为"慈善信息署"的团体收集了全国400多个大的社会组织的全部资料，并建立了一套评价体系，每年对这些团体进行评估，将其结果向社会公布。另外一个社会组织"基金会中心"将全美3万多家基金会的资料收集到电脑网络中，供公众付费查询。社会组织的活动领域，同样存在着市场效应，通过评估和公开的信息披露，不但可以规范社会组织的活动，而且还可以推动社会组织优胜劣汰。此外，社会组织是公民自我组织形式，通过社会组织的自我约束、相互约束，规范社会组织活动，与社会组织自身的行动逻辑是一致的。

目的事业管理模式是根据社会组织的宗旨和活动范围差异，由对应的政府部门来管理社会组织活动的管理模式。日本、韩国、中国台湾是这种模式的典型代表。日本在《日本民法典》体系中有1946年制定的《宗教组织法》、1948年制定的《消费合作社法》、1949年制定的《私立学校法》、1950年制定的《医疗组织法》等法律来规范各种类型的社会组织。相关政府部门的负责人和地方行政首长都有权批准社会组织的成立，并通过相应的政府部门来监管社会组织的活动。在韩国，任何一个政府部门都可能是一个注册机构，社会组织根据特征和宗旨，选择相应的部门申请登记注册。从目前来看，社会组织的主管机关主要是农业部、渔业部、环境保护部、健康与福利部、商业部、文化体育部、教育部，这些部门管理的社会组织占整个登记在册的社会组织的87%左右。中国台湾地区的管理模式与前两个国家基本相同，政府的业务主管机关是社会组织的管理机关，法院是社会组织的登记机关。关于社会组织的法规除了在《民法总则》中有关法人的规定外，大致可以归为四类，即"人民团体法"（规范社团法人）、"各部会之财团法人监督准则"、"免税法规"、"捐募法规"。

从管理的内容来看，主管机关的管理范围主要包括主体资格的审核、法人变更的审批、年度审查和监督等内容。从管制的角度看，目的事业管理比统筹综合管理更合理一些。社会组织的类型多样，数量庞大，单一的部门管理必然的后果是以管理为初衷，以放任为结果。目的事业管理还能在一定程度上克服信息不对称的问题，但是多头的管理部门的标准不统一，或者相互争夺与推诿也会使社会组织无所适从。如韩国出现的问题是：没有规范政府机构决定是否批准一个机构成为法人的方法。而且不同的政府部门之间的登记要求不同，甚至大相径庭。尽管《民法典》中有总体原则和要求，但每个政府部门都有不同的审批标准。例如，一些部门注重于机构的财务，另一些部门则强调机构宗旨的公益性质。统一的标准和明确的管辖对于采取目的事业模式的国家非常重要。日本1998年制定的《特定社会组织促进法》也大体上有这样的初衷，但是即使是标准统一了，管辖明确了，有些组织可能依然找不到管理机关，这是因为，在有限政府的格局下，社会组织的范围远远超越政府部门的范围。社会组织存在的领域正是正式的公共权力无法介入或者介入成本过高的领域。也许政府可以为那些找不到主管机关的社会组织指定主管机关，但是也难以克服争夺或推诿。当政府和社会组织、政府机关之间对于谁作为主管机关发生争议，谁的意见有最终的决定作用？如果这个补充机关管理过宽，又会走向统筹综合管理。因此，如果要管理的话，统筹综合管理是一种无奈和不得已的选择，也是合乎现实需要的较为合理的选择。

综上所述，建议成立类似证券监督管理委员会和银行业监督管理委员会的统一的监管机构，可以取名为民间组织监督委员会（以下简称为民监会）。民监会的主要职责应为：

1）民监会应当建立规范透明的登记和备案条件，制定规范性的章程范本、财务准则、申请减免税及公共资助指南，规范社会团体的发展。

2）检查社会组织违法行为。民监会应当在全国范围内建立接受公众举报的管理网络，及时依法调查和处理社会组织的违法行为。

3）对不履行法律规定义务的民间组织的监管。对于不履行法律规定义务的社会组织，民监会应发出书面警告，限期履行相关义务，对于期限内不履行相关义务的社会组织可以委托独立第三方机构进行调查、检查和评估，并向社会公布。

4）对治理结构的监管。社会组织的理事人数低于法定最低限额，或者法定代表人缺位的，民监会应责令其进行补选。

5）对募捐的监管。对不享有募捐资格的社会组织私自募集资金的，民监会可以收缴其募集的资金，返还捐赠人。

（4）强化税收管理。首先，实行社会组织免税资格核准制度，从国外社会组织的情况来看，主要有自动具有免税资格和税务机关核准其资格两种情况。自动具有免税资格一般是指社会组织不经政府主管部门审核即具有免税资格，如英国、俄罗斯。税务机关核准其资格，即社会组织是否享有免税资格，由税务机关核准，目前世界大多数国家如美国、法国等均采取此种做法。我国目前尚处在体制转轨时期，实行税务机关的核准制度更有利于加强税收管理，更有利于对社会组织实现免税的目的，更有利于促进公益事业的发展。

社会组织免税资格核准制度意味着，社会组织如果要获得免税资格，应当向税务机关申请。获得免税资格的社会组织应具备以下条件。

1）组织宗旨不以盈利为目的。

2）其资产以政府财政资助和社会捐赠资产为主，捐资人不得就所捐资产保留或主张任何财产权利。

3）必须具有法人资格，因为非营利法人地位能有效保证其免税收入用于其宗旨所规定的社会公益事业，其财产为法人所占有，机构终止或解散时能转移到其他业务近似的社会组织或归入国库，防止免税收入形成的资产落入私人手中。

4) 遵守"不分配限制"。不分配限制是社会组织财产关系的浓缩表达。亦即社会组织不得以任何形式将组织的资产转变为私人财产，不得进行剩余（利润）的分配（分红）。

5) 社会组织成员及高层管理人员的薪酬应当控制在社会平均工资水平一定的幅度内，不得变相分配社会组织财产。

其次，区分相关商业活动和无关商业活动并给予不同的税收政策。社会组织的商业活动有两种类型：相关商业活动和无关商业活动。相关商业活动是指与社会组织宗旨紧密联系的商业活动，无关商业活动是指与社会组织宗旨并不紧密相关，甚至没有什么关系的商业活动。各国解决社会组织商业活动的税收待遇问题有两个办法：一是看收入来源是相关商业活动还是无关商业活动。相关商业活动的收入与其他非营利收入的税收待遇相同，无关商业活动则与企业的征税方式相同。二是看收入目的。如果是用于非营利活动的，则可享受相关商业活动的税收待遇。我国现行税收政策没有对社会组织的收入做相关性和无关性的区分。随着社会组织筹资方式的多样化及商业活动的增多，可以借鉴美国的做法，在税收政策上对社会组织的相关商业活动和无关商业活动区别对待，可分四类处理：一是对于社会组织向全社会或为不特定群体无偿提供服务、福利的活动，免征各税；二是对社会组织与收益人之间虽然存在金钱或其他利益的给付现象，但收益人的给付与获得的利益无等价关系的活动，免征各税；三是对社会组织与受益人存在服务售卖关系的活动，视同企业的生产、经营活动进行征税；四是对社会组织资产的保值、增值活动（资产营运行为），在流通环节按照企业的类似活动进行征税，对其用于公益活动的收益免征所得税。

再次，完善捐赠税收制度，突出对捐赠者的税收优惠，鼓励捐赠行为。《公益事业捐赠法》明确鼓励自然人、法人或者其他组织对公益事业进行捐赠。这些原则性的鼓励政策规定，需要在有关税收法律、法规中予以落实和体现。因而，有必要扩大享受捐赠优惠政策的社会组织的范围，改"特许制"为"审核制"，凡符合条件的社会组织通过申请都可享受接受捐赠税收优惠政策，同时对接受捐赠的社会组织要进行年检，不符合条件的应及时取消资格。

最后，严格社会组织的纳税申报制度。由于我国社会组织在形式、结构、收入来源等方面情况复杂，有必要加强税收管理，而现行的《税收征收管理法细则》规定，社会组织发生纳税义务后30日内到税务机关办理税务登记和纳税申报，此种管理方式不利于税务机关了解社会组织的活动，也无法对社组织的纳税情况是否正常作出判断，建议严格社会组织的申报制度。将纳税申报作为一项独立的法律义务，无论是否发生纳税义务都要进行纳税申报，这将有利于税务机关及时掌握其纳税情况，强化对社会组织的税务监督，也有利于提高社会组织的公信力。

（三）加强组织效能建设

中国社会组织的自主治理能力不强，除了外部环境的原因外，还与其自身存在的问题有关。由于国家在其与社会的互动中长期居于绝对主导的地位以及其他一些因素的影响，中国大多数社会组织包括一些非官办的社团组织都不同程度地存在着对政府的依附思维，而其自主治理的意识淡薄，主要表现在组织的使命与战略不清或缺乏社会认同；组织的筹款渠道狭窄，资金不足；人员素质偏低，部分组织的专业性缺乏；长期的"襁褓"生活与缺少竞争压力使其缺少提升管理水平的动力；部分社会组织的不当行为与自律不足使社会组织的自主治理缺少社会与舆论支持，这无疑严重钳制了社会组织的独立性。① 中国社会组织良好成长机制的形成需要行政机构、非营利机构从业人员以及社会公众的长期共同努力，就社会组织自身来说，各个社会组织应切实转变观念，充分认识到社会组织自身的特性、职能、权限与优势和劣势，逐步转变对行政组织的依附思维，尽可能地发挥社会组织的自治性，有效地实现自身的公益性目标。

1. 完善治理结构

伴随着新一轮创新社会组织登记和管理体制改革的全面启动，政社分开，政府购买社会组织服务与鼓励竞争，对社会组织的内部治理结构将有更严格的要求。社会组织应着力建立健全董事会，发挥董事会的决策、监督、控制和"边界扳手"功能。因为组织的自主治理能力最终源自董事会的有效治理以及董事会和组织高层管理者的协同治理。作为组织的领导核心，必须向利益相关者报告该组织存在的理由、方法、服务对象和成效等。对组织的整体效能承担最终的责任，董事会功能发挥的难点在于：它是一个会议体，以集体的方式对组织的整体表现承担责任，除执行董事（执行长，我国习惯上称秘书长或高层管理者）外，都是志愿者，专业知识有限，时间和精力不足。鉴于公益慈善组织董事会与企业董事会相比的特殊性，提出以下建议：第一，在董事会成员构成上强调异质性和广泛代表性，董事应设立若干委员会以提高董事会的运行效率，值得强调的是董事会中须有财务专家，并应建立审计委员会，组织财务主管参加会议但无投票权。第二，董事会规模应恰当，宜

---

① 曹现强，侯春飞. 中国社会组织成长机制分析[J]. 中国行政管理，2004（4）：28.

在5~15人。第三，董事会一年开会2次显然难以奏效，应至少一年4次，会议前必须准备充分，每一位董事会成员应拥有真实、准确、及时、完整、具体、相关、恰当的信息，确保会议的高效率和富有成效。第四，董事会应具有适宜的关于成员产生、任期、人事、薪酬福利、利益冲突、保护举报人等政策。第五，董事会应专注于组织重大事务，创造组织愿景、筹谋战略规划，充当组织与环境沟通的"大使"，遴选、支持和评估高层管理者的绩效，必须对组织的效能评估常规化，并使之成为组织创新和不断提升组织效能的必要手段。董事会还需对自身的效能做定期自我评估，确保组织治理的有效性。

2. 完善内部管理

社会组织最终依赖于董事会、高层管理者、管理人员，一线员工和志愿者的奉献而形成的合力和正能量的积聚。这种合力的产生源自强有力的内部管理：第一，健全的内部控制制度和财务管理制度。财务管理主要涉及预算管理、收入管理、支出管理；对赫兹琳杰的4个问题的回答，有助于评估慈善组织的财务健康，这4个问题是：组织的目标与其财力资源是否一致；组织的行为是否符合代际公平；可供使用的资金与实际使用的资金是否匹配；组织的发展是否具有可持续性。应聘请独立会计师对组织财务进行外部审计。制定一系列内部规章制度来规范其财务活动，应不断提高其财务信息的透明度。第二，健全的人力资源管理制度和激励制度。对于志愿工作者而言，参与志愿活动并不是为了物质报酬，所以非物质性的精神激励是关键。对于员工而言，报酬是激励员工的基本因素。社会组织应当建立灵活、科学合理的薪酬制度，在尽可能的范围内提高员工的薪酬福利水平。第三，健全的自我评估制度。自我评估包括使命与战略、财务绩效、项目与服务以及业务流程的评估。通过自我评估，明确组织的优势与劣势，以坦诚的态度正视组织的问题和不足，审时度势，为组织的改革和创新及效能建设铺平道路。诚然，自我评估需要消耗资源，但绝不能将它作为负担，而要将其变为常规性的任务，使其融入组织文化之中。

3. 实施利益相关者管理

公众信任不仅是突破组织资金困境的关键，更是组织合法性的源泉，是组织自主治理的立命之所在。从交换论的视角来看，信任是行为中一方愿意为另一方尚未履行义务而负担风险。在公众支持公益慈善组织的行为中，风险是天然存在的，为了促进组织的可持续发展，这种风险必须被减少，为了降低风险，组织必须加强利益相关者管理，恢复和增强公众（利益相关者）的信任度。建立和维系公众信任的第一步需要识别组织的利益相关者，了解和领悟各利益相关者的期望和要求。一般而言，政府期望公益慈善组织严格遵守法律,遵从党的领导,恪守公益使命,完善治理结构,在参与政府购买公共服务中承担责任;捐赠者期望以最有效的方式使用资金,实现资金指定用途,满足捐赠目的,服务对象期望高品质的服务;战略合作伙伴期望组织良好的声誉和公益形象;公众期望组织的高效能和价值。第二步便是及时、准确、完整地向各利益相关者披露组织是如何运用资源以实现组织使命的。借由组织行为确保他们相信组织的诚实可靠与回应性。第三步是如果利益相关者之间的需求存在冲突,组织的行为(如筹资、服务提供、选择战略合作伙伴等)将以使命作为决策和行动的最终指南。一以贯之的持续努力和良好的沟通有助于增进公众对组织效能的理解,消除利益相关者对组织的认知和心理障碍,这样才能确保公众的信任。借由公众的信任,组织得以有效动员社会资源,坚守使命,保持组织的自主性和独立性。

4.确保信息透明,提高组织效能

完善的信息披露是社会监督有效性的前提和保障,同时也是赢得利益相关者支持的必要手段。在一定意义上,组织的透明度表征了组织的公信力和组织对自身效能的信心。因此,公益慈善组织要实施金鱼缸法则,要让组织的行为好像处于金鱼缸一般,主动持续接受公众的监控。2011年12月民政部公布了《公益慈善捐助信息公开指引》,建议社会组织严格按照《指引》的规定和要求,尽快着手建立全面的慈善信息公开制度。披露的信息应符合五个标准:及时性、充分性、恰当性、可理解性和易接近性。及时性就是信息迅速向利益相关者公开,充分性是指信息的数量和恰当性衡量信息的质量,两者是就信息的内容而言的。可理解性要求提供的信息明白易懂,易接近性是指信息能够被方便地检索和获取。应将主动的信息披露作为组织战略组成部分,融入组织文化中,真正成为组织和大众联系的桥梁。为此,慈善组织要针对不同的利益相关者通过多条途径展开信息披露。建议公益慈善组织应加强信息化管理制度建设,要建立规范档案,建立信息年报制度和信息报送制度。只有这样,社会组织才能赢得公众的信任,获得社会公信力和组织高效能。

第三节 社会组织与政府的新关系

一、政府与社会组织的合作关系

任何社会组织都有资源依赖主体,有的是政府,有的是企业,有的是社会公众，有的是海外组织，有的是基金组织，有的是市场。社会组织为获取资源，降低环境的不确定性，提升组织的声望，必须与政府、企业或其他社会组织相互合作，取长补短，这就形成了社会组织与政府和企业的新关系。但是与政府之间的这种依赖，越来越不是政府的直接干涉行为，而是民办官助的形式，这有助于与政府脱钩，形成社会组织自治性的本性，也使二者之间的关系由过去的管与被管向着平等合作的伙伴机制发展。

从趋势上看，越来越多的社会组织必须脱离与政府的直接关系，而谋求自治。组织所面临的情景服务对象及系统、人员、"产品"和资源提供者等具体的建立各种不同组织形式和运行机制的直接参与因素是社会组织的技术环境。

在整个社会结构中，行政机制支持的是以政府为主体的行为机制，其本质特征是"强制"；经济机制是以支持营利组织为主体的经济行为机制，其本质特征是"营利"；自治机制是支配非营利社会组织的行为机制，其本质特征是"自愿"。社会组织的自治机制明显区别于政府的强制性的"行政机制"和营利性的"经济机制"，它使得社会组织能够成为社会领域的主体，是最具社会组织本质特征的机制。因此，它不是可有可无和任意改变的机制，否则，就不具有社会领域主体的资格和特征。社会领域必然出现自治机制是因为经济领域的市场化必然导致社会领域的自治化，社会领域的自治将不可避免地产生独立自主的社会组织，要求与政府和营利组织获得同等的社会地位。自治机制在运转过程中会不停地同行政管辖机制和经济利益机制发生联系与冲突。市场经济制度按照效益最大化原则去追求效率，但同时由于信息不对称性和各种不确定性的存在，不能达到帕累托最优，因此，必然由政府出面解决如失业、贫困、生活质量、社会福利服务及生存环境和社会分配问题。而对社会领域的多样化的差异需求，政府则无法满足。这时，社会领域中各种各样的社会组织就出现了。

（一）社会组织与政府合作提供公共服务

公共服务的定义有狭义与广义之分。从狭义上讲，公共服务是"满足公民直接需求的由国家介入的服务，如教育、医疗保健、社会保障以及生态环境保护等"。也就是说，公共服务是指政府公共服务，是政府为满足公民的共同需求和处理公共事务所提供的公众性、公益性的服务。这种狭义的界定将公共服务的供给主体局限于国家。如萨拉蒙对公共服务和非营利性的社会公益性服务进行了区分，前者是指"政府运用公共权力和公共资源向公民（及其被监护的未成年子女等）所提供的各项服务"，后者是指非营利社会组织使用来自捐赠等渠道的社会资源所提供的服务。而更多学者倾向于认为，政府是公共服务的主要而不是唯一的提供者。柏良泽指出："公共利益是判定公共服务的内在依据,物品只有与公共利益相联系才具有公共服务的特性。"因此,他从广义的角度将公共服务界定为"以公共利益为目的提供各种物品(包括有形物和无形物)的活动"。因此广义的公共服务,是指政府及社会其他组织,以社会公共利益为目的,提供各种共同需要的有形或无形服务产品的活动(包括纯公共产品、混合性公共产品以及特殊私人产品)。本书采用广义上的界定,总结起来,可以从以下几个方面理解公共服务:第一,公共服务是政府的职能,但不是政府的唯一职能。除公共服务之外,社会主义市场经济条件下的政府职能还有经济调节、市场监管和社会管理。理论界也一致认为公共服务只是政府职能之一。第二,公共服务并不一定只由政府来提供,其他组织特别是公益性社会组织可能是更有效的提供者。第三,公共服务满足的是不特定个体或组织的服务需求。有学者曾进一步将公共服务满足的服务需求限定为"直接需求",如教育和医疗保健,以此将公共服务与公共行政区分开来。第四,公共服务的提供运用了公共资源或公共权力。不管是政府自己提供公共服务还是外包给其他组织提供,都涉及公共资源或公共权力的行使;社会组织特别是公益性社会组织提供的公共服务可能没有涉及公共权力,但运用了公众或其他组织提供的资源,或者享受了政府减免税的待遇,也涉及公共资源的运用。第五,公共服务的提供以追求公共利益和普遍福利为目标,并不追求利润,但组织的良性运行需要盈利,可能收取基本使用费用,如公共交通和公共教育等。

根据公共服务的非竞争性和非排他性的特点以及程度的大小可以将其分为三类。第一,非竞争性强和非排他性强的公共服务,如国防服务、公共安全服务等。这类服务因无法计量个人消费量,无法收费而完全由政府以财政方式来提供。第二,非竞争性强和非排他性弱的公共服务,包括邮政、电信、民航、铁路服务、水电气服务和有线电视服务等。这类服务在一定范围内消费者越多越有效益,以公共方式提供可节省成本。第三,非竞争性弱和非排他性强的公共服务,包括公共环境服务(如垃圾处理、公园、道路管理、公共卫生、气象服务)、公共科教(基础教育、基础研究等)、文体事业(如公共体育馆、图书馆、博物馆服务)、公共医疗、公共交通以及社会保障等。一般地,排除一部分人享受这种服务,则费用太高,也有失社会公平,所以目前这类服务也常由公共部门组织提供。

社会组织与政府合作提供公共服务在西方已经相当成熟,根据在合作关系中政府和社会组织两者地位的不同将社会组织与政府的合作模式分为委托授权模式、平等伙伴模式和补充替代模式。

(1)委托授权模式。委托授权模式就是政府通过合同或者协议等形式委托社会组织行使某些公共职能,提供一定的公共服务。委托授权是民营化最常用的方式,它要求政府持续而积极地投入,因为政府依然承担全部责任,只不过把实际生产活动委托给社会组织。在授权委托模式中,两者地位并不平等,政府占据主导地位,而社会组织处于配合地位,被动参与公共服务供给。委托授权模式旨在发挥社会组织数量众多,运作形式灵活,活动领域遍及社会的各个方面,在满足社会多元化的公共服务需求方面有着比政府更高效率的作用和优势。委托授权通常通过合同承包、特许、补贴(补助或凭单)、法律授权等形式来实现。参与委托项目的社会组织多为专业知识和技能服务含量高的民营非企业部门和专业协会,如民办高校、社区服务中心、福利院、研究所等。授权委托模式适合社会组织在发展不很成熟的初级阶段与政府合作。

(2)平等伙伴模式。平等伙伴模式的运作方式要求在提供公共服务的合作过程中,政府和社会组织的关系不再是从属关系而是合作伙伴关系,在行为上双方都是主动的,彼此都有选择的权利,所以两者在地位上是平等的。在美国等社会组织发展比较成熟的国家,社会组织和政府的地位是平等的,也不存在依附关系,两者在合作中能够平等谈判,签订合约。平等伙伴模式是我国社会组织在与政府合作过程中所正要努力实现的模式。

(3)补充替代模式。补充替代模式衍生于优势互补理论,它指的是社会组织通过积极主动地实施项目以代替政府独立地提供部分公共服务或承担政府无法提供的社会服务,弥补政府在某些公共服务上的供给缺失。这种补充替代模式体现的是社会组织自觉、独立地开展公益活动。它更多的是借助社会公众的力量来解决一些社会问题,是一种自下而上的主动替代模式,变政府部门提供公共服务的单方行动为社会组织积极参与公共服务供给的双向互动。此类模式中的社会组织主要限于社会领域,其最主要的特征是非营利性和非政治性,更强调社会自我组织、自我管理的性质,政府只需给予一些政策上的认可和支持。这一模式具有公平、竞争充分等优点,然而,这一模式的建立要求必须存在成熟多样的社会组织,实现多元参与和充分竞争,建立完善的监管、互律机制等。社会组织与政府的合作模式可以用图表示,如图10-5所示。

(二)政府与社会组织合作的具体形式

社会组织与政府在公共服务领域的合作在西方发达国家最为广泛、最为典型的做法是由社会组织提供服务,而由政府提供资金支持。资金支持的方式包括财政拨款、专项资助、授权委托、购买服务等。本书结合王名的分类归纳出政府与社会组织合作的四种具体形式,如表10-2所示。

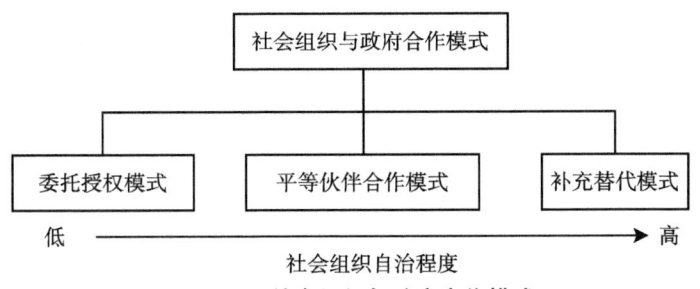

图 10-5 社会组织与政府合作模式

表 10-2 社会组织与政府合作提供公共服务的具体方式①

组织类型	功能角色	适用领域	合作方式
公益服务型组织	以提供公益服务为核心	产出可界定,可强制合同履行的可收费公益服务	合同外包
资源动员型组织	以资源动员为核心	纯公益性慈善事业	公私合营
社会协调型组织	协调关系,化解矛盾	互益型合作事务	授权委托
政策倡导型组织	倡导和影响政府政策	各专业领域的不同利益诉求	倡导

（1）合同外包。合同外包又称政府购买服务（Purchase of Services），指政府确定某种公共服务的数量和质量标准，通过公开招标，与中标方签订契约将部分微观的具体性公共服务职能转交给社会组织提供。通常表现为政府与社会组织就某一公共服务项目达成协议，签订合同，由政府出资，社会组织出人力、技术、资源和管理等来执行项目。合同外包适合公益服务类社会组织与政府合作。公益服务类社会组织的特点是数量巨大，分布广泛，但是单体规模可能不大，其活动的开展主要是应对受益者的各种需求，致力于为公众提供各种形式的公益服务并谋求社会公益。但是合同外包也会遇到一些问题，如不论是否采取公开竞标合同，合同设计和制定本身就是一项技术含量很高的工作，合同制定监管成本高；招标过程中的承包方虚报成本和寻租腐败；项目风险的承担等。比如，美国社会组织参与基础教育外包，1992 年威斯康星州的科学与科技研究所和密瓦科依公立学校签订了一项协约，由负责八所国民学校四年级至八年级的科学教育。在我国的公共服务外包实践中，2005 年宁波市海曙区政府购买居家养老服务是比较成功的典型案例。其具体操作方式是：政府通过年度财政预算，每年花 150 万元向海曙区星光敬老协会购买居家养老的服务，每个老人每年的预算是 2000 元，政府购买的服务时间是每位老人每天一小时。

（2）公私合营。在这种合作方式中，政府不需要以纳税人的税收去购买组

---

① 王名.非营利组织的社会功能及其分类[J].学术月刊，2006（9）.

织生产好的公共产品,而是以政府特许、税收优惠或其他形式吸引社会组织提供公共服务。公私合营这种合作方式主要适用于动员资源类社会组织。由于动员资源类社会组织以动员资源为核心功能,主要以基金会的形式存在,因此这种类型的社会组织相对来说数量很少,但专业化程度很高,主要活跃在环保、救助、教育、文化等各个领域。合作的优势就在于,一方面资源动员型组织可以通过争取政府部门提供的优惠政策或特许权来降低其行动成本,更好地达成目标;而另一方面,政府可以通过优惠政策或特许权的运用来引导这类组织从事政府关注或希望解决的问题,同时这类资源动员型组织通过资金动员可以帮助政府解决财政方面的问题,而通过人力资源的动员甚至可以联合其他相关组织提供,如我国的青少年基金会、红十字会、中国慈善总会等慈善组织。

(3)授权委托。在这种合作方式中,政府通过一系列法律、法规、政策的制定,将那些原来由政府机构行使的部分职能逐步授权给各类社会组织执行。授权委托的方式适合社会协调型社会组织与政府建立合作关系。从机制上来看,社会协调型社会组织主要有两类:一类是以社区为基础的横向协调型组织。典型的是社区委员会。另一类是以社群为基础的纵向协调型组织,包括各种形式的商会、行业协会、工会、联谊会、同学会、消费者协会等。社会组织注重社会资本,在会员共同利益基础上形成一定的公益空间并为会员提供服务,同时强调对所在社区或社群的代表性,积极参与社会公共事务。政府可以将与其代表或服务对象相关领域的部分职能授权给相应的社会组织。

(4)倡导。倡导是指社会组织扮演社会弱势群体代言人的角色,在政府进行公共服务相关决策的过程中起到一个偏好表达或是在相关服务、政策缺失的情况下通过施压的方式进行利益表达和政策倡导。在实质上,社会组织自发行使了替代政府征求民意的部分职能。社会组织的政策倡导,可以让社会大众及政府知晓服务对象的诉求和权利,以及他们应得的公平待遇。透过对公共利益法案的游说及倡导,可影响公共政策的立法和执行过程。因此,作为政府应当为这类组织提供一系列制度化或非制度化的参与方式来与其建立起合作关系。比如,邀请弱势群体代表参加听证会、提交法案。对于政府关注的社会问题,政府可以通过鼓励引导的方式来增加学术界的关注和研究力度,比如,允许采用大众媒体呼吁的方式进行宣传,召开研讨会就某一问题征求专家的意见,等等。

二、政府与社会组织合作提供公共服务的风险

在社会组织和政府的合作中,由政府负责筹集资金,而由社会组织为社会

提供公共产品。由于社会组织一般只专注于提供一定地域、某一特定群体、某方面的公共产品，因而他们提供的服务或公共产品更具有针对性，更容易满足公民的需求。各个领域的社会组织都与政府建立这种合作关系，便形成了整个社会组织网络的一个部分。当然，政府与社会组织之间的合作并非是在公共服务领域包治百病的万能药，必须充分认识到其潜在风险。

（一）效率低下问题

政府与社会组织合作提供公共服务原本是为解决"政府失灵"和"志愿失灵"，提高公共服务供给效率的问题，但合作供给模式始终面临着合作关系复杂，信息不对称等问题。比如，在公共服务合同外包的合作方式中，政府部门就包含直接签订合同的甲方机构及其上级机构，还有公共服务业务监管机构以及对其合作者具有监管职能的政府机构等；作为乙方的社会组织往往在服务特色、专业人才、组织能力以及内部管理等方面差异很大。整个流程涉及市场中介机构、服务评价机构、服务接受者等多元利益相关者。虽然合作主体数量的增加有利于实现对于各合作主体行为的立体调整，但是也带来制约过多、优先秩序混乱、行动迟缓和有效性低的问题。特别是在信息不对称的情况下，高成本与低效率几乎不可避免。

（二）多元主体合作导致公共伦理缺失的问题

政府与社会组织合作要求政府把许多原先由自己独立承担的公共服务职能转移给社会组织，这不仅是政府职能转变的要求，也是政府对市场组织和第三部门的信任。然而，这种基于信任的合作也面临着一些合作主体公共伦理缺失的困扰。首先，多元主体的合作过程可能滋生腐败。合作的过程也是公共服务经营权向私人部门和第三部门转移的过程，这种权力自然会成为寻租的目标。此外，由于对第三部门缺乏有效的监管，我国的第三部门在公共服务领域的作用不容乐观。一方面，一些社会组织建立的初衷只是为了"俱乐部成员"的利益，而非普遍公益，行为活动的公共性不足。另一方面，有些组织借"公益"之名牟利，比如红十字会，在组织资金的运营上出现了乱筹资、挥霍浪费和挤占、挪用甚至贪污公益捐款等行为，使第三部门的公益性和公信力受到质疑。

（三）多元主体合作带来责任模糊和问责困境的问题

政府与社会组织合作提供公共服务，这就意味着必须打破政府对公共服务的垄断，对国家、市场、公民社会三维关系进行重新组合，强化政府与社会组织间的合作与相互依赖关系，这就使得国家与社会、公共部门与私人部门之间的权利和责任边界变得模糊起来。权责边界模糊可能带来问责困境。主要表现在三个方面：一是公共责任将面临流失的危险。政府将公共服务转移，让私人部门和第三部门来"划桨",可能导致责任不清。对具体提供公共服务的主体而言,在"问责"中究竟应该具体承担什么责任,也可能无法明确,从而导致责任流失。比如在学前教育服务领域,"划桨"的主要是营利组织或社会组织,由此带来的学前教育供给不足、收费过高、过度消费、儿童身心健康得不到保障等问题,几乎难以问责。二是主体的多元化为转移和推卸责任提供了空间。在公共服务中多元主体的参与,弱化了政府的责任;社会组织中志愿人员的参与和流动性特征,也会导致这些组织很难以负责的态度来保证公共服务目标的实现,更别说责任追究了。三是"责任共担"可能沦为"无人负责"。公共服务多元合作供给模式意味着多元主体责任共担。然而,责任共担更多的只是一种理想,"经济人"人格的责任回避动机,可能使"共同负责"沦为"法不责众"或"无人负责"。

(四) 合作关系可能造成政府对社会组织独立性的侵蚀

在公共服务合作供给模式中,政府与社会组织间形成了一种"共生"关系,通过彼此分享权力,来实现公共服务供给的效率和效益。然而,不可忽视的一个事实是"共生"关系可能造成政府对社会组织独立性的侵蚀。政府出于保证公共服务质量的目的,对社会组织进行过度管理,甚至按照公共组织的原则对其进行干涉和改造。"这种局面将逐渐削夺社会组织的自治性,压抑其社区精神与首创能力,同时政府也可能为此背上新的社会负担,形成巨大的但是缺乏效率和灵活性的影子政府。"① 同时,社会组织在与政府的合作中将会越来越依赖政府,主要依赖政府资金运行项目,主要依靠政府授权开展活动,甚至直接蜕变为政府的办事机构,失去了独立性,远离了组织宗旨和服务社会的使命。当前,由于我国公民社会基础薄弱,社会组织发育不健全,社会组织力量弱小,与政府的合作关系几乎演变成了依赖与寄生关系。许多社会组织更是乐于与政府组织 "两块牌子,一套人马"共同运作。

三、公共服务中政府与社会组织合作风险控制

政府与社会组织合作提供公共服务中存在的问题,可能使公共服务偏离基本的公共价值,因而需要从更新合作理念、形成合作共识、培育合作环境、完善合作规则、健全合作机制等途径入手,促进公共服务中政府与社会组织合作供给模式的不断完善。

---

① 夏志强,付亚南.公共服务多元主体合作供给模式的缺陷与治理 [J]. 上海行政学院学报,2013,14 (4):39-45.

（一）更新合作理念

政府和社会组织都要更新理念，建立相互信任，形成合作共识。信任，简而言之，系指合作的一方对另一方的可靠性和诚实度有足够的信心。对于信任的重要性，阿罗做了这样的阐述：没有任何东西比信任更具有重大的实用价值，它为人们省去了许多麻烦，因为这样一来大家无须去猜测他人的可信度，但不幸的是，它不是一件可以轻易能买到的商品。相互信任是合作各方在面临不确定的未来时表现出的彼此间的依赖。参与者只有通过长期的社会交往和合作互利形成的认同关系，及这种认同关系背后积淀下来的信任，才有可能建立持久的合作网络。正如福山在《大分裂》一书中所说，如果一个群体（跨部门之间合作可视作扩大化了的群体）的成员开始期望其他成员的举止行为将会是正当可靠，那么他们就会相互信任。信任恰如润滑剂，它能使一个群体或组织的运转变得更加有效。① 因此，在合作中，信任在维系组织间联结关系的持久性和连续性方面，发挥着至关重要的作用。因为信任决定着合作双方的交换行为。从发生学的角度讲，只有存在信任，合作双方才可能认定对方的服务及其他资源的价值所在，从而达成协议。在合作网络中，信任联结着合作各方，缺乏相互信任的合作必然导致失败。"在一个共同体中，信任水平越高，合作的可能性就越大。而且合作本身会带来信任。"② 政府要认识到自己固守"公共产品唯一供给者"地位已经既不可能也无必要，应理性认可社会组织在其中的应有地位。政府应转变观念，既认识到政府的作用在相当长一段历史时期内仍会存在、不可取代，也承认社会组织的积极作用，发挥它给传统官僚体制带来的"鲶鱼效应"和示范作用，顺应公众意愿和时代要求，主动打造公共产品多元化供给体系并把社会组织纳入其中。而各类社会组织也应有对自身的理性定位，在公共事务治理中发挥主体作用，更多承担一些准公共产品和地方公共产品的提供任务，与政府构成一种错位互补、相互促进的关系。只有政府和社会组织双方都更新理念，明确自身科学定位，建立起充分的相互信任，形成合作共识，科学有效的社会治理体系才能形成，社会才能持久和谐稳定，国家才能够长治久安。

（二）完善法律法规

完善公共服务多元主体合作的法律法规，实现公共服务多元主体合作的法治化，重点要强调合作过程与结果的规范化。社会组织在提供公共服务的过

---

① 弗朗西斯·福山. 大分裂[M]. 北京：中国社会科学出版社，2002.
② [美] 罗伯特·帕特南. 使民主运转起来——现代意大利的公民传统[M]. 王列，赖海榕译. 南昌：江西出版社，2011.

程中存在利益诉求,但是追求组织和个人利益的行为是否得当,是否合理合法,特别是政府和社会组织之间的合作过程和结果是否合理合法,需要置于法律与制度的监督之下,实现规范化运作。

首先,规范化运作的前提在于社会组织的明确定位,建议完善公共服务管理立法,确立社会组织参与公共服务的主体地位,明确其供给公共服务的权利与义务,清晰界定公共服务多元供给主体的权利边界,促进多元主体依法、高效、有序地参与公共服务供给。其次,依法规范公共服务合作供给的范围,并赋予供给主体相应的权力。哪些公共服务可以由第三部门承担,哪些不能由第三部门来承担,应当由法律法规明确界定。具体地说,对可以由私人部门或第三部门承担的公共服务须由国家的立法机关决定,至少也应通过授权立法的形式予以规范,行政机关不能任意以法规和规章予以强制。同时,社会组织在公共服务供给中发挥着重要作用,要尽快修订促进社会组织发展的法律、规章与各项制度,保证社会组织的有序发展和健康运行。

(三)建立健全公共服务多元主体的合作机制

保障公共服务多元主体合作供给的有效性,还须在把握公共性前提下,构建起一系列旨在提高合作效率和效益的微观运作机制。公共服务供给是一个复杂的系统化过程,涉及供给主体的选择、供给过程的管理、供给效果的评估以及责任追究等多个环节,每一环节都需要有完善的运作机制做保障。

在供给主体的选择上,要保证多元主体参与,科学选择服务主体。关键要建立健全多元主体参与机制和竞争机制。通过扩大参与规模、疏通参与渠道、创新参与方式、增强参与效果、保障参与权利等措施不断推动政府之外的社会组织积极参与公共服务的供给,建立起多元主体竞争机制,以提高效率和质量。比如,对具有经营性或竞争性的公共建设项目应该按照市场规则公开招标或合同外包;而在教育医疗领域,包括义务教育、基本医疗和公共卫生等制度性公共产品供给领域,"不仅应鼓励民间力量参加投资建设和运营,而且应当营造公平竞争环境,利用竞争机制产生的压力,促使服务主体不断改进公共服务的质量"①。

在供给过程的管理上,主要应该建立完善公开透明的监督机制、科学有效的激励机制和协同联动的协作机制。要建立起政府、社会和公众全员参与的公共服务立体监督网络,保障公共服务优质、高效、公平、公正;建立多元主体区别对待、行之有效、兼顾公平与效率的科学灵活的激励制度,保证各

---

① 夏志强,付亚南. 公共服务多元主体合作供给模式的缺陷与治理[J]. 上海行政学院学报,2013,14(4):39-45.

类主体在公共服务中充满活力；建立各类服务主体各司其职、相互协同、功能耦合的协作机制，形成合力，避免"错位"、"越位"，也不"缺位"。

在供给效果的评估上，要建立科学合理的评估指标和测量方法，选择多元、独立的评估主体，注重绩效导向，强化成本效益核算，使资源配置、权力赋予、奖励报酬与服务绩效挂钩，完善公共服务绩效评估体系。

在责任追究上，要建立公共服务的责任追究机制和权利救济机制。对不依法履行公共服务职责、在公共服务中违法违规的行为要依法追究其法律责任。对公共服务中的纠纷，可以通过协商、调解、听证会、仲裁、复议以及法律诉讼等方式来解决。当然，还须完善相关权利救济制度安排，各类公共服务主体可以通过依法询问、质疑、投诉、申诉、行政复议、行政诉讼等程序和方式维护自己的权利。

第四节　社会组织与营利组织的相互渗透——战略联盟

一、社会组织与营利组织联盟的必要性

传统上社会组织在社会领域独占一方，所提供的社会服务和社会产品不存在竞争。但是随着社会发展，社会组织的公益效率正受到资源萎缩的威胁。社会对社会组织的社会功能提出了更多更高的要求。传统组织的捐赠机制难以成为有效的收入来源去实现组织的社会效率和效益，市场化的获取资源的取向已成为社会组织的发展趋势。正是由于市场机制的出现，才使竞争机制成为社会组织运行机制中的一股强大动力，其势力压倒了传统的获取资源的方式。社会组织的竞争发生在营利组织和社会组织之间，也发生在社会组织系统之内。毫无疑问，竞争机制不仅使社会组织能够提高组织效率，也能使它们主动开拓市场，寻求新的方式提供社会产品和服务，从而能够提高服务水平和质量。

与此同时，营利组织从自身发展考虑，开始关注社会组织。它们发现通过向社会组织捐赠，以及参与各种慈善活动，能够给它们带来更好的回报，提高自身的形象，增强核心竞争力，这也给营利组织带来实施联盟的契机。此外，许多营利组织开始进入传统的社会组织的社会服务活动领域，以营利的运行方式和营利组织效率对社会组织构成了极大的威胁。营利组织的竞争迫

使社会组织转向商业领域，寻求拓展，寻找新的资金来源。而且，政府、投资人对社会公益和社会服务的拨款和资助项目也在社会组织和营利组织之间进行选择，谁能更有效地为目标受益群体提供服务，就与谁签订协议进行合作。实际上，许多基金会资助的项目也采取竞争招标的方法进行运作。这无疑促进了竞争机制的出现。

面对这些新的挑战，社会组织正转向商业领域以寻求拓展，因此，目光敏锐的社会组织领导人开始把注意力转向了营利性组织，谋求与之建立战略联盟，实行双赢的交易。对于营利组织而言，他们之所以同社会组织建立联盟，主要目的是借助社会组织在公众心目中的地位，扩大自身的影响，将自己的产品同某一公益事业联系起来，成功地提升其公众形象与市场占有率。双方各取所需，均从联盟中受益。因此，社会组织与营利组织间的联盟得到了迅猛的发展。

二、社会组织与营利组织联盟的基本条件与原则

（一）联盟的基本条件

营利组织与社会组织之间的合作取决于三个基本条件：第一，营利组织的改革和发展走向健康的道路。营利组织也面临经济的转型和制度的改革，营利组织直接面对日益激烈的竞争市场，营利组织竞争力下降也会影响与社会组织的合作关系。第二，社会组织的发展是否将营利组织的利益考虑进来，若能够与营利组织有着相同的社会价值观，有类似的使命和目标，这将有利于营利组织开展与社会组织的合作。第三，政府的政策法规的完善，也将影响营利组织与社会组织合作的关系。例如，税收政策将是一个重要杠杆。

（二）联盟原则

社会组织与营利组织合作的成功应坚持以下原则：明确合作目的；有和谐一致的使命、战略和价值；共同创造合作的价值观；连续不断地相互学习；伙伴关系的承诺。

随着社会福利需求和服务层次、范围的扩大，社会结构中的产业结构重心逐渐转向社会服务业。欧美等高福利国家倾向于新自由主义，采取社会福利社会化分担的政策，允许营利组织进入原来社会组织活动的领域，将竞争和压力引入社会组织。这将直接威胁社会组织的生存和发展，依靠募捐的传统的社会组织行为受到了挑战。营利组织的效率和有效管理迫使社会组织向它们学习，使社会组织在运作上更趋向于市场化的机制。这一变化将深刻地影响社会组织的未来。

三、社会组织与营利组织建立联盟的步骤

社会组织与营利组织建立联盟时,首先要对自身的定位和实力加以正确评估,了解能增加联盟对象的利益的途径,然后才考虑挑选出合适的联盟对象,与之建立良好的战略联盟关系。

(一) 社会组织对自身实力的评估

为了让联盟更积极稳妥,社会组织首先要评估组织自身的实力和不足,以清楚地了解组织如何才能为营利伙伴增加价值,以及它们在与营利组织建立合作关系和监督合作过程方面要扮演的角色。

从营利组织的立场来看,社会组织最有价值之处就是其良好的公益形象。公众对社会组织的信任首先源于社会组织的公益形象。公益形象好,公信程度高,组织的竞争能力就强,更容易赢得政府、营利组织、基金会的信任,更有可能取得合作的成功。公益形象是社会组织最具价值的财产,是最具竞争力的无形资产。

同时,与社会组织联盟,还可以提高营利组织的知名度,并给营利组织展示自己的机会。营利组织与社会组织合作,还可以节约广告和促销成本,增进营利组织与非社会组织的服务对象、职员、理事和捐款人的关系,而这些人都可能是营利组织的现实或潜在顾客。

社会组织只有明确地分析自身可以给联盟对象带来的价值,才能成功地推销自己。因此,社会组织的领导者必须仔细地审视自身的优势和劣势,从合作对象的角度,对本组织的社会形象和综合实力进行一个全新视角的评价。他们需要思考以下问题,如表10-3所示。

表10-3 社会组织的自身评价

评价视角	联盟合作的可能
组织的社会形象	社会组织如果已经有颇佳的社会声誉,它将是众多营利组织合作的目标,如果组织本身在社会上口碑不佳,必须先整顿内部系统,改善自身形象,再考虑与营利组织建立合作关系
组织的知名度	社会组织的知名度越高,对营利组织的吸引力越大,备受媒体关注的组织自然也成为营利组织建立战略联盟的热门对象
组织的事业对合作对象的吸引力	社会组织往往倾向于与能为自身直接提供一些必要的服务的社会组织结盟,如为营利组织的药物依赖病患者提供一些咨询服务;从社会组织得到的间接性好处也会吸引营利性组织,如工程学院可以向雇用了大量工程师的营利组织寻求资助。因此社会组织与营利组织的战略联盟需要双方有着相辅相成的目标和利益
组织的目标群对某些营利组织的吸引力	如果社会组织的目标群体有大量的潜在消费者,营利组织往往会倾向于与其建立合作关系。比如,侧重于老年人疾病的组织往往会选择老年人服装生产商或老年人用品生产商作为合作伙伴

续表

评价视角	联盟合作的可能
公众对组织推广事业的迫切性	最具迫切性的公益事业会给营利组织带来较高的收益,而被公众认为不太重要的公益事业给营利组织带来的回报则较低。当然,有些"热点"事业太热了,也会收到相反的效果。例如,不少主要营利组织对有关艾滋病预防的推广活动敬而远之——它们害怕顾客会被吓跑
组织对一定人群的影响力	一些社会组织可以为营利组织接触那些能影响消费者购买行为的人士提供方便。比如,致力于医疗问题的组织颇受医疗专业人士的推崇,此类组织是医药公司最具有价值的合作伙伴。医药公司需要依靠医疗专业人士在处方上使用他们生产的药品,但很难与这些人士直接接触,通过社会组织的帮助能起到有效作用
组织的作用区域	社会组织要明白自己是地方性、全国性还是国际性组织。联盟双方存在相似的组织结构和目标是极为重要的。因此,社会组织与营利组织结成联盟时,最好在经营区域上相匹配
组织的经验及背景	寻求长期合作的营利组织会找那些有长期业绩、财务状况良好、职员数量多,在专业领域具有独特知识以及经验丰富的组织,否则,只能进行短期合作

资料来源:王方华. 社会组织市场营销[M]. 大连:东北财经大学出版社,2002:164-165.

(二)选择战略联盟伙伴

社会组织一旦决定参与公益事业的联盟,并且对自身的优势和劣势作出评估后,它就可以列举出若干潜在的可能合作对象。然后就应该对这些组织进行调查。调查必须全面仔细,除了审阅年度报告和该组织的相关动态信息外,社会组织的调查者们还应该与尽可能多的相关人士交谈。社会组织的理事会成员和社会领袖往往熟识营利组织的管理者或高级职员,他们可以推荐公益事业的合作伙伴,并提供一些深层次的信息,如营利组织的内部气氛、对社会项目的投资计划及政策变化等。

当然,在组建联盟之前,社会组织的首要考虑要素便是营利组织的目标是否同社会组织的公益事业相契合,同时社会组织应该考虑的其他因素还有以下几点。

(1)营利组织对参与公益事业可能带来的价值的认识。

(2)确信营利组织没有从事与组织使命背道而驰的商业行为。社会组织要与营利组织建立合作关系,必须尽力了解对方的道德标准,以及它是否严格遵循这样的道德标准。

(3)营利组织的管理者对组建联盟的热情。营利组织是否乐意为联盟投入足够的人力、财力等资源,并乐意长期实施联盟合作,而且介绍其职员、供应商、顾客和特许经营者参与同社会组织的联盟。

(4)营利组织是否会强加给社会组织不合理的限制或者干涉社会组织的经营。

(5)地域就近性。选择地域相近的营利组织组建联盟的可能性会比较大。

因为营利组织倾向于资助与它位于同一区域的社会组织,特别是当该组织表明它的服务能为营利组织的职员提供一定的好处时(例如能提供本地区的卫生保健设施或文化活动)。

(6)与营利组织关键人物的个人关系。从个人的角度去结识营利组织关键部门的某些人,或者至少是认识相当职位的人员,让他们将你的组织的情况介绍给营利组织的关键人物,这是一个明显的优势。社会组织的理事会成员以及其专业人员,应该把他们同营利组织的接触看作是管理工作的一部分。

(7)营利组织是否对社会组织所涉及领域感兴趣。社会组织可以有针对性地选择对本组织从事的事业有兴趣的营利组织。

(三) 战略联盟的主要形式

当社会组织与营利组织组成联盟的时候,它应该选择合适的联盟形式,使联盟的双方受益。社会组织可选择的主要联盟形式有:与交易关联的公益推广活动、共同主题营销和核发许可证方式的营销。

1. 与交易关联的公益推广活动

与交易关联的公益推广活动,是社会组织和营利组织联盟形式中最常见的一种。在这种联盟中,营利组织将销售收入的一定比例(往往有个上限)以现金、食品或设备的形式捐赠给社会组织。这类联盟中最典型的例子,是美国运通卡的"反饥饿计划"。美国运通卡的"反饥饿计划"始于1993年,当时该公司正在努力寻求各种方式,以促进持卡人使用运通卡,并吸引未使用运通卡的人选择运通卡。美国营销部门资深主管切尔尼·罗卡(Cherney Roca)回忆说,负责开发新的营销活动的职员又找到了1988年的合作伙伴:志在消除饥饿的组织——"分享我们的力量"(SOS)。新的合作与1988年的合作一样成功,运通卡公司同意资助美国最大的食品、酒类的年度品尝大会——"全国美食品尝会",其收入将用来资助SOS。消除饥饿这项事业对美国运通卡公司来说是最佳选择,因为该公司大部分的信用卡业务都来自饭店和旅店中信用卡的使用。

与"全国美食品尝会"合作的成功,以及与SOS日益加强关系的结果是,运通卡公司决定推出一年一度的"反饥饿计划",以加强消除饥饿方面的努力。每年11月1日至12月31日,持卡人每使用一次运通卡,该公司就捐3美分给SOS,年度最高额可达500万美元。由于其他公司也积极参与这项活动,总捐款数目大增。1994年卡玛特连锁店(Kmart)表示,从11月27日到该年底,在店中每使用一次运通卡就捐10美分,这样又增加了25万美元的捐款。该计划实施的第二年,由梅尔维尔公司(Melville Corporation)、麦迪逊广场花园(Madison Square Garden)、无限餐厅公司(Restaurant Unlimited)和全国橄榄球联盟等推出的营销计划,筹集了更多的资金。该项营销计划对参与双方来说都是极大的成功。美国运通卡公司和其他合作伙伴捐给 SOS 的钱超过了 1600 万美元。该计划实施后,运通卡公司的信用卡业务量增加,有更多的商业人士接受了运通卡。①

2. 共同主题营销

在这种联盟中,营利组织与一个或多个社会组织达成协议,通过分发产品和宣传资料以及做广告等方式,共同解决某个社会问题。双方之间可能有资金的流通,也可能没有。比较典型的例子是上海交大昂立股份有限公司。该公司通过与上海市红十字会、上海市健康教育所等数十家组织建立紧密合作关系,自 1993 年以来,每年有持续半年的时间在各区域市场开展科普活动,邀请专家、教授到各街区义务咨询,通过举办科普讲座、科普竞赛等系列活动的方式,不厌其烦地向公众宣传科学保健知识,建立了一张以利用社会组织为主的科普网络,同时也使得消费者产生对产品的潜在需求,这种持久的亲和力直接拉动了市场的需求,自 1999 年至今,昂立公司的产品在国内保健品市场占有率一直保持第一。

3. 核发许可证

联盟的第三种形式是社会组织在收取一定的费用或提取部分收入的条件下,允许营利性公司使用其名称和商标。例如,1996 年 4 月,美国退休人员协会(American Association of Retired Persons)宣布,有意批准全国维护人类健康的组织使用其名称。另外,各类高等院校多年来就采用这种方式。

(四)社会组织战略联盟的运作

无论社会组织对潜在的合作伙伴做了多么细致的研究,无论它如何成功地推销了自己,合作双方如果开始时不能开诚布公地交流,那么,社会组织与营利组织的联盟就很可能失败。为了确立一个互利的联盟,双方首先言明各自的目标和期望,最好写入合同,如列明合作计划的目标是什么以及如何加以衡量;营利组织是该组织唯一的合伙人或是该组织在某一行业的唯一合伙人;各方提供多少资金以及各自负责哪些方面;等等。

在合作计划开始之前,可先在局部地区或短时间内进行试点。合作双方必须定期会面并记录进展状况,而且双方都要尽可能诚实地看待结果。评价项目进展状况的指标是:社会组织的自身形象的提高,营利组织的顾客忠诚度的提高,职员和顾客的满意度等。在此应强调指出:在战略联盟中建立相互信任机制是非常有必要的。如果双方对评估结果都能诚实相待,合作关系就

---

① 王方华.社会组织市场营销 [M].大连:东北财经大学出版社,2002:166.

会持续下去。

需要指出的是，如果因为与营利组织联盟，而在社会组织的环境中创建一个营利分部，即在一个文化实体中再建立另一个文化实体，则是一件困难的事。因为社会组织和营利组织之间的文化差异较大。最典型的是二者的使命有着本质的区别。因此，如果要在社会组织内部再建立一个营利分部，那么在联盟的过程中，社会组织需要做好以下几件事情。

（1）营利分部一旦成立，就应明确地标上营利的招牌，并且明确它从一开始就会有不同的目标和需要不同的经营方式。

（2）营利分部要雇用自己的专业人员。

（3）为了给专心致志地从事营利工作的专业人员提供适当的奖励，营利分部应采用不同于社会组织本部的报酬政策。

（4）营利分部同社会组织本部之间的关系，由社会组织本部中的一位高层领导来协调，他专门负责支持营利项目。

（5）将营利分部的最终负责权明确地收于社会组织理事会中的一个小组。而这个小组的成员本身应该都是营利组织中有经验的参与者。

（6）营利分部应同社会组织本部在地理位置上分隔开来。

简而言之，从组织形式、人员配置、监督检查以及办公地点等方面来说，分部与本部分得越开，它就越有机会实现既定目标。

第五节 社会组织的国际化

一、社会组织的国际化及其含义

关于社会组织国际化目前尚无清晰界定。王名认为社会组织国际化是社会组织实施"走出去"战略，成为国际社会组织的过程。[①] 黄浩明等指出社会组织国际化与企业的国际化有着相同的特性，即在政治和经济上独立于各国政府、跨国运作、具有总部基地等；但是，其宗旨与企业的国际化有着根本的不同，组织自身是非营利的，是以服务于国际社会的公共利益为目的。[②] 沈中

---

① 王名.关于支持我国社会组织"走出去"战略的建议[J].学会，2013（4）.
② 黄浩明，石忠诚，张曼莉，杨洪萍.中国社会组织战略与路径研究[J].中国大学（社会科学版），2014，2（31）：29-39.

元则对国际性的社会组织与社会组织的国际化做了区分，凡成立之时便以全球性的议题为基准就是国际性的社会组织，如绿色和平组织、国际红十字会等。而社会组织的国际化则反映出组织为获取更多的资源或达成组织使命而逐渐走向国际化的形态。① 本书认为社会组织的国际化是指社会组织成为国际性社会组织，在超越本国的范畴开展公益慈善服务，发出独立的声音，发挥独特影响力的过程。社会组织国际化涵盖所有成立时和成立后将组织活动扩展到本国以外地区的社会组织，利用本国或多国资源跨国界地开展增进全人类福祉的行为。

根据国际化的一般理论，社会组织的国际化过程意味着全球化经营知识的学习过程。有关的国际环境知识及环境不确定性的减少主要是通过个人经验性参与活动而得到（Johnson and Vahlne，1977）。这不仅提供国际环境知识，而且提供参与机会。关于组织如何获取知识，Huber（1991）界定了5个不同的知识获取过程，即：先天学习、经验性学习、代理性学习、移植和寻找学习、注意。当组织的创始人拥有一些从先前类似的组织活动积累的经验和知识时，先天学习就发生了。组织创立人可以在国际性组织的筹备期和组织初创时期内得到额外的相关知识。通常组织创始人对于组织的随后发展有着巨大的影响（Boekr，1989）。组织成立后通过直接的跨国活动而获得经验性知识。组织在试图了解其他组织的战略行为和技术时而得到的二手知识可谓委托性知识。这些知识可以是组织有意识地收集而得到，或无意识获取的有关其他组织战略的信息。随后，这些组织可以决定直接模拟这些战略或采取一种调整方式。移植知识主要是组织从组织新成员中获得的知识。这可以通过招募新的具有特定海外市场知识的员工以及与其他组织合作获得。

从目前情况来看，中国社会组织已开始了基本的国际化知识准备。首先，拥有一定数量本土产生具有国际视野的社会组织，国际交流活动增多。根据2012年民政部发布的社会服务发展统计报告统计显示：2012年共有国际及其涉外组织类的社会组织556个，占2012年49.9万个社会组织总数的0.11%，其中社会团体499个、民办非企业单位49个和基金会8个，分别占2012年社团、民非和基金会总数的0.18%、0.022%和0.26%。根据中国基金会网中心显示，截至2013年10月7日，中国拥有国际事务类基金会51个，占3399个基金会总数的1.50%，其中公募型基金会34个，占1368个公募型基金会总数的2.49%，非公募型基金会17个，占2031个非公募型基金会总数的0.84%。诚然，从规模和数量上，仍然相当弱小，影响有限，但毕竟表明了中国社会

---

① 沈中元. 社会组织国际化及其扩展机制之探讨 [J]. 毛泽东邓小平理论研究，2003（2）：97-99.

组织已经开始迈上国际化的步伐,开始了中国社会组织国际化学习阶段,中国社会组织国际化趋势初见端倪。

第一,走向国际,参与人道主义援助事务。如中国儿童少年基金会设有海外联络部,在英国设有一个分支机构;中国扶贫基金会2010年在苏丹开展人道主义援助,成为中国社会组织走向非洲的典型案例;中华慈善总会在2007年承办了中国大陆最大的民间捐赠工程,交付印尼海啸灾民使用。以上3个案例从侧面表明中国的社会组织近5年来已开始走向国际,但同时也表明中国公益组织已经涉及国际人道主义援助事务,标志着中国公益组织的发展已经步入国际轨道。

第二,积极表达民间的立场和声音。主要有三种做法:①直接加入国际组织,成为其成员,例如,131个国家一级的协会和学会代表中国加入到261个科技国际组织之中。②建立国内社会组织网络与国际相关组织对接,例如中国国际民间组织合作促进会(以下简称中国民促会)利用民间气候变化行动网络(CCAN)的平台,在2010年中连续派代表参加了波恩、天津、坎昆的联合国气候变化的框架会议,先后在天津、杭州协调和组织了60家国内社会组织代表讨论气候变化应对方案民间行动计划,并在墨西哥坎昆递交给参加联合国气候变化会议的各方代表,形成了独特的民间社会声音。③参与各种类型的国际会议。

第三,有效的议题倡导。议题倡导是社会组织发挥国际影响力的重要途径。选择具普遍性的国际问题,提出有特色的解决方案,是非政府组织实现其国际影响力的重要方式。全球化有力地推动了包括中国在内的发展中国家的经济发展,但也带来了种种发展中的问题。为了解决新形势下的可持续发展问题,有必要通过市场这一媒介,把企业的作为和市民的参与联系起来,建立信息公开的机制。基于这种思考,2007年21个中国环保非政府组织组成了绿色选择联盟,开展了向消费者提供信息,促进正确选择消费品,即"绿色选择"的活动,并呼吁企业努力建立绿色供应链,鼓励民众对企业进行监督与举报。目前参加该联盟的非政府组织已多达41家。

在国际交往的过程中,社会组织无论是自上而下成立的官办型社会组织,还是草根型的社会组织,都不同程度地强化了国际视野,形成了全球意识。很多发展程度较高的社会组织已经把走向国际化作为组织发展的目标之一,有意识地努力成为国际舞台上真正的倡导者和行动者。同时也锻炼了一批综合素质较高的人才,他们具有高度的国际视野、博大的知识面、良好的政治素质、专业化知识和良好的多语言能力,更重要的是拥有丰富的参与跨国事务的经验。这必然通过组织学习和知识转移使相关国际知识在中国社会组织中扩散和升华,并推动社会组织对外交往资源的整合。只要气候和土壤适宜,中国社会组织国际化将在新的起点上进入全面发展的阶段。

二、中国社会组织国际化进程中的组织结构演化

根据美国管理学家艾尔弗雷德·D.钱德勒的观点,组织结构的演化,无论是正式的还是非正式的都涉及两个方面:第一,各个不同管理机构和主管们之间的权力和沟通路线;第二,通过这些权力和沟通路线流转的信息。具体而言,组织结构包含三个方面的关键要素:①组织结构决定了组织中的正式报告关系,包括职权的层级和主管人员的管理幅度;②组织结构确定了将个体组合成部门、部门再组合成整个组织的方式;③组织结构包含了确保跨部门沟通、协作与整合的制度设计。钱德勒的研究表明,目前在全球居领导地位的大企业,能历百年之变而不衰,尽管规模经济是其重要优势之一,但是最重要的优势却在于长期累积的巨大的组织能力。在组织能力构成中组织结构是决定组织成败的基础因素。同理,社会组织实施国际化战略之后也必须伴随着组织结构的更新,以使组织在新的复杂环境中更有效地运营。

由于环境的复杂性和组织自身的复杂性,社会组织国际化演化的不同阶段,其组织结构存在较大差异。归纳学者现有的研究成果中社会组织国际化组织的演化,可以归纳为以下几个阶段,如表10-4所示。

表10-4 社会组织国际化演化

阶段	战略导向	组织行为	组织结构	国际影响力
国际化视野阶段	立足国内	关注国际、参与国际活动	组织内部设立国际联络部	小
初步国际化阶段	国际导向	拓展国际活动	在海外设立临时性项目或者行政办公室	一般
国际化发展阶段	跨国化	在多个国家拓展国际活动	在海外设立办公室或地区办事处	较大
国际化阶段	国际化	在相当多的国家和地区开展项目和活动	在海外设立分部	大

(1)国际化视野阶段。在此阶段,社会组织立足本国,国际化水平尚处于起步阶段。虽已具有国际视野和全球意识,并在组织自身结构内嵌入国际交流部等部门,但国际交流/联络部的主要职能是国际交流与项目合作,跨国界的业务开展还十分有限,组织的国际影响力微弱。

(2)初步国际化阶段。经过前一阶段的知识积累,通过经费、培训、研讨会和项目合作,世界其他地区的先进理念、经验和办法在中国社会组织中移植与扩散。中国社会组织开始与世界同行接轨,逐步与国际组织建立平等合作伙伴关系,参与国际事务,独立运行项目,借由直接的对话、交流和沟通,

第十章　社会组织的发展趋势

组织国际活动与领域得到拓展。为适应国际环境的业务活动，社会组织开始建立起临时性项目或者行政办公室。

（3）国际化发展阶段。此阶段，社会组织逐步发展成为区域性跨国化的国际性社会组织，社会组织在多个国家拓展国际活动，开始与国际组织建立起长期可持续的战略合作伙伴关系，合作领域进一步拓展，已经从主要开展慈善和扶贫济困项目，转向多领域的多样化合作，项目涉及经济合作、技术交流、环境保护、人权事务、政治领域、妇女参与、法律援助、灾难救助和灾后重建等诸多方面。持续的跨国公益慈善活动将使社会组织的国际影响力逐渐增强。社会组织的组织结构由于组织的规模及专业领域而呈现类似于跨国公司的组织内部网络化特征。体现出总部统领各国分支机构的形态。曾经的临时性项目或者行政办公室发展成为地区办事处结构。组织的各个分支机构跟总部联系紧密，各个分支机构都服从组织总体的战略，为总部的发展服务。对于国际性社会组织来说，其宗旨是为世界上所有或某一区域内的人群提供某一专业领域内的公共产品，那么各国办事处的作用就是寻找或发起实现组织宗旨的项目。由于总部在组织网络中的特殊地位，使得它成为整个网络的信息中心、资源中心和控制中心。各分支机构和总部之间存在着频繁的信息、资源及命令的传递，但是各个分支机构之间却很少存在直接的信息和资源的交互，整个组织网络呈辐射状形态。

（4）国际化阶段。此阶段属于社会组织国际化的成熟阶段。社会组织的组织结构由于组织的规模及专业领域而呈现类似跨国公司内部网络地区分部结构的全球互联型形态。[①] 在这种类型中，各地区分部组织往往是总部的翻版，即分部组织也是一个结构健全的社会组织，拥有一个社会组织所应该拥有的所有资源和能力，具有自己的筹资渠道，自己的发展战略，并且专注于本国或本地区相关领域的项目。一般来说这样的分部组织与总部之间的联系比较松散，只有在开展国际性合作或是统一部署组织的总体战略目标时才表现出较强的联系。故这一网络型组织结构形态被称之为"地区分部结构"。如果说国际化发展阶段的办事处结构属于半联通型网络的话，地区分部结构属于全球联通型网络。

社会组织国际化演化正是其国际化水平依据上述发展阶段不断提升的过程。值得强调的是各社会组织由于发展历史、人力资源状况、信息技术水平、专业特征等多因素的影响，其国际化进程的途径已日趋多样化，而不再按照同一种模式发展。社会组织可以从任何一阶段开始其国际化发展的进程，也

---

① 李维安.网络组织——组织发展新趋势［M］.北京：经济科学出版社，2003：296.

可以跳过某些层次直接进入较高的国际化水平运作。显然，目前我国社会组织尚处于第一或第二阶段的国际化阶段。

值得强调的是联合国咨商地位是一个社会组织得到国际承认的重要标志。联合国通过这种方式，承认国际上的重要的社会组织，同各类社会组织建立工作关系，并发挥这些组织在国际事务中的作用。因此，为推动中国社会组织走国际化道路，建议有条件的社会组织积极争取联合国咨商地位。

三、联合国咨商地位获取机制

（一）社会组织联合国咨商地位

按照国际协会联盟①的定义，国际型社会组织（通常简称为 INGO）的基本条件大致如下：第一，组织目标应具有国际性，且其主要活动应在三个以上国家开展；第二，会员中应包括来自三个以上国家的个人或团体，且组织应具开放性；第三，有正式的组织总部、办事处和理事会，理事会应以选举方式产生并定期举行；第四，理事会应包括来自不同国家的理事，且应依选举轮流担任；第五，组织的主要收入来源应包括三个以上国家，且不得向成员分配利润；第六，组织应具备独立性，有专职工作人员，不得依附于其他组织或政府及附属机构。此外，国际协会联盟还将"保持经常性活动"作为附加条件，如果有组织连续 4 年没有活动，则被列为"解散"（Dissolved）或"冬眠的"（Dormant）组织。这种界定较严格和狭窄，将只在两个国家活动，或会员只来自两个国家的组织排斥在外，且不包括临时的会议组织等。比较而言，联合国对于国际组织的界定则相对宽泛。联合国经社理事会先后有至少三个决议对国际型社会组织进行具体规定。经社理事会 1950 年第 288（X）号决议规定："任何国际组织，凡不是经由政府间协议创立的，都被认为是为此种安排而成立的国际组织。"经社理事会 1968 年第 1296-XLIV 号决议进一步扩大了界定范围："包括接受政府当局指定之成员的组织在内，但此种成员须不妨碍该组织自由表达意见。"1996 年（31 号决议）再次扩大了界定范围，"凡非经任何政府实体或政府间协议建立的这类组织……包括接受政府当局指定之成员的组织在内，但此种成员须不妨碍该组织自由表达意见。该组织之基本资源主要部分应来自各国内分会……国家政府向国际组织所做财政捐助或其他直接间接支助应向联合国公开声明"。

---

① Union of International Associations, Criteria for types A-D, See http://www.uia.be/node/163553, visited on 2, Nov. 2009.

(二)联合国面向社会组织的咨商机制

早在1945年签订的联合国宪章中,就规定了一个关于联合国经社理事会与NGO之间的联系框架。1968年,联合国经社理事会规定:在有关国际公益性事务中发挥作用的社会组织可获得联合国体系的咨商地位,获得这种地位的社会组织即为国际型社会组织。

1968年,联合国经社理事会通过了一个有关NGO参与联合国事务的重要决议(第1296项决议)。该决议规定:具备一定条件经申请并得到联合国认可的社会组织,有资格参加联合国经社理事会或其他相关国际会议,可提交提案、发言或者提交相应文件,从而获得相应的咨商地位。

根据这项决议,具有联合国咨商地位的国际型社会组织,包括以下三类。

第一类:一般咨商地位。与经社理事会至少一半以上的活动有关,能够在总体上参与咨商并拥有能代表许多不同国家的多数会员的社会组织。经社理事会对这类社会组织能够进行一般问题的咨询,它们拥有提案权,能够出席经社理事会的所有会议并发言,能提交建议书。这类组织数量极为有限,在1998年时共有41个,其中包括国际红十字会(LRCS)、联合国协会(WFUNA)、国际商工联盟(ICO)等。

第二类:专门咨商地位。与经社理事会的一部分活动有关,能够在某一特定的领域参与咨商并在国际上相当知名的社会组织。经社理事会对这类非政府组织能够进行专门问题的咨询,它们能够出席经社理事会召开的有关会议并发言,能提交建议书。这类组织在1998年时共有354个,其中包括大赦国际、基督教青年会(YMCA)等。

第三类:注册咨商地位。在经社理事会进行注册登记,在必要时能够对经社理事会或其下属机构以及联合国其他机构提供必要咨询的社会组织。这类社会组织并不能出席经社理事会所召开的一般会议,只在联合国讨论与其专业相关的问题时才可出席会议并提交建议书。这类组织在1998年时共有533个,其中包括我国的全国残疾人联合会、日本创价学会、亚洲太平洋青年联盟等。

在联合国经社理事会中,专门设有一个非政府组织委员会(Committee on NGOs),负责审核接纳社会组织,认可它们在联合国的咨商地位。该委员会有权要求前来注册的社会组织提交书面陈述和相应的书面材料,以及它们的预算和资金来源报告。

咨商地位的申请条件主要包括:第一,成立两年以上,若总部所在国法律要求登记注册,则自登记注册之日计算。若总部所在国无须登记注册,则自成立之日开始计算。第二,目的和宗旨与《联合国宪章》的精神、宗旨和原则相符，开展活动在经社理事会及其附属机构的主管业务范围内，或证明其工作方案与联合国的目标、宗旨直接相关。第三，在特定领域内具有公认的地位或代表性。第四，有确定的总部及负责人。第五，有以民主方式通过的组织章程（副本应交存联合国秘书长），该章程应规定包括大会或其他代表机构的决策机制以及决策执行机关。第六，有代表机构并有对其成员负责的适当机制，成员通过行使表决权或适当民主、透明的决策程序对组织的政策与行动行使有效的控制。第七，资金主要来自成员缴纳的会费、各国内分会及其他组成部分缴纳的费用，如有来自政府或政府间国际组织的资助或其他财政资金，应公开声明并提交相关财务记录，且其用途须合乎联合国宗旨。

咨商地位的申请目前采用网络在线方式，申请语言为英语和法语。一个 NGO 从提出申请获得注册账号，到经社理事会审批并正式函告获得咨商地位，通常要经过五个步骤。① 联合国社会组织委员会每年在常会期间审议提交申请，接受申请并无明确截止日期，但一般走完五个步骤至少需要半年时间。如申请未获通过，可撤回申请，也可延迟至下一次审议。根据规定，一般咨商地位和专门咨商地位的 NGO 每四年须向经社理事会提交一个四年期报告以接受监测。对滥用咨商地位或三年内未对联合国作出积极贡献者，以及组织收入来自毒品交易、洗钱及非法军火交易等国际公认犯罪活动的，将由经社理事会撤销或暂停其咨商地位。

值得强调的是，申请注册联合国咨商地位的社会组织，必须遵从联合国宪章的精神和原则，积极致力于有关国际问题的解决。同时，作为必要条件，一国的非政府组织要申请联合国咨商地位，须得到该国政府的同意，而该国政府须在联合国享有席位。

1996 年，联合国经社理事会通过了 1996（第 31 号）决议，对 1968 年的决议作了一定的修改和补充，主要是扩大了对社会组织的承认范围，允许各国和各地区的社会组织以自身的名义参加经社理事会的会议并发表意见。

目前，全球范围内共约 3000 家社会组织获得了这种地位。这些国际社会组织活跃在世界范围内的政治、经济和社会的各个主要领域里，积极参与国际治理过程，推动各种全球性问题的解决，有力地影响着世界局势，从而成为当今世界上最有影响力的社会组织。

---

① 第一步，申请注册账号。第二步，在线提交申请表、摘要及支持文件。第三步，由经社理事会下设的社会组织处进行初筛。第四步，由社会组织委员会审议并对申请者进行问询。社会组织委员会由来自联合国 19 个会员国的代表组成，对经社理事会负责并向其提交报告。第五步，由经社理事会审批决定并由秘书处正式函告。

参考文献

一、中文部分

[1][英]阿克顿.自由与权力:阿克顿勋爵论说文集[M].侯健,落亚峰译.北京:商务印书馆,2001,1.

[2] Arrow R. R.剑桥战略企划管理[M].韩枫编译.北京:光明日报出版社,2002.

[3]伯纳德·施瓦茨.美国法律史[M].王军等译.北京:中国政法大学出版社,1997.

[4]陈晓畅,仲伟周,李霞.公益机构的行为扭曲与管制[J].科研管理,2004(2).

[5]陈林.社会组织法人治理[M].台北:洪叶出版社,2004.

[6]陈晓春,张彪.社会组织营销的特征与原则[J].湖湘论坛,2004(1):84-85.

[7]陈宝良.中国的社与会[M].杭州:浙江人民出版社,1996.

[8]储建国.市场经济、市民社会和民主政治[J].武汉大学学报(人文社会科学版),1999(1).

[9]曹现强,侯春飞.中国社会组织成长机制分析[J].中国行政管理,2004(4):27.

[10][美]大卫·刘易斯.非政府组织初探[M].台北:五南图书出版股份有限公司,2008.

[11][美]戴维·刘易斯.揭示、扩展和深化:人类学方法对第三部门研究现有的和潜在的贡献评述[M].载于何增科.公民社会与第三部门[M].北京:社会科学文献出版社,2000.

[12]邓国胜,王名.中国NGO问卷调查的初步分析[J].中国NGO研究,2001(43).

[13]邓国胜.论我国社会组织的问责机制[J].中国行政管理,2003(3).

[14]邓国胜.公益项目评价——以"幸福工程"为案例[M].北京:社会

科学文献出版社，2003：15．

[15] 邓国胜.非营利组织评估体系研究［J］.中国行政管理，2001（10）．

[16] E.斯科路特.非营利（组织）需要经商吗？［J］.哈佛商业评论，1983：1-2．

[17] 菲利普·科特勒.营销管理（第9版）［M］.上海：上海人民出版社，1999．

[18] 弗朗西斯·福山.大分裂［M］.北京：中国社会科学出版社，2002．

[19] 官有垣.非营利组织执行长之治理——以台湾社会福利相关基金会为例［J］.中国第三部门研究，2011（2）．

[20] 黄浩明.社会组织走出去：国际化发展战略与路径研究［M］.北京：对外经济贸易大学出版社，2015．

[21] 侯俊东.非营利组织竞争的性质及条件［J］.天津行政学院学报，2011，13（4）：60-65．

[22] 黄浩明.国际民间组织合作实务和管理［M］.北京：对外经济贸易大学出版社，2000．

[23] 胡杨成.基于BSC的非营利组织绩效模糊综合评价［J］.华东理工大学学报，2005（4）：54-55．

[24] 黄浩明，石忠诚，张曼莉，杨洪萍.中国社会组织战略与路径研究［J］.中国大学（社会科学版），2014，2（31）：29-39．

[25] 金太军.第三部门与公共管理［J］.江苏社会科学，2002．

[26] 金锦萍.非营利法人治理结构［M］.北京：北京大学出版社，2005．

[27] 贾西津.第三次改革——中国非营利部门战略研究［M］.北京：清华大学出版社，2005．

[28] 刘志欣，孙莉莉，杨洪刚，非政府组织管理：结构、功能与制度［M］.北京：清华大学出版社，2013．

[29] 李虹.论社会组织社会公信力的建设［J］.上海交通大学学报（哲学社会科学版），2003（1）．

[30] ［美］里贾那·E.赫兹琳杰等.非营利组织管理［M］.北京：中国人民大学出版社，2000．

[30] 刘春湘.非营利组织治理结构研究［M］.长沙：中南大学出版社，2006．

[31] ［美］罗伯特·帕特南.使民主运转起来——现代意大利的公民传统［M］.王列，赖海榕译，南昌：江西出版社，2011．

[33] 李维安.网络组织——组织发展新趋势［M］.北京：经济科学出版

社，2003：296.

[34] 马克思. 第六届莱茵省议会的辩论. 马克思恩格斯全集（第1卷）[M]. 北京：人民出版社，1995：167.

[35] 孟唯. 社会组织及其治理 [D]. 中国社会科学院博士学位论文，2003：6.

[36] 孟德斯鸠. 论法的精神（上册）[M]. 张雁深译. 北京：商务印书馆，1961.

[37] 梅慎实. 现代公司治理结构规范运作论 [M]. 北京：中国法制出版社，2002.

[38] 卜章敏. 国家治理现代化视野下的社会组织成长路径研究 [J]. 中共青岛市委党校青岛行政学院学报，2014（5）.

[39] [美] 彼得·德鲁克. 非营利组织的管理 [M]. 吴振阳等译. 北京：机械工业出版社，2009.

[40] 彭万林. 民法学 [M]. 北京：中国政法大学出版社，2011.

[41] 彭国甫. 对政府绩效评估几个基本问题的反思 [J]. 湘潭大学学报，2004（5）.

[42] 沈中元. 社会组织国际化及其扩展机制之探讨 [J]. 毛泽东邓小平理论研究，2003（2）：97-99.

[43] 王绍光. 多元与统一 [M]. 杭州：浙江人民出版社，1999.

[44] 王名，刘培峰等. 民间组织通论 [M]. 北京：时事出版社，2004.

[45] 王绍光. 促进中国民间非营利部门的发展 [J]. 管理世界，2002（8）.

[46] 王名. 社会组织管理概论 [M]. 北京：中国人民大学出版社，2002.

[47] 王名，徐宇珊. 基金会论纲 [C]. 中国非营利评论（第2卷），2008.

[48] 王重鸣，洪自强. 差错管理气氛和组织效能关系研究 [J]. 浙江大学学报（人文社会科学版），2000（5）：115-118.

[49] 王智慧，陈刚. 我国草根非营利组织绩效评价指标体系研究——以云南省草根社会组织为例 [J]. 云南行政学院学报，2011（6）：85-88.

[50] 王世刚. 中国社团史 [M]. 合肥：安徽人民出版社，1994.

[51] 王名. 非营利组织的社会功能及其分类 [J]. 学术月刊，2006（9）.

[52] 王方华. 社会组织市场营销 [M]. 大连：东北财经大学出版社，2002：166.

[53] 王名. 关于支持我国社会组织"走出去"战略的建议 [J]. 学会，2013（4）.

[54] 王名. 社会组织管理概论 [M]. 北京：中国人民大学出版社，2002.

[55] 王名，伶磊. 清华NGO研究的观点和展望 [J]. 中国行政管理，2003

(3): 59.

[56] 萧新煌. 非营利部门组织与运作 [M]. 台北: 台湾巨流图书公司印行, 2000.

[57] 夏炜, 叶金福. 非营利组织绩效评估理论综述 [J]. 软科学, 2010 (4): 120-125.

[58] 夏志强, 付亚南. 公共服务多元主体合作供给模式的缺陷与治理 [J]. 上海行政学院学报, 2013, 14 (4): 39-45.

[59] 刘少杰. 社会团体的交往成本与运行活力 [J]. 吉林大学社会科学学报, 2013(1).

[60] 于东智. 董事会与公司治理 [M]. 北京: 清华大学出版社, 2004.

[61] [希腊] 亚里士多德. 政治学 [M]. 北京: 商务印书馆. 1994.

[62] 姚宝燕. 平衡计分卡在非营利组织绩效评价中的应用 [J]. 财会通讯, 2007 (1): 78-79.

[63] 赵黎青. 非政府组织问题初探 [J]. 中共中央党校学报, 1997 (4).

[64] 周义程. 治理理论与我国第三部门的培育 [J]. 南京市行政学院学报, 2003 (3).

[65] 张贤明. 论政治责任——民主理论的一个视角 [M]. 长春: 吉林大学出版社, 2000.

[66] 周志忍. 自律与他律——第三部门监督机制个案研究 [M]. 杭州: 浙江人民出版社, 1999.

[67] 资中筠. 散财之道: 美国现代公益基金会述评 [M]. 上海: 上海人民出版社, 2003.

[68] 周汉华. 行政诉讼原告资格审查 [J]. 中国法学, 1991 (6).

[69] 曾维和. 社会组织治理中的综合监督机制探讨 [J]. 兰州学刊, 2004 (3).

[70] 张玉利. 管理学 (第2版) [M]. 天津: 南开大学出版社, 2004.

[71] 周建. 战略联盟与核心竞争力 [M]. 上海: 复旦大学出版社, 2002.

[72] 郑国安. 国外社会组织的经营战略及相关财务管理 [M]. 北京: 机械工业出版社, 2001.

[73] 张建国. 可持续发展战略下的社会组织财务管理 [J]. 北方经济, 2005(5): 63.

[74] 张军. 健全现代财务管理体制与社会组织的发展 [J]. 学会, 2005 (4): 12.

[75] 张玉周. 非营利组织绩效三维评价体系研究 [M]. 北京: 中国人民大

学出版社，2008.

[76] 赵黎青. 非营利部门与中国发展 [M]. 香港：香港社会科学出版社，1999：109-110.

二、英文部分

[1] Austin D. The Political Economy of Human Service Programs [M]. JAI Press, Greenwich, Connecticut, 1988; Benson, K. The Interorganizational Network as a Political Economy. Administrative Science Quarterly, 1975.

[2] Axelrod. The Chief executive's role in developing the nonprofit board [M]. Washington D. C.: National Center for Nonprofit Boards, 1998.

[3] Al-Tabbaa, Omar, Leach, Desmond J. and March, John. Nonprofit-Business Collaboration as a Strategic Option for the Nonprofit Sector [J]. Voluntas, 2013.

[4] Alton L. Taylor. Institutional Effectiveness and Academic Quality. Assessing Institutional Effectiveness: Issues, Methods and Management [J]. Institute of Higher Education, Candler Hall, 1989.

[5] Burton A. Weisbrod. Toward a Theory of the Voluntary Nonprofit Sector in Three-Sector Economy [M]. In E. Phelps. ed. Altruism Morality and Economic Theory. New York: Russel Sage. 1974.

[6] Berle A. and G. Means. The Modern Corporation and Private Property [M]. New York MacMillan, 1932.

[7] Burgress B. The Board of Directors. The Nonprofit Handbook: Operating Policies and Procedures [M]. In T.D. Connors (Ed.). New York: John Wiley & Sons, Inc. 1993: 195-277.

[8] Baur, Schmitz.Corporations and NGOs: When Accountability Leads to Co-optation[J]. Journal of Business Ethics, 2012 (3).

[9] Benson P. Shapiro. Marketing for Nonprofit Organizations. Harvard Business Review, 1973 (9-10): 123-132.

[10] Bertalanffy L. von. General System Theory: Foundations, Development, Applications [M]. New York: George Braziller. 1976: 22-66.

[11] Balser D., McClusky J. Managing Stakeholder Relationships and Nonprofit Organization Effectiveness [J]. Nonprofit Management & Leadership, 2005, 15 (3): 295-316.

[12] Balduck A.L., Baleens. A Two-Level Competing Values Approach to

Measure Nonprofit Organizational Effectiveness [R]. Ghent University, Vlerick Leuven Gent Management School. Working paper, 2009: 1-30.

[13] Bertalanffy L. von. General System Theory: Foundations, Development, Applications [M]. New York: George Braziller, revised edition, 1976.

[14] Bielefeld W. Funding Uncertainty and Nonprofit Strategies in the 1980s [J]. Nonprofit Management and Leadership, 1992, 2(4): 381-401.

[15] Boulding K. General Systems Theory-the Skeleton of Science [J]. Management Science, 1956, 2(3): 197-208.

[16] Carver J. Boards that Make a Difference: A New Design for Leadership in Nonprofit and Public Organizations [M]. San Francisco: Jossey-Bass, 1990.

[17] Chait R.P., How to Help your Board Govern More and Manage Less [M]. Washington D.C.: National Center for Nonprofit Boards, 1993.

[18] Campbell J. P. On the Nature of Organizational Effectiveness. New Perspectives on Organizational Effectiveness [M]. In P. S. Goodman, J. M. Pennings, & Associates (Eds.), San Francisco: Jossey-Bass, 1977: 13-55.

[19] Connolly T., Conlon E. J., Deutsch S. J. Organizational Effectiveness: A Multiple-constituency Approach [J]. Academy of Management Review, 1980, 5(2): 211-217.

[20] Cameron K.S. Institutional Effectiveness of Higher Education [M]. In H. R. Bowen (Ed.), Changing Organizations. New York: McGraw-Hill, 1985.

[21] Connolly T., Conlon E. J. & Deutsch S.J. Organizational Effectiveness: a Multiple-Constituency Approach [J]. Academy of Management Review, 1980, 5(2): 211-217.

[22] Connolly C., Hyndman N. & McConville D. UK Charity Accounting: An Exercise in Widening Stakeholder Engagement [J]. British Accounting Review, 2013, 45(1): 58-69.

[23] Cutt J. & Murray V., Accountability and Effectiveness Evaluation in Nonprofit Organizations [M]. London: Routledge, 2000.

[24] Drucker, Peter F. Managing the Nonprofit Organization: Practices and Principles [M]. Oxford Butter Worth-Heinemann Ltd, 1990.

[25] Douglas A, Bigelow.Using a Logic Model to Focus Health Services On Population Health Goals [J]. The Canadian Journal Of Program Evaluation, 1997, 12(1): 167-174.

[26] Dart R. A Grounded Qualitative Study of the Meanings of Effectiveness in

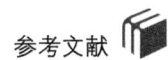

Canadian "Results-Focused" Environmental Organizations [J]. Voluntas, 2010, 21 (2): 202-219.

[27] Evers A. Shifts in the Welfare Mix [J]. Eurosocial, 1991: 7-8.

[28] Evers A. Part of the Welfare Mix: The Third Sector as an Intermediate Area [J]. Voluntas, 1995 (6), 159-182.

[29] Etzioni A. Two Approaches to Organizational Analysis: A Critique and a Suggestion [J]. Administrative Science Quarterly, 1960 (5), 257-278.

[30] Gray R., Bebbington J., Collison D. NGOs, Civil Society and Accountability: Making the People Accountable to Capital [J]. Accounting, Auditing & Accountability Journal, 2006, 19 (3): 319-348.

[31] Glaser, Barney G. and Anselm L. Strauss. The Discovery of Grounded Theory: Strategies For Qualitative Research [M]. Chicago: Aldine Publishing (First published in 1967), 1974.

[32] Georgopoulos B. S., Tannenbaum A. S. A Study of Organizational Effectiveness [J]. American Sociological Review, 1957 (22): 535-540.

[33] Gronbjerg K. Managing Grants and Contracts: The Case of Four Nonprofit Social Service Organizations [J]. Nonprofit and Voluntary Sector Quarterly, 1991, 20 (1): 5-24.

[34] Hansmann H. The Role of Nonprofit Enterprise [J]. Yale Law Journal, 1989 (3): 835-901.

[35] Hall P. D. A Historical Overview of the Private Nonprofit Sector [M]. In Powel, W.W. (ed.). The Nonprpfit Sector: A Research Handbook. New Haven: Yale University Press, 1987.

[36] Hasenfeld. The Role of Non-Profit Agencies in Provision of Welfare to-Work Services [J]. Administration in Social Work, 2004, 28 (3): 91-110.

[37] Herman R. D., Renz D. O. Doing Things Right and Effectiveness in Local Nonprofit Organization: A Panel Study [J]. Public Administration Review, 2004, 64 (6): 694-704.

[38] Herman R. D., and Renz D. O. Advancing Nonprofit Organizational Effectiveness Research and Theory: Nine Theses [J]. Nonprofit Management and Leadership, 2008, 18 (4): 399-415.

[39] Holland T. P. The Effectiveness of Non-Profit Organizations [J]. Journal of Applied Social Sciences. 1988, 12 (2): 201-221.

[40] Holland T. P. Board Accountability [J]. Nonprofit Management and Lead-

ership. 2002, 12 (4): 409-428.

[41] Heiftz R.A. Leadership Without Easy Answers [M]. Cambridge, Mass.: Harvard University Press, 1994.

[42] Ielefeld W. and Galaskiewicz J. Nonprofit Organizations in an Age of Uncertainty: A Study of Organizational Change [J]. Aldine de Gruyter Hawthorne, N.Y., 1998.

[43] Joan M.Hummel. Starting and Running a Nonprofit Organization [J]. University of St. Thomas, 1996.

[44] John Carver. Boards That Make a Difference [J]. Jossey-Bass a Wiley Company, 1997.

[45] Jensen M. The Modern Industrial Revolution, Exit and the Failure of Internal Control Systems [J]. Journal of Finance, 1993 (3), 851-880.

[46] Jesen M. Agency Costs of Free Cash Flow, Corporate Finance and Takeover [J]. American Economic Review, 1986 (76): 33-329.

[47] Kearns K.P. Managins For Accountabilitiy; Pesperving the Public Trust in Nonprofit Organization [M]. San Francisco: Jossery-Bass, 1996.

[48] Kenneth L.Karst. The Efficiency of the Charitable Dollar: An Unfilled State Responsibility [J]. 73 Harv.L. Rev. 1960: 1168-1177.

[49] Katherine O'Regan Sharon Oster, Does Government Funding Alter Nonprofit Governance? Evidence from New York City Nonprofit Contractors [J]. Journal of Policy Analysis and Management, 2002, 21 (3): 359-379.

[50] Kaplan R.S.and Norton D.P. The Balanced Scorecard: Measures That Drive Performance [J]. Harvard Business Review, 1992 (1-2): 71-79.

[51] Klemp G. O., Jr., McClelland D. C. What Characterizes Intelligent Functioning among Senior Managers? [M]. In R. J. Sternberg & R. K. Wagner (Eds.), Practical Intelligence: Nature and Origins of Competence in the Everyday World (pp. 31-50). New York: Cambridge University Press, 1986.

[52] Kendall J., Knapp M. Measuring the Performance of Voluntary Organizations [J]. Public Management Review, 2000, 2 (1): 105-132.

[53] L.M. Salamom. Rethinking Public Management: Third-Party Government and the Changing Forms of Government Action. Public Policy, 1981: 255-275.

[54] Lawry R.P Accountability &Nonprofit Organization: An Ethical Perspective [J]. Nonprofit management&Leadership, 1995, 6 (2), 171-180.

[55] Lester M. Salamon, Helmut K. Anheier and Associates, The Emerging

Sector Revisited: A Summary [J]. Revised Estimates, CNP, The Johns Hopkins Comparative Nonprofit Sector Project, Phase II, 1999.

[56] Lipton M. & Lorsch J. A Modest Proposal for Improved Corporate Governance [J]. Business Lawyer, 1992 (1), 59-77.

[57] Letts C.W., Ryan W.P. and Grossman A. High Performance Nonprofit Organizations: Managing Upstream for Greater Impact [M]. New York: John Wiley and Sons, Inc., 1999.

[58] Michael Edwards. Beyond the Magic Bullet: NGO Per-formance and Accountability in the Post—Cold War World [M]. David Hulme (Eds.). USA: Kumarian Press, 1996: 174.

[59] Mitroff, I. Stakeholders of the Organizational Mind [J]. San Francisco: Jossey-Bass, 1983.

[60] Miriam, Wood. Nonprofit Boards and Leadership [J]. Jossey-Bassa Wiley Company, 1995 (3).

[61] Marilyn Wyatt. Nonprofit Governance Practices in Hungary [J]. Board Source, 2002.

[62] Murray, Victor V. Improving Corporate Donations: New Strategies for Grantmakers and Graneseekers [J]. San Francisco, California: Jossey-Bass Publishers.

[63] Martz W. A. Evaluating Organizational Effectiveness [D]. Dissertation for the Degree of Doctor of Philosophy, Western Michigan University, 2008: 89-97.

[64] Margolin J. B. Foundation Fundamentals [M]. New York: The Foundation Center, 1991.

[65] McCracken G. The Long Interview [M]. Newbury Park, C. A.: Sage Publications, 1988.

[66] Martz W.A. Evaluating Organizational Effectiveness [J]. Dissertation for the Degree of Doctor of Philosophy, Western Michigan University, 2008.

[67] Miles M.B. and Huberman A.M. Qualitative Data Analysis: A Sourcebook of New Methods [M]. California: SAGE publications Inc., 1984.

[68] Mitchell G.E. The Construct of Organizational Effectiveness: Perspective from Leaders of International Nonprofits in the United States [J]. Nonprofit and Voluntary Sector Quarterly, 2013, 42 (2): 324-345.

[69] Mount J. Why Donors Give [J]. Nonprofit Management and leadership. 1996, 7 (1): 3-14.

[70] Murray V. Evaluating the Effectiveness of Nonprofit organizations [M]. In R. Herman & Associates (Eds.), The Jossey-Bass Handbook of Nonprofit Leader ship and Management (2nd ed., pp. 345-370) . San Francisco: Jossey-Bass, 2005.

[71] Najain A. NGO Accountability: A Conceptual Framework [J]. Development Policy Review. 1996 (14): 339-353.

[72] Nason J.W. The Future of Trusteeship [M]. Washington D. C.: Associations of Governing Boards of Universities and Colleges, 1974: 23.

[73] Powell W. and Dimaggio P. (eds.) The New Institutionalism in Organizational Analysis [M]. University of Chicago Press, Chicago, Illinoise. 1991.

[74] Pfeffer, J. and Salancik G. Organizational decision making as a political process [J]. Administrative Science Quarterly, 1974 (19), 135-151.

[75] Phillips S. Canadian leapfrog: From regulating charitable fundraising to co-regulating good governance [J]. Voluntas, 2012, 23 (3): 1-22.

[76] Piliavin J.A. and Callero P.L. Giving Blood: The Development of an Altruistic Identity [M]. Baltimore: Johns Hopkins University Press, 1991.

[77] Pfeffer, J. Organizations and Organization Theory [M]. Boston: Pittman, 1982.

[78] Price J.L. The Study of Organizational Effectiveness [J]. Sociological Quarterly, 1972, 13 (1): 3-15.

[79] Quinn, Rohrbaugh. A Spatial Model of Effectiveness Criteria: Towards a Competing Values Approach to Organizational Analysis [J]. Management Science, 1983, 29 (3): 363-377.

[80] Ralph M.Kramer A. Third Sector in the third Millennium? [J]. Voluntas: Vol. 11, No.1, 2000.

[81] Redrickson H. G. Lessons from Government Reform [J]. P. A. Times, 2000a, 23 (7): 8.

[82] Scott W. Institutions and Organizations, Sage Publications [M] . Thousand Oaks, California, 1995.

[83] Susan Rose-Ackerman, Altruism. Ideological Entrepreneurs and the Nonprofit Firm, Voluntus, 1997, 8 (2): 131.

[84] Scott W. R. Institutions and Organizations [M] . Thousand Oaks, Calif.: Sage, 1995: 50-52.

[85] Salamon L. M. The Resilient Sector: The State of Nonprofit America [M].Washington D. C.: The Brookings Institution, 2003.

[86] Scott W.R. Effectiveness of Organizational Effectiveness Studies [M]. In P.S. Goodman & J.M. Pennings (Eds.), New perspectives on organizational effectiveness. San Francisco: Jossey-Bass, 1977.

[87] Scott W.R. Organizations: Rational Natural and Open Systems [M]. Englewood Cliffs, NJ: Prentice Hall, 1992.

[88] Strauss A., Corbin J. Basics of Qualitative Research: Grounded Theory Procedures and Techniques [M]. Newbury Park, C. A.: Sage Publications, Inc, 1990.

[89] Steers R.M. When is an Organization Effective-A Process Approach to Understanding Effectiveness [J]. Organizational Dynamics, 1976, 5 (2): 50-63.

[90] Young R.D. The Influence of Business on Nonprofit Organizations and the Complexity of Nonprofit Accountability: Looking Inside as Well as Outside [J]. American Review of Public Administration. 2002, 32 (1).

[91] Yin R.K. Case Study Research: Design and Methods [M]. Beverly Hills, Calif: Sage Publications, 1984.

[92] Zammuto R. F. Assessing Organizational Effectiveness: Systems Change, Adaptation and Strategy [M]. Albany: State University of New York Press, 1982: 109-139.